韩国法概论

蔡永浩 等／著

THE INTRODUCTION TO LAW OF ROK

法律出版社 LAW PRESS · CHINA
北京

图书在版编目(CIP)数据

韩国法概论 / 蔡永浩等著. -- 北京 : 法律出版社,
2021

ISBN 978-7-5197-5906-3

Ⅰ. ①韩… Ⅱ. ①蔡… Ⅲ. ①法律-研究-韩国
Ⅳ. ①D931.26

中国版本图书馆 CIP 数据核字(2021)第 180111 号

韩国法概论
HANGUOFA GAILUN

蔡永浩 等著

策划编辑 沈小英
责任编辑 程王刚
装帧设计 汪奇峰 鲁 娟

出版发行 法律出版社
编辑统筹 法治与经济出版分社
责任校对 杨锦华 王沁陶
责任印制 吕亚莉
经　　销 新华书店

开本 710 毫米×1000 毫米 1/16
印张 27.25 **字数** 497 千
版本 2021 年 10 月第 1 版
印次 2021 年 10 月第 1 次印刷
印刷 北京虎彩文化传播有限公司

地址:北京市丰台区莲花池西里 7 号(100073)
网址:www. lawpress. com. cn
投稿邮箱:info@ lawpress. com. cn
举报盗版邮箱:jbwq@ lawpress. com. cn

销售电话:010-83938349
客服电话:010-83938350
咨询电话:010-63939796

书号:ISBN 978-7-5197-5906-3
定价:180.00 元

凡购买本社图书,如有印装错误,我社负责退换。电话:010-83938349

作者简介

蔡永浩

韩国国立首尔大学法学博士，现任延边大学法学院副院长、硕士研究生导师、吉林省社会科学重点领域朝鲜韩国法研究基地主任、吉林省高校创新团队朝鲜韩国法研究团队带头人，兼任中国法学会宪法学研究会理事、吉林省高等学校法学类专业教学指导委员会委员等。出版《朝鲜法概论》等著作数部。主持研究“中国公民在韩权利保障研究”等省部级项目数项。

崔慧珠

韩国国立首尔大学法学博士研究生，现任吉林省社会科学重点领域朝鲜韩国法研究基地研究员。主要研究宪法学和韩国法。翻译出版《韩国政党法规和党内法规选译》《韩国养老与社会保障重要法规译介》等著作数部。

卢青锡

韩国延世大学法学博士，现任延边大学法学院副教授、硕士研究生导师、东北亚法学研究所所长。主要研究环境法、行政法。出版《中韩环境行政诉讼理论与判例》、《韩国行政法与行政诉讼法》等著作数部。

金昌俊

韩国全北大学法学博士，现任延边大学法学院教授、硕士研究生导师、刑法学学科主任。主要研究刑法学。出版《韩国刑法总论》等著作数部。

朴晶敏

韩国岭南大学法学博士，现任延边大学法学院讲师、硕士研究生导师。主要研究民法、韩国民法。出版한국과 중국의 이혼제도에 관한 비교연구等专著，发表学术论文数十篇。主持研究吉林省社科项目“在韩中国劳工权益保障问题研究”等项目数项。

张珍宝

韩国国立首尔大学法学博士，现任韩国忠北大学法学专门大学院副教授、博士研究生导师，兼任吉林省社会科学重点领域朝鲜韩国法研究基地学术委员会委员。出版 중국 인수합병 법률의 해석 및 사례 분석、중국회사법、《公司法判例研习——以韩国公司法为视角》等著译作品数部，发表论文30余篇。

朴大宪

韩国国立首尔大学法学博士，现任辽宁大学法学院讲师，兼任辽宁省宪法行政法学会理事。主要从事宪法学和韩国法研究。出版중국 일반지방자치단체제도에 관한 헌법학적 연구等学术著作3部。

序

一、韩国的国号

1894年中日甲午战争爆发，清朝战败。1895年日本与清朝签订《马关条约》，解除了清朝与朝鲜的宗藩关系，确认了朝鲜的独立自主国地位。朝鲜被亲日派控制。1896年2月，朝鲜高宗李熙率领王族从日本控制的王宫逃到俄国驻朝公使馆，朝鲜亲俄派势力加强。1897年2月，高宗搬出俄国公使馆，回到汉城庆运宫，并乘清朝和日本对其影响弱化之机，于10月12日登基称帝，并将"朝鲜"国号改为"大韩"。1899年，大韩帝国颁布了作为国家基本法的《大韩国国制》。1905年，日本在日俄战争中获胜，逼迫韩国签订《乙巳条约》，开始对韩国进行殖民统治。1910年8月22日，日韩签订《日韩合并条约》，确定韩国将一切统治权永久让与日本，至此大韩帝国灭亡。

日本于1911年3月24日公布《关于应在朝鲜施行的法令的法律》，赋予朝鲜总督以立法权。朝鲜总督于1912年3月18日先后颁布《朝鲜刑事令》《朝鲜民事令》，废除原朝鲜的法律，全面开始适用日本法律。这一时期朝鲜半岛亦开始继受近代法律制度。

乘第一次世界大战胜利之机，1919年朝鲜半岛发起了声势浩大的"三一运动"，各地宣布独立宣言、开展民族独立运动，先后成立了多个临时政府。1919年4月11日，来自朝鲜半岛各地和海外的独立运动代表在中国上海召开临时议政院会议，通过《大韩民国临时宪章》，并成立大韩民国临时政府。“大韩民国”的国号正式在法律文书中使用，就是从这一部临时宪章开始的。

二、大韩民国建国前的法律制度

韩国临时政府自组建以来，一直在国外组织领导民族独立运动。韩国临时政府的相关法律制度建设也主要为此服务。

1919 年 4 月通过的《大韩民国临时宪章》共 10 条，主要确定了民主共和制、临时政府与临时议政院以及部分的国民权利与义务。各地临时政府整合后对临时宪章进行了修改，于 1919 年 9 月 11 日通过《大韩民国临时宪法》。该临时宪法共 8 章 58 条，体现了近代立宪主义理念，被称为韩国史上第一部民主共和国宪法。之后，该临时宪法被多次修改。

此外，韩国临时政府先后制定《大韩民国临时政府章程》《大韩民国临时议政院法》《临时议政院议员临时选举方法》《国务会议规定》《临时政府部处组织规定》《大韩民国临时官制》等国家机关组织法，组建了系统的国家机构。同时也制定了《军事委员会规定》《韩国光复军总司令部组织条例》《驻美外交委员会规定》等军事、外交相关规定，对军事与外交工作进行了规范管理。

1945 年日本投降以后，韩国进入了美国军政统治时期。1945 年 11 月 2 日，美军发布“关于以前法令等的效力的文件”（军政法律第 21 号）规定，除了军政长官以命令的形式修改或废止的以外，韩国原有法令继续有效。

三、大韩民国建国后的法律制度

1948 年 7 月，韩国通过《大韩民国宪法》，并于同年 8 月 15 日宣布独立的大韩民国政府成立。但日本殖民时期适用的原有法律并未因大韩民国政府成立而全部作废。制宪宪法第 100 条规定，原有法令在未与宪法抵触的前提下，继续具有效力。韩国在美国军政时期组建“朝鲜法制编撰委员会”（建国后更名为法典编撰委员会），开始了新的法律的起草工作，并于建国后先后通过了新的刑法（1953 年）、民法（1958 年）、商法（1962 年）等一系列法律。

韩国建国初期经过了较长时间的专制统治，但韩国人民始终为建设他们理想中的民主国家而坚强地与专制统治者进行斗争，先后发起了“4·19 革命”“5·18 民主运动”“6·10 民主抗争”等多次民主运动，推动 9 次修宪，逐步完善韩国民主制度，并将其确定在了 1987 年现行宪法当中。

韩国的法律制度主要继受了大陆法系的传统，同时又汲取了英美法系的精华,形成了具有自己特色的法律制度。特别是1988年现行宪法裁判所制度正式启动以来,30余年间先后处理37,900多件案件,作出1750多件违宪判决,为韩国民主法制的建设作出了历史性贡献。

Contents

目录

第一章　韩国宪法

1945 年，第二次世界大战结束，日本战败，朝鲜半岛迎来了民族独立。但受“冷战”之影响，朝鲜半岛以三八线为界，南北由美国军队和苏联军队进驻管理，并先后成立了不同性质的政府。朝鲜半岛三八线以南，于 1948 年 7 月 12 日通过《大韩民国宪法》，建立了自由民主主义性质的国家政府。朝鲜半岛三八线以北，于 1948 年 9 月 8 日通过《朝鲜民主主义人民共和国宪法》，建立了人民民主主义性质的国家政府。

第一节　宪法的发展历程

一、《制宪宪法》

1946 年 12 月 12 日，朝鲜半岛南部成立南朝鲜过渡立法院，并起草了《朝鲜临时约宪》(7 章 58 条)，但美军政府未予以承认。1948 年 2 月 27 日，联合国同意在朝鲜半岛南部进行选举，3 月 17 日制定并公布《国会议员选举法》，5 月 10 日在朝鲜半岛南部进行国会议员选举，选出 198 名国会议员，并于 5 月 31 日组建了制宪国会。6 月 3 日，由 30 名宪法起草委员和 10 名专门委员组建宪法起草委员会，于 6 月 23 日提出了宪法草案。该草案初以俞镇午草案为母版，以权承烈草案为参考，采取了议会内阁制和国会两院制，但李承晚将其修改为总统制和国会一院制。由于修改时间仓促，其政权组织形式变成议会内阁制和总统制相结合的折中型二元政府制。韩国宪法史上将《制宪宪法》称为第一共和国宪法。

《制宪宪法》于1948年7月12日在国会通过,①7月17日开始施行,由前文和10章103条组成,具体内容如下:②

第一章总纲、第二章国民的权利与义务、第三章国会、第四章政府、第五章法院、第六章经济、第七章财政、第八章地方自治、第九章宪法修改、第十章附则。立法权属于国会,国会采用一院制,国会议员任期4年;总统和副总统由国会间接选举产生,任期4年,可以连任1次,总统有对立法提出异议的权力,但国会以在籍议员2/3以上出席、出席议员的2/3以上同意,可以将原法律案确定为法律;设立由总统、国务总理和其他国务委员组成的国务院议决重要国策,国务院总理经国会同意,由总统任命;一般司法权赋予以大法院为首的法院系统,法官任期10年,可以连任;违宪法律审查权赋予宪法委员会;弹劾审判权赋予由副总统、5名大法官和5名国会议员组成的弹劾裁判所;③宪法的修改由总统或国会在籍议员1/3以上赞成提出,由总统公告30日,经国会在籍议员2/3以上赞成通过。

二、1952年《宪法》

韩国建国以后经历了朝鲜战争、政治动乱等诸多事件,李承晚政府推行了专制主义统治。为了牵制总统权力,韩国民主党扩编为民主国民党,并于1950年1月28日向国会提交了限制总统权限的内阁责任制宪法修改议案,但未通过。④李承晚为了扩大总统权力,于1951年11月30日提出了以两院制与总统直选制为主要内容的宪法修改议案,但同样未通过。⑤

1952年4月17日,在野党再一次提出了以内阁责任制为主要内容的宪法修改议案。而李承晚政府也于同年5月14日再一次提交了之前被否决的以两院制与总统直选制为主要内容的宪法修改议案。政府与在野党对峙升级。为了缓和这一对峙,国会将两个议案合二为一,作出折中的宪法修改议案,并于7月4日,在非常戒严中以起立投票的方式通过了宪法修改议案。⑥ 这一次宪法修改未对

---

① 在籍议员160人一致同意。대한민국국회50년사, 국회사무처, 1998, 119 면。

② 参见韩国国家法令信息中心,http://www.law.go.kr。

③ 弹劾总统和副总统时,裁判长由大法院院长担任。

④ 国会在籍议员179人中,赞成票79票、反对票33票、弃权票66票、无效票1票。성낙인, 대한민국헌법사, 법문사, 2012, 202 면。

⑤ 国会在籍议员175人中165名参加投票,其中赞成票19票、反对票143票、弃权票1票。성낙인, 대한민국헌법사, 법문사, 2012, 203 면。

⑥ 出席的166人中163人起立表态赞成,3人未起立;此外5人拒绝出席。대한민국국회50년사, 국회사무처, 1998, 152 면。

折中后的新议案进行公告，违反了制宪宪法规定的宪法修改程序。

1952 年《宪法》于 1952 年 7 月 7 日开始施行。具体修改内容如下：[①]

第一，国会由民议院和参议院组成。[②] 民议院议员任期 4 年，参议院议员任期 6 年、每 2 年改选 1/3。参议院由副总统担任议长，参议院议长担任两院协同会议的议长。法律案以及其他议案由国会议员和政府提出，法律案、预算案以及其他议案应先提交至民议院，关于国务总理和大法院院长相关任命的议案可先提交至参议院，议案经两院赞成通过。两院决议不一致时组织两院的在籍议员过半数出席的两院协同会议进行投票议决。议案由在籍议员过半数出席、出席议员过半数赞成通过。

第二，总统和副总统各自由国民直接选举产生，最高得票者为两人以上时由两院协同会议投票决定。

第三，国务委员经国务总理提请，由总统任命。国务院行使所属权限，由国务总理和国务委员对国会负连带责任。民议院可以向国务院提出不信任案，不信任案以在籍议员过半数赞成通过。不信任案获得通过，国务院要全体辞职。不信任案一般 1 年内只能通过 1 次，但在籍议员 2/3 以上赞成时可以随时提出。

第四，弹劾案由民议院 50 名以上议员联名发起，由两院各在籍议员 2/3 以上出席的两院协同会议经出席议员的 2/3 以上赞成议决，由副总统担任审判长、5 名大法官和 5 名参议院议员担任裁判官的弹劾裁判所以 2/3 以上的赞成确定弹劾。

第五，违宪法律审查权属于由副总统担任委员长，5 名大法官、3 名民议院议员和 2 名参议院议员担任委员的宪法委员会。违宪决定由 2/3 以上的委员赞成通过。

第六，宪法的修改由总统、民议院在籍议员的 1/3 以上或参议院在籍议员的 2/3 以上赞成提出，由总统公告 30 日，经两院各以在籍议员 2/3 以上的赞成通过。

三、1954 年《宪法》

1953 年 7 月朝鲜战争停战以后，韩国面临着战后复苏。1954 年 1 月 23 日，政府提出了以自由主义经济秩序为主要内容的宪法修改议案，但于 3 月 9 日自行撤回。1954 年 5 月，韩国自由党在第 3 届国会议员总选举中获胜，遂于 1954 年 9 月

---

① 参见韩国国家法令信息中心，http://www.law.go.kr。

② 1952 年宪法修改后，参议院议员选举未得以实施。

6日提出了以取消第1任总统连任限制、废除国务总理、规定国民投票制等为主要内容的宪法修改议案。民议院于1954年11月27日进行投票,在籍议员203名中202名出席并进行了无记名投票,其中赞成票135票、反对票60票、弃权票7票,离法定的2/3少1票,未得以通过。但自由党主张"四舍五入理论",自行宣布宪法修改议案通过。① 这一次修宪,不仅未满足法定的2/3以上赞成要求,而且在参议院未选举组成的情况下进行,又一次违反了宪法修改程序。

1954年《宪法》于1954年11月29日开始施行。具体修改内容如下:②

第一,新增对国家重大事项的国民投票制度。增设第7条之2,规定对影响国家主权、领土变更等有关国家安危的重大事项,应经国会同意,交由民议院议员选举权者2/3以上投票、有效投票的2/3以上赞成获得通过。国民投票的提请,经国会议决通过以后,由民议院议员选举权者50万人以上赞成提起。

第二,关于预算案,民议院和参议院出现不同议决的,由民议院再次进行投票决定。法律案未在民议院通过的,不得将其移送至参议院和两院协同会议讨论。参议院议员任期6年、每3年改选1/3。

第三,以附则形式规定,关于总统连任限制的规定不适用于现任总统,变相取消了对李承晚总统的任期限制。总统缺位时由副总统担任总统,任期为原总统剩余任期。副总统缺位时应立即选举继任者,继任者的任期为原副总统剩余任期。总统、副总统都缺位时,按照《宪法》第52条规定的国务委员顺序,代行总统权限,并在3个月内选举总统与副总统。

第四,删除了国务总理。国务委员由总统任命。民议院对国务委员作出不信任决议的,该国务委员应及时辞职。

第五,弹劾案由民议院30名以上议员联名提起、由两院各以在籍议员过半数赞成通过。

第六,增设军法会议,负责军事裁判,其上诉审由大法院管辖。

第七,对经济条款进行了自由市场经济方面的修改。在矿物、其他地下资源、水产资源、水力和其他经济上能够利用的自然力的提法中删除了"国有"字样。删除对公共性质企业的国营、公营规定。增加了对私营企业的国有化、公有化和农地征用时的补偿规定。

第八,宪法修改议案的提出,修改为由总统、民议院或参议院在籍议员的1/3

---

① 대한민국국회50년사, 국회사무처, 1998, 211-212면。

② 参见韩国国家法令信息中心,http://www.law.go.kr。

以上、民议院议员选举权者50万人以上赞成提出。同时增加规定，宪法修改相关规定不得改废。

四、1960年6月《宪法》

第2次宪法修改以后，李承晚在第3任(1956年)、第4任(1960年)总统选举中都因竞争对手的猝死，顺利当选总统。但在第4任总统选举中因当选为副总统的李起鹏在选举中进行了不公正操作，遭到国民谴责，遂引发韩国“4·19革命”。国会宣布第4任总统选举无效，导致李承晚下台，1960年4月27日形成了中立派首席国务委员许政为总统权限代行者的过渡政府。许政过渡政府以宪法修改为主要任务，推进了第3次宪法修改。1960年4月29日，国会组建由4名自由党、4名民主党、1名无党派人士组成的修宪起草委员会，[①]提出了以责任内阁制为主要内容的宪法修改议案，并于6月15日在国会获得通过。[②] 韩国宪法史上将1960年6月《宪法》称为第二共和国宪法。

1960年6月《宪法》于1960年6月15日开始施行。具体修改内容如下：[③]

第一，加强了公民基本权利的保障力度。对基本权利的限制由个别性法律保留修改为一般性法律保留(第28条第2款)，规定基本权利的本质内容不得限制。特别规定不得对言论、出版、集会、结社自由采取审查许可制。

第二，规定政党受国家保护，但违反宪法规定的民主基本秩序时可以由宪法裁判所通过判决予以解散。增加规定公务员的政治中立性原则，选举公务员的资格由原来的“所有国民”限定为“年满20岁的所有国民”。

第三，在一定程度上限制了民议院的权限。两院对提出议案的决议不一致时，交由民议院再次投票决定，其法定票数由原来的在籍议员的过半数出席、出席议员的过半数赞成，修改为在籍议员的过半数出席、出席议员的2/3以上赞成；赋予国务院在民议院提出不信任案时被动式解散民议院的权力。

第四，基于议会内阁制原理，限制总统权力，加强了以国务总理为首的国务院的权力。将原来的“第四章政府”章节拆分为“第四章总统”和“第五章政府”，以此表示两者权限的分离。以国务会议的议决为前提条件，限制了总统的大量权

---

① 윤화규, “대한민국헌법사에 관한 고찰(Ⅱ)：제헌헌법에서 제3공화국헌법까지”, 평화통일연구 제6집,대구대학교 평화통일연구소, 1989, 36면。

② 在籍议员共218名中211名出席进行记名投票，其中赞成票208票、反对票3票。대한민국국회50년사, 국회사무처, 1998, 256면。

③ 参见韩国国家法令信息中心，http://www.law.go.kr。

限。明确规定行政权属于由国务总理和国务委员组成的国务院,国务院向民议院负责。

第五,总统由两院协同会议选举产生,获得在籍国会议员 2/3 以上赞成当选;若第 1 次选举未产生当选者,则进行第 2 次选举;若第 2 次选举亦无当选者,则在第 3 次选举中以在籍议员 2/3 以上出席、出席议员过半数赞成当选。规定总统不得加入政党。

第六,国务总理经总统提名、由民议院通过产生。若总统的提名未获得民议院的同意,5 日内未再提名或第 2 次提名亦未获得民议院的同意,则由民议院自行选举产生。国务委员由国务总理任免,总统确认。国务总理和过半数的国务委员应为国会议员。国务总理担任国务会议议长,召集国务会议,代表国务院向国会提出议案,指挥监督行政各部门。行政各部长官由国务总理任免。

第七,规定受到弹劾之诉的人员,从决定提起弹劾之诉之日起至作出弹劾判决之日停止行使其权限。

第八,为了避免再次出现引发"4·19 革命"的不公正选举,新设"中央选举委员会"一章,设立中央选举委员会,由在大法官中选举的 3 人和政党推荐的 6 人组成,委员长由委员中的大法官选举产生。

第九,大法院的组成采用选举制。大法院院长和大法官由具有法官资格的人员组成的选举人团选举产生、总统确认。其他法官根据大法官会议的决议,由大法院院长任命。

第十,删除原有非常设性机构宪法委员会,设立专门的宪法裁判所。宪法裁判所由 9 名裁判官组成,由总统、大法院、参议院各选任 3 人,宪法裁判官任期 6 年,每 2 年改任 3 人。宪法裁判所享有违宪法律审判权、宪法最终解释权、国家机关权限争议审判权、政党解散审判权、弹劾审判权和有关总统、大法院院长、大法官的选举诉讼审判权。违宪法律审判和弹劾审判由 6 人以上裁判官赞成确定。

第十一,在财政方面,规定国会对预算案未能按期议决时遵循前一年度预算的制度;在地方自治方面,明确规定地方自治团体的负责人由直接选举产生。

五、1960 年 11 月《宪法》

根据 1960 年 6 月《宪法》,于 1960 年 7 月 29 日进行第 5 届国会议员选举,民主党过半数获胜。8 月 2 日,在国会两院协同会议中尹潽善当选为总统,8 月 19 日确定张勉为国务总理。新政府成立以后,国民要求对引发"4·19 革命"的不公正选举相关人员进行处罚,但司法机关的态度过于温和,导致各种示威与学生暴力事件发生。民主党与之妥协,为严惩不公正选举人员提出宪法修改议案,为溯及立法提供宪法依据。该宪法修改议案先后于1960年11月23日在民议院获得通过,于11月28日在参议院获得通过。① 这一次修宪是违反立宪主义法治秩序一般原理的宪法修改。

1960年11月宪法于1960年11月29日开始施行。具体修改内容如下:②

以宪法附则的形式规定,国会可以制定特别法,限制1960年3月15日进行不公正选举的人员、杀伤抗议该不公正选举国民的人员以及在4月26日以前利用特定地位做出明显的反民主行为和蓄财的人员等的公民权利;为处理前项刑事案件,可以设立特别裁判所和特别检察部。

根据这一宪法规定,国会先后制定了《关于不公正选举者处罚法》《反民主行为者公民权利限制法》《不公正蓄财者特别处理法》《特别裁判所及特别检察部组织法》等溯及立法。

六、1962年《宪法》

1961年5月16日,以朴正熙为首的军人发动政变,成立军事革命委员会,夺取了国家政权。5月19日,军事革命委员会更名为国家再建最高会议,并于6月6日制定《国家再建紧急措施法》。宪制秩序遭到破坏,宪法限于不与《国家再建紧急措施法》冲突的范围内发生效力。

1962年7月11日,国家再建最高会议成立特别委员会性质的宪法审议委员会,负责起草宪法修改草案。11月5日,国家再建最高会议议长朴正熙等23人向国家再建最高会议提出以总统制为主要内容的宪法修改草案,12月6日在国家再建最高会议获得出席委员22人的全票通过,12月17日进行国民投票,以78.8%的赞成票获得通过。③ 1962年宪法虽然采取了宪法修改的形式,但其本质是新宪法的制定。这一次修宪因军事政权主导修宪而受到诟病,但修宪采用国民投票的方式,在一定程度上体现了直接民主。韩国宪法史上将1962年《宪法》称

---

① 民议院和参议院均采取记名投票的方式,民议院共投票200人,其中赞成票191票、反对票1票、弃权票2票、无效票6票;参议院共投票52票,其中赞成票44票、反对票3票、弃权票3票、无效票2票。대한민국국회50년사, 국회사무처, 1998, 287-288면。

② 参见韩国国家法令信息中心,http://www.law.go.kr。

③ 全国有权者共12,412,798人中10,585,998人参加投票,其中赞成票8,339,333票、反对票2,008,801票、无效票237,864票。윤화규, “대한민국헌법사에 관한 고찰(Ⅱ):제헌헌법에서 제3공화국헌법까지”, 평화통일연구 제6집,대구대학교 평화통일연구소, 1989,52면。

为第三共和国宪法。

1962 年《宪法》于 1963 年 12 月 17 日开始施行。具体修改内容如下：①

第一，宪法序言增加规定“4・19 义举”与“5・16 革命”的理念，将朴正熙的军事政变进行了合法化。

第二，在总纲中确定了政党国家制度。规定设立政党自由，保障多党制，总统和国会议员候选人需由政党推荐，国会议员在任期中脱离或变更党籍则丧失国会议员资格。

第三，加强了国民的权利。在韩国宪法史上第 1 次规定国民拥有人的尊严与价值。规定国民享有选择职业的权利，享有享受正常人生活的权利，国家有加强社会保障的义务。具体规定了言论、出版、集会、结社的自由，限制了自证其罪的效力。

第四，确定了以总统制为中心的政权组织形式，但也遗留了部分议会内阁制的因素。国会改为一院制，任期 4 年。国会议员不得兼任国务总理和国务委员，国会可以提出对国务总理和国务委员的罢免建议，总统无特殊理由不得拒绝。总统由国民直接选举产生，任期 4 年，可连任 1 届。行政权属于以总统为首的政府，国务总理由总统任命，国务委员经国务总理提名，由总统任命。国务会议议长由总统担任。设置作为总统咨询机构的国家安全保障会议。

第五，大法院院长经法官推荐会议提名，由国会同意，总统任命，任期 6 年，不得连任；大法官经法官推荐会议同意，由大法院院长提请，总统任命。此时总统的任命权是形式上的权力，不得反对。废除宪法裁判所，将违宪法律审判权、政党解散审判权赋予大法院。

第六，弹劾审判权赋予国会下设的弹劾审判委员会。提起弹劾之诉，经国会议员 30 人以上联名提出，由国会在籍议员过半数赞成议决。弹劾审判委员会由大法院院长担任委员长，3 名大法官和 5 名国会议员一同组成，以 6 人以上赞成确定弹劾。

第七，中央选举委员会更名为中央选举管理委员会，由总统任命的 2 人、国会选出的 2 人和大法院法官会议选出的 5 人组成。委员长在委员中选举产生。选举管理委员会委员任期 5 年，不得加入政党、干预政治。

第八，宪法的修改由国会在籍议员 1/3 以上或国会议员选举权者 50 万人以上赞成提出。总统将宪法修改议案公告 30 日以上。国会应在公告之日起 60

① 参见韩国国家法令信息中心，http://www.law.go.kr。

日内对其进行议决，以在籍议员 2/3 以上赞成通过。国会通过的宪法修改议案，应交由国民投票，由国会议员选举权者过半数投票、参加投票的过半数赞成确定。

七、1969 年《宪法》

1963 年和 1967 年，朴正熙连续两次当选总统。到 1969 年，朴正熙为了继续执政，推进了以延长总统任期为主要内容的宪法修改。1969 年 8 月 7 日，国会 122 名议员联名提出宪法修改议案，9 月 14 日国会在籍议员 171 人中 122 人参加记名投票并以全票通过，[①]10 月 17 日进行国民投票，以 65.1% 的赞成票获得通过。[②]

1969 年《宪法》于 1969 年 10 月 21 日开始施行。具体修改内容如下：[③]

第一，将国会议员人数由原来的"150 人以上、200 人以下"修改为"150 人以上、250 人以下"，以此解决因人口增长导致的选区人口比例不均的问题。

第二，对限制国会议员兼职的规定进行了弹性规定。

第三，严格规定弹劾总统的条件，将提起弹劾总统之诉的要件从原来的"经国会议员 30 人以上联名提出，由国会在籍议员过半数赞成议决"修改为"经国会议员 50 人以上联名提出，由国会在籍议员三分之二以上赞成议决"。

第四，将总统任期限制由原来的两任改为三任。

八、1972 年《宪法》

1971 年朴正熙第 3 次当选总统。朴正熙为了终身执政，又一次推行了宪法修改。1972 年，朝鲜半岛南北双方就和平统一问题共同发表了"74 南北共同声明"。10 月 17 日，朴正熙以应对新的南北关系为借口采取紧急措施，解散国会，国会部分权力移交给非常国务会议，并要求进行宪法修改。10 月 28 日，宪法修改议案在非常国务会议上通过，并予以公告，11 月 21 日在国民投票中以 91.5% 的赞成票

① 대한민국국회50년사, 국회사무처, 1998, 425 면。

② 全国有权者共 15,048,725 人中 11,604,038 人参加投票，其中赞成票 7,553,655 票、反对票 3,636,369 票、无效票 414,014 票。윤화규, "대한민국헌법사에 관한 고찰(Ⅱ)：제헌헌법에서 제 3 공화국헌법까지", 평화통일연구 제 6 집, 대구대학교 평화통일연구소, 1989, 68 면。

③ 参见韩国国家法令信息中心，http://www.law.go.kr。

获得通过。[①] 这一次修宪未经国会议决，是军事政权在紧急措施状态下进行的修宪，修宪程序上存在瑕疵。韩国宪法史上将1972年宪法称为维新宪法，亦称第四共和国宪法。

1972年《宪法》于1972年12月27日开始施行。具体修改内容如下：[②]

第一，在宪法前文中明确规定和平统一原则，强调巩固自由民主的基本秩序。

第二，对国民基本权利进行了大幅度的限制。删除禁止侵害基本权利本质内容的规定、自证其罪无效条款和对拘禁的合法性审查规定，弱化言论、出版、集会、结社的自由，限制军人、警察等的国家赔偿权，限制公务员以及国营企业和对国民经济具有重大影响力的企业的工作人员的团结行动权等。

第三，弱化了政党国家化因素。废除总统候选人、国会议员候选人的政党推荐制度，禁止作为国家主权机关的统一主体国民会议代议员加入政党。

第四，增设统一主体国民会议，将其确定为国民主权机关。统一主体国民会议由国民直接选举产生的2000人以上、5000人以下的代议员组成，代议员任期6年，总统担任议长。统一主体国民会议享有统一政策审议决定权、总统选举权、三分之一的国会议员选举权、国会议决的宪法修改案最终确认权等。

第五，将国会章节从原来的统治机构第一部分调整到总统、政府之后，弱化了国会权限。国会行使立法权，国会由国民直接选举产生的议员和统一主体国民会议选出的议员组成，前者任期6年，后者任期3年。保留国会对国务总理与国务委员的罢免权，废除国会的国政监查权，缩短国会会期。

第六，以推进和平统一为由，大力加强了总统的权限。总统由统一主体国民会议以在籍代议员过半数赞成选举产生，任期6年，废除了原有的连任限制。总统既是国家元首，也是政府首脑。总统享有国民投票提交权、紧急措施权、解散国会权，并具有广泛的国家机构组成人员的任命权。

第七，司法权属于法院。废除原有的法官推荐会议，大法院院长经国会同意，由总统任命；其他法官经大法院院长提请，由总统任命。

第八，重新设置宪法委员会制度，由宪法委员会行使违宪法律审判权、弹劾审判权、政党解散审判权。一般的弹劾之诉经国会在籍议员1/3以上联名提出、由

---

① 全国有权者共15,676,395人中14,410,714人参加投票（投票率91.9%），其中赞成票13,186,559票、反对票1,106,143票、无效票110,812票。윤화규，“대한민국헌법사에 관한 고찰(Ⅲ)：제 4 공화국헌법으로부터 현행 제 6 공화국헌법까지”， 평화통일연구 제 7 집， 대구대학교 평화통일연구소，1990，9 면。

② 参见韩国国家法令信息中心，http://www.law.go.kr。

国会在籍议员过半数赞成通过。对总统的弹劾之诉经国会在籍议员过半数联名提出、由国会在籍议员2/3以上赞成通过。

第九,宪法的修改两元化。由总统提出的宪法修改议案交由国民投票,由国会议员选举权者过半数投票、参加投票的过半数赞成确定。由国会在籍议员过半数赞成提出的宪法修改议案经国会在籍议员2/3以上赞成确定宪法修改议案,并移交统一主体国民会议以在籍代议员过半数赞成确定。

九、1980年《宪法》

维新宪法的施行保障了朴正熙的专制统治。1978年朴正熙第5次当选总统,长期的专制统治导致国家治理上的诸多弊端,示威、罢工不断。1979年10月26日朴正熙被害,12月6日崔圭夏当选第10任总统。12月12日全斗焕发动军事政变,实际上掌握政府权力。1980年5月16日,学生在首尔进行大规模示威。5月17日,政府发布非常戒严令,军事反动势力镇压了民主运动。8月16日,崔圭夏总统辞职,8月27日全斗焕当选为第11任总统。

1979年11月26日,国会组建宪法修改审议特别委员会,着手修改宪法,但因5月17日发布的非常戒严令,无法召集会议,宪法修改工作被迫中断。1980年3月14日,政府组建宪法修改审议委员会,并起草宪法修改议案。该议案于9月26日在国务会议获得通过,10月22日在国民投票中以91.6%的赞成票获得通过。① 这一次修宪也是由军事政权在非常戒严状态下进行的一次修宪,未能充分反映国民对民主化的期盼。韩国宪法史上将1980年宪法称为第五共和国宪法。

1980年《宪法》于1980年10月27日开始施行。具体修改内容如下:②

第一,宪法前文中删除"4·19革命"与"5·16革命"的理念。

第二,在宪法中增加规定国家保护在外国民,国家军队保障国家安全与国土防御的义务。增加规定国家对民族文化的继承与发展义务,强调了文化国家原则。增加规定由国家补助政党运行资金。

第三,认识到维新宪法对基本权利保障的退步,恢复第三共和国时期的基本

---

① 全国有权者共20,373,869人中19,453,926人参加投票(投票率95.5%),其中赞成票17,829,354票。윤화규,"대한민국헌법사에 관한 고찰(Ⅲ):제4공화국헌법으로부터 현행 제6공화국헌법까지",평화통일연구 제7집,대구대학교 평화통일연구소,1990,32면。

② 参见韩国国家法令信息中心,http://www.law.go.kr。

权利保障体系,并进一步加强了基本权利保护。增加规定国民的幸福追求权,把国家保障人权义务中的用语由原来的“国民的基本人权”修改为“个人所拥有的不可侵犯的基本人权”;恢复禁止侵害基本权利本质内容的规定,以此强调了基本权利的自然法性质。增加规定国家增进社会福祉的义务,新增劳动者适当报酬保障规定、环境权保护规定、终身教育振兴规定等,体现了福祉国家宪法原则。在平等权方面增加规定婚姻与家庭生活中人的尊严与两性的平等。新增隐私权保护规定、刑事被告人无罪推定原则,删除部分权利的个别性保留条款。

第四,删除统一主体国民会议,但宪法中依然将“国会”章节放置在以总统为首的“政府”之后,遗留了维新宪法以总统为中心的政权组织形式。

第五,总统既是国家元首,也是政府首脑。总统由国民选出的选举人团以无记名投票选举产生,任期 7 年,不得连任。总统依然拥有紧急措施权、解散国会权,但加强了相关权力的行使条件。增设作为总统咨询机关的国政咨询会议与和平统一咨询会议。

第六,国会恢复一院制,国会议员由国民直接选举产生,任期 4 年。国会议员选举引入了一定比例的比例代表选举。规定国会对特定国政事件的调查权,但未恢复 1972 年修宪时所废除的国政监查权。增加规定了国会议员的廉洁义务和履职中国家利益优先原则。

第七,大法院院长任期 5 年,不得连任。一般法官的任命权回归至大法院院长。作为审判前置程序设置行政复议,行政复议准用司法程序。

第八,在经济方面体现福祉国家理念,规定国家适当规制和调整经济垄断。国家保护中小企业的成长,保障消费者保护运动,允许农地的委托经营,确立国家标准制度。

第九,在宪法修改方面,取消两元化规定。规定宪法修改议案经国会在籍议员 2/3 以上赞成议决,并由国民投票过半数赞成确定。宪法修改中特别规定,延长总统任期或变更连任规定的宪法修改,对该提案出台当时的总统不发生效力。

十、1987 年《宪法》

从 1983 年开始,国民要求修改宪法,确定总统直选制。1986 年 6 月,国会通过关于组建宪法修改特别委员会的决议,确定了宪法修改,但以全斗焕为首的执政党主张总统间接选举制,双方对峙加剧,1987 年引发了全国性的争取民主宪法修改的“6 月民主运动”。最终全斗焕政权妥协,进行了第 9 次宪法修改。1987 年

10月12日,以总统直选制为主要内容的宪法修改议案在国会获得通过,[①]10月27日在国民投票中以有权投票者78.2%投票、投票者93.1%赞成票获得通过。[②]这一次宪法修改是根据宪法修改程序,由执政党与在野党共同协商进行的,它为政权的和平交接提供了民主化基础。韩国宪法史上将1987年宪法称为第六共和国宪法。

1987年《宪法》于1988年2月25日开始施行。具体修改内容如下:[③]

第一,前文中明确规定,韩国继承了"3·1运动"建立起来的大韩民国临时政府法统和反抗不义的"4·19革命"民主理念,为主张对朝鲜半岛的领土与建国之前国民的归属提供了依据,同时也强调了国家的民主政治。

第二,在总纲中将在外国民的保护确定为国家的义务。规定国家基于自由民主基本秩序推进和平统一政策,政党的目的要符合民主,以此明确了韩国的防御性民主主义理念。明确规定国家军队的政治中立性。

第三,进一步加强国民的权利。规定限制公民的人身自由应适用正当程序原则、执行告知义务,并全面认定拘禁的合法性审查。加强对言论、出版、集会、结社等表现自由的保护。确定受到不起诉处分的刑事犯罪嫌疑人和刑事被告人的刑事补偿权,明确规定对财产权征用的正当补偿原则、最低工资制、对女性劳务的保护与妇女的保护。

第四,将国会的章节设置在第二章"国民的权利和义务"之后、第四章"政府"之前,体现出对以总统为首的行政权主体的牵制理念。废除对国会会期的限制,恢复了国会的国政监查权。废除总统的国会解散权,同时将国会对国务总理和国务委员的罢免议决权修改为罢免建议权,将国会和总统的权限相对独立起来,弱化了议会内阁制因素。

第五,总统选举改为直选制,任期5年,不得连任。将原来的紧急措施权限定为紧急财政、经济处分权与命令权,增设作为总统咨询机关的国民经济咨询会议。

第六,大法院院长任期6年。大法官经大法院院长提名、国会同意,由总统任命;一般法官经大法官会议同意,由大法院院长任命。

第七,恢复宪法裁判所,赋予违宪法律审判权、弹劾审判权、政党解散审判权、

---

① 国会在籍议员共272人中258人参加投票,其中赞成票254票、反对票4票。대한민국국회50년사, 국회사무처, 1998, 673 면。

② 윤화규, "대한민국헌법사에 관한 고찰(Ⅲ): 제 4 공화국헌법으로부터 현행 제 6 공화국헌법까지", 평화통일연구 제 7 집, 대구대학교 평화통일연구소, 1990, 53 면。

③ 参见韩国国家法令信息中心,http://www.law.go.kr。

国家机关权限争议审判权和宪法诉愿审判权。

第二节　宪法的基本原则

宪法的基本原则是宪法理念的基础,亦是指导宪法的原理。宪法的基本原则是国家机关和国民应遵循的最高价值规范,是解释包括宪法各条款在内的所有法律法规的基准,由它确定立法权的范围、界限以及国家政策决定的方向。①

韩国宪法基本原则的法理基础在于国民主权原则。基于近代立宪主义,国民主权原则导出了基本人权原则与法治原则。而作为政治理念,韩国明确了自由民主主义原则。

一、国民主权原则

韩国现行《宪法》第1条第2款规定,"大韩民国的主权属于国民,一切权力来自国民"。主权的所有者是所有国民,但主权的现实行使者则是由法律具体规定的行使国民投票权、选举总统权、选举国会议员权的选民。为了明确这一点,曾在1972年《宪法》中规定"国民通过其代表或国民投票行使职权"。

韩国宪法为了体现国民主权原则,结合了直接民主主义与间接民主主义。即国民主权原则体现在直接民主主义的国民投票制和间接民主主义的代议制。②代议制民主主义中选举是作为主权者的国民行使主权最有意义的手段,确保所有国民具有选举权与被选举权、具有均等参加选举的机会,是民主国家保障国家权力民主正当性的不可或缺的前提。③ 为了预防代议制有可能导致的专制弊端,采用了横向分权制衡制度、地方自治制度与多党制。

二、自由民主主义原则

韩国现行《宪法》第1条第1款规定,"大韩民国是民主共和国"。"民主共和国"是"民主国"和"共和国"的合称,民主国即体现民主主义。④ 此外,韩国现行《宪法》明确规定,宪法的目的是更加牢固自由民主的基本秩序(前文),国家统一

---

① 성낙인, 헌법학, 법문사, 2019, 128 면。
② 헌재1999.5.27. 선고98 헌마214 판결。
③ 헌재2003.9.25. 선고2003 헌마106 판결。
④ 한국헌법학회, 헌법주석I, 박영사, 2013, 55 면。

要立足于自由民主的基本秩序(第4条),政党的目的与活动不得违背民主的基本秩序(第8条第4款),国家依照民主主义原则由法律规定劳动义务的内容和条件(第32条第2款)。这些都体现了韩国所追求的自由民主主义基本秩序。

韩国主张基于政治性基本原理的自由民主主义,主张通过基于多党制的多元主义、民主的选举制度、保护少数派的多数决原理等制度实现自由民主主义。韩国宪法反对人民民主主义。因南北对峙,韩国的民主主义体现为防御式民主主义。

韩国宪法裁判所明文指出,危害自由民主的基本秩序是指所有的暴力性统治和恣意性统治,即指一人专制和一党专制,以及危害以国民自治、自由、平等为基本原则的法治主义统治秩序的行为。具体而言,是指对基本人权的尊重、权力分立、议会制度、复数政党制度、选举制度、以私有财产和市场经济为基础的经济秩序以及司法权独立等国家内部体制进行破坏、变革的行为。①

三、基本权利保障原则

基本权利保障是近代立宪主义的基本原理之一。韩国现行《宪法》第10条后半部分规定,国家有义务确认和保障个人拥有的不可侵犯的基本人权。1962年《宪法》首次明文规定了国家对基本权利的保障义务,1980年《宪法》增加规定了国家对基本权利的确认义务。

国家的基本权利保障义务,是指国家负有保障基本权利的法益免受来自国家和他人的违法侵害的义务,具体包括禁止国家公权力对基本权利的侵害、国家积极实现基本权利以及防止私人间侵害基本权利等的义务。②

关于国家对基本权利的确认,首先在韩国现行《宪法》第10条前半部分以抽象性规定形式规定了"所有国民拥有人的尊严和价值,享有追求幸福的权利",然后再具体规定了国民的社会权、自由权、救济权等诸多权利。

四、法治原则

韩国宪法没有明文规定法治原则,但是通过基于法律的基本权利限制(第

---

① 헌재 1990. 4. 2. 선고 89 헌마 113 판결。

② 성낙인, 헌법학, 법문사, 2019, 978－980 면。也有学者将国家的基本权保障义务分为法律制度的形成义务(包括形成实现基本权的组织与程序的义务、形成救济基本权的组织与程序的义务)、对来自国外势力与自然灾害侵害的保护义务、对来自第三者侵害的保护义务。한국헌법학회, 헌법주석I, 박영사, 2013, 373－381 면。

37条第2款)、禁止溯及立法(第13条第1款、第2款)、委任立法的限制(第75条)、司法权的独立(第103条)等宪法规定,体现了法治主义。

韩国主张实质意义上的法治主义,即良法之治。宪法实践中法治原则主要体现在基于刚性宪法上的宪法优位原则、基本权利保护与实质性正当程序原则、权力分立原则和禁止抽象性委任立法原则、规范合宪性审查与权利救济制度化以及其他的派生原则,如信赖保护原则、溯及立法的禁止、体系正当性原理等。①

五、社会福祉国家原则

1919年《魏玛宪法》规定社会权,之后社会国家原理逐步发展为国家基本原则,韩国称之为社会福祉国家原则。② 韩国宪法从1962年《宪法》开始强调国家的社会保障义务,到1980年《宪法》增加规定了国家的社会福祉增进义务。社会福祉国家原则具体体现在以下几个方面:

第一,广泛地规定社会权。具体规定享受正常人生活的权利、劳动方面的权利、受教育方面的权利、保健方面的权利、环境权、对弱势群体的保护等。同时也规定了保障社会福祉所需的国民的相关义务,如受教育的义务、劳动的义务、环境保护的义务、纳税的义务等。

第二,对财产权的保护限定了社会属性。明确规定财产权可以依法进行限制,财产权的行使应符合公共福利。

第三,对经济的民主化进行了限制。规定国家维护国民经济的均衡发展和稳定,维持适当的收入分配,防止市场支配力的滥用,为通过经济主体间的协调从而实现经济民主化,可以对经济进行规制和调控。

六、文化国家原则

文化,是指包括文化艺术、生活习惯、共同体生活方式、价值体系、传统以及信念等在内的社会或社会组成人员所固有的精神、物质、知性、感性等特性的总和。③ 文化国家,是指国家保障个人的文化自由与自律的同时为实现个人的文化

---

① 성낙인, 헌법학, 법문사, 2019, 255－262면。

② 韩国宪法裁判所使用社会国家、社会福祉国家、福祉国家、民主福祉国家等诸多用语。

③ 参见《文化基本法》第3条。

生活而积极努力的国家。① 韩国现行《宪法》前文指出，使所有人在文化等领域内机会均等，并且在总纲的第 9 条中明确规定，国家应致力于传统文化的传承、发展和民族文化的繁荣。文化国家原则具体体现在以下几个方面：

第一，文化国家原则通过国家的相关课题或责任得以实现，与国家的文化政策密不可分。当今文化政策的焦点不应在文化本身，而应聚焦于提供产生文化的土壤。②

第二，保障国民文化方面的基本权。例如，良心自由、宗教自由、表现自由、学问和艺术的自由等。

第三，保护文化遗产等创作物。韩国现行《宪法》第 22 条第 2 款规定，著作者、发明家、科学技术者和艺术家的权利由法律保护。为了落实文化国家原则，韩国专门制定了文化基本法。

七、国际和平主义原则

和平与发展是当今时代的主题。韩国现行《宪法》前文明确指出，立志对内通过致力于国民生活的均等提高、对外为永久的世界和平和人类的共同繁荣作出贡献，从而永远确保我们和子孙们的安全、自由和幸福；第 5 条规定韩国致力于维护国际和平，否认侵略战争，以此明确主张国际和平主义原则。具体体现在以下几个方面：

第一，和平统一原则。韩国现行《宪法》在前文中阐明和平统一原则；在第 4 条明确规定，韩国崇尚统一，制定并推进立足于自由民主基本秩序的和平统一政策；在第 66 条、第 69 条中规定总统负有实现和平统一的义务。

第二，尊重国际法。《宪法》第 6 条第 1 款规定，根据《宪法》缔结、公布的条约以及普遍得到承认的国际法具有与国内法同等的效力。

第三，保障外国人法律地位。韩国现行《宪法》第 6 条第 2 款规定，外国人的地位依照国际法及条约的规定受到保障，采取了外国人保护相互主义。为了更好保护外国人权益，韩国专门制定了《在韩外国人待遇基本法》。

---

① 성낙인, 헌법학, 법문사, 2019, 288 면。

② 헌재2004. 5. 27. 선고2003 헌가1 등 판결。

第三节 国民的权利与义务

一、基本权的一般理论

(一)人权与基本权

民主主义初期,通过英国的《自由大宪章》(1215)、《权利请愿书》(1628)、《人身保护法》(1679)、《权利法案》(1689)等,确立了保障人类自由与权利的一系列制度。近代社会人类自由与权利的制度化是从自然法论、社会契约论及其启蒙主义思想家的影响下所出现的18世纪末法国与美国的市民革命开始的。

人的自由与权利,时而称为"人权"或"自由与权利",时而称为"基本权"。这些表述的混同,引发了区别这些称谓的问题。在自然法论与社会契约论中,可以找到人权概念的历史性、哲学性基础。1789年,法国《人权宣言》阐明了人权神圣而不可侵犯的原则,其第1条规定"人生来就是而且始终是自由的,在权利方面一律平等"。德国的1919年《魏玛宪法》与1949年5月23日制定的《德国基本法》第1条和第19条中,使用了"基本权"一词。由于人权是人的自然权利,因此不仅在法律领域,在哲学、社会学的领域中也有论及。而基本权是基于自然权思想的天赋人权论,因此应在宪法保障的一系列关于自由与权利的规范体系中加以理解。

在韩国《宪法》中既没有像法国《人权宣言》那样区别"人的权利与市民权利",也没有像《德国基本法》那样使用了"基本权"一词。在韩国现行《宪法》前文中,使用了"自由与权利""安全与自由和幸福"的词句,并在第二章"国民的权利与义务"第10条至第37条中规定了国民的自由与权利。由此看来,基本权包括人权与国民的权利。因此,理解基本权,应当在近代市民革命中确立的近代自然法论中寻找突破口。基本权意味着超国家之自然权的实定权,应当基于近代自然法论的"人的自由与权利"出发,依照法的实存主义,来论述展现在国法秩序下的"国民的自由与权利"。

(二)基本权的主体

基本权的主体,是指由宪法所保障的自由与权利(基本权)的享有者。韩国现行《宪法》在第二章规定保障所有国民的基本权利,因此基本权的享有者原则上是国民。根据施密特的解释,基本权是超国家存在的权利,并非国家依照其制定的法律所赋予,而是对已有的权利加以承认及保障。不具有国民资格的外国人可以成为人权意义上的基本权主体,相反,在国民中也可能存在限制基本权的人。

根据基本权的属性，法人也可以享有基本权。① 就基本权之享有而言，可以区别基本权之保有能力与基本权之行为能力。基本权之保有能力是指能够保有以及享有基本权的能力。根据韩国现行《宪法》，所有国民都具有基本权之保有能力。基本权之行为能力是指基本权的主体行使特定基本权的能力。尤其是未成年人或儿童的基本权之行为能力，会根据各个基本权而有所不同。例如，对于选举权与被选举权，即使是具有基本权之保有能力的人，也只有达到一定的年龄，才能被认可具有基本权之行为能力。然而，对于人的尊严与价值、幸福追求权、身体的自由等而言，其基本权之保有能力与基本权之行为能力是一致的。

1. 国民

韩国国民中的一般国民，不分性别、年龄、社会身份，都可以成为基本权的主体。成为韩国国民的条件由法律规定，其国籍法中具体规定条件。就胎儿或死者而言，在原则上不能成为基本权的主体，仅在例外的情况下可以成为基本权的主体。虽说未成年人也是基本权的主体，但在行使基本权时，要受到一定的限制。宪法裁判所承认儿童与青少年的人格权的同时，判定儿童也具有决定教育环境的权利和自由享有文化的权利。②

在特殊身份关系中，公务员、军人、军务人员、警官、国家公立学校的学生及服刑人员等作为基本权主体是无可置疑的，但由于身份上的特殊性，受宪法和法律的限制程度将有所不同。韩国现行《宪法》规定中，公务员的政治活动权、军人与公务员的裁判请求权和国家赔偿权、公务员等的劳动三权和服刑人员在关于刑罚执行及收容者待遇的法律规定中的通信自由会受到限制。

在外同胞分为在外国民与外国国籍同胞。在外国民享有与一般国民同等的待遇。外国国籍的同胞在一定的条件下可以享受国民待遇。

2. 外国人

外国人是指不具有韩国国籍的人。外国人包括外国国籍者、多国籍者及无国籍者。此时外国人的范围原则上是指滞留在韩国的外国人。韩国宪法中尚未对外国人能否享有基本权作出规定。韩国现行《宪法》第 6 条规定："外国人的地位依照国际法和条约的规定受到保障。"因此对是否可以认可外国人的基本权主体性存在争议。尤其是近期随着外国人的国内就业、国内投资、偷渡等现象的增加，对外国人的基本人权保障问题，成为了现实焦点。

---

① 성낙인,헌법학, 제20 판, 법문사, 2020, 926 면。

② 헌재2004. 5. 27. 선고2003 헌가1 판결;헌재1993. 5. 13. 선고92 헌마80 판결。

在韩国国内学界，曾一度根据法实证主义的宪法观念主张外国人不具有享有基本权的资格。因为宪法规定为国民，所以外国人不能包括在国民的概念之中。另外，统合理论也把基本权视为共同体统一过程的价值程序，因此原则上否认外国人的基本权主体性。作为一种特殊的法律权利，应当通过立法政策决定该事项。①

根据肯定说，宪法裁判所认为，应承认国民或者与国民处于类似地位的外国人的主体性，②即外国人可以享有人权范围内的人的尊严及追求幸福的权利，而不是所有的基本权无限被认可。虽然在国民概念中对外国人基本权主体性的讨论存在差异，但现实中对外国人的个别基本权予以保障。韩国《公职选举法》第15条第2款规定，在选举地方自治团体之议会议员或首长时，对满足一定条件的外国人赋予选举权。韩国《住民投票法》第5条第2款也规定，对于满足一定条件的外国人赋予投票权。

3. 法人

法人根据所在地分为国内法人和外国法人，根据法律形态分为私法人和公法人。法人理论发展到今天，即使法人的意志和行为是依靠自然人来实现的，但与自然人不同，法人是独立的超个人组织体。虽然韩国宪法对法人的基本权享有能力未作出明文规定，但根据基本权的性质，比较广泛适用于法人的基本权有平等权，职业选择的自由，居住、迁徙的自由，通信的自由，言论、出版、集会、结社的自由，财产权，裁判请求权，国家赔偿请求权等。

(1)私法人

韩国承认私法人的基本权主体性。私法人包括社团法人、财团法人以及不具有法人资格的社团。

(2)公法人

大部分学说认为，在原则上很难认可公法人的基本权主体性。国家或国家机关处于具有保护和实现国民基本权利的义务的地位。③ 因此，宪法裁判所否认国会的劳动委员会、地方自治团体或其机关的地方自治团体负责人和地方会议的主体性。④ 但是，公法人对基本权保护的生活领域或实现自然人的个人基本权利作出贡献的、在组织法上独立于国家或作为司法上的权利主体进行法律行为的，可

① 对于外国人的基本权主体性并没有完全给予否定，大部分主张对参政权和社会权应当保留。

② 헌재2001. 11. 29. 선고99 헌마949 판결。

③ 헌재1994. 12. 29. 선고93 헌가120 판결。

④ 성낙인,헌법학, 법문사, 2019, 931 면。

以例外适用。①

(3)外国法人

外国法人,如同作为自然人的外国人,在满足一定条件下予以认可,同时遵循互惠主义原则。但外国公法人不可能存在于主权国家,因此不具有承认与否的争议。

(三)基本权的效力

以基本权的作用所波及的范围是否仅限于国家权力为标准,基本权的效力可以分为对国家的效力与对私人的效力。基本权源于防御国家侵害基本权利所保护的自由领域,应当认定基本权对国家的效力。但随着社会主体的多元化以及国家行为方式的多样化,社会强势主体以及与国家有紧密联系的企业或者个人都可能对个人的基本权利进行限制或者侵害,由此产生了认定基本权对私人的效力。

1. 基本权对国家的效力

历史上的基本权被确立是为了对抗国家,因此基本权具有防御性。同时基本权又是各个国民所享有的主观性公权利,因此国民可以向国家请求积极的作为或不作为。由此可知,基本权当然具有对国家的效力。韩国现行《宪法》第10条后段规定"国家有义务确认和保障个人拥有的不可侵犯的基本人权"。韩国宪法中没有对基本权的国家效力作出明文规定。

原则上基本权可以约束所有的国家作用,但根据国家作用的性质或内容,会存在约束力的差异。基本权对立法作用的约束力,可以参照《宪法》第10条、第37条第2款以及第111条(宪法法律审判与宪法诉愿审判)。国会的立法权享有法律的合宪性推定原则与宪法一致的法律解释原理的保障。但即使是由国会制定的法律也不能侵害《宪法》第37条第2款规定的基本权的本质内容,同时不能违背比例原则(禁止过剩的原则)。国家执行权的作用亦受基本权的约束,根据法治主义原理,未依照法律不得限制国民的基本权。基本权对执行权的约束,可以参照《宪法》第107条第2款(命令、规则、处分的违宪、违法审查)的规定。根据《宪法》第27条(裁判请求权)以及第103条(法官的独立)的规定,基本权对司法也进行约束。法院的裁判程序与裁判内容要受"基本权尊重原则"的约束。然而,宪法裁判所第68条第1款却禁止对法院裁判的宪法诉愿。修宪权也受约束

---

① 大学、言论机关(广播电视台)或对畜协中央会等部分公法人团体,考虑其特点认定其主体性。

于人的尊严与价值,因此宪法的修改应向保护并扩张基本权的趋势推进。①

2. 基本权对私人的效力

如果基本权的效力不影响私人之间的关系,那么随着资本主义社会的发展,巨型社会势力与个人之间很可能会因为力量的差异,产生基本权保障的死角地带。诸如大型企业、政党、新闻单位等巨型组织或团体完全可以对未被组织化的个人,行使相当于公权力的影响力。这种巨型组织或团体可以称为"私政府"(private government)。由此可知,有必要将基本权的效力波及个人与巨型组织或团体之间的关系中。然而基本权对私人之间的效力,不能无限制地扩张。就私法领域的交易而言,只有在两者之间的力量显著不均衡,导致"合同自由"名存实亡的情况下,才可以认可基本权对私人之间的效力。

有关基本权对私人的效力的问题,主要有私企业的辞职制度与男女工资差别待遇的问题、由于新闻机关的报道而引发的侵害人格权(名誉权)的问题、对新闻机关的接近权问题、私立学校的宗教教育问题、公害问题等。

韩国宪法虽然在原则上立足于间接适用说,但是根据宪法规定或宪法解释,既有否定基本权对私人的效力的基本权,也有直接适用对私人的效力的基本权。不具有对私人的效力的基本权有请求权性质的基本权、司法程序性质的基本权、参政权、溯及立法导致的参政权限制、禁止剥夺财产权(《宪法》第13条第2款)等。直接适用对私人的效力的基本权有劳动三权、言论出版的自由、狭义上人的尊严与价值、幸福追求权等。

(四)基本权的限制

宪法规定应当最大限度地保障基本权。但是基本权不是绝对的,不是在任何情况下都不能限制。然而,该限制应当保持在不侵害基本权本质内容的最小限度内。

1. 限制基本权的一般原则

韩国现行《宪法》第37条第2款规定,"国民所有的自由和权利,除了保障国家安全、维持秩序或公共福利所必要的情形之外,不得由法律进行限制,并且即使限制也不得侵犯自由和权利的本质内容"。本条规定了宪法上限制基本权的一般原则与限制基本权的界限。本条款是宪法限制基本权的一般法律保留条款。宪法个别法律保留条款与本条款,属于特别法与一般法的关系。

① 성낙인,헌법학, 법문사, 2019, 935 면。

原则上，基本权应以法律加以限制。法律是指由国会制定的形式意义上的法律。① 与法律具有同等效力的紧急命令、紧急财政经济命令以及国际条约作为限制基本权一般原则的例外情形，也可以限制基本权。

2. 限制基本权的对象

虽然宪法规定为“所有的自由与权利”，但在任何情形下都不得限制类似于良心的自由等内在意愿的绝对基本权。

3. 限制基本权的目的（合目的性审查）

为了实现“保障国家安全、维持秩序、公共福利”的目的，可以用法律限制基本权。保障国家安全包含国家的存续、维持宪法基本秩序等，可以理解为保障国家的独立、保全领土、保障宪法与法律功能、保持依宪法设立的国家机关等。维持秩序是指维持社会公共之安宁秩序。广义的维持秩序是指除了保障国家安全以外的秩序之维持，即他人的权利维持、道德秩序维持、社会公共秩序维持等。相比国家安全保障和维持秩序具有的消极目的，公共福利则具有积极体现现代社会福祉国家之宪法理念，它是指实现全体社会组成人员的公共利益。《宪法》第 37 条第 2 款规定以限制基本权为目的，明示着公共福祉，但第 23 条第 3 款却规定根据公共需要而限制财产权与对该限制进行损失补偿的制度，因此，有关这两项规定的相互关系存在争议。

4. 限制基本权的必要性（禁止过剩原则 = 比例原则）

“必要的情形”是指为了保障国家安全、维持秩序、公共福利，不可避免地要限制基本权的情况（补充性的原则），该限制应当止于最小的限度（最小侵害的原则），该限制应当适合实现所要保护的法益（适合性的原则），所要保护的法益与所要限制的基本权之间，应当有相当的比例关系（比例的原则）。② 这一点正符合《宪法》第 10 条后段中规定的“国家担负确认和保障基本人权的义务”。现如今比例原则被理解为法律的一般原则，成为广泛通用于公法与私法的原则。比例原则的内容包括目的的正当性、方法的适当性、侵害的最小性、法益的均衡性，这是对法律违宪性判断的标准。

5. 限制基本权的界限（禁止侵害基本权的本质内容）

韩国现行《宪法》第 37 条第 2 款的规定源于德国基本法第 16 条第 2 款关于“任何情形下都不得侵犯基本权的本质内容”的规定。韩国 1960 年第二共和国宪

---

① 헌재2010. 8. 30. 선고2009 헌바128 판결。

② 성낙인,헌법학, 법문사, 2019, 961 면。

法中首次进行规定,1972 年《宪法》中删除了该项条款,并在 1980 年《宪法》中重新规定。就基本权的本质内容而言,存在如下 3 种学说。一是绝对说,认为在基本权的内容中本质内容是任何理由也不能侵害的核心领域,应当予以绝对的保护。二是相对说,认为应当按照个别基本权,通过对其利益与价值的衡量,具体确定本质内容,同时可以根据需要作出限制。三是折中说,首先肯定对基本权之核心的绝对保护,但是认为为了共同体的存续,为了保护必要的法益,可以例外性允许侵害个人的基本权。

6. 限制基本权的例外

(1)国家在紧急状态下的基本权限制

国家在紧急状态下,基本权受具有实质性法律效力的紧急立法的限制。依照《宪法》第 77 条,宣布非常戒严时,可以对令状制度,言论、出版、集会、结社的自由采取特殊的措施。韩国戒严法第 9 条把作为特殊措施对象的基本权扩大到了居住、迁徙的自由与劳动者的团体行动。同时,在非常戒严下可以对平民适用军事裁判。

(2)特殊身份关系中的基本权限制

在特殊身份关系方面,因身份关系的特殊性,允许对部分基本权的限制。所谓特殊身份关系,是指依据法律规定或当事人的同意等特殊性法律原因所成立的,在能够达成公法上特定目的的必要限度内,由一方当事人整体性地支配对方,对方对此表示服从的法律关系。特殊身份关系强制成立的,限制相关权利应当具有宪法上的根据。例如,宪法上限制公务员的劳动三权(第 33 条第 2 款);限制军人、军务员、警察公务员等的国家赔偿请求权(第 29 条第 2 款);军人、军务员的军事裁判原则(第 27 条第 2 款、第 110 条第 1 款)等。特殊身份关系是根据当事人之间的协议成立的,限制相关权利应当具有法律上的根据。只有在法律中存在成立该特殊身份关系的根据时,才能作出限制。例如,公务员关系或国立、公立学校的学生,以及住院的传染病患者等。[①] 但不能以特殊身份关系为理由,将其彻底排除在司法审查的对象之外。因此,特殊身份关系中的基本权限制,可以提请行政诉讼或宪法诉愿。

(3)根据条约规定的基本权限制

可以依据国家之间的条约或多边性国家条约限制基本权。《联合国人权规约》等多国间的条约是为了保障基本权而制定的,但经国会同意批准的关于相互

---

① 김철수, 헌법개설, 박영사, 2015, 124 면。

援助或安全保障的条约、重要国际组织相关条约、友好通商航海条约、有关主权制约的条约和一般被承认的国际法规具有与法律同等的效力,因此可以限制基本权。

(4)根据宪法修改的基本权限制

限制基本权的理论,对宪法修改也具有影响。原则上不能通过修宪,限制基本权。即使根据宪法修改,也不得违背宪法尊重基本权的原则废止基本权或侵害基本权的本质内容。

二、人的尊严与价值以及幸福追求权

(一)人的尊严与价值

1.宪法规定与内容

人的尊严与价值是给予人以人格的待遇,是对独立的人格所作出的评价。人类曾因古代时期的奴隶制度、中世纪的农奴、人口贩卖等,没有获得其人格的待遇。确立近代立宪主义的过程中依据启蒙主义、人文主义的思想潮流,自然法原理中的“尊严”成为《人权宣言》中的基本精神。1962年,韩国第三共和国宪法首次对人的尊严与价值作出了明文规定。

韩国现行《宪法》第10条是保障基本权的一般性原则,是对“人的尊严”这一伦理、自然法原理的宪法规范化。“所有国民拥有人的尊严和价值,享有追求幸福的权利。”享有人的尊严与价值的主体是自然人,包括本国国民与外国人。虽然胎儿不能称为法律上的自然人,但胎儿也可以成为生命权的主体,因此应当认可其“人的尊严与价值”的基本权主体性。

首先,人的尊严与价值作为国家的根本秩序,约束所有国家权力,就国家作用而言,是其目的与价值判断的标准。其次,人的尊严与价值作为最高规范,是解释法令的内容与效力的最高标准。最后,人的尊严与价值既是宪法修订的界限,又是限制基本权的界限。作为主观公权利的人的尊严与价值,可以理解为一般性人格权。一般性人格权包括名誉权、生命权、姓名权、肖像权等。宪法在个别基本权中,也特别强调人的尊严。例如,“劳动条件的标准,由法律规定,以保障人的尊严”(第32条第3款)。“婚姻和家庭生活应当以个人尊严和两性平等为基础成立并维持,国家对此进行保障”(第36条第1款)。

2.限制与界限

人的尊严与价值,其中生命权是其具体基本权,对于是否可以依照法律认可死刑制度,大法院与宪法裁判所都作出了合宪决定。人工终止妊娠即堕胎,是胎儿的生命权与孕妇的自我决定权之间的冲突问题,因此,在两个基本权能够调和的范围内可以认可该行为。就安乐死而言,很有必要依照严格的要件去认可该行为。在正当防卫、紧急避险导致的杀人行为产生相关法益的冲突时,应当朝着追求更上位的法益去解决问题。根据《宪法》第37条第2款的规定,不得侵害人的尊严与价值的本质内容。

(二)幸福追求权

1. 宪法规定与内容

虽然韩国现行《宪法》在条文中将幸福追求权与人的尊严与价值并列规定在一起,但应当将其视为独立的基本权。韩国在1980年《宪法》中首次规定了幸福追求权。

韩国现行《宪法》第10条明确规定了"享有追求幸福的权利",那么可以说幸福追求权具有独立的基本权性质,同时可以与别的基本权相结合,成为推导出未在宪法中列举的新基本权之根据。幸福追求权具有与人的尊严与价值密不可分的关系。幸福追求权的主体是自然人,包括本国国民与外国人。法人不能构成幸福追求权的主体。幸福追求权也与其他基本权一样,直接约束立法权、行政权、司法权等国家权力。根据私法上的一般原则,对私人之间也可以适用幸福追求权。幸福追求权包括一般行动自由权、个性的自由发展权、自我决定权、合同自由、身体不受损毁的权利、和平生存权,还包括生命权、休息权、睡眠权、日照权、运动权等。

2. 限制与界限

幸福追求权不能侵害他人的权利或道德以及宪法秩序。为了保障国家安全、维持秩序、公共福利,限于必要的情况下,可以限制幸福追求权。例如,系上机动车安全带的义务,不能视为侵害一般行动自由权的行为。但不能侵害幸福追求权的本质内容。

三、平等权

(一)宪法规定与内容

平等与自由相提并论,被认为是世界人权发展史上最初被主张维护的权利。现如今,平等已然成为世界所普遍认可的宪法价值。平等的思想可追溯到古希腊,平等原则的确立则是近代的事情。现在几乎所有国家的宪法都规定了平等原则的条款。

韩国现行《宪法》第11条规定不仅是宪法裁判所表明的作为主观公权利的平

等权,同时也是保障基本权的宪法最高原理。第 11 条第 1 款中规定法律面前的平等;禁止以性别、宗教、社会身份为由进行歧视;禁止在政治、经济、社会、文化等各生活领域中进行歧视。第 2 款否认社会上的特殊阶级。第 3 款规定了荣典一代的原则。此外,对个别平等原理进行规范,如《宪法》第 31 条规定教育的机会均等,第 32 条规定禁止歧视女性劳动者,第 36 条规定婚姻与家庭生活中的两性平等,第 119 条第 2 项规定经济的民主化。

1. 法律面前的平等

宪法上法律面前的平等,不只是对单纯法律原理的宣言,而是作为主观公权利的基本权,人皆有之。"法律",不仅包括单纯由国会制定的法律,还包括所有法规范。因此,法律、命令、条例、规则等所有形态的法规范,都不能违反作为自然法原理的平等原理。"平等"不是指否定一切差别待遇的绝对平等,而是指相对平等,即不能在立法与法律适用中,规定没有合理根据的差别。就相对平等的标准而言,有合理性原则、禁止恣意原则、衡平与正义原则等。

2. 违背平等原则的审查标准

平等原则的审查标准,包括合理的审查标准与严格的审查标准。严格的审查标准是指根据比例原则的审查,即以如下标准进行审查:是否具有正当的差别目的、差别对待的适合性、差别对待的不可避免性或必要性、法益均衡性。合理的审查标准是指根据禁止恣意原则的审查,即是否存在差别对待、是否存在差别对待的恣意性。

(二)限制与界限

韩国现行《宪法》第 8 条属于宪法上平等权的例外,比起一般结社而言,该条认可了政党的特权。同时,总统在职期间享有刑事上的特权(第 84 条),国会议员享有免责特权(第 45 条)与不被逮捕特权(第 44 条)。国家有功者、伤残军警、阵亡军警的遗属具有就业优先权(第 32 条第 6 款)。属于公务员的劳动者,限于法律规定范围的人员,具有团结权、团体交涉权及团体行动权(第 33 条第 2 款)等。

四、自由权

各国宪法规定了保障国民的各种自由权,这是基于近代自然权法思想中自然权的原理。在自由主义、个人主义的近代自然法论的影响下,自由权成为宪法上的基本原理。

自由权,是指个人的自由领域不受来自国家权力之侵害,是一种消极权利。自由权不是积极地向国家请求作为的权利,而是消极地排除来自国家权力之侵害的防御权。自由权是对国家的防御权,因此约束所有国家权力。但是,在私人之间自由权原则上以间接的方式适用。

1. 人身的安全与自由

人身的安全与活动的自由,不仅是韩国现行《宪法》第10条规定的"人的尊严与价值、幸福追求权"的内容,也是第12条等规定的宪法上身体自由的内容。人身安全与自由包括生命权、身体不受损毁的权利。《宪法》第36条第3款规定的保健权,由于其性质上属于社会权,因此在社会权的部分对其进行论述;其实,在很大程度上,也属于人身安全。宪法裁判所认为,第12条第1款规定的"所有国民具有人身自由"中的"人身自由",是指身体的安全性不受来自外部的物理力量或精神危险的侵害的自由和可以任意、自主地进行身体活动的自由。①

(1)生命权

①宪法规定与内容

韩国现行《宪法》没有关于生命权的明文规定,但是就生命权的根据而言,不仅可以从《宪法》第10条的人的尊严中寻找到根据,还可以从《宪法》第12条的规定中寻找到根据。由于生命是人的身体安全与自由的本源性基础,因此规定人身安全与自由的《宪法》第12条也是生命权的根据。即使宪法上没有明文规定,生命权也是基于人类的生存本能和存在目的的历史经验和自然法权利,是作为宪法规定的所有权利的前提的基本权中的基本权。②

作为自然法权利,无论是国民还是外国人都享有生命权。根据生命权的本质,法人不可以成为该权利的主体,只有自然人才可以成为该权利的主体。生命权约束所有国家权力,同样对私人相互之间关系也具有效力。即使是生命权的主体,也不能随心所欲地限制自己的生命。

②限制与界限

在1996年和2010年的判决③中,曾经探讨过死刑制度是否侵犯了生命权的本质内容。根据韩国现行《宪法》第37条第2款的规定,根据这些一般法律保留的条款,似乎生命权也可能受法律限制。但是,由于生命权的特殊性,生命权的限制能否成为法律保留的对象成为争议。虽然剥夺生命的行为也可以视为对生命权之本质内容的侵害,然而在例外的情况下,不得不容忍这一行为。"例外

① 헌재1992. 12. 24. 선고92 헌가8 판결。

② 헌재1996. 11. 28. 선고95 헌바1 판결。

③ 헌재1996. 11. 28. 선고95 헌바1 판결; 헌재2010. 2. 25. 선고2008 헌가23 판결。

的情况”是指为保障其他生命或保障不比生命价值低的公共利益不可避免的情形。

堕胎是胎儿的生命权与孕妇的自我决定权之间的冲突。以堕胎的形式剥夺生命的行为，会造成无法挽回的后果，因此应当在尽可能小的范围内认可堕胎的自由。

积极的安乐死是指由于无回生可能性的疾病，对于濒临死亡的患者，为了使其体面死亡，依照其意思或者在患者没有意识的情况下依照监护人的意思，人为缩短生命的行为。就积极的安乐死而言，相当于依嘱托承诺的杀人甚至故意杀人，因此原则上不能被认可。不采取人为延长生命措施的消极安乐死，在严格的条件下可以认可。尤其是在医学上，患者没有恢复意识的可能性，与生命相关的重要身体功能丧失，依患者的身体状况，在短期内即将死亡的特征明显，即对于身处“不能恢复的死亡阶段”的患者，中断延长生命的治疗时，应当根据“自我决定权”与“是否存在恢复可能性”的标准，决定是否允许实施消极的安乐死。

军人或警察等，在战斗或履行职务过程中，可以实施诸如对敌人的射杀或对劫持犯的击毙等杀人行为。为了保护国民的自由与权利，在积极的执行公务过程中，引发的不可避免的剥夺生命权之行为，不构成侵害生命权的问题。①

(2)身体不受损毁的权利

韩国现行《宪法》中也没有明文规定身体不受损毁的权利，但与生命权相同，从《宪法》第10条、第12条、第37条第1款中可以导出依据。

身体不受损毁的权利属于自然权性质的权利，其主体是自然人，包括本国国民与外国人，但死者除外。

(3)身体的自由

①宪法规定与内容

韩国现行《宪法》对保障身体的自由作出了详细的规定。在第12条与第13条，第27条第3款(迅速进行裁判、刑事被告人的公开裁判)、第4款(无罪推定原则)、第5款(刑事被害人的陈述权)，第28条(刑事补偿请求权)中规定了身体的自由。宪法上身体自由的保障可以分为实体性保障与程序性保障。实体性保障规定了罪刑法定主义(第12条第1款)与其衍生原则，即禁止刑罚法规的溯及效力(第13条第1款)；禁止溯及立法限制参政权与财产权(第13条第2款)；一事

① 성낙인,헌법학, 법문사, 2019, 1062 면。

不再理原则与禁止双重处罚原则(第13条第1款);禁止连坐制(第13条第3款)等。程序性保障规定了法律主义(第12条第1款);正当法律程序原则(第12条第3款);令状主义(第12条第3款);逮捕、拘留理由等的告知制度(第12条第5款);逮捕、拘留的合法性审查制度(第12条第6款)等。

②限制与界限

在通过逮捕、拘留限制身体自由时,应当出示逮捕、拘留令状,发生类似紧急逮捕、现行犯被逮捕的情形,应当在48小时以内向法院请求拘留令状。

2. 精神的安全与自由

(1)良心自由

①宪法规定与内容

韩国现行《宪法》第19条规定,“所有国民享有良心的自由”。良心的自由分为形成良心的自由、维持良心的自由、表现(实现)良心的自由。形成良心或决定良心的自由是指在不受来自外部的任何干涉、压力、强制下,形成良心并内在决定良心之形象的自由。这是良心自由的本质内容,属于不能被限制的绝对自由。对未决收容者禁止阅读新闻,这意味着不让其获得良心、思想,因此有可能会侵害未决收容者的良心自由。维持良心的自由是指对已经形成的良心,不受外部强制干涉的自由,即不被强制向外部直接或间接地表露。韩国判例表示,宗教性质上的拒绝服兵役,不受宪法保障。[①] 不被强制作出违反良心自由的行为,也包括广义的沉默自由,因此命令谢罪广告(赔礼道歉)的行为属于违宪。[②] 宪法裁判所认为,对违反《国家安保法》与《关于集会及示威的法律》的受刑者作出假释决定前,为了确认出狱后的守法意志,要求其提交遵法誓约书的制度合宪。[③]多数学者认为,若将表现良心的自由包括在良心的自由中进行保护,有可能导致过度的自由,因而反对将其纳入良心的自由予以保护。

②限制与界限

当个人的思想或伦理的判断停留于内在时,外部不仅无法明确认知该良心,同时该良心也会根据个人的意志而产生变化,因此无法在客观上进行限制。若试图对该良心进行限制,则会产生副作用。在判断良心自由的情况下,不能完全适用比例原则的一般审查过程。

---

① 대법원2007,12,27. 선고2007 도7941 판결。

② 헌재1991.4.1. 선고89 헌마160 판결。

③ 헌재2002.1.31. 선고2001 헌바43 판결。

(2)宗教自由

①宪法规定与内容

韩国现行《宪法》第20条规定,“所有国民享有宗教自由。国教不被认可,宗教和政治相分离”。宗教自由是人内在的信仰,因此是最基本的自由。信仰的自由,作为宗教自由的本质内容,既是自然权利也是绝对的基本权。宗教自由的主体是自然人。虽然在宪法上使用了“所有国民”这一表现形式,但是宗教自由的主体既包括国民,也包括外国人。然而,法人不能成为宗教自由的主体。但是教会的传教自由等,则被认可为宗教行为的自由。

宗教自由包括信仰的自由、宗教行为的自由、宗教集会与结社的自由。信仰的自由包括选择宗教、变更宗教、无宗教的自由与信仰告白的自由。

②限制与界限

宗教信仰自由同良心自由中的形成良心的自由一样属于绝对的基本权,不受任何限制。向外部表露的“宗教行为的自由”与“宗教集会与结社的自由”,则属于相对基本权,因此可以根据《宪法》第37条第2款限制基本权之一般理论进行限制。大法院认为在私立大学进行的宗教教育,具有正当性。宪法裁判所认为周日进行法学专门研究生院的法学适应性考试,并不侵犯宗教自由。[①] 禁止未决收容者参加拘留所内实施的宗教仪式或活动的行为,则被判定为侵犯了宗教自由。[②]

(3)学问与艺术的自由

①学问的自由

a. 宪法规定与内容

韩国现行《宪法》第22条第1款规定,“所有国民享有学问和艺术的自由”。学问的自由与艺术的自由具有密切的关系。学问的自由是指探求真理的自由。探求真理是指对客观真理进行的主观真理探求。法律保护作者、发明者、科学家、艺术家的权利。《宪法》在第31条第4款中保障了教育的自主性、专业性、政治中立性及大学的自律性。

虽然在宪法上使用“所有国民”这一表现形式,但是学问自由的享有主体既包括本国国民,也包括外国人。在一定的情况下,大学也可以成为学问自由的主体。学问自由是对抗国家的权利,因此不受国家权力的侵害或干涉。

---

① 헌재2010. 4. 29. 선고2009 헌마399 판결。

② 헌재2011. 12. 29. 선고2009 헌바527 판결。

学问的自由包括研究结果发表的自由、教学的自由与学术性集会与结社的自由。研究结果发表的自由是指通过对学术的研究，将得出的研究结果向外部发表的自由。根据发表场所的不同，对该自由的保护程度也将不同。在大学里的发表，应当受到比表达自由更强的保护。教学的自由或讲学的自由是指在大学等高等教育机关，教学以及研究者能够自由地进行教学和教育的自由。然而，教学的自由也应当立足于自由民主之基本秩序，并在该秩序的框架内尊重宪法秩序。为了实质性的保障，研究学问并发表其研究结果，同时讲授该内容的自由，也应当保障学术性集会或结社的自由。

b. 限制与界限

学术研究应得到最大的保障。研究结果的发表，比起一般的表现自由更能得到有力的保障。学术自由可能受到《宪法》第 37 条第 2 款规定的限制，但这种限制必须极其有限。①

②艺术的自由

a. 宪法规定与内容

艺术自由是启发人类创造性自由人格的主观公权利。同时，艺术自由还具有作为客观价值秩序的属性，应基于文化国家原理保障艺术的自由。艺术的自由是自然人的权利，因此不仅是本国国民，外国人也可以享有。然而，对于法人或团体能否成为艺术自由的主体，尚存争论。

艺术的自由包括艺术创作的自由、艺术表现的自由与艺术性集会与结社的自由。艺术创作的自由是指能够进行艺术创作活动的自由，以所有艺术创作活动的自由作为其内容，包括了对创作素材、创作形态、创作过程等的任意决定权。艺术表现的自由是指将创作的艺术品，向一般大众展示、公演、普及的自由。艺术性活动的集会、结社如同宗教自由、学问自由一样，受到比一般集会与结社自由更强的保护。

b. 限制与界限

艺术的自由也可以根据《宪法》第 37 条第 2 款的规定，用法律对艺术自由进行限制。艺术自由也不能侵害他人的权利与名誉、公共道德、社会伦理。艺术创作的自由，应当比照绝对基本权的标准进行保障。然而，由于艺术创作的自由在大部分情形中伴随着艺术性表现，因此实际上可以对艺术创作的自由作出限制。原则上应当禁止对艺术表现的事前限制，但是自律性事前审议制度本身，很难视

---

① 김철수, 헌법개설, 박영사, 2015, 180 면。

为违宪。

(4)表现的自由

a. 宪法规定与内容

表现的自由是言论、出版、集会与结社自由的统称。韩国现行《宪法》将其规定在第21条中。同时,《宪法》第17条私生活的秘密与自由、第19条良心的自由、第20条宗教的自由、第22条学问与艺术的自由,也同表现的自由具有密切联系。

言论与出版自由的法律性质是以自由权还是以制度保障为定义存在争议,但人权保障和制度保障在同一条文上交织在一起的韩国宪法上,应将其结合看待最为合理。① 言论、出版的自由,不仅具有个人的自由权性质,还包括了新闻机关的自由,因此诸如报社、广播、通信社之类的法人也具有基本权主体性。同时,言论、出版的自由是自然人的权利,因此外国人也具有基本权主体性,但政治性表现的自由会受限制。言论、出版的自由除了单纯的表达思想或意见外,还包括了知情权、报道机关的自由与职责、接近权、反论权等。

在《宪法》第20条第1款中,除了规定言论、出版自由以外,还规定了集会、结社的自由。集会、结社的自由是言论、出版自由的集体性表现。比起言论与出版,由于集会、结社对维持社会秩序的影响力更具有直接性,因此要受到比言论、出版自由更为严格的限制。

b. 限制与界限

宪法明文规定,不承认言论出版等许可制和检阅制,这是为了禁止事前抑制媒体出版。但言论自由也受《宪法》第37条第2款一般法律保留的限制。作为例外情形,可在总统发布紧急命令或宣布紧急戒严的情形下,对言论自由采取特别措施。另外,公务员、军人或受刑者等具有特殊身份的国民将受到与普通国民不同的限制。②

(5)知情权

a. 宪法规定与内容

知情权是指可以取舍并选择性获取信息,并积极收集形成意识和舆论所需信息的权利。韩国虽然在宪法中没有明文规定知情权,但可以从现行《宪法》第1条(国民主权主义)、第10条(人的尊严)、第21条第1款(表现的自由)中找到依据,此外《宪法》前文、第34条第1款(体面生活的权利)也可以成为其根据。可

---

① 헌재2011. 12. 29. 선고2007 헌마1001 판결。

② 성낙인,헌법학, 법문사, 2019, 1179 면。

以根据其请求权属性的基本权性质,直接导出信息公开请求权。相关法律有关于公共机关信息公开的法律与关于教育关联机关信息公开的特例法。同时,为了具体体现该权利,制定有关于管理公共档案的法律与关于管理总统档案的法律。知情权的主体,原则上是作为自然人的国民。但是也有观点认为,因知情权所具有的实现人之尊严的原理,还应将其范围扩大到外国人。对法人也应当认可知情权。知情权一般具有对国家的效力,但也例外地间接适用于私人之间的情形。知情权的内容包括信息的消极受领权与信息的积极收集权。

b. 限制与界限

知情权也可以根据《宪法》第37条第2款进行限制,但不得侵害其本质内容。在知情权的限制方面,与国家安全保障有关的秘密、与隐私和自由保障的关系、以及营业上的秘密、医疗秘密等存在争议。宪法裁判所认为,选举期间禁止公布舆论调查结果合宪;在一定条件下限制受刑人阅读报纸合宪;①国会临时委员会不设旁听合宪。②

3. 私生活的安全与自由

私生活的安全与自由包括居住自由、私生活的秘密与自由、通信的自由。其中,居住自由是最为古典的私生活之保护领域。

(1)居住自由

a. 宪法规定与内容

韩国现行《宪法》第16条规定,"所有国民的住宅自由不受侵犯。对住宅进行扣押或搜查时,应出示经检察官申请由法官签发的令状"。居住自由的主体是自然人,包括本国国民和外国人。同时,居住自由中保护的私生活是私法上的生活领域,甚至是生活空间。由于法人或团体也具有各自固有的私法上生活空间,因此也应当保障其居住自由。宪法中关于居住的概念与隐私权密切相关,因此所谓居住不限于住房,包括人以居住为目的占有的一切建造物。

b. 限制与界限

对住所的搜查或扣押必须事先出示法官签发的令状。但如果对现行罪犯进行逮捕或进行紧急逮捕,则可以例外地在没有逮捕令的情况下进行扣押搜查。行政上的即时强制,在原则上也应当适用令状制度。为了达成诸如预防传染病或消防等纯粹行政目的,对于没有充分的申请令状时间的紧急情形,可以例外地排除

---

① 헌재1998.10.29. 선고98 헌마4 판결。

② 헌재2000.6.29. 선고98 헌마433 판결。

令状制度。居住自由也可以根据《宪法》第 37 条第 2 款以法律形式加以限制。

(2) 私生活的秘密与自由

a. 宪法规定与内容

韩国自 1980 年在宪法中首次引入私生活的秘密和自由以来，现行《宪法》第 17 条也对此作出了规定。其主体以自然人为原则，法人不在保护对象之内。私生活的秘密和自由是一种主观公权利，并具有防御权的性质。隐私权包括，消极层面上"私生活的平静不受侵害，且私生活的秘密不被随意公开的权利"，以及积极层面上"能够管理、控制关于自己信息的权利"。为了保护私生活，韩国制定有个人信息保护法、关于信息通信网的促进利用及保护信息等的法律。

b. 限制与界限

私生活的秘密与自由受到《宪法》第 37 条第 2 款的限制。私生活的秘密与自由与言论自由（知情权）、国政监查、国政调查、行政调查、搜查权、根据行政法公开违反义务者的名单、公开公职人员的兵役事项等存在一定的冲突。

(3) 通信自由

a. 宪法规定与内容

韩国现行《宪法》第 18 条规定，"所有国民的通信秘密不受侵犯"。言论、出版是一般性对外表现的行为，通信是在限定范围内对内的意思表示，因此两者是有区别的。通信自由的主体，不仅包括自然人，还包括法人。

通信秘密的"不可侵犯"是指禁止违反本人的意思，对相关内容等进行认知的行为。禁止未经本人同意，开封、窃听、阅览通信的行为。即使是在职务过程中合法得知的内容，也不得泄露。

b. 限制与界限

通信自由不是绝对的基本权利。因此，根据《宪法》第 37 条第 2 款，在必要时，可以通过法律加以限制。代表性法律为通信秘密保护法。该法规定，为保障通信及对话的秘密和自由，除为国家安保的通信限制措施、有关通信限制措施的紧急处分等例外情况外，即使为了调查犯罪，也必须事先得到法院的许可。①

4. 社会、经济的安全与自由

(1) 居住与迁徙的自由

a. 宪法规定与内容

韩国现行《宪法》第 14 条规定，"所有国民享有居住与迁徙的自由"。国民可

---

① 한국헌법학회, 헌법주석I, 박영사, 2013, 592 면。

以在自己希望的场所设定住所，可以迁徙，不违反其意思强制迁徙。迁徙自由是个人的主观公权利。迁徙自由的主体，在原则上是国内人。包括自然人、法人和团体。对外国人一般适用相互主义原则。

b. 限制与界限

迁徙自由可以根据《宪法》第 37 条第 2 款的规定进行限制。例如，可以根据军事作战、国家安保、国际外交、国民保健等需要，对迁徙自由进行限制。为了抑制首尔的人口集中而实施的一系列限制措施，宪法裁判所判定为合宪。

(2)职业(选择)的自由

a. 宪法规定与内容

《宪法》第 15 条规定，“所有国民享有选择职业的自由”。选择职业的自由是指可以从事自己选择的职业，并经营该职业，且可以任意更换职业的自由。本国国民是职业自由的当然主体。原则上，外国人也应当享有职业选择的自由，但是不可避免地要受到国家政策上的一定限制。对于法人，普遍承认私法人的职业自由，否认公法人的职业自由。

职业(选择)的自由内容包括职业的决定、从事、转职(兼职)的自由、营业的自由与竞争的自由、无职业的自由、选择职业教育场所的自由。其中，有关无职业的自由，若将《宪法》第 33 条第 2 款劳动义务的法律性质，视为法律义务，则不得不否认无职业的自由；但是将劳动义务视为伦理义务，而非法律义务，则认可职业自由中包含了无职业的自由。

b. 限制与界限

职业(选择)的自由可以根据《宪法》第 37 条第 2 款规定进行限制，但不得违背比例原则，侵害职业自由的本质内容。

(3)财产权

a. 宪法规定与内容

韩国现行《宪法》第 23 条规定，“所有国民的财产权受到保障”。自然人与法人等可以成为财产权的主体。然而，对于外国人与外国法人而言，可以根据国家政策或国际条约，进行特别的限制。作为财产权之客体的财产权，包括公、私法上具有经济价值的所有权利。

b. 限制与界限

韩国现行《宪法》并未将财产权规定为神圣不可侵犯的无制约性的绝对性权利，强调在社会约束性范围内加以承认。由此，在宪法中设立了形成基本权的法律保留规定，即财产权的具体内容及界限，由立法者制定的法律予以规定，财产权的限制以正当的补偿为前提。《宪法》第23条第1款规定:“财产权的内容与限度由法律规定”,从而赋予了立法者形成财产权具体内容的权限。限制财产权的一般类型有征收、征用、限制。

五、参政权

(一)宪法规定与内容

参政权是国民作为主权者参与国家机关的形成与参与形成国家政治意志过程的权利。国民作为主权者,对国家政治的意志决定行使参政权,才能够确保国家的民主正当性。参政权包括选举权与被选举权、公务担任权。

韩国现行《宪法》第24条规定,“所有国民依照法律规定享有选举权”。选举权是国民主权宪法下国民最重要的基本权利之一。宪法和法律规定的国民选举权包括总统选举权、国会议员选举权、地方议会议员选举权、地方自治团体负责人选举权等。

一般国民才享有参政权。韩国国民中包含了在外同胞。原则上外国人不能享有参政权。但近来也有在一定范围内赋予外国人以参政权的倾向。根据《公职选举法》和《国民投票法》的规定,满足一定要件的外国人,享有地方选举的选举权。《公职选举法》规定,选举年龄为19岁。地方议会的选举权享有者为19岁以上的国民并在该选举区进行居民登记的人员,地方自治团体的选举权要求具备一定的居住条件。

韩国现行《宪法》第25条规定,“国民依照法律规定享有担任公职的权利”。根据《国家公务员法》第26条之3、《地方公务员法》第25条之2的规定,外国人也可以被任用为国家公务员或地方公务员。

(二)限制与界限

韩国现行《宪法》第13条第2款规定,“所有国民均不因溯及立法而被限制参政权或被剥夺财产权”。禁止因溯及立法的参政权限制是立宪主义宪法的一般原理。在参政权的限制上,也要遵守比例原则、禁止侵害本质内容的原则等。

六、社会权

韩国《宪法》也顺应世界潮流继承了实质上平等社会的理念,在第10条中宣布保障基本权利的大原则,并在第34条第1款中规定了“享受正常人生活的权利”。社会权是由体面生活的权利和作为其衍生权利的个别生存权所构成的。宪法上规定的权利包括体面生活的权利、社会保障权、教育权、劳动权、环境权、关于婚姻与家族的权利、关于保健的权利等。

(一)正常人生活的权利

1. 宪法规定与内容

韩国现行《宪法》第34条规定,"所有国民享有享受正常人生活的权利"。正常人生活权利,并非只是单纯立法方针政策,而是法律权利。正常人生活权利的主体是国民,不承认外国人的主体性。

正常人生活的权利具有法律权利性质,并对国家发生效力。宪法裁判所将正常人生活解释为是指符合人类尊严性的健康与文化层面上最低限度的生活。现实中可以理解为参加正常生活程度的最低生存标准。正常人生活的权利是社会权总纲性的规定。

2. 限制与界限

正常人生活的权利也与其他基本权一样,都能以《宪法》第37条第2款的一般原理予以限制。然而也有观点认为,由于为了保障正常人生活的权利的立法本身就属于公共福利的实现,因此认为是不适合用法律予以限制。

(二)社会保障权

1. 宪法规定与内容

社会保障权,是指可以向国家要求积极社会保障性给付的权利。规定社会保障权的行为是保障经济上弱者之经济自由的行为,因此社会保障权也具有经济基本权性质。由于社会权是根据一个国家状况而设定的权利,因此应当视为是国民的权利。国家负有义务加强社会保障,应当努力提高女性的福祉和权益、提高老人和青少年的福祉、保护残疾人士等无生活能力的国民、预防灾害。

2. 限制与界限

社会保障权可以根据《宪法》第37条第2款的限制基本权一般原理进行限制,但不得侵害其本质内容。通过个人努力或金钱投入的社会给付(如退休金、保险金)请求权作为宪法上的财产权,不允许作出区别性的给付。但由国家单方面进行的社会给付的社会救济金等,则在合理的范围内,可以进行区别性的给付。

(三)受教育的权利

1. 宪法规定与内容

韩国现行《宪法》第31条规定,"所有国民享有根据能力均等接受教育的权利"。义务教育为免费。包括学校教育和终身教育的教育制度及其运行、教育财政及教师地位的有关基本事项由法律规定。宪法裁判所主张受教育的权利属于社会权,判定接受无偿初等教育的权利为具体权利,但接受无偿中等教育的权利为抽象权利。[1] 受教育的权利主体是公民，教育机会请求权的主体是学龄儿童的父母。

2. 限制与界限

受教育的权利可以根据《宪法》第37条第2款的限制基本权一般原理进行限制，但不得侵害其本质内容。

（四）劳动权

1. 宪法规定与内容

劳动权利，是指人为了满足生活必要的基本需求，能够进行精神层面、体力层面活动的权利。当具有劳动能力的人想要工作，却不能得到工作机会时，能够要求国家积极介入和扶持，从而获得工作机会。劳动权的主体，原则上限于国民。原则上劳动工会不构成劳动权利的主体。

韩国现行《宪法》第32条规定，所有国民享有劳动的权利。为了保障人的尊严，赋予国家以运用社会、经济手段为增加劳动者就业机会和保障适当的工资而努力的义务，并依法实行最低工资制，劳动条件的标准由法律规定。韩国规定每周工作时间不得超过40小时，每天工作时间不得超过8小时。

《宪法》第33条对劳动三权作出了具体规定，保障劳动者团结权、团体交涉权与团体行动权。劳动者是劳动三权的主体，但是小作坊、自营农，渔民、小工商业者不具有相关主体资格。

2. 限制与界限

韩国现行《宪法》第33条第2款规定，“属于公务员的劳动者，限于法律规定范围的人员，具有团结权、团体交涉权及团体行动权”。韩国《公务员法》原则上禁止从事劳务以外公务员的团体行动权。第3款则规定从事法律规定的主要防卫产业劳动者的团体行动权，可以依照法律规定限制或不予认可。虽然可以依照《宪法》第37条第2款的规定，对劳动三权进行限制，但是应当符合比例原则，同时不能侵害劳动三权的本质内容。

（五）环境权

1. 宪法规定与内容

自1980年在宪法中，以基本权的形式明示环境权以来，现行宪法在第35条也规定了环境权。环境问题的重要性凸显的初期，环境权的保护主要是为了保护国民免受大自然的严重污染，但后来逐渐扩大到在健康舒适的环境中生活的权

---

① 헌재1991. 2. 11. 선고90 헌가27 판결。

利。环境权既有自由权属性,也有保障请求权的性质。作为社会权性质的环境权,其主体原则上应当限于国民,但也可以对外国人进行限定性承认。法人不能成为环境权的主体。为了迅速、适当解决环境纷争,韩国设置了环境纷争调整委员会。

2. 限制与界限

环境权可以根据《宪法》第 37 条第 2 款的限制基本权一般原理进行限制,但不得侵害其本质内容。

(六)关于婚姻与家族的权利

1. 宪法规定与内容

韩国现行《宪法》第 36 条规定,"婚姻和家庭生活应建立和维持在个人尊严和两性平等的基础上,国家对此提供保障"。这一宪法规定阐明了婚姻制度与家族制度应当根据"尊重人的尊严性"与"民主主义原理"进行规定。在宪法条文体系中,关于婚姻与家族的权利具有社会权属性。同时,该权利作为制度性保障直接约束国家权力。

婚姻要求一夫一妻制。因此禁止纳妾制度或重婚。婚姻的自由通常指是否结婚、选择配偶、决定结婚时期的自由。

2. 限制与界限

民法上对未成年者的婚姻作出了诸如需要有父母同意等的限制。而同姓同本禁婚规定,直接违背了宪法关于基于个人的尊严和两性的平等,而成立并维持婚姻与家族生活的规定。① 户主制度也由于不符合《宪法》第 36 条第 1 款的要求,被确定为违宪。②

(七)关于保健的权利

韩国现行《宪法》第 36 条第 3 款规定,"所有国民的保健受国家保护"。国民享有医疗保健的权利、医疗保护的权利与医疗保险的领取权。

加入健康保险制度的义务性规定必然限制无意加入健康保险制度的国民的幸福追求权或财产权,对此宪法裁判所表示不会侵害其财产权。

七、请求权

请求权性质的基本权属于救济性权利。请求权性质的基本权是国民对国家

① 헌재1997. 7. 16. 선고95 헌가6 판결。

② 헌재2005. 2. 3. 선고2001 헌가9 판결。

要求积极的特定行为或者请求国家保护的主观公权利。原则上,请求权性质的基本权具有对国家的效力。私人之间可以间接适用,但不可以直接适用。具体包括请愿权、裁判请求权、国家赔偿请求权、损失补偿请求权、刑事补偿请求权、犯罪被害人救助请求权。

(一)请愿权

1. 宪法规定与内容

请愿权,是指国民可以向国家机关陈述意见或希望的权利。韩国现行《宪法》第26条第1款规定,"所有国民依照法律规定享有以书面形式向国家机关请愿的权利"。请愿权具有自由权属性与参政权属性。请愿权的主体包括作为自然人的国民、外国人和法人。行使请愿权的对象机关,虽然在宪法中规定为"国家机关",但也包括地方自治团体机关。

请愿事项是由法律规定的立法事项。《请愿法》第4条规定请愿事项包括被害救济,要求纠正或惩戒公务员的违法、不当行为,法律、命令、条例、规则等的制定、修订或废止,公共制度或者设施的运行,属于国家机关权限的事项等。

2. 限制与界限

请愿权可以根据《宪法》第37条第2款的限制基本权一般原理进行限制,但不得侵害其本质内容。处于特殊身份关系的国民如公务员或军人等,可以限制其对与自身职务相关的请愿与集体请愿。

(二)裁判请求权

1. 宪法规定与内容

《宪法》第27条规定,"所有国民有权获得由宪法和法律规定的法官根据法律作出裁判的权利"。裁判请求权的主体,不仅包括作为自然人的国民与外国人,还包括国内法人与非法人性质的结社。

"由宪法和法律规定的法官"是满足《法院组织法》规定资格的人根据法定程序予以任命,并能够依照宪法和法律及其良心独立进行审判的人员。"根据法律作出裁判"是指法官依照程序法规定的程序,根据实体法规定的内容进行裁判。所有国民享有接受迅速裁判的权利和接受公开裁判的权利。

2. 限制与界限

宪法明文对裁判请求权作出了直接限制。对国会议员的资格审查、惩戒、除名,不得向法院提请诉讼。例外性限制包括在非常戒严下,可以对法院的裁判采取特别措施,可以在军事法院裁判平民,特殊情形可以适用一审终审。

（三）国家赔偿请求权

1. 宪法规定与内容

韩国现行《宪法》第29条规定，“因公务员的职务侵权行为而受到损害的国民，可依法向国家或公共团体请求正当赔偿”。国家赔偿请求权是一种债权，是《宪法》第23条规定的一种财产权。然而比起财产权属性，具有更强的请求权属性。国家赔偿请求权是直接发生效力的主观公权利。国家赔偿请求权的主体包括国民与国内法人。针对外国人，《国家赔偿法》第7条规定适用相互主义。

国家赔偿请求权的类型包括因公务员的职务侵权行为而引发的国家赔偿请求权，因公共设施的设置、管理上瑕疵而引发的国家赔偿请求权等。《国家赔偿法》第5条规定，因道路、河川、其他公共设施的设置或管理上瑕疵发生损害的，由国家或公共团体承担赔偿责任。

2. 限制与界限

国家赔偿请求权可以根据《宪法》第37条第2款的限制基本权一般原理进行限制，其限制应限于必要的最低限度，并符合国民平等的原则。军人、军务员、警察公务员保障补偿权的同时限制了国家赔偿权。

（四）损失补偿请求权

《宪法》第23条第3款规定，“根据公共需要而实施的财产权的征用、使用或限制及补偿由法律规定，应支付正当的补偿”。损失补偿请求权的主体是因征用、使用、限制等合法的公权力行使，遭受财产损失的国民，包括外国人和法人。损失补偿的方法有金钱补偿与实物补偿，补偿支付方式有预付、一次性支付、分期支付。

（五）刑事补偿请求权

韩国现行《宪法》第28条规定，“曾被羁押的刑事犯罪嫌疑人或刑事被告人在受到法律规定的不起诉处分或无罪判决的，可依法向国家请求正当补偿”。刑事补偿请求权的主体是刑事犯罪嫌疑人或刑事被告人。当事人死亡的，由其继承人提出请求。外国人也可以成为刑事补偿请求权的主体。

刑事补偿相关内容由《关于刑事补偿以及名誉恢复的法律》具体规定。

（六）犯罪被害人救助请求权

韩国现行《宪法》第30条规定，“因他人的犯罪行为而受到生命、身体侵害的国民，可依法获得国家的救助”。犯罪被害人救助请求权是因他人的犯罪行为而受到生命、身体上侵害的国民，向国家请求遗属救助或残疾救助的权利。犯罪被害人救助请求权的主体是侵害生命或者身体的犯罪行为导致死亡的人员遗属和留下残疾或受到重伤害的人员。救助金的种类分为遗属救助金、残疾救助金、重伤害救助金，一次性支付发放。

八、国民的基本义务

有关公民的基本义务一般理解为基本权利概念的对应概念。韩国宪法规定的国民基本义务包括纳税义务、国防义务、受教育的义务、劳动义务、财产权的行使符合公共福利的义务、环境保全义务。此外，虽然在宪法上无明文规定，但还有如宪法与法律的遵守义务、保卫国家义务等国民的当然义务。

国民的基本义务一般从宪制史的角度分为“固有义务”和20世纪现代宪法中的“现代义务”。前者包括纳税义务与国防义务，后者包括受教育的义务、劳动义务、财产权的行使符合公共福利的义务、与环境保全义务等。

(一)纳税义务

韩国现行《宪法》第38条规定，“所有国民负有依法纳税的义务”。无论是身为自然人的国内外人士，还是国内外的法人，在国内有财产或实施视为征税对象的行为，应负有纳税义务。征税适用税收法定主义与公平征税的原则。

(二)国防义务

韩国现行《宪法》第39条第1款规定，“所有国民负有依法保卫国家的义务”。所谓国防义务是指针对外来侵略自愿承担独立和领土完整的国民义务。[①]宪法裁判所将服兵役的义务解释为“是为了国家这一政治共同体的存在和维持，作为国家成员的国民应当分担的义务”。通过赋予兵役义务谋求国家防卫是国家共同体必然存在的内在价值。[②] 国防义务的主体是韩国国民。但根据《兵役法》，直接兵役义务的征集对象，仅限于韩国男性。

(三)受教育的义务

韩国现行《宪法》第31条第2款规定，“所有国民对其所保护的子女负有至少使其接受初等教育及法律规定教育的义务”。受教育的义务是维持国民正常人生活的法律义务，其主体是亲权者或监护人等保护者。

(四)劳动义务

韩国现行《宪法》第32条第2款规定，“所有国民负有劳动的义务”。劳动义务的主体是所有国民。劳动义务的内容与条件应遵循民主主义原则。

---

① 헌재1991.12.23. 선고98 헌마363 판결。

② 헌재2004.8.26. 선고2002 헌바13 판결。

（五）财产权的行使应当符合公共福利的义务

韩国现行《宪法》第23条第2款规定，“财产权的行使应符合公共福利”。这一规定通常表现为财产权的社会约束性。财产权的行使应当符合公共福利义务的主体包括国内外自然人和法人。

（六）环境保全义务

韩国现行《宪法》第35条第1款后段规定，“国家和国民应当为保护环境而努力”。为了应对越发严重的环境问题，在宪法中不仅规定了环境权，还规定了环境保全义务。与其他义务不同，环境保全义务在宪法中明示了应当努力的规定。这一规定不应视为单纯伦理义务，而应视为宪法性义务，由此可以以法律形式来强制环境保全义务。环境保全义务的主体包括国内外自然人和法人。

第四节 国家机构

韩国宪法在保障国民主权和基本权利的基础上，以代议民主主义和权力分立主义为基本组织统治结构。韩国国家权力分为立法权、行政权、司法权和宪法裁判权，分别由国会、政府、法院和宪法裁判所行使。国家政权组织形式采用了以总统为中心的二元政府制。

一、国会

（一）宪法上的地位

韩国现行《宪法》第41条规定，“国会由国民通过普通、平等、直接、秘密的方式选举产生的国会议员组成”。国会的本质功能是立法功能。《宪法》第40条所指的立法是指形式意义上的法律。原则上国会单独行使立法权，但也存在例外情形。根据宪法规定，总统通过行使法律提案权、法律案公布权、法律案拒绝权等参与立法过程。同时，总统发布的紧急命令以及紧急财政经济命令也是实质意义上的立法。

在现今的多元化社会之中，国家功能变得日趋复杂并不断扩大，然而国会却由于缺乏专业的立法能力，只得同意行政部门所制定的立法案，仅履行程序性功能。因此也有人批判国会是审查立法案的程序性机关。

（二）国会的组成

1. 国会议长与副议长

韩国现行《宪法》第48条规定，“国会选举议长一人和副议长二人”。《国会法》规定议长代表国会整理议事，维持秩序并监督事务。即国会议长具有国会代表者的地位、议事整理者的地位、秩序维持者的地位、事务监督者的地位。

议长自当选次日起，不得保有党籍。如果议长想要参加国会议员选举，欲成为政党推荐候选人时，可以在任期结束前90日起，取得党籍。议长与副议长是由国会通过不记名投票的方式选举，获得在籍议员过半数投票得以当选。当议长或副议长缺位时，或者议长与副议长都缺位时，应当及时实施补充选举。议长与副议长任期两年。

2. 国会委员会

国会委员会是指为了在正式会议中达到有效审议议案的目的，针对部分事项，由具有专业知识的少数议员，进行预备审议的合意制机关。委员会分为常任委员会和特别委员会。国会议员或政府提出法律案，国会议长会将此交由常任委员会或特别委员会审议后，提交本会议。根据《国会法》，立法草案先由常任委员会审议，再向全体会议作出审查报告后，在正式会议作出赞成与否的投票。宪法或法律没有特殊规定时，国会由在籍议员过半数出席、出席议员的过半数赞成通过决议。赞成和反对票数相同时，视为未通过。

(1)常任委员会

常任委员会是审议其所管事项之中部分议案的常设委员会。《国会法》规定了17个常任委员会，所管辖事务由法律规定。具体包括国会运行委员会、法制司法委员会、政务委员会、企划财政委员会、外交统一委员会、国防委员会、教育委员会、行政安全委员会、科学技术传播通信委员会、文化体育观光委员会、农林畜产食品委员会、产业通商资源中小风险企业委员会、保健福祉委员会、环境劳动委员会、国土交通委员会、情报委员会、女性家族委员会。

议案提交及请愿等受理后，根据其管辖事项，分别提交相关常任委员会进行审查，由其管辖的常任委员会负责议案的立案和立法资料的收集。常任委员会的议员分配是根据交涉团体所属议员数比率，应各交涉团体代表议员的要求由议长选任。常任委员会委员的任期两年。议员可以担任2个以上常任委员会的委员，但国会议长不能兼任常任委员。常任委员会为分担并审查其管辖事项，可以下设常设小委员会。

(2)特别委员会

特别委员会是为有效审查与数个常任委员会有关的案件或特别需要的案件，由法律规定或全体会议议决设立的临时性委员会。其委员根据交涉团体所属议员数的比率，应各交涉团体代表议员的要求，由议长从常任委员中选出。国会法规定的常设特别委员会有任期一年的预算结算特别委员会等。

(3)全院委员会

全院委员会是由国会议员全体人员组成的委员会。主要审查,经过委员会之审议或者由委员会提案的议案之中,有涉及政府组织的法律案、赋税或者由国民负担的法律案等重要议案。在籍议员1/4以上提出要求时,组成全院委员会。全院委员会与国会全体会议的组成人员相同,但性质上仍属于议事的委员会,并非投票通过议案的国会全体会议。

(4)联席会议

联席会议是为委员会之间进行协商而召开的会议。虽然可以陈述意见、进行讨论,但不可以进行表决。

3. 交涉团体

交涉团体原则上是指由属于同一政党的议员所构成的国会内部政治团体。《国会法》规定,原则上由20名以上的议员以政党为单位组成交涉团体。但不属于其他交涉团体的20名以上议员,即使不以政党为单位也可以组成交涉团体。交涉团体发挥交涉窗口的作用,为国会有效运行,收集、整理、调整所属议员的意见。交涉团体有议员总会与代表议员,交涉团体的权限通常是通过代表议员行使,代表议员也称作院内总务。交涉团体的代表议员通过综合所属议员的意见,表达对国会中进行的议事与议案的态度。

(三)国会议员

1. 地位

国会议员由国民通过普通、平等、直接选举产生。国会议员不是地域居民的代表,而是全体国民的代表。国会议员作为国会组成成员,参与国会的运行与活动。国会议员不是政党的代表者,但由比例代表制产生的国会议员变更党籍,将会丧失国会议员的职务,因此这种制度在事实上承认了议员作为政党所属党员的地位。国会议员任期4年,不得兼任法律规定的职务。

2. 权限

国会议员具有独立的权限与权利。即在常任委员会会议与全体会议中,享有发言、同意,质问、质疑、讨论、表决等权限,并享有言论免责与不受逮捕等特权。①

---

① 《宪法》第44条规定:除现行犯外,未经国会同意,国会议员在会期内不受逮捕或羁押。国会议员在会期前被逮捕或羁押的,除现行犯外,如国会要求,在会期内获得释放。第45条规定:国会议员在国会中所作的职务发言和表决,不在国会外负责。

(四)国会的权限①

立法权与财政权是最为古典、传统的国会权限。韩国国会的核心权限包括立法权、关于国家财政方面的权力和国政统制权。此外,还行使人事权与国会内部自律权。

有关国民的权利义务事项,由国会立法规定。国会立法形成应符合宪法规定与宪法原理,并尊重国际法一般原则。国会立法程序为:国会议员或政府提出法律议案;常任委员会审议法律议案;全体会议议决;移送总统;总统行使法律拒绝权或公布法律;法律发生效力。

国会关于国家财政方面的权力有预算案审议、确定权,结算审查权,对继续费②的议决权,预备费支出、承认权,国债同意权,对于订立预算外国家负担合同的同意权,对于缔结、批准带来财政负担之条约的同意权,对于紧急财政、经济处分的承认权等。

国政统制权包括对公职者任免的统制权,国务总理等的任命同意权,国务总理和国务委员解任建议权、弹劾追诉权,对于紧急命令、紧急财政、经济命令处分的承认权,解除戒严要求权,国政监查权以及国政调查权等。③

国会可以在不与法律抵触的范围内,自主制定关于议事和内部事项的规则。

二、政府

(一)总统

总统是国家元首,对外代表国家。行政权属于以总统为首的政府。

1. 总统的产生

韩国现行《宪法》第 67 条规定,“总统由国民通过普通、平等、直接、秘密的方式选举产生”。最高得票者为 2 人以上时,以国会在籍议员过半数出席的公开会议中获得多数票者当选。总统候选人为 1 人时,其得票数未超过选民总数 1/3 的不得当选。《公职选举法》对总统选举进行了较为详细的规定。

总统的任期为 5 年,不得连任。总统除犯有内乱或外患罪外,在职期间免受刑事追究。总统在履行职务期间违反宪法或法律,国会可以决定提起弹劾之诉,

---

① 성낙인,헌법학, 법문사, 2019, 434 면。

② 继续费是指已超过一个会计年度,仍需要持续支出的费用;政府应当规定相应年限并通过国会议决。

③ 김철수, 헌법개설, 박영사, 2015, 317 면。

由宪法裁判所进行裁判。

2. 总统的权限

总统作为国家元首在立法、行政和司法划分的权力分立的基本框架内处于特殊地位，很难将国家元首视为属于立法部、行政部或司法部的任何一方的人。韩国总统具有以下权限：

(1)对外代表国家

韩国现行《宪法》第66条第1款规定，"总统是国家元首，对外代表国家"。总统具有缔结、批准条约，委任、接受或派遣外交使节，宣布战争和媾和的权力。此外，总统作为对外代表国家的人物，享受外交上的特权。

(2)组织宪法机关

总统身为国政的责任人，享有组织政府的权力与其他宪法机关的权力。总统有权任命国务总理、国务委员、监查院院长、各部长官以及主要公职人员。同时，经国会同意，任命宪法裁判所所长、大法院院长和大法官；独立任命3名宪法裁判所裁判官和3名中央选举管理委员会委员。

(3)作为政府首脑的权限

总统行使行政立法权、公务员任免权、国家财政权、荣典授予权、国家紧急状态发布权、军队统帅权。

此外还能够行使宪法修改提议权、国民投票附议权、临时国会召集要求权、法律案提出权以及有关赦免等相关权限。

(二)行政府

1. 国务总理

(1)国务总理的产生

根据宪法，国务总理经国会同意，由总统任命。因此国务总理需要总统与国会的双重信任。国会拥有国务总理罢免建议权，以此约束国务总理。

(2)国务总理的权限

国务总理在行政府中享有仅次于总统的第二位阶地位。国务会议是政府最高政策审议机关。国务总理担任国务会议副议长，行使国务委员和行政各部之长官的任命提请权、国务委员的罢免建议权。根据宪法，国务总理辅佐总统，在行政方面根据总统命令统辖行政各部。国务总理可以在其管辖事务范围内，发布总理令。国务总理作为独任制行政机关，处理其管辖事务之职务，计划、调整行政各部之事务，处理不属于特定部门的事务。

2. 国务委员

(1)国务委员的产生

国务委员是指国务会议的组成人员。国务委员不仅是国务会议的组成人员，而且是在特定行政部门之中管理行政工作的行政各部长官，具有双重地位。国务委员经国务总理提名，由总统任命。

(2)国务委员的权限

国务委员可以要求召集国务会议，通过议长提出议案，具有参加审议、决议的权利和义务。总统缺位或因事故而不能履行职务时，依国务总理、法律规定的国务委员的顺序代行总统的权限。国务委员具有出席国会或其委员会，报告国政处理状况或陈述意见、答复质询的权限。

3. 国务会议

(1)宪法上的地位及权限

国务会议是宪法机关。《宪法》第 89 条明确规定了必须由国务会议审议的事项。国务会议是宪法上审议相关国政的最高审议机关，同时也是必要审议机关。由于国务会议是审议机关，并非议决机关，所以总统可以不受国务会议审议结果的约束。但现实中总统很难作出与国务会议审议结果相违背的行为。如果对审议结果不满，一般会推迟执行或重新讨论。国务会议是在国政审议过程中防止总统独断专行的制度性设置。

(2)国务会议的组成

国务会议由总统、国务总理和 15 人至 30 人的国务委员组成。总统担任国务会议的议长，国务总理担任副议长。

4. 行政各部

(1)行政各部长官

韩国的行政各部是在总统和国务总理的指挥下负责法定管辖事务的中央行政机关。行政各部部长由国务总理提请，由总统任命。

(2)行政各部的组织设置

《宪法》第 96 条规定，行政各部的设置、组织及职权范围由法律规定。具体参见《政府组织法》。

(3)行政各部长官的权限

行政各部长官根据法律规定决定、执行管辖事务。必要时，可以把其权限部分委任给下级机关。行政各部长官可以发布部令。就其管辖事务，向国务会议提出有关法律案，总统令案的制定、修订案，有关政策的制定、运行等其他议案，统辖其所属事务,指挥、监督所属公务员。

5. 监查院

(1)宪法上的地位

韩国现行《宪法》第97条规定:“为了对国家税收收支的结算、国家及法律规定团体的会计检查、行政机关及公务员职务进行监察,在总统属下设立监查院。”监查院是不属于立法府也不属于行政府任何一方的独立机关。作为政治中立机关,独立进行职务监察与会计检查。

(2)监查院的构成

监查院由包括院长在内的5人以上11人以下的监查委员组成。监查院作为合议机关,有关监查工作的合议,监查院院长与监查委员处于同等地位。监查院院长经国会同意,由总统任命。监查委员经监查院院长提名,由总统任命。院长和委员任期4年,可以连任一次。

(3)权限

监查院行使决算审查权以及国家及法律规定的团体的会计情况监查权。监查院应当每年检查税收收支的结算,并向总统和下一年度国会报告其结果。

此外,监查院还行使公务员的违法监查权,以及积极谋求改善行政管理的行政监查权。

三、法院

(一)法院的地位与组织

韩国法院由作为最高法院的大法院和各级法院组成。韩国采纳三审终审制。

大法院作为最高法院,是基本权保障机关、宪法保障机关,同时也是最高司法机关。大法院院长与大法官以外的法官,经大法官会议的同意,由大法院院长任命。

(二)大法院的组成

1. 大法院院长

大法院院长是大法院的首长,代表大法院,行使法院组织权。大法院院长同时也是大法院最高议事决定机构——大法官会议的议长。大法院院长还是大法官全员合议庭的裁判长。大法官全员合议庭是由全体大法官2/3以上构成的裁判部。大法院院长经国会同意由总统任命。大法院院长任期6年,不得连任,70岁退休。

大法院院长具有任命大法官的提请权、各级法官的任命权、宪法法官的指认权、中央选举管理委员会委员的指认权、法院代表权、法院职员任命权与司法行政权。

2. 大法官

大法官作为大法院的组成人员，是大法官会议以及大法官全员合议庭的组成人员。大法官由大法院院长提请，经国会同意，由总统任命。大法官任期6年，根据法律规定可以连任。大法官在大法院裁判部具有审判权，在大法官会议中具有审议、议决权。

（三）大法院的权限

大法院具有命令或者规则是否违宪、违法的最终审查权、违宪法律审判提请权以及关于选举诉讼、上告审（第二审上诉审）或再抗告审（对法院决定、命令的上诉审）的审判权。

大法院审判，由2/3以上大法官组成的合议庭行使。由大法院院长担任裁判长，在宪法和法律无特别规定的情形下，实行过半数通过原则。《法院组织法》第7条第1项规定了大法官全员合议审判事项，包括认为命令或者规则违反宪法的情形，认为命令或者规则违反法律的情形，认为有必要变更曾经由大法院作出的有关解释适用宪法、法律、命令、规则的意见，认为不适合由部来作出裁判的情形。除上述案件外，一般由部来进行裁判。大法院的部由3名以上大法官组成。

此外，大法院还行使规则制定权与司法行政权。

（四）各级法院的地位与组织

各级法院的组织由《法院组织法》具体规定。

韩国设置有6个高等法院和1个专利法院（又称特许法院）、8个地方法院和41个地方法院支院。另外设有8个家庭法院、1个首尔行政法院、一个首尔破产法院（又称回生法院）等法院和作为特别法院的军事法院。

四、宪法裁判所

宪法裁判，是指对宪法理解有争执或宪法受到侵害时，基于审判请求，以宪法规范为依据，通过权威决定维持和维护宪法秩序。①

韩国的宪法裁判制度自《制宪宪法》以来至第五共和国时期先后经历了宪法委员会制度、宪法裁判所制度、法院司法审查制度等诸多变化，但都未能发挥作用，直到第六共和国时期的宪法裁判所制度，才开始真正发挥宪法裁判功能，并大

---

① 법제처, 주요법령에 대한 주석서, 휴먼컬처아리랑, 2015, 282 면。

力推进了韩国宪法民主化。

(一)宪法裁判所的组成

宪法裁判所由具有法官资格的9名裁判官组成,由总统任命。其中,3人由国会选出,3人由大法院院长指定。宪法裁判所所长经国会同意,由总统在裁判官中任命。宪法裁判官任期6年,可以连任。

宪法裁判所所长代表宪法裁判所,统一管理宪法裁判所事务,指挥监督所属公务员。宪法裁判所所长认为有必要制定和修改与宪法裁判所的组织、人事、运行、审判程序等相关事项法律时,可以向国会提出建议。

裁判官会议由全体裁判官组成,宪法裁判所所长为议长。裁判官会议需要7名以上的裁判官出席,并由出席裁判官过半数的赞成来议决事项。

裁判官会议的议决事项包括有关宪法裁判所规则的制定、修改,以及立法建议的提出等事项;要求预算、预备金支出与决算;事务处长、事务次长任免的提起,以及宪法研究官与三级以上公务员的任免;认为是特别重要事项的,由宪法裁判所所长附议的事项等。

(二)宪法裁判所的权限

宪法裁判所和大法院一样,作为宪法上的最高司法机关之一,是基本权保障机关,也是宪法保障机关。同时,宪法裁判所作为权力控制机关,负责对国会制定法律的违宪审判、宪法诉愿审判、弹劾审判、权限争议审判和违宪政党解散审判。①

1. 违宪法律审判权

违宪法律审判提请权人为法院。当法律违宪与否成为审判的前提时,法院将法律提交宪法裁判所审判,根据其审判结果作出判决。

违宪法律审查对象是指国会所制定的形式上的法律。已废止和修改的法律条款以及作为实质性法律的紧急命令或条约也可以成为违宪审查的对象,但总统令除外。

2. 宪法诉愿审判权

宪法诉愿是在公权力侵犯国民基本权利的情形下,国民向宪法裁判所提出的权利救济手段。宪法诉愿审判的类型包括权利救济型宪法诉愿与违宪审查型宪法诉愿。

---

① 성낙인,헌법학, 법문사, 2019, 734 – 735 면。

3. 权限争议审判权

国家机关之间、国家机关与地方团体之间以及地方团体之间存在权限争议的,可以向宪法裁判所提起诉讼。宪法裁判所受理国家机关与其内部组成人员之间的权限争议。

4. 弹劾审判权

总统、国务总理、国务委员、行政各部长官、宪法裁判所裁判官、法官、中央选举管理委员会委员、监查院院长、监查委员及其他法律规定的公务员在履行职务中违反宪法或法律的,国会可以向宪法裁判所提起弹劾之诉。提起弹劾之诉,应由国会在籍议员 1/3 以上提议、国会在籍议员的过半数赞成通过。但对于总统的弹劾之诉应由国会在籍议员过半数提议、国会在籍议员 2/3 以上赞成通过。

5. 违宪政党解散审判权

当政党的目的或活动违背民主主义基本秩序时,经国务会议的审议,政府可以向宪法裁判所提起解散申请。政党解散时,党员丧失其资格,并禁止组成代替政党。①

(三)作出宪法裁判的法定人数要求

宪法裁判所作出法律违宪决定、弹劾决定、政党解散决定或宪法诉愿承认决定,应由 6 人以上裁判官赞成决定;权限争议决定需要过半数裁判官的赞成。

---

① 김철수, 헌법개설, 박영사, 2015, 459 면。

第二章　韩国行政法与行政救济法

第一节　行政法的发展历程

随着第二次世界大战的结束、朝鲜半岛的光复以及大韩民国的建立，以行政为核心的国家功能也有了重大的发展，成为韩国行政法能够得以确立并且发展的重要前提。所以了解过去的韩国究竟是什么样的一个国家、过去几十年韩国国家管理的发展历程、明确韩国行政法的内容与性质，对于正确理解韩国行政法具有十分重要的现实意义。自20世纪中期建立大韩民国，韩国行政法经历了以下几个重要发展阶段。①

一、自大韩民国政府建立到20世纪50年代的初创期

自1948年建立大韩民国政府以来，随着1953年“停战协定”的签订，韩国的行政法学界逐步克服了“朝鲜战争”带来的各种社会混乱，开始聚集力量全面归纳并且整理相关的行政法规，为引入英美法系以及大陆法系的行政法理论奠定了理论与实践基础。这一时期被称为韩国行政法的初创期。这一时期行政法的特点是受日本影响较深，引用大陆法系国家的行政法，还有美军政时期制定的有关行政管理规定。法律有1951年制定的《国家赔偿法》和《行政诉讼法》等。

---

① 김성수, 일반행정법, 법문사, 2002, 25－29면。

二、20世纪60年代的停滞期

1961年爆发了"5·16军事革命"①,以朴正熙为首的少壮派军人掌握了政权。为了克服由"5·16军事革命"等一系列政治事件所造成的社会混乱,韩国开始引入国外的行政法理论,并且通过行政法学体系的构建、行政判例制度的探索等努力,逐步夯实了建立行政法律制度的基础。但是,这一时期韩国行政法并没有得到实质性发展,所以被称为行政法发展的停滞期。

三、20世纪70年代的转换期

"5·16军事革命"以后,由于持续的军人统治和以政府主导为主要特征的经济开发政策的实施,虽经历了十月维新等一系列政治黑暗事件,但是,经过行政法学界的不懈努力,这一时期不仅设立了韩国宪法学会、韩国公法学会、韩国行政科学研究所等诸多学术团体与机构,而且也改变了与国家赔偿有关的以往判例,迎来了行政法理论体系全面转换。这一时期在韩国行政法的发展历史中是一个重要的历史转换期。

四、20世纪80年代,特别是1987年宪法裁判所设立后的发展期

进入20世纪80年代,随着《宪法》的再次修改,②在把环境权确定为国民基本权利的同时,还为行政复议制度的建立确立了明确的宪法依据。韩国通过制定《行政复议法》及修改《行政诉讼法》,完成了对行政争讼制度的全面改造,而且还通过制定《行政程序法》(1996)以及修改地方自治法等,迎来了全新的行政法发展时期。1987年以后随着设立宪法裁判所,包括行政法在内的公法规范的规范作用得到了进一步加强。1998年又通过修改《法院组织法》,设立了专门审理行政案件的行政法院。之后陆续制定了《政府信息公开法》(1998)、《个人信息保护法》(2011)、《公益举报人保护法》(2011)等众多的行政管理相关的法律。至此,韩国行政法迎来了全新的发展和繁荣时期。

---

① 1961年5月16日,少壮派军人朴正熙发动了军事政变并掌握了国家政权。这一重要的历史事件被后人称为"5·16军事革命"。

② 1980年10月27日全面修改的《宪法》第33条规定:所有国民都有在干净的环境中生活的权利,国家与国民应致力于环境保全。

第二节　行政法法源及主体

一、行政法的法源①

行政法的法源就是行政法的表现形式。行政法以成文法为其原则，其理由：一是行政法以与国民的权利义务相关的内容为其主要规制对象；二是行政主体单方面作出规定；三是国民应能预测到国家的规制；四是明确救济事项。但考虑到行政法的规制对象的广泛性、复杂性、专业性、技术性等特点，不可能规制所有的事项，所以也需要由非成文法来补充。

行政法的法源可以分为成文法法源和非成文法法源两大类。

（一）成文法法源

1. 宪法

宪法作为规定国家的基本组织、基本的国家行为以及国民的基本权利等内容的法律规范，其中有关总统、国务总理、国务会议、行政各部等行政组织的规定，有关国民基本权利与义务的各项规定，有关总统以及政府职权等行政行为的相关规定，是行政法最高规格的成文法法源。

2. 法律

法律，仅指国会按照立法程序制定的规范性文件。法律是韩国行政法的最重要的法源。法律虽然处于宪法的下位地位，但是处于法规命令、条例、规则等规范性文件的上位，所以与法律相抵触的法规命令、条例、规则等规范性文件无效。

3. 法规命令

法规命令（也称命令），是指由国家行政机关根据法律的执行需要所制定的规范性文件，即行政法规。由于现代国家管理即行政具有日趋明显的专业性、技术性特征，通常法律只就原则性问题作概括性规定，所以很多具体问题的进一步规范，还有赖于法规命令作出具体规定。

4. 国际条约、国际法规

国际条约，是国家与国家之间、国家与国际机构之间签订的，具有法律约束力的协议。韩国《宪法》第6条规定，“根据宪法规定所缔结并公布的条约和得到认可的国际法规，具有与国内法相同的法律效力”，即认定了国际条约和国际法规的行政法法源地位。

---

① 김성수, 일반행정법, 법문사, 2002, 73－114면。

5. 自治法规

自治法规，一般是指由地方自治团体根据宪法和法令所给予的自治立法权，制定的有关自治的规范性法律文件。自治法规，包括由地方议会制定的各种条例和由地方自治团体政府制定的各种规则，还包括依据《地方教育自治的法律》规定而由教育监（教育行政机关）制定的教育规则。

（二）非成文法法源

1. 习惯法

习惯法，是指在某一行政领域已经经过长期重复使用的习惯做法。习惯要成为习惯法，必须具备以下两个条件：一是已经经历了多年的长期重复使用；二是经过长期重复使用的这一习惯做法，作为法律规范已经得到了一般国民的普遍认可。

2. 判例法

韩国也属大陆法系国家，所以行政法律制度中不存在所谓的"遵循先例原则"。但是，随着英美法系与大陆法系趋同现象的日趋明显，韩国虽然没有把判例法认定为行政法的法源，但在审判实践中形成的法律原则早已成为重要的行政法法源。应明确以下两点：一是法院的判例包含了在将来对类似案件进行审判的判决标准；二是行政机关的行政行为无法忽视已经形成的现实判例。还有，宪法裁判所的违宪决定具有法源的性质。因为，被确定为违宪的法律、法律条款已丧失了效力；违宪决定约束其他国家机关或地方自治团体。

3. 条理法（行政法基本原则）

法律或习惯法沉默的领域，最终只能依靠条理。作为行政法的非成文法法源，韩国行政法所称的条理法即行政法的基本原则，是指从"有关事物的本质性法则"，即从一般的社会正义感出发，人们普遍认为应当是这样的行为准则。条理法不仅成为进行法律解释所应遵循的重要原则，而且也是在实践中可以弥补成文法、习惯法和判例法之不足的最后一个重要法源。条理法，有以下若干具体内容：

第一，平等原则。平等原则是指行政机关在处理行政事务时，给予某一行政相对人的待遇如果没有其他正当理由，不得低于给予其他同类行政相对人待遇的客观情况。行政法中的平等原则源于《宪法》第 11 条①。所以如果行政机关的行政行为违反平等原则，实际上可以认定该行政行为是一种违反宪法的违宪行为。

---

① 《宪法》第 11 条规定："所有国民在法律面前一律平等，不论何人都不能因为性别、宗教或者社会身份的差异，而在政治、经济和文化等社会生活的所有领域受到具有区别的不同待遇。"

第二,比例原则。根据《宪法》第37条第2款[①]限制国民自由与权利的有关规定,行政机关在实施特定的行政事务时,为了实现特定行政目标所采取的具体行政措施,必须与实现该特定行政目标的实际需要相适应,即行政法所称的比例原则。1997年制定的《行政规制基本法》第5条第3款[②],已就比例原则的适用作出了具体安排。行政法中的比例原则,在实践中也可以表述为"必要性原则""适当性原则""狭义的比例原则"。

第三,不当给付禁止原则。行政机关在实施一定的行政事务时,特别是在对行政相对人实行特定的行政给付时,不能把与此没有实际关联的相反给付作为其实施的必要条件。这就是行政法中的不当给付禁止原则。例如,行政机关不得把对行政许可附近区域的绿化、美化作为条件,许可行政相对人设立宾馆等设施。

适用不当给付禁止原则的要件包括:一是行政机关进行了行政行为;二是该行政行为与课赋相对方的相反给付相关联;三是该行政行为与私人的给付具有不当的内在关联性。所以,违反不当给付禁止原则的行为成为违宪和违法行为。违反该原则的法律成为违宪审查及宪法诉愿的对象,违反该原则的附条件的行政行为成为无效或撤销的对象和成为抗告诉讼的对象,违反该原则的公法上的合同成为无效合同。

第四,信赖保护原则。行政机关在实施一定的行政事务时,对于具有一定保护价值的国民以及经济主体的普遍信任,应当采取措施积极维护它们的正当性以及客观存续,即行政法中的信赖保护原则。适用信赖保护原则的要件包括:一是存在行政机关的先行措施,即应存在可让私人形成信赖的先行措施,如法令、行政计划、确约[③]、行政指导等;二是具有保护价值的私人的信赖;三是必须有基于信赖的私人的处理行为,即私人信赖行政机关的先行措施而实施了某种行为;四是两者之间存在因果关系,即私人的信赖与处理之间存在因果关系;五是行政机关进行了违反先行措施的后续行为,即行政机关进行了违反先行措施的新的处分,则发生背叛信赖的情形和具体的侵害了私人稳定的法律生活。如违反了上述问题,该行政行为成为违法和成为抗告诉讼的对象,涉及私人财产权的侵害时,可依据国家赔偿法的规定提出损害赔偿请求。

---

① 《宪法》第37条第2项规定:"国民所有的自由与权利的限制,只有在保障国家安全、维护正常秩序以及实现公共福利所必需的情况下,才能以法律形式予以规定……"

② 《行政规制基本法》第5条第3项规定:"规制的对象与手段应当于实现该规制目的所需要最低限度内,在确保其客观性、透明性以及公正性的前提下,选择最有效的方法予以确定。"

③ 确约为对行政机关具有约束力的承诺,其内容为"在行政法上不会起到一定的行政作用"。

二、行政法主体[①]

行政法律,是一种是以国家公权力的行使主体即行政主体,与公权力的相对方即行政相对人,相互间的权利义务关系作为主要内容的法律。行政法律关系的当事人有行政主体与行政相对人两个基本种类。

(一)行政主体

1. 国家

国家是所有行政权力的本源性主体。行政行为是指以总统为最高统帅的行政机关所实施的国家管理行为。但是,由于国家行政权力中的相当部分,已经依法赋予地方自治团体、公共团体等,所以很多情况下的国家管理,都是由公共团体、私人(私法人)负责实施。

2. 公共团体

第一,地方自治团体[②]。地方自治团体是指在国家领导下把国家领土中的一定区域作为具体范围,并在此区域内根据法律授权对其区域内的居民以及所有各项行政事务享有支配权的,具有公法法人资格的地方行政组织。地方自治团体是一种公共团体,也是一种公法法人。根据《地方自治法》的有关规定,地方自治团体不是一种单纯的经济团体,而是与国家具有同样性质的统治团体,即地方国家机关(地方立法、行政机关)。

第二,公共组合[③]。公共组合是一种社团法人,如农地改良组合、山林组合和律师协会等。由于公共组合由一定数量的社员组合而成,所以与私法中的社团法人相比具有一定的共性特征。但是,公共组合由于具有它所要实现的特定行政目标,与私法意义上的社团法人具有明显区别。此外,公共组合成立与否与私法意义上的社团法人相比具有一定的强制性,并且它的成员必须具备特定资格,是一个由具备特定资格的人组成的社会团体。

公共组合所行使的权力型行为(如惩戒处分等)成为行政诉讼法规定的抗告诉讼的对象和进行处分的公共组合成为行政诉讼的被告。这些组合包括土地改良组合、农地改良组合、城市再开发组合、医疗保险组合、农业协同组合等。

---

① 김동희, 행정법 I , 박영사, 2001, 75 - 77 면。

② 법률용어사전, 현암사, 2001, 110 면。

③ 법률용어사전, 현암사, 2001, 201 면。

第三,营造物法人①。营造物法人是指为了实现国家的特定行政目标而成立的,并且是赋予了公法法人资格的,在经济上相对独立的人与物的结合体。就国家或地方自治团体而言它们是永久性机关,所以本来没有必要设立专门的营造物法人。但是,由于确认其工作独立性的需要,同时为了划清其财产与责任的归属关系,世界各国通常设有专门的营造物法人。韩国的营造物法人团体有国立大学、医院、红十字医院等。之前定位于营造物法人的,如韩国银行、韩国产业银行、韩国造币公司、韩国土地公司和大韩住宅公司等,因其目的是促进社会的公共利益,应把它们归类于公企业(或特殊法人公企业)。

第四,公共财团。在现代的社会生活中,为了实现特定公益目标需要国家或地方自治团体拿出一定的财政资金,而为了用好这部分资金并且实现对这部分资金的有效管理,就需要设立相应的财团法人,而这就是所谓的公共财团。就国家自身的法律性质而言,可以认为它是一个永久性的社会团体,所以本来没有必要设立独立的财团法人,并且通过财团法人的活动实现自己的目标。但是,随着社会民主化程度的不断提高以及对社会公益事业独立地位的肯定,为了排除对社会公益事业的国家干扰,使社会公益事业摆脱局限于国家财政投入的客观现实,明确公益事业投入的财产与责任归属,开始设立公共财团法人。韩国的公共财团有韩国研究财团、韩国精神文化研究院、交通安全公团②等。

3. 被赋予公权的私人

行政法律关系中的国民即私人,作为行政相对人即国家行政管理的对象常处于行政主体的相对方的地位。但是,为了实现特定的行政管理目标,在特定条件下行政主体可以把自己的全部或部分行政职权依法转让给具备相应条件的私人行使。例如,由商船船长行使部分警察业务。

(二)行政相对人

行政相对人系指在具体的行政法律关系中,处于行政主体相对方位置的另一方当事人,即处于被管理者地位上的组织和个人。成为行政相对人的不仅有国家机关、地方自治团体、公共组合、营造物法人、公共财团,而且也有外国组织和私人。

---

① 법률용어사전, 현암사, 2001, 201 면。

② 公团,也可以称公社,指为政府全额出资所设立。

第三节 行政作用法

行政主体要实现既定的行政管理目标,就需要通过特定行为给行政相对人施加某种影响,而由行政主体实施的能够作用于行政相对人的所有行为,就是韩国行政法所讲的行政作用。①对行政作用行为方式的法律性质、权利救济等问题的探讨,已成为现代行政法必须予以关注的重要问题。

一、行政立法②

(一)概述

1. 概念

行政立法,是指行政机关以法条形式制定一般且抽象行为规范的行为过程,以及通过这样的行为过程即行政立法过程所制定出来的具体行为规范。行政立法包括中央政府的行政立法和地方自治团体的行政立法。

2. 必要性

根据依法行政原理,行政机关的所有行政行为应尽可能符合由议会制定的法律。最理想的方法应当是由议会把行政的所有内容,预先以法律形式明确作出具体规定。但现实是具有委任立法性质的行政立法却得到了极为广泛地运用。其客观理由主要有以下几点:

第一,技术含量的增加以及专业化倾向的日趋明显。随着现代行政专业化倾向的日趋明显,行政已开始越来越多地涉及诸多技术问题。所以只有通过具有灵活性特征的行政立法,才能使现代行政能够有效应对日益复杂的社会事务与国家管理。

第二,社会的发展与政治、经济形势的瞬息万变。随着人类社会发展进程的加速,行政面临的社会政治与经济形势瞬息万变。但是,由于议会立法通常需要较长的审议时间,难以跟上时代以及形势发展的需要。所以需要通过行政立法予以必要补充。

第三,明显的政治中立优势。议会政治即多党民主政治,虽然有利于发挥党派民主并具有一定的合理性,但是,在实践中也显现出较为明显的非效率性特征,

---

① 법률용어사전, 현암사, 2001, 168 면。

② 김동희, 행정법Ⅰ, 박영사, 2009, 133－178 면。

即针对具体立法问题由于各党派意见的相左难以取得共识。而行政立法由于在其政治上的中立性,能够在相对客观的立场上规范具体事务。

第四,各地、各行业情况各异。就议会所制定的法律而言通常只就一般问题作原则性规定,很难考虑各地以及各行业的具体情况。行政立法由于其立法者本身就是行政机关,所以能够在其立法中考虑各地以及各行业的具体情况。

(二)法规命令

1. 概念与性质

法规命令是指由行政机关依法制定的,具有法规性质的一般且抽象的行为规范。法规命令可以理解为“既可以约束国民,也可以约束行政机关的,可以成为裁判依据的成文法规范”①,即法规命令显然具有法律规范的性质。所以行政机关的行政行为违反了法规命令,必将被认定为无效或者应予撤销的行政行为。

2. 种类

法规命令根据其不同的授权范围,分为如下几种。

第一,非常命令。一般是指在国家遇到某种突发事件或必须予以处置的紧急情况时,为了实现对特定突发事件以及紧急情况的及时处置,而由国家行政权(总统)发布的,具有宪法效力的独立命令。

第二,法律代位命令。一般是指根据宪法规定由总统发布的,具有法律效力②的行政命令,如紧急财政、经济命令、紧急命令等。

第三,法律从属命令。一般是指根据议会制定法律的明确委任或者为了执行法律而发布的行政命令。法律从属命令位于法律的下位位置。有以下两个基本种类:一是委任命令,是指为了完成由法律或者处于上位位置的法规命令确定的行政任务,而由行政机关发布的法规命令。委任命令可以在法律和上位命令的授权范围内,给国民设定某些新的权利或义务。二是执行命令,是指行政机关为了有效地实施相关法律,在相关法律原则以及法律规定的范围内,就法律执行中应遵循的某些技术问题所发布的法规命令。

3. 立法根据

行政机关制定法规命令是一种重要的行政行为,所以也要有相应法律依据,其立法根据是宪法、法律和处于上位位置的法规命令。目前在韩国法规命令的立法根据是:

① 김동희, 행정법Ⅰ, 박영사, 2009, 134 면。

② 《宪法》第 76～77 条。

第一,紧急命令、紧急财政、经济命令的发布,需要有相应的宪法规定作为其具体的法律根据(如有关实行金融实名制的经济命令);

第二,委任命令的发布,需要有法律的特别授权作为它具体的法律根据;

第三,执行命令,由于在严格意义上并非新法律的立法过程,而只是就已有法律执行过程中的某些技术问题所作的具体规范,所以其发布可以没有法律的明确授权。

4. 成立与生效要件

法规命令成立并且有效,必须具备以下要件:

第一,主体。法规命令只能由总统、国务总理、行政各部长官等依法具有相应职权的行政机关,才能予以制定。

第二,内容。内容要有相应的上位法的法律根据,并且不得与处于上位的法规以及宪法规定相抵触。另外,内容要明确并具有可操作性。

第三,程序。法规命令应根据既定程序予以制定,即总统令的制定应当经过法制处的审查与国务会议的审议;国务总理令、部令的制定应当经过法制处的审议。行政机关制定或修改的与国民的权利和义务密切相关的法令,应当由制定或修改该法案的行政机关依法进行相应的立法预告。

第四,形式。法规命令应当以法条形式予以规定。总统令应当记载已经通过国务会议审议的事实,明确标明其序号并且由总统签名盖章。国务总理令、部令应当标明序号和日期,并且由国务总理或者相关部的长官签名盖章。

第五,公布。行政机关制定的法规命令必须向外界公开,这种对外公开法规命令具体内容的程序就是所谓法规命令的公布。具体方式是把法规命令登载于官报,法规命令的公布日期就是该官报的发行日。

第六,生效。生效日期通常在法规命令本身予以规定。如果法规命令没有作出特殊规定,自公布之日起20日后生效。[①] 此外,与国民的权利限制、课赋义务直接相关的法规命令,除存在需要紧急施行的特别事由以外,自公布之日起应超过30日后生效。[②]

---

① 《关于法令等公布的法律》第13条(施行日)规定:如无特殊规定,总统令、总理令及部令自公布之日起经过20日即发生法律效力。

② 《关于法令等公布的法律》第13条之2(法令施行的预留期间)。

(三)行政规则

1. 概念与性质

第一,概念。行政规则是指在行政组织内部或者是在类似特殊权力关系的内部关系中制定的,用于规范其内部组织及其活动的一般且抽象的,不具有法规性质的行政机关的命令或行为规范。行政规则由于没有对外的法律约束力,所以也就自然失去了法律规范的性质。在韩国,行政规则仅指在行政组织内部由上级行政机关下达给下级行政机关或组织制定的,与其业务处理程序和基准等有关的一般且抽象的行为规范。

第二,性质。传统观点根本否定了行政规则的法规性质。但是,现代行政法认为,目前有相当一部分行政规则至少具有准法规性质。首先,就对内发挥相应法律效力而言,由于行政规则是上级行政机关为了实现对下级行政机关组织、作用以及活动的指导而制定的,下级行政机关必须遵循。所以在行政机关内部,行政规则具有明显的法规性质。其次,就对外发挥相应法律效力而言,由于行政规则是上级行政机关制定的,下级行政机关必须根据自身所具有的服从义务,把行政规则贯彻于处理相应行政事务的工作过程中,所以无法否认行政规则通过下级行政机关的事务处理对外也发挥相应的法律效力。

2. 种类

第一,组织规则。组织规则是指那些专门用于规范行政机关的辅助机关或者所属机关的设立、行政组织内部的权限分配、行政组织的事务处理程序等行政组织内部活动的行为规范。

第二,勤务规则。勤务规则是指上级行政机关为了实现对下级行政机关行政业务的持续规范与指导所制定的,下级行政机关必须遵守的行为规则。例如,训令——上级行政机关为了实现对下级行政机关的长期指导与监督而下达的行政命令;指示——根据某一行政机关的法定职权以及下级行政机关的请求,下达的具有明确对象的个别行政命令;例规——通过法律文书以外的其他文书形式,为重复进行的行政事务提供某种客观基准的、具有行政命令性质的行为规则;日常命令——仅适用于行政机关内部管理的,规范行政机关工作人员当值、出差以及加班等日常事项的行政命令。

第三,营造物规则。营造物规则是指为了实现对营造物(如国立学校、图书馆、医院)组织、管理以及使用的,而由营造物管理机关所制定的相关规则,如国立大学的学则、国立图书馆的规则等。

3. 成立与生效要件

第一,主体要件。行政规则应当由相应职权的行政机关制定,并且只能把它提供给具有相应行政义务的当事人。

第二,内容要件。一是行政机关制定的行政规则不能违背法令或者上位监督机关制定的行政规则。二是行政规则不得超越下级行政组织依法具有的服从义务范围,而对其受命者即下级行政组织作出限制其法定自由的规定。三是行政规则不得作出下级行政组织不可能予以实施的规定,或者作出其内容本身不够明确的具体规定。

第三,形式要件。行政规则通常采用训令、告示、例规、通牒、指针等多种不同的表现形式。此外,行政规则虽然通常是以法条化的书面形式予以确定,但是,由于它并非一种要式行为,所以也可以采取口头形式。

第四,程序要件。如果行政规则的制定机关是由法令所规定的其他机关,并且法令规定必须经过其上级行政机关的承认等程序,行政规则的制定则必须经过相应程序。

二、行政计划①

(一)概念

行政计划不仅涉及现代行政的诸多领域,并在不同行政领域显现为多种不同的表现形态,而且不同行政领域里的行政计划其性质也有重大差异,所以很难给行政计划作出明确界定。所谓行政计划,是指行政主体设定未来一定时期所要实现的行政目标及其为实现这一目标所采取的一系列政策措施。目前,在以经济和国土开发为主的行政领域几乎都涉及行政计划,行政计划正成为日益重要的行政行为方式。

(二)种类

1. 综合行政计划与部门行政计划

综合行政计划,是指涉及事业发展全局的具有综合性与战略性的行政计划,如国土综合开发计划、长期经济发展计划等。部门行政计划,是指只涉及特定区域或者特定行业的行政计划,如特定城市的发展计划、教育发展计划等。

2. 长期行政计划与中期行政计划

长期行政计划,是指计划年限超过 6 年的行政计划;中期行政计划,是指计划

---

① 김동희, 행정법Ⅰ, 박영사, 2009, 169－180 면。

年限为 2 ~ 5 年的行政计划。

3. 地域性行政计划与非地域性行政计划

地域性行政计划，是指与地域及空间范围有关的行政计划，如国土综合开发计划、城市发展计划等。非地域性行政计划，是指与地域或空间范围无关的行政计划，如一定时期的经济发展计划、社会发展计划等。以上所提的国土综合开发计划和经济发展计划是整个计划体系的核心，另外，有关人口、劳动、国民健康等问题的社会发展计划，也是行政计划体系中的重要内容。

4. 上位行政计划与下位行政计划

以行政计划能否成为制订其他行政计划的根据为标准，行政计划可以分上位行政计划与下位行政计划。上位行政计划，是指可以成为其他行政计划制订根据的行政计划；下位行政计划，是指根据上位行政计划制订的具体行政计划。

5. 拘束性行政计划与非拘束性行政计划

以是否具有法律约束力为标准，行政计划可以分为拘束性行政计划与非拘束性行政计划。拘束性行政计划，是指具有法律约束力的行政计划，即设定一定的计划目标并需要强制完成的行政计划。它有时会对其他行政机关或地方自治团体赋予一定的法律义务，有时也会规制国民的具体的权利义务。非拘束性行政计划，是指仅具有指导意义的行政计划，即设定一定的计划目标和以诱导的方式去完成的行政计划。

（三）性质

1. 提供单纯信息的行政计划

该行政计划一般只提供反映社会与经济发展的现实状况，并预测未来发展与变化的资料及信息。它一般没有法律约束力，只为行政机关以及国民个人对相关问题作出科学判断提供必要的资料与信息。

2. 诱导性行政计划

该行政计划虽然没有法律约束力，但是由于设定了类似减免税收、提供扶助金、改善周边环境等很多带有给付性质的行政支援措施，能够促使相关关系人遵循其相应指导。

3. 拘束性行政计划

该行政计划具有法律约束力。有在行政机关内部只约束行政机关的拘束性行政计划，也有可以普遍约束一般国民的拘束性行政计划。关于行政计划的性质，韩国法院的判例持肯定的态度，即行政计划属于行政机关的处分，可以成为行政诉讼的对象；而非拘束性行政计划除外。

（四）行政计划的制订程序

行政计划由于要设定未来一定时期国家所要实现的具体行政目标，以及为了这一目标的实现将要采取的一系列政策措施，对未来发展必然产生重要影响。因而，行政计划的制订必须要考虑确保行政计划的合理性、行政计划的调整与修改、相关当事人利益关系的调整、行政计划过程的控制等一系列问题。由于韩国行政程序法没有对行政计划制订程序作出规定，所以对行政计划制订过程的规范，目前仅依赖于部分个别法律的相关规定。制订行政计划需要经过以下几个程序。

1. 审议会的调查与审议

为了确保行政计划的质量，各类行政计划首先要经过各审议会的调查与审议，如政府的行政计划首先要经过国务会议的审议①。

2. 相关行政机关间的协调

为了确保行政计划整体的高度统一，在某些行政计划的制订过程中，需要相关行政机关互相协调并达成某种协议。

3. 利害关系人的参与

由于行政计划特别是拘束性行政计划的执行，必然对相关当事人的权利和义务产生深刻影响，所以拘束性行政计划的制订必须要听取利害关系人的意见，并且采取措施确保利害关系人参与拘束性行政计划的制订。

4. 地方自治团体的参与

由于很多行政计划的执行与地方自治团体密切相关，所以该类行政计划的制订，不仅要听取地方自治团体的意见，而且还应就该行政计划的执行与地方自治团体达成相关协议。

5. 公告

为了使针对特定大多数人的行政计划能够引起社会各界的广泛重视，并且保障行政计划执行后果的可预见性，需要以公告方式公开行政计划的内容。例如，根据韩国国土利用管理法，由建设交通部长官提出的国土利用计划，经国土利用计划审议会审议，最后由建设交通部长官予以公告；如其公告及阅览程序中存在瑕疵，则构成违法。

（五）效力与变更

行政计划的效力，只能依据各个行政计划具体判断。单纯提供信息的行政计划和诱导式的行政计划不具有法律约束力，但拘束性行政计划则可规制相对方。

---

① 《宪法》第89条。

为了应对随时变化的行政现实,不可避免地涉及行政计划的变更或废止。因行政计划的变更而侵害国民财产,应由负责实施该行政计划的行政机关采取恢复原状、赔偿或补偿损失等必要的措施。与此相关的问题,就是行政计划保障请求权制度。①

三、行政指导

(一)概念

行政指导,是指行政机关在自己所管辖事务范围内,为了实现一定的行政目标,对特定人提出实施或不实施一定行为的指导、劝告或建议等的行政行为。

(二)种类

广义的行政指导不仅包括对行政相对人的行政指导,也包括对下级行政机关的行政指导。在行政法中所说的行政指导主要是指对行政相对人的指导(狭义)。

1. 根据不同对象所进行的分类

第一,对行政机关的行政指导,是指国家对于地方自治团体或者上级行政机关对下级行政机关给予必要的助言、劝告或者提供其他相关信息的活动。

第二,对行政相对人的行政指导,是指行政机关对行政相对人给予必要的助言、劝告或者提供其他相关信息的活动。行政机关违法的行政指导是否必然导致私人行为的违法性?或违法行政指导下私人行为是否违法?法院判例所认定的是,依据违法行政指导所为的私人行为不具有正当性。

2. 根据不同性质所进行的分类

第一,助成性行政指导,是指为了使行政相对人能够更好地实施行政机关所希望的有利于行政目标实现的行为,对相应的行政相对人提供实施该行为所必需的相关知识、技术以及信息等的行政指导行为。

第二,调整性行政指导。为了协调在经济上处于对立状态的不同行政相对人的利益,为了制止行政相对人之间的过度竞争,需要行政机关采取必要的协调措施。行政机关的这种协调就是所谓的调整性行政指导。

第三,规制性行政指导。为了维护正常的社会秩序并且确保社会公益的实

① 行政计划保障是指为应付多变的行政现实,在变更、废止行政计划时,综合了信赖该计划的人的计划续存请求权、适当援助请求权、损害赔偿请求权、损失补偿请求权、解除计划瑕疵请求权等多种请求权制度的概念。한견우, 최진수, 현대행정법: 총론 각론, 세창, 2011, 474 면。

现,行政机关必须要采取措施,抑制或排除扰乱正常的社会秩序进而影响社会公益实现的非正常社会行为。而行政机关要求特定国民、团体以及企业实施或者抑制特定行为,就是在此所说的规制性行政指导。

(三)行政指导的原则与方式

1. 原则

第一,禁止过剩原则。《行政程序法》第48条第1款(前段)规定:"行政机关的行政指导应局限于实现行政目标所需的最小范围。"这就是所谓行政指导的禁止过剩原则。它要求行政机关的行政指导控制在可以实现行政目标的最小范围内。如果行政相对人认为行政机关的指导超越了实现行政目标所需的最小范围,有权向有关行政机关提出自己的意见,还可以提起行政诉讼。

第二,任意性原则。《行政程序法》第48条第1款(后段)还规定:"行政机关的行政指导不得违背行政相对人的自由意志而不当地强求其作为或不作为。"行政相对人如认为行政机关的行政指导违背了自己意志,可以就行政指导的内容与方式提出自己的意见并请求行政机关及时予以纠正;行政相对人如果认为行政机关的行政指导本身违法或者不当,还可以向法院提起行政诉讼。

第三,不利措施禁止原则。行政指导的具体行为方式是通过诱导行政相对人的协作,最终实现行政机关所要实现的行政目标。行政指导最基本的特征是非拘束性与非权力性。韩国《行政程序法》第48条第2款规定:"即使行政相对人不接受行政机关的行政指导,行政机关也不得以此为由采取不利于行政相对人的措施。"即不利措施禁止原则。

2. 方式

韩国行政程序法对行政指导的方式规定了以下3项内容:

第一,行政指导的明确性原则与行政指导的实名制。行政程序法不仅确立了行政指导的明确性原则,而且还规定行政指导必须实行实名制。① 行政机关在实施具体的行政指导时,不仅要向行政相对人说明行政指导的基本宗旨、解释所要实施行政指导的具体内容,而且还必须向行政相对人明确告知实施该项行政指导的公务员的身份。

第二,书面交付请求。在行政指导中采取口头方式的情况下,如果行政相对人要求行政机关提供记载了该项口头行政指导具体内容的书面材料时,行政机关

① 《行政程序法》第49条第1款。

除非有其他特殊的合理理由，不得拒绝。① 这里为了使行政相对人能够确认其行政指导的存在、明确行政指导的具体内容、增强对行政指导的信赖，并且为今后有可能发生的行政纠纷留下证据。

第三，对多数人行政指导事项的公开。《行政程序法》第51条规定："行政机关为了实现相同的行政目标，需要把多数的行政相对人作为实施行政指导的具体对象，如果没有其他特殊的正当理由，应当把行政指导内容中的共同部分予以公告。"之所以要求行政机关公告行政指导的具体事项，目的在于既要保证行政机关行政指导的明确性，又要确保行政机关行政指导的公平性。

（四）法律根据

行政指导在原则上要有明确的法律根据，但在实践中要求所有行政指导都必须有明确的法律根据，不符合行政指导的现状。某些行政指导即使没有明确的法律根据，也可以仅凭行政组织法有关行政职权的规定予以实施，所以在国家管理的实践中，很多行政指导的法律根据是由行政组织法规定的指导该行政机关行政指导的具体规则。但是，国家管理实践中的很多行政指导，实际上也有由法规命令规定的法律根据。

四、行政合同②

（一）概念

行政合同是指行政主体与行政主体、行政主体与行政相对人之间，为实现特定行政目标所订立的合同。规范行政合同的法律有《关于以国家为当事人的合同的法律》（以下简称《国家合同法》，1995年制定）及其施行令和施行规则。

（二）特征

行政合同的基本特征包括：

1. 依附性

行政合同的本质是实现国家的行政管理目标，所以行政合同实际上是国家实现社会公益的一种重要手段。就行政合同的具体内容而言，大多根据实现某种行政管理目标的需要而设定，所以行政合同明显依附于国家的行政管理。

2. 强制性

由于行政合同的本质是实现国家的行政管理目标，是实现社会公益的一种重

① 《行政程序法》第49条第2款。

② 김동희, 행정법Ⅰ, 박영사, 2009, 217－224면。

要手段,使大多数行政合同具有了明显的强制性特征。

3. 不得随意解除

行政机关作为行政合同的一方当事人,如果有影响实现社会公益的客观事由,可以单方面变更或解除行政合同。但是,行政合同的另一方当事人即行政相对人,原则上不能随意变更或解除行政合同。

4. 纠纷解决方式的特殊性

解决公法意义上的行政合同所引起的合同纠纷,应当适用公法即行政诉讼法有关当事人诉讼的相关规定,而解决一般的民事合同所引起的行政合同纠纷应适用民事诉讼法的有关规定。根据《国家合同法》第 11 条的规定,国家作为合同当事人签订合同时必须要制作合同书,并由相关公务员和合同相对方签字盖章确定该合同。

(三)种类

根据合同主体,行政合同主要有以下几种。

1. 行政主体间的行政合同

该类合同主要是指国家和公共团体或者公共团体间订立的行政合同,有以下两种:

第一,公共团体间的行政合同。例如,根据《地方教育自治法》的规定所订立的合同,如教育事务的委任、委托合同。

第二,地方自治团体间的行政合同。例如,根据《道路法》《河川法》的规定,在不同地方自治团体间订立的合同,如涉及道路、河流管理以及相关费用分担的行政合同。

2. 行政主体与私人间的行政合同

该类合同是指国家或公共团体等行政主体根据需要,对行政相对人即私人委任、委托行政事务的行政合同,有以下几种:

第一,政府合同。典型实例主要有:政府采购、建设工程的发包等合同。

第二,转移国有或者公有财产的合同。典型实例有:国有或者公有财产的租赁合同、国有或者公有财产的买卖合同等。

第三,设定公物或者营造物利用关系的合同。在社会生活的实践中,很多公物或营造物的利用关系,需要通过合同予以设定,如利用铁路托运货物、电话的入网安装等。

第四,公法上的辅助合同。政府给私人企业支付辅助金的合同,由于它所依据的是支付辅助金的政府决定,确定的是公法意义上的权利义务关系,所以政府给企业支付辅助金的合同是公法意义上的行政合同。

第五,行政事务委任合同。在国家的行政管理中,国家或公共团体需要根据法律规定通过合同把某些行政管理事务委任给私人。在这种情况下,委任行政管理事务的委任合同,实际上也是一种公法意义上的行政合同。

3. 私人与私人间的行政合同

私人与私人间行政合同的典型事例就是,私人间签订的土地使用合同。由于土地使用合同的签订是实际使用土地的必经程序,并且土地使用合同的订立及其履行,通常以国家公权为后盾,所以土地使用合同也可视为行政合同。

(四)法律根据

行政主体如果不是为了实现特定的行政管理目标,只是作为一般民事主体,在平等的法律地位上与私人订立合同,可以没有具体的法律依据。但是,行政主体如果是作为一个公法主体,为了实现特定行政目标订立合同,是否应当有明确的法律依据,韩国行政法学界有以下两种观点:“否定说”——认为即使出于实现特定行政目标的需要,行政机关也只能在法律有明确规定的情况下,才可以通过公法意义上的行政合同确立特定的行政法律关系;“肯定说”——认为由于公法意义上的行政合同属于非权力型行政行为的范畴,它的成立基础显然有别于权力型行政行为,所以只要不违背法律规定并经当事人双方协商一致即可。

五、行政行为

(一)概念

行政行为,是指行政机关对具体事项的法律执行并对外发生直接、具体的法律效力的权力型单方行为。行政行为具有以下特征:实施主体是行政机关;行政行为是针对具体事项的规范行为;它是对外发生法律效果的行为;它是权力型单方行为;它是公法行为。

(二)种类与内容

1. 种类①

行政行为根据其行为主体、构成要素、法律性质以及行为方式等的不同,可以分为以下几种。

第一,国家行政行为、地方自治团体行政行为以及私人行政行为。行政行为根据其不同的行为主体,可以分为国家行政行为、公共团体(地方自治团体、公共

① 김동희, 행정법Ⅰ, 박영사, 2009, 238 - 254 면。

组合等)行政行为和被赋予公权力的私人行政行为。

第二,法律性质行政行为与准法律性质行政行为。法律性质行政行为是指行政机关的命令、指示等意思表示所导致的,可以发生法律效力的行政行为;准法律性质行政行为是指行政机关的认识、判断等单纯精神作用所导致的,并且其法律效力的发生需要符合法规规定的行政行为。

第三,裁量性行政行为与羁束性行政行为。裁量性行政行为是指在规定行政行为的具体要件时,由于法律和法规采用了抽象的不确定概念,给行政机关的行政行为提供了可以选择的多种方案,并使行政机关具有了可以进行独立判断的余地,因此所导致的具有自主性质的行政行为。羁束性行政行为是指由于法律和法规明确规定了行政行为的具体要件与条件,没有给行政机关留下可以进行独立判断的空间,所导致的没有自主性的行政行为。

第四,授益性行政行为、侵益性行政行为与复效行政行为。授益性行政行为是指能够给行政相对人赋予某种权利或者给予某种利益的行政行为。授益性行政行为虽然给行政相对人赋予的是权利,但是由于它是行政机关的单方行为,所以是一种典型的行政行为。侵益性行政行为是指能够给行政相对人附加某种行政义务、侵犯行政相对人某种利益或者限制行政相对人某种权利的行政行为。复效行政行为是指那些虽然给行政相对人赋予或给予了某种权利或利益,但是,对于第三人却带来了某种侵益性法律效果;或者虽然给第三人赋予或给予了某种权利或利益,但是,对于行政相对人却带来了侵益性法律效果的,具有双重法律效果的行政行为。

第五,双方行政行为与单方行政行为。双方行政行为是指把行政相对人所给予的协作,作为其成立重要构成要件的行政行为。在双方行政行为中,既有许可、认可、特许等,只有行政相对人提出申请才可以实施的行政行为;也有公务员的任命等这些只有相关当事人予以同意才可以成立的行政行为。单方行政行为是指即使没有行政相对人的协作,仅靠行政机关的法定职权即行政机关的单方行为也可成立的行政行为。

2. 内容①

行政行为根据法律效果发生原因的不同,分为法律性质行政行为和准法律性质行政行为。

第一,法律性质行政行为。法律性质行政行为是根据行政机关的效果意思发生相应法律效果的行政行为,分为命令型行政行为和形成型行政行为。

---

① 홍정선, 행정법원론, 박영사, 2009, 322－346 면。

命令型行政行为，是指限制私人固有的自由，给行政相对人附加义务或者解除已附加义务的行为。行政相对人如果违反行政机关命令型行政行为，就要遭遇有关行政机关的强制执行，或者要受到行政罚的严厉制裁。命令型行政行为有下命、许可和免除 3 个基本种类。一是下命，指行政机关要求行政相对人履行一定作为、不作为、给付或受忍①（接受调查）等义务的行政行为。下命要求履行不作为义务被称为禁止；而要求履行作为、给付、受忍义务则被称为命令。二是许可，指根据法律和法规规定，如果国民个人的某些自由得到限制或制约，为了使受到限制或制约的国民个人能够合法地享受这些自由，而由行政机关根据当事人申请实施的，解除这些限制或制约的行政行为，也就是在特定条件下解除被法律普遍予以的禁止。三是免除，指在某些特定条件下，行政机关依法免除基于法律和法规规定一般行政相对人普遍所具有的某些作为义务或者给付义务的行政行为。行政法中的免除实际上也是行政相对人义务的解除，即免除针对的是作为、给付或者受忍等义务。

形成型行政行为，是指能够导致国民（私人）权利、能力（权利能力与行为能力）以及其他法律关系形成、变更或消灭的行为。形成型行政行为有许可、认可和代理 3 个基本种类。许可是指给特定的行政相对人设定新的权利（公企业特许、公物使用权特许、采矿许可、渔业执照等）、能力（公法人的设立等）以及法律地位（公务员的任命、国籍的取得等）的行为。认可是指行政机关通过对由第三者实施法律行为所给予的肯定以及对其实行的必要补充，促使该行为具有应有法律效力的行政行为。代理（公法上的代理）是指虽然由行政主体代替特定行为人实施了本应由该特定行为人实施的行为，但是，其行为的实施效果与被代理人实施的效果完全相同的行政行为。

第二，准法律性质行政行为。行政机关行政行为所形成的相应法律效果，如果依据的不是行政机关效果意思的表示，而是给行政机关的主观判断及其认识赋予相应法律效力的结果，那么在实践中实际表现行政机关主观判断及其认识的行为，就是所谓准法律性质行政行为。准法律性质行政行为有确认、公证、通知和受理这几个基本种类：

确认，是指在对某一特定事实以及法律关系的存在与否具有异议时，在公权力的层面动用公权力手段实施具体判断，并且予以确认的行政行为。行政法中的

① 受忍下命作为给付下命的对应概念，主要是指由行政机关发出的要求行政相对人忍受一定的事实状态，并且不得抗拒行政机关各种行政强制措施的行政命令。

确认由于只是对特定事实或者法律关系存在与否的判断，所以并不是要设立或者形成新的法律关系。

公证，是指对于特定事实以及法律关系的存在，以公法形式予以证明的行政行为。它是对没有异议或争议的事项，通过公权所具有的权威予以证明的行为。

通知，是指以特定人或不确定的多数人为对象，告知特定事实的行为。通知是一种具有准法律性质的独立行为，所以它既区别于成为行政行为生效要件的通知，也区别于没有任何法律效力只是一种单纯事实行为的通知。

受理，是指行政机关把他人实施的某一具体行为作为有效行为予以接受的行为过程。受理是行政机关的一种意思表示。

（三）行政行为的效力①

1. 成立要件与生效要件

具备相应的成立要件与生效要件，是行政行为有效并发挥应有法律效力的基本前提。所以只有具备了这些相应的成立要件与生效要件，行政行为才可以成为合法有效的行政行为并且发挥其应有的法律效力。

（1）成立要件

一是主体要件。行政行为要适格，要发挥应有的法律效力，其主体要件必须适格。行政行为主体要件适格的具体标准为：行政行为实施者必须具有相应的行政职权；行政主体实施的行政行为必须是在法定权限范围内；行政主体实施行政行为必须出于自己的主观意愿。

二是内容要件。行政行为的内容也必须符合由法律和法规所规定的各项要求。根据相关法律和法规的各项有关规定，行政行为的内容既要明确具体，具有能够予以实施的现实可能性，又要符合法律和法规规定，并且有利于社会公益的实现。

三是程序要件。行政行为应具备的程序要件有：在涉及双方的行政行为中，行政相对人给予同意等配合；为了协调当事人之间的关系或者为了维护相关当事人的利益，所涉及的提出意见、实施听证等程序；为了确保行政的审慎与公正，在行政组织内部实施的协议、审议或咨询等程序；其他程序。

四是形式要件。行政行为既可以采取口头形式或书面形式，也可以采取其他形式。如果行政机关的行政行为采取书面形式，应明确行政相对人的住所、姓名（名称）、具体内容、实施日期等内容并加盖官印（公章）。

---

① 김동희, 행정법Ⅰ, 박영사, 2009, 304－320면。

(2)行政行为的生效要件

如果没有法规或者附款所设定的限制,行政行为原则上应当在其成立的同时,即刻发挥应有的法律效力。如果行政行为生效需要通知相关的行政相对人,行政行为应当自行政机关实施通知起发挥应有的法律效力。所谓通知,是行政机关向行政相对人告知行政行为的存在以及所存在行政行为具体内容的行为。

韩国《行政程序法》第一章第四节就行政行为的生效要件——送达作出了明确的规定。通知的送达有邮寄、交付和利用互联网等方式,邮寄或交付方式的送达地点应当是接受送达者的住所、居所、营业所或事务所。如果送达对象是行政相对人法定代表人或代理人,送达地点可以是他们的实际住所。为了确保相关通知的及时送达,如有必要,行政机关可以采取电报、电传或电话等方式。

(3)行政行为要件的欠缺与效果

在行政管理的实践中,行政行为要发挥其应有的法律效力,必须具备上述各项成立要件和生效要件。行政行为如果欠缺这些要件,有关机构可以将其认定为有瑕疵的行政行为,即可以认定其为违法或不当的行政行为。如果行政行为具有某种瑕疵,有关机构可以根据瑕疵的具体状况,既可以把它确定为撤销对象,也可以把它认定为无效或者不存在的行政行为。

2. 行政行为的效力

行政行为如果具备了可以确认其成立的相应构成要件,将根据它所包含的不同内容导致命令型或形成型等不同的法律效果。

第一,拘束力。行政行为如果具备了一定的成立要件和生效要件,就会拘束相关的行政机关、行政相对人以及关系人。这种能够约束相关行政机关、行政相对人以及关系人的力量,就是所谓的拘束力。

第二,公定力。公定力是指即使行政行为的成立具有一定瑕疵,如果这一瑕疵不属于可以导致该行政行为无效的重大瑕疵,直至有权机关撤销该行政行为为止,不能否定该行政行为效力的客观情况。虽然行政行为的拘束力是根据行政行为的内容或者法律规定,直接发挥相应法律效力的实体法效力。但是,行政行为的公定力则是认定行政行为具有拘束力的程序法效力。

第三,确定力。行政行为如果具备了相应的成立要件,并且经过行政机关的实施而依法成立。只要经过了一定的期限,任何行政相对人都不能以否定该行政行为的效力为目的提起相应的行政争讼。另外,在某些特定的行政行为中,行政机关也不得任意撤销或者撤回已经实施生效的行政行为。

第四,强制力。如果行政相对人不履行由行政机关的行政行为所附加的行政义务,行政机关可以仅凭自己的力量迫使行政相对人履行相应的行政义务。这种强制力就是所谓的自力执行力。行政机关确保行政相对人履行行政义务的这种自力执行力,并不是蕴含于行政行为的内在力量,所以行政机关的自力执行必须要有相应的法律根据。

(四)行政行为的瑕疵①

行政机关的行政行为要发挥应有的法律效力,必须具备若干法定成立要件与生效要件。行政行为如果缺少了这些成立要件与生效要件,自然无法发挥应有的法律效力。这种可以导致行政行为不能发挥应有法律效力的先天不足,称为行政行为的瑕疵。

(五)行政行为的撤销、撤回与失效

1. 撤销②

撤销,是指行政机关实施的行政行为虽然缺少生效所必要的法定要件,但是事实上已经有效成立,国家的有权机关以该行政行为缺少相应的生效要件为由,全部或者部分地,并且溯及既往地根本否定其法律效力的行为。撤销有依职权撤销和依争讼撤销两种。

第一,依职权撤销。依职权撤销是指行政机关凭借其法定职权促使具有瑕疵的行政行为丧失其原有法律效力的行政行为。行政机关实施的行政行为只要经过一定期限,由于时效期限的经过等原因具有了确定力。但是,行政行为有确定力,并不意味着该行政行为的瑕疵已经得到治愈,所以即使行政行为具有了确定力,有权机关仍可以依据其职权撤销该行政行为。有权撤销的行政机关既可以是实施了该行政行为的行政机关,也可以是上级行政机关和监查院等专门的行政监督机关。

第二,依争讼撤销。如果行政相对人认为行政机关的行政行为有瑕疵,可以提起相应的行政争讼并要求有关机关撤销该行政行为,而受理该争讼的有关机关在审理中如果发现行政行为确有明显的重大缺陷,可以依法直接撤销该行政行为,这就是行政行为的依争讼撤销。依争讼撤销有以下两种方式:一是通过行政复议撤销;二是通过行政诉讼撤销。通过行政争讼撤销有瑕疵的行政行为,其撤销权人是行政机关(行政复议机关)和法院,行政行为的争讼撤销应遵循《行政复议法》和《行政诉讼法》的相关规定。

---

① 김동희, 행정법Ⅰ, 박영사, 2009, 321 -342 면。

② 김동희, 행정법Ⅰ, 박영사, 2009, 339 -348 면。

2. 撤回①

撤回，是指行政机关实施的行政行为虽然没有任何法律缺陷，但是由于后来的形势变化以及随后发生的一些客观事件，有法定职权的行政机关面向未来中止该行政行为继续发挥法律效力的行政行为。行政机关撤回已进入实施状态的行政行为，应当根据客观形势以及法制环境的发展与变化，并且随着对行政相对人认识的逐步深入有弹性地予以展开。此外，行政机关撤回已进入实施状态的行政行为，还是对行政相对人不履行行政义务所采取的重要救济手段。

行政机关撤回已进入实施状态的行政行为，特别是撤回对行政相对人形成某种授益的授益性行政行为，实际上是侵害并消灭行政相对人已有的权利和利益。由于行政机关撤回已进入实施状态的行政行为，实际上也是一种行政行为，所以目前的通说认为行政机关撤回已进入实施状态的行政行为，必须要有相应的法律根据。

3. 失效

失效，是指由行政机关实施的行政行为虽然在实施时符合其成立与生效所需要的各项法定要件，并且行政行为的内容和形式以及程序没有任何法律上的瑕疵，但由于后来的形势变化以及随后发生的一些客观事件，该行政行为丧失其原有法律效力的客观情况。

无效的行政行为之所以没有任何法律效力，主要是因为在其成立时就具有明显的重大缺陷。但是，导致合法有效的行政行为丧失其原有的法律效力，其原因是后来的形势变化或所发生的某种特定事由。所以，行政行为的无效与行政行为的失效二者具有明显区别。

行政行为的撤销以及撤回，是通过另外的行政行为消灭原有行政行为的法律效力。但是，行政行为的失效则是后来的形势变化或所发生的某种特定事由导致行政行为失去了原有的法律效力。所以行政行为的失效与行政行为的撤销、撤回也具有明显区别。

行政行为的失效，一般为行政行为目标的消失、行政相对人的死亡、行政行为目标的实现、行政行为附款所设定失效条件的出现等情况所导致。行政机关的行政行为如果遇有具体的失效事由，即使相关行政机关不采取其他相应措施，也从遇有失效事由时起自然失去原有的法律效力。

---

① 김동희, 행정법Ⅰ, 박영사, 2009, 349 - 357 면。

(六)行政程序①

1. 概念

行政法中的行政程序有广义和狭义两种理解。

广义上的行政程序,一般是指行政权所涉及的全部行为过程。它是相对于立法程序、司法程序而言的概念,包括行政的事先程序、行政再议程序、行政执行程序(行政强制、行政罚等)和行政复议程序等内容。

狭义上的行政程序,是指行政机关与外界发生第一次关系的一次性行政程序,即行政机关实施第一次行政行为时与外界进行一系列交涉的行为过程,是形成最终行政处分的必经程序。关于行政程序概念的理解,通说认为应仅指狭义上的行政程序。

2. 行政程序的基本内容

就世界各国行政程序的具体内容而言,主要有以下若干基本内容。

(1)事先通知与听证

事先通知,是指行政机关在作出具体的行政决定之前,给行政相对人或利害关系人预先说明将要作出行政决定的内容和理由,告知有关听证的实施时间和地点等的行政行为;其目的是使行政相对人或利害关系人能够在听证会上陈述意见、主张权利、提出资料。

听证,是指在实施限制或侵害国民权利与自由的行政处分之前,为了针对行政机关或利害关系人提出的某种主张和证据,给处于相对方地位的当事人或利害关系人,提供可以反驳行政机关或利害关系人的主张和证据、主张自身权利、提出对自己有利证据的机会而设立的特殊程序。

(2)阅览记录

阅览记录,是指处分的相对方等利害关系人,对实施处分的行政机关所保有的与听证有关的文书等书面记录所进行的阅览。目前,韩国《行政程序法》也有与阅览记录有关的规定,但单行法却没有涉及阅览记录的内容。

(3)理由提示

行政机关在实施具体的行政处分之前,具体而又明确地揭示行政处分的法律和事实根据,这就是行政程序中的理由提示。理由提示也是行政机关说服行政相对人接受处分的良好机会。在行政机关实施的裁量处分中,理由提示由于能够给行政相对人说明实施处分的具体动机和目的等内容,具有特别重要的现实意义。目前,韩

---

① 김동희, 행정법Ⅰ, 박영사, 2009, 359-394 면。

国的多个公务员法明确规定,对公务员实施惩戒处分必须明确提示其惩戒理由。①

(4)处分标准的设定与公布

行政机关实施行政处分(包括依申请的授益性处分和侵益性处分等所有行政处分)所应遵循的具体标准,必须在实施处分前予以制定和公布,这就是所谓处分标准的设定与公布。行政处分的标准有助于提高行政相对人对行政处分的可预见性,防止行政机关及其工作人员在行政处分过程中的主观随意性,具有十分重要的现实意义。

(5)国民与居民的参与程序

目前,行政管理之所以必须听取广大国民与居民的意见,一方面,是因为在现代社会行政管理已经渗透于国民生活的诸多领域;另一方面,在目前情况下,要通过法律手段控制行政,还有许多难以解决的现实困难。此外,现有的司法救济制度在很多情况下,难以确保国民与居民的权利不受侵害。行政政策形成过程或行政计划形成过程的国民与居民参与,则是为了提高各种行政决定内容的合理性,确保国民与居民对国家行政管理的信赖,进而实现国家行政管理的民主化。

3. 行政程序法制

1987 年,韩国起草了行政程序法草案,但该草案最终未能成为法律。1994 年,韩国起草了第二部行政程序法草案,1996 年 8 月进行了立法预告,并于同年 12 月 31 日经国会审议通过,②完成了行政程序法的立法过程。规范行政程序的法律,除了《行政程序法》,还有 1997 年制定的内容抽象的《信访事务处理法》和《行政规则基本法》。但是,从行政程序的视角来看,在国家的行政管理中,《行政程序法》对于规范行政程序具有更加重要的实质意义。作为规范行政程序的基本法律,《行政程序法》除总则以外,还有行政处分程序、行政申告程序、行政立法预告程序、行政预告程序、行政指导程序以及附则等内容,共 8 章 56 条。

第四节 行政强制法

一、行政强制的概述③

行政强制,是指根据法律规定或者基于法律规定所形成的行政处分,通过对

① 《国家公务员法》第 75 条,《地方公务员法》第 67 条之 1。

② 韩国《行政程序法》制定于 1996 年 12 月 31 日,于 1998 年 1 月 1 日开始实施。1999 年、2003 年、2006 年、2007 年、2008 年、2012 年、2013 年、2014 年、2015 年、2017 年对该法进行了修改。

③ 김동희, 행정법Ⅰ, 박영사, 2009, 427－444 면。

不履行行政义务的行政相对人施加精神压力或者通过对其身体以及财产施加的强力作用，迫使其履行相应的义务或者促使其达到与履行相应义务相同状态的行政行为。

行政强制一般把行政相对人行政义务的存在，以及行政相对人不履行相应的行政义务作为其实施的基本条件。行政机关的行政强制所依据的是行政机关的自我判断，并且通过自己依法所具有的强制手段直接进行强制。行政强制所针对的是将来，即行政强制的目标是促使相应的行政相对人履行其应负的行政义务。

二、行政强制的根据

行政机关通过行政强制手段，即通过对行政相对人施加精神压力或者通过对其身体以及财产施加的强力作用，迫使行政相对人履行相应行政义务。由于它所具有的强制性，必将在一定范围极大地影响国民的法定自由与权利，所以行政强制必须要有明确的法律根据。在韩国，可以成为行政强制根据的法律主要包括行政代执行法、国税征收法、土地收用法、出入境管理法等。

三、行政强制的手段

行政强制包括代执行、执行罚、直接强制、强制征收等多种强制手段。在韩国，普遍适用的是代执行和强制征收这两种强制手段。

（一）代执行

1. 概念

代执行，是指在行政义务人不履行别人可以代替其履行的行政义务时，首先由行政机关代替该行政义务人履行相应的行政义务，或者行政机关促使第三者代替该行政义务人履行相应的行政义务，而后要求该行政义务人承担代执行费用的强制方式。行政代执行的法源有作为基本法的《行政代执行法》①《土地补偿法》《建筑法》《道路法》《自然公园法》《废弃物管理法》等。

2. 执行主体

可以实施代执行的执行主体，既可以是作出给行政义务人附加行政义务处分的行政机关，也可以是该行政机关的上级行政机关。

---

① 1954年3月18日制定《行政代执行法》，1985年、2010年、2015年进行了修改，共9条。

3. 构成要件

根据《行政代执行法》的规定,[1]行政机关在遇有行政义务人不履行可以由他人代替其履行的行政义务,并且用其他手段难以确保履行义务时,如继续放任行政义务人不履行义务,必将极大地影响社会公益的实现时,行政机关可以由自己或者促使第三人实施本应由行政义务人履行的义务。代执行费用由行政义务人承担。所以,代执行应具备以下几个构成要件:

第一,未履行可以代替履行的作为义务。行政相对人的行政义务既可以由法律和法规的规定而形成,也可以由行政机关实施的依法处分而间接形成。而在实践中,可以成为代执行对象的往往是,由于行政机关实施的依法处分而形成的作为型行政义务。行政相对人的不作为义务、忍受义务,他人无法代替履行的服兵役、接受教育等作为义务,均不能成为代执行的对象。

第二,没有其他手段可以确保行政义务人履行义务。毋庸置疑,代执行作为一种行政强制手段,具有一定的侵益性特征,所以在实践中即使有行政相对人不履行可以由他人代替其履行行政义务的情况,如果有侵益性较小的其他行政强制,考虑到维护国民权益的重要性和行政法中的比例原则,不应采用代执行这一行政强制手段。

第三,放任行政义务人不履行行政义务,必将极大地影响社会公益。这一代执行的构成要件,可以说是行政法中比例原则的又一重要体现。如果对轻微的违反义务行为也适用代执行,可以认定为违法。

4. 代执行中的裁量问题

代执行属于裁量处分的范畴,在已经具备了代执行的构成要件时,行政机关围绕是否实施代执行可以进行裁量性判断。如果继续放任行政义务人不履行义务,势必带来危及人的身体以及生命等的重大危害时,可以根据当时面临的具体情况,把行政机关具有的与代执行有关的裁量权理解为,在当时情况下应当实施的行政义务。

5. 执行程序

代执行共有诫告、代执行通知、代执行的实施和费用征收 4 个程序。代执行的以上 4 个程序相互间具有一定的内在联系,即前一个程序是后一个程序的基础,而后一个程序是前一个程序的自然延续。

第一,诫告。诫告是代执行的重要程序,是预告实施代执行的通知。诫告应

① 《行政代执行法》第 2 条。

明确行政义务人应履行的义务以及在不履行该义务时,将被代执行机关代执行的具体内容和范围。如果行政义务人在诫告确定的履行期间未履行义务,就将忍受行政机关的代执行。所以目前通说和判例均认为,诫告作为一种行政处分,是具有准法律行为性质的行政行为。对于违法的诫告,相关的行政义务人可以提起撤销诉讼。

第二,代执行通知。虽然行政义务人已经得到了行政机关的诫告,但是,如果在诫告规定的期间内仍不履行义务,作出诫告的行政机关可以通过代执行通知明确告知实施代执行的具体时间、为了实施代执行所要派遣的执行责任人姓名以及实施代执行所需要的费用等内容。代执行通知作为表明实施代执行意志的具体通知,不仅可以导致行政义务人忍受代执行义务的产生,而且也使行政机关开始具有了可以实施代执行的代执行权。

第三,代执行的实施。通过外力行使达到与行政义务得到履行相同状态是代执行的实施,是一种事实行为。代执行的执行人是行政机关或者是其他第三者。应随时携带可以表明其为执行责任人的证明物,以便在实施代执行时出示给相关的利害关系人。所以在目前情况下,把行政义务人抵制代执行的行为视为刑法中的妨碍执行公务罪,并且通过警察的作用预防和排除相关当事人的抵制,已成为在实践中确保代执行顺利实施的普遍做法。

第四,费用征收。行政义务人承担实施代执行所需要的全部费用。为了实现这部分费用的征收,行政机关应根据《行政代执行法》的有关规定,把实施代执行所需要的费用和具体的缴费日期,以书面命令方式通知行政义务人。行政义务人在受到缴费命令后,如果不按期缴纳所需费用,可以比照《国税征收法》的有关规定实施征收。

6. 代执行的救济

韩国《行政代执行法》第 7 条规定:“对于代执行,可以提出行政复议。”第 8 条规定:“前条的规定并不影响向法院提起诉讼。”因行政代执行而给行政客体造成损失时,如果能认定代执行的违法性,可以提起损害赔偿或恢复原状等诉讼。

(二)执行罚(履行强制金)①

1. 概念

执行罚,是指在行政义务人不履行不作为义务或者不履行别人无法代替其履行的作为义务时,为了促使行政义务人履行相应的行政义务,而附加给行政义务

---

① 김동희, 행정법Ⅰ, 박영사, 2009, 437－438 면。

人的经济(金钱)负担,是一种间接强制手段。执行罚通常的运作方式是,先给行政义务人确定一定的履行期间,而后规定如果在这一期间没有履行义务将给予附加过怠料的处罚,即通过给行政义务人施加心理压力的间接方式促使其履行义务。

由于行政罚是依靠附加一定数额货币负担的心理压力,针对未来确保行政义务人履行其义务而作出的;直到行政义务人履行完为止,可以反复附加货币负担。但是,在原则上所附加的货币负担不应超过法定的最高限额。执行罚的表现形式包括过怠料和课征金。

2. 根据

虽然没有可以成为执行罚根据的一般概括性的法律,但是个别法律中有与此相关的规定,如《建筑法》《农地法》《公正交易法》《银行法》《屋外广告等管理法》《房地产实名登记法》等法律。

3. 执行罚的异议

行政义务人不服行政机关执行罚的不服程序(异议程序),主要有以下两种具体类型。

一是对行政机关附加过怠料决定的不服程序。如果行政义务人认为行政机关附加过怠料的决定不妥,可以在收到支付过怠料通知后的30日内,向作出该决定的行政机关申请异议,而收到异议申请的行政机关,应当及时向有管辖权的法院通报有关情况,以便法院根据《非诉事件程序法》的有关规定,及时处理行政义务人提出的相关异议。

二是对行政机关附加课征金决定的不服程序。如果行政相对人认为行政机关征收课征金的决定不妥,可以根据《行政诉讼法》的有关规定,向有管辖权的法院提起相应的行政诉讼,要求取消附加课征金的决定。

(三)直接强制①

1. 概念

直接强制,是指在行政义务人不履行相应的行政义务时,通过给行政义务人施加经济或者身体上的压力,促使行政义务人履行义务或者达到与履行义务相同状态的一种行政强制手段。作为一种行政强制手段,由于它是一种侵益性特征明显的行政强制手段,所以只有在执行罚、行政罚等其他行政强制手段无法促使行政义务人履行义务的情况下才可以使用。

---

① 홍정선, 행정법원론, 박영사, 2009, 604-605 면。

2. 根据

目前，韩国并未形成有关直接强制的一般法律规定，所以可以成为直接强制的法律根据的只能是个别单行法的相关规定，如《食品卫生法》《出入境管理法》《道路交通法》《公共卫生管理法》等法律中的相关规定。

3. 界限

由于直接强制是一种直接侵害国民身体或财产的行政强制手段，在很多情况下有可能造成对国民法定基本权利的侵害，所以为了有效制约直接强制手段的滥用，切实维护国民的法定基本权利，对直接强制应实行严格的法律控制。但至今，韩国还没有规定直接强制具体界限的法律规定，只有一些单行法规定了直接强制的界限。当然，即使单行法没有规定，行政法的一般原理同样也可以制约直接强制。

4. 救济

责令相关企业停业、吊销营业执照、强制拆除违法建筑等直接强制手段属于权力型的事实行为；由于行政强制要求行政义务人履行相应的忍受义务，直接强制实际上也是一种法律行为。所以，直接强制可以成为行政复议或行政诉讼的对象。如果行政义务人认为行政机关的直接强制违法或者违反了比例原则等行政法的一般原则，可以提起行政诉讼，也可以申请行政复议。如果行政义务人认为因直接强制受到了某种经济损失，还可以申请国家赔偿。

（四）强制征收①

1. 概念

强制征收，是指在具有某种金钱给付义务的行政义务人，不履行相应的金钱给付义务时，为了确保行政义务人履行相应的金钱给付义务，或者为了使行政义务人达到与履行金钱的给付义务同样状态，所采取的行政强制手段。

2. 根据

强制征收，一般都要有明确而又具体的法律依据。在韩国，成为强制征收具体依据的法律是《国税征收法》。《国税征收法》虽然被冠以《国税征收法》这一特定名称，但是，它不仅适用于国税的征收，也适用于所有公课金的征收。可以说，《国税征收法》是实施强制征收的具体法律根据。

3. 程序

根据《国税征收法》，强制征收的程序包括督促程序和滞纳处分程序：

---

① 김동희, 행정법Ⅰ, 박영사, 2009, 440－443 면。

第一,督促与缴纳催告。纳税义务人如果在规定的纳税期间没有履行纳税义务,税务署署长、市长应当在纳税期间结束后的15日内,不仅要给纳税义务人发出相应的纳税督促状,而且还要给与纳税义务人有连带关系的第二纳税义务人,发出相应的缴纳催告书。纳税义务人应当在收到纳税督促状或缴纳催告书之日起的10日内履行相应的纳税义务。未在规定的纳付期间内履行纳税义务,从超过规定的纳付期间之日起,加收相当于所滞纳国税额3%的加算金,另外从超过纳付期限之日起,每月加收相当于所滞纳国税额12‰的重加算金。督促是行政机关要求行政义务人履行金钱纳付义务的催告,也是告知行政义务人如果不履行相应的金钱纳付义务,将给予相应滞纳处分的通知,所以它是一种具有准法律行为性质的行政行为。

第二,滞纳处分的实施。滞纳处分的实施,分为扣押财产、拍卖和清算3个不同阶段:一是扣押财产。所谓扣押财产,是指禁止未履行金钱缴纳义务行政义务人,在事实和法律的层面上处分自己的财产,从而确保行政义务人能够履行金钱缴纳义务,把归行政义务人所有的财产予以冻结的行政行为。扣押财产的法律效力是禁止所扣押财产在事实和法律层面上的处分。二是拍卖。为了使行政义务人能够履行金钱缴纳义务,必须把已经扣押的归行政义务人所有的非通货财产转换成货币。把已经扣押的归行政义务人所有的非通货财产,转换成货币财产的过程,就是所谓的拍卖。三是清算。根据《国税征收法》,国税厅厅长应当把拍卖行政义务人非通货财产的所得和其他货币,用于滞纳税金、加算金、滞纳处分费以及其他债权的支付,支付上述各项费用后,如有余款,应交付给行政义务人(滞纳人)。如果非通货财产的拍卖所得和其他货币,不足以支付上述各项费用,应根据法令确定支付顺序。根据相关法令,国税债权应优先于其他债权。

第三,滞纳处分的中止与缺损处分。如果滞纳处分目标物的推算总价款,在支付了滞纳处分费后没有剩余,应中止实施该滞纳处分。在这种情况下,税务署署长以中止实施该滞纳处分为由可以实施缺损处分,并且以此消灭行政义务人的纳税义务。

第四,交付请求。纳税义务人如果受到税收滞纳处分、强制执行、破产宣告等处理,或者遇到了拍卖、法人解散等特殊情况,税务署署长应当向有关机关及时提出,纳税义务人所应缴纳国税、加算金、滞纳处分费用等的交付请求。

4. 违法强制征收的救济

在强制征收的各个阶段,即在督促、扣押、拍卖和清算等阶段,行政义务人如果认为有违法事由的存在,都可以申请行政复议或者提起行政诉讼,要求撤销相关处理决定以维护自身的合法权益。

四、即时强制①

(一)概念

即时强制,是指行政机关在遇到了必须紧急处置的特殊情况时,尽管行政相对人不负有相应的行政义务和没有未履行自己所负有行政义务的情况,但由于没有时间事先给行政相对人下达相应的行政命令,即通过某种强制手段给行政相对人的身体或财产施加影响,从而创造实现特定行政目标所需状态的行政作用过程。

即时强制给行政相对人附加行政义务,由于它所依据的不是行政机关的相应行政处分,而是行政机关所面临的某种紧急情况,所以它与行政法中的强制执行具有明显区别。就即时强制的具体内容而言,由于强制措施的实施不需要行政相对人相应行政义务的存在这一基本前提,所以强制措施的作用对象具有明显的偶然性。如对失火建筑物附近的易燃建筑物所采取的强制撤离等处分、对传染病患者实行强制隔离的强制措施等。即时强制属于权力型事实行为的范畴,所以它既有别于行政行为等法律行为,也区别于行政指导等非权力型的事实行为。

(二)根据

由于即时强制实际启动,不需要行政相对人负有某种法定的行政义务,而是行政机关所面临的某种紧急情况,作为实际发动即时强制的基本根据,所以即时强制的实际启动必将对行政相对人的自由与权利造成威胁。在现代法治社会即时强制的实际启动,不仅强调要有"一般紧急权理论"作为其基本的理论根据,而且还要求必须要有具体的实体法根据。在韩国,即时强制的法律根据有《警察官职务执行法》《消防法》《传染病预防法》《食品卫生法》等。

(三)界限

即时强制的实际启动必须要有明确的法律根据,但是,由于很多法规使用了大量的不确定概念,以抽象并概括的方式给行政机关实行了权力的委任,在行政机关所具有的与即时强制有关的行政职权中,自然包含了涉及强制的启动条件、强制的程度、强制的方式和强制的方法等内容的大量裁量权。所以,必须明确即时强制的界限。可以作如下具体理解:一是行政机关确实遇到了正在进行的违法行为等或必须处置的紧急情况;二是执行罚、课征金和加算金等其他行政强制手

---

① 김동희, 행정법Ⅰ, 박영사, 2009, 454 - 459 면。

段，无法解决行政机关目前所面临的实际问题；三是即时强制的实施必须遵循行政法中的比例原则，也就是说，即使强制的实施必须限定在能够实现行政目标的最小范围之内。

（四）即时强制的手段

即时强制的具体手段主要由《警察官职务执行法》等法律作出了具体的规定。对韩国行政法中的即时强制手段可以作如下说明：

1. 对人的即时强制

对人的即时强制，是指通过对人身体所施加的强力作用，创造实现特定行政目标所需状态的行政作用过程。例如，根据《警察官职务执行法》的有关规定，能够直接作用于人的即时强制手段主要包括保护措施、作为危险防治措施的滞留与避难、违法行为的预防与制止、警械的使用等具体强制手段。还有，由《传染病防治法》规定的强制隔离和强制健康诊断、《毒品法》规定的强制收容等即时强制手段。

2. 对物的即时强制

对物的即时强制，是指通过对物所施加的强力作用，创造实现特定行政目标所需状态的行政作用过程。例如，根据《警察官职务执行法》规定的对物的即时强制手段主要包括对武器、凶器以及其他危险物品所实行的任置①。还有，由《食品卫生法》规定的物品废弃、《青少年保护法》规定的没收、《道路交通法》规定的清除障碍物等即时强制手段。

3. 对住宅的即时强制

对住宅的即时强制，是指不管住宅、仓库、营业所占有者或所有者的主观意志如何，为了确保有关行政机关工作人员的自由出入，对有关住宅、仓库以及营业所采取特殊控制措施，创造实现特定行政目标所需状态的行政作用过程。《警察官职务执行法》为防止危险需要所规定的住宅出入②，可视为其中的一个特例。对住宅的即时强制，根据其不同的强制目的可以分为：在紧急状态下为了使行政相对人免受损失而实行的即时强制；在紧急状态下为了维护更多国民的利益而实行的即时强制。

---

① 任置，是指一方当事人（任置人）把自己的货币、有价证券或其他物品的保管，委托给另一方当事人，而另一方当事人（受置人）接受委托的行为。任置有无偿任置和有偿任置这两种方式。

② 《警察官职务执行法》第7条。

4. 令状主义的适用

令状，是指法院或法官针对国民或其财产所发布的以逮捕、拘禁、搜查、扣押等为内容的文书，如逮捕令、搜查令、检查令等。大法院判例的观点认为："事前令状主义，是为了保护人身在宪法上的羁束原理，在限制人身自由的所有国家作用的领域都应受到尊重。但是，如果存在固守事前令状主义根本无法达到行政目的的例外情况时，可以认定如刑事程序同样的例外。"①宪法裁判所也在其裁决中认为："行政上即时强制是处于紧急情况时所实施的，即使认定其不可避免和正当性和没有令状的收集，也不违背宪法的令状主义。"②

（五）即时强制的救济

行政法中的即时强制，由于具有迫使行政相对人履行行政义务，或者迫使行政相对人受忍行政机关作为型行政行为的性质，对行政相对人的自由与权利必将造成一定的侵害。所以，对即时强制造成的国民自由与权利的侵害，实行法律救济具有十分重要的现实意义。主要有以下若干具体救济手段。

1. 对合法即时强制的救济

即使是合法即时强制，由于其强制性也有可能造成行政相对人自由与权利的侵害，所以，即使在即时强制完全合法的情况下，也会发生需要实施救济的问题。目前在韩国，对合法即时强制的法律救济，其总的原则是如果有单行法规定，则应当依照其规定。目前，韩国的《自然灾害对策法》就有若干相应规定。但是，如果没有单行法的规定，则应当根据《宪法》第 23 条有关财产权保障与限制的规定实施法律救济。

2. 对于违法即时强制的救济

第一，正当防卫。对行政机关违法的即时强制，行政相对人可以根据刑法有关正当防卫的理论进行抵制。在这种情况下，由于行政相对人的抵制，可以视为合理的正当防卫行为，所以不构成妨碍公务罪。

第二，行政争讼③。行政法中的即时强制是一种事实行为，所以对行政相对人能否就即时强制提出行政争讼（撤销复议、撤销诉讼），是必须予以解答的重要问题。就行政复议法和行政诉讼法的具体情况而言，由于它们都把撤销争讼的对象即"处分"等，视为"行政机关根据实际情况执行法律的公权力行使过程……或者把它视

---

① 대법원1997. 6. 13，선고96 다56115 판결。

② 헌재2002. 10. 31，선고2000 헌가12 판결。

③ 韩国所称的行政争讼是行政复议程序和行政诉讼程序的统称。

为相当于公权力行使过程的'作用'",所以行政法中的即时强制也是行政机关根据实际情况行使公权力的过程。要承认它的"处分性"似乎有些勉强。但是,行政法中的即时强制由于具有持续时间短的"短时"特征,在很多情况下其狭义上的诉讼利益得到否认,如果其诉讼利益得到否认,受到损害的行政相对人只能期待"损害赔偿"或者"恢复原状"。

第三,行政损害赔偿。行政相对人如果由于行政机关的违法即时强制而受到了身体或财产上的损害,可以通过诉讼提出相应的损害赔偿请求。而实施了违法即时强制的行政机关,则应当根据国家赔偿法的规定,向受到了侵害的行政相对人给予相应的损害赔偿。

第四,人身保护的救济。对于限制人身自由的即时强制,可以根据《人身保护法》的有关规定,向法院提出救济请求。违反行政相对人的自由意志,把行政相对人收容、保护或监禁于由国家、地方自治团体或者公法人所运营的收容机关的,如果行政相对人认为该收容本身违法,或者认为应当收容的事由已经消灭,但仍继续维持收容的,可以向法院提出救济请求。如果收到请求的法院认为该请求理由成立,应立即通知收容机关解除收容。

第五,宪法诉愿。由于行政机关的违法即时强制导致宪法赋予国民的基本权利受到侵害,任何国民都可以向宪法裁判所提出宪法诉愿审判请求。

五、确保行政义务履行的其他手段①

随着科学技术的日益进步,行政和行政法开始面对更加复杂的社会事务。作为传统行政强制手段的重要补充,现代行政法不仅引入了课征金、公开制度、拒绝给付等一系列确保行政义务履行的其他手段,而且还把拒绝、取消、停止许可与认可等作为确保行政义务履行的手段进行了系统研讨。

(一)课征金、加算金等

1. 课征金

课征金,是指把那些违反行政法、未履行行政法法定义务的行政相对人作为具体制裁对象,并由行政机关实施的具有货币即金钱性质的制裁。在韩国,最先引入课征金制度的是《独占规制与公正交易法(反垄断法)》,目的是剥夺违法经营主体由于违反经济法法定义务而取得的违法收入,所以它具有明显的行政制裁金性质。在实践中,课征金的数额相当于违法者所取得的违法收入。在韩国《大

① 김동희, 행정법Ⅰ, 박영사, 2009, 413－421면。

气环境保护法》和《旅客汽车运送事业法》中的课征金,实际上就是新型课征金的典型代表。目前这种变化形态的新型课征金,在韩国已得到了广泛运用。在认(许)可事业中,根据违法行为的性质本应令其停止营业,但是,如果令其停止营业不利于公益的保护,就在许可其继续营业的同时,仅剥夺其由于所取得收入的行政制裁。从形式上看,课征金是一种单纯的金钱(经济)负担,有别于罚金、过怠料等行政罚,附加课征金的行为由于是支付货币的命令,所以具有明显的行政行为性质。

关于课征金的法律根据,对于行政相对人来讲,由于课征金是一种具有强制性特征的金钱(经济)负担,所以行政机关给行政相对人附加课征金,必须要有明确的法律根据。作为课征金征收根据的法律包括《大气环境保护法》《旅客汽车运送事业法》《水质及水生生态保护法》《石油及代替石油燃料事业法》等。

关于课征金的救济,由于征收课征金是一种行政行为,所以,如果这一行为本身违法,行政相对人当然可以通过提起行政争讼,要求行政机关取消该行政行为。

2. 加算金

加算金,是把那些根据行政法规定具有某种给付义务的行政相对人,作为具体制裁对象的一种经济制裁(金钱)。在国家行政管理的实践中,行政机关要求不履行给付义务的行政相对人支付加算金,目的在于促使行政相对人履行行政法确定的给付义务。行政机关要求行政相对人支付加算金的命令,既是一种命令性的行政行为,也是一种间接性的行政强制手段。

3. 加算税

加算税,是指为了确保行政相对人诚实履行法定的纳税义务,在行政相对人应纳税额的基础上决定额外征收的费用。加算税作为确保行政相对人履行纳税义务的强制手段,其具体的实施对象是具有不诚实纳税或者不诚实申告等情节的行政相对人。加算税是一种以税收方式征收的费用,对行政相对人来说,是一种具有行政罚性质的制裁。

(二)拒绝供给

1. 概念

拒绝供给,是指对那些违反行政法法定义务的行政相对人,行政机关决定不再提供各种行政服务(役务),或者决定不再提供资金支持的行政行为。在现代社会,由行政机关提供的各种服务和资金,是国民确保其生活质量提高的重要前提。所以,行政机关拒绝提供各种行政服务和资金支持,对行政机关来讲,是一种很重要的、确保行政相对人履行义务的手段。

对由于违反《建筑法》《建筑法施行令》以及根据这些法律和法规实行的行政处分,而被取消许可或认可的建筑物等,相关市(区)的市长(区长)可以要求电力、电话、自来水、燃气的提供者,不得给相关建筑提供配套服务,而收到市长(区长)协助请求的相关单位,如果没有其他特殊理由应予协助执行。这就是拒绝供给的典型实例。

2. 法律根据

拒绝供给是一种具有侵益性特征的侵益行为,其行为的实施有可能侵害行政相对人的合法权益,所以拒绝供给必须要有明确的法律根据。拒绝供给的法律根据包括《建筑法》等。电力、自来水等企业由于具有明显的公益性特征,它们的作业基本上可以认定为具有公共服务或公行政的性质,所以,不管这些企业的经营以及利用关系的内容如何,至少应适用公共服务的连续性原则和平等原则。这些具有公益性特征的企业,不仅应当确保以均等的条件给全体国民提供供给,而且还应当保证没有正当理由不得随意停止供给。目前《电力事业法》《自来水法》规定:没有正当理由,供给主体不得拒绝供给或者拒绝订立供给合同。这就是考虑到这些企业所具有的公益性特征。目前在韩国,为了实现对违法建筑的处罚,《建筑法》规定,相关市(区)的市长(区长)可以要求电力、自来水、煤气的提供者,不得给相关建筑提供配套服务。

3. 救济手段

对于自来水、电力等与社会公益有关的违法拒绝供给,根据该供给是把公法规定作为它的实施根据,还是把私法规定作为它的实施根据,其违法拒绝供给的具体救济方式也有所不同:把公法规定作为实施根据的违法拒绝供给,其具体救济方式应当是行政诉讼①;而把私法规定作为实施根据的违法拒绝供给,其具体救济方式应当是民事诉讼。大法院的判例认为,断水处分是一种行政处分。所以,对违法的断水处分,当事人可以通过行政诉讼,要求取消违法的断水处分。

(三)公开违反事实

1. 概念

公开违反事实,是指为了通过给违反行政法规定不履行行政义务的行政相对人,施加间接的社会压力以及心理压力,迫使行政相对人履行相应的行政义务,把行政相对人不履行相应行政义务的情况,向社会予以公开的制度。例如,公开排

---

① 대법원1979.12.28. 선고79누218 판결,在“撤销拆除建筑物代执行诫告处分案”中,认为“断水处分属于抗告诉讼对象的处分”。

放公害企业名单、未缴高额税者名单等。目前《独占规制与公正交易法》《公职人员伦理法》《消费者基本法》《食品卫生法》和《建筑法》等法律，都有与公开违反事实有关的具体规定。未缴高额税者名单的公布过去所依据的是《国税征收事务处理规定》这一行政规则。但是，现在所依据的则是《国税基本法》第85条第5款（公开巨额、未缴税惯犯等的名单）的规定。

公开违反事实的主要目的是通过公开行政相对人违反行政义务的事实，首先是形成谴责的社会舆论，其次通过社会舆论，给违反行政义务行为的实施者施加间接的心理压力，最终迫使其忠实地履行自己应承担的行政义务。公开违反事实其本身是没有任何法律效力的事实行为，但是，如果由于行政相对人的违反行为，而使大多数国民的生活受到了不利影响，那么行政相对人违反行政义务事实的公开，必将成为有效的行政义务履行的确保手段。

2. 法律根据

如上所述，公开行政相对人违反行政义务的事实，其本身没有任何法律效力，并不导致关系人任何权利义务关系的变化，所以，即使没有明确的法律根据，也可以公开行政相对人违反行政义务的事实。但是，由于公开行政相对人违反行政义务的事实，必将损害行政相对人的名誉、信用，所以应当给行政相对人提供听证等可以进行申辩的机会。公开行政相对人违反行政义务的事实，通常认为应当有具体的法律根据。关于公开违反事实的法律根据，通说认为相关的法律规定应涉及公开的内容与程度、行政相对人的权利与利益等诸多内容。

3. 法律救济

由于违法的“公开违反事实”，可能侵犯行政相对人的权利与利益，所以对违法的“公开违反事实”，有必要采取相应的法律救济。

在司法实践中，能否通过行政复议或行政诉讼撤销违法的“公开违反事实”，取决于如何理解在现行法中所说的“行政处分”。目前，韩国《行政诉讼法》对行政处分作出了如下定义：所谓行政处分，是“行政机关针对具体事实，作为法律执行所进行的公权力行使……或者相当于公权力行使的行政作用”①。目前的通说不仅认为，这种“处分”既包括现行法中的行政行为，也包括权力型的事实行为，而且也认为，由于“公开违反事实”是非权力型的事实行为，所以不应把它划入“处分”的范畴。但是，就目前的现实情况而言，由于没有可以救济违法“公开违反事实”的法律手段，所以应当把“公开违反事实”视为相当于公权力行使的行政

① 《行政诉讼法》第2条。

作用，因为只有这样才能认定它是一种"处分"。

行政管理中的"公开违反事实"具有明显的公行政性质，所以行政相对人如果由于行政机关违法的"公开违反事实"，其名誉、信用受到了侵害，理应根据国家赔偿法的相关规定得到救济。但是，韩国的相关判例认为，行政相对人由于行政机关违法的"公开违反事实"，所受到的名誉、信用损害，应根据民法的相关规定予以赔偿。

（四）官许事业的限制

为了确保行政相对人履行行政法规定的各项法定行政义务，法律规定对个别违反行政法法定义务的行为，可以把对行政相对人各种行政许可、行政认可申请的拒绝即官许事业的限制，作为确保行政相对人履行行政义务的手段。这种确保行政相对人履行行政义务手段的典型事例有以下两种：

1. 把违法建筑作为营业场所的官许事业限制

把由于违反《建筑法》、《建筑法实施令》以及根据这些法律和法规所形成的处分，而被取消了许可、认可的建筑或者虽然被取消了许可和认可但未采取相应整改措施的建筑，作为根据其他法律和法规进行营业的营业场所的申请，相关市（郡）的市（郡）长可以请求有关部门拒绝其申请。而接受这种请求的相关部门，如果没有其他特殊理由，应予以协助和配合。

被行政机关取消了许可或认可的大型建筑，如果通过代执行等手段拆除该建筑必将给社会带来重大经济损失，人们常把改变违法建筑的用途作为重要替代手段。但是，对此所采取的限制官许事业措施同样也能带来重要经济损失，所以，对违法建筑实行官许事业限制是否合理，有必要开展进一步的深入研讨。

2. 对未缴国税者官许事业的限制

《国税征收法》规定：纳税人如果没有总统令（行政法规）所确定的正当理由而拒不纳税，税务署署长可以要求主管其许可、认可及登记的机关，对未缴税者所提出的许可、认可及登记申请给予不予许可、认可或登记的处分。对于已经准予许可、认可或登记并已开始营业的企业，如果有 3 次以上滞纳经历且滞纳额达到 500 万元（韩币）以上时，除有总统令所确定的例外情况以外，税务署署长可以要求主管机关责令停止其营业或者要求取消其许可、认可及登记。但是，如果相关企业补足应纳税额，税务署署长应即刻撤回相关请求。目前，《国税征收法》所确定的限制官许事业制度，作为税收滞纳处分制度的重要补充或替代手段，对确保纳税人忠实履行自己的纳税义务发挥极其重要的作用。

第五节　行政上损害填补制度

行政机关在行使公权力的过程中,因其作为或不作为不可避免地会导致某些侵害国民权益现象的发生。由于公权力行使所导致的侵害国民权益的问题,包括以下两个具体问题:一是因违法行政行为所导致的损害赔偿问题;二是因合法行政行为所导致的损失补偿问题。上述两个方面的问题在韩国行政法中统称为“行政上损害填补”。行政上损害填补,是指国家或公共团体填补其公权力行使所致行政相对人损害或损失的制度。

一、行政损害赔偿制度(国家赔偿)

(一)行政损害赔偿制度概述

1. 行政损害赔偿制度的概念

行政损害赔偿制度,是指与国家或公共团体自身的事务管理行为相关联的,因违法行使公权力而给他人造成损失时由国家或公共团体给予赔偿的制度。该制度也称国家赔偿制度。

2. 行政损害赔偿的宪法根据

《宪法》第 29 条第 1 款规定:“因公务员职务上的违法行为而受到损害的国民,可以依法请求国家或公共团体给予相应赔偿。当事人要求国家或公共团体予以赔偿,并不能免除公务员的个人责任。”第 2 款还规定:“军人、军务员、警察以及其他法定人员,如果在与战斗、训练等职务行为有关的活动中受到损害,除了获得由法律规定的补偿外,不能请求国家或公共团体对由于公务员的职务违法行为所发生的损害实施赔偿。”

3. 国家赔偿法

第一,概述。国家赔偿法是国家或公共团体在承担行政损害赔偿责任时所应遵循的一般准则。最初的国家赔偿法制定于 1951 年 9 月 8 日,当时的《国家赔偿法》只有 4 个条款,但由于它最先以法律形式确认了国家应承担的行政损害赔偿责任,所以在韩国行政法的发展历史中具有里程碑式的重要意义。1951 年制定的《国家赔偿法》,至今共修改了 11 次,其中 1967 年进行的修改是一次彻底的全面修改①,

---

① 1967 年 3 月 3 日,根据当时《宪法》有关国家赔偿责任的规定,对《国家赔偿法》进行了一次全面的彻底修改,其内容由 4 个条款增加到 17 个条款。此外,它于 1973 年、1980 年、1981 年、1997 年、2000 年、2005 年、2008 年、2009 年、2016 年、2017 年,进行了多达 10 次的修改。

其余都是部分修改。

第二,性质。国家赔偿法是用于规范救济因公法原因而导致国民损害的法律,所以应视为公法。国家的赔偿责任虽然在行为的违法性和行为人的过失等具体要件方面,与民法中的违法行为责任有一定的共同点。但是,国家赔偿责任发生的原因是行政机关的行政作用和其他公权力的行使,它与民法中的违法行为责任存在明显区别。

第三,国家赔偿请求权的性质。国家赔偿请求权作为宪法规定的请求权,具有明显的基本权利性质,是由宪法保障的国民的基本权利之一。《宪法》第 29 条的有关规定是国民具有国家赔偿请求权的最直接的法律依据。如果把国家赔偿法视为公法,那么国民所具有的国家赔偿请求权显然具有公权之性质。

第四,类型。主要有以下两种具体类型:一种是因公务员的违法职务行为所引起的损害(国家)赔偿;另一种是因为在营造物的设置、管理中所存在的瑕疵而发生的损害(国家)赔偿。

第五,国家赔偿与外国人。《国家赔偿法》第 7 条规定:"外国人成为被害者时,如果与相关国家有相互保证,应适用本法",采纳了国际法中的相互主义原则。"相互保证",是指具有韩国国籍的韩国人也有在该国家提起损害赔偿请求的权利。如果被害者所在国家不支持韩国人在该国提起的损害赔偿请求,韩国也不支持该被害者在韩国提起损害赔偿请求。

(二)因公务员违法职务行为而发生的损害赔偿

《国家赔偿法》第 2 条第 1 项规定:"国家或地方自治团体的公务员或接受委托执行公务的私人,在执行公务时如果因故意或过失违反法令而给他人造成损害,或者依据《汽车损害赔偿保障法》的有关规定具有相应的损害责任时①,应依据本法承担损害赔偿责任。"第 2 项规定:"如果公务员具有故意或重大过失,国家或地方自治团体可以向该公务员进行追偿。"即明确了公务员的违法职务行为导致损害国家或地方自治团体具有赔偿责任。

1. 损害赔偿责任的要件

要件包括实际存在实施加害行为的公务员;该加害行为是一种执行公务的职务行为;该加害行为具有明显的故意或过失,并且违反法令给他人造成损害等。

---

① 根据《汽车损害赔偿保障法》的规定,"因为自己驾驶汽车而给他人造成死亡或负伤时,应承担赔偿责任",公务员为执行公务而驾驶车辆给他人造成损害和国家等具备了《汽车损害赔偿保障法》的责任成立要件时,依据《国家赔偿法》的规定,应承担国家赔偿责任。

第一,公务员。公务员不仅指由政府组织法所规定的国家公务员和地方公务员,还包括实际行使国家职能的所有人员,此处采纳了广义的概念。公务员包括:行政各部及地方自治团体所属的公务员;国会及司法部(法院)所属的公务员;检察官;宪法裁判所的裁判官。此外,私人接受国家机关委托而履行公务时,也应视为公务员。

第二,职务行为。《国家赔偿法》第 2 条第 1 项规定的"职务"既包括权力作用,也包括非权力作用。该条规定的职务,泛指除营造物设置、管理和私经济作用以外的其他所有公行政作用。《国家赔偿法》作为公法,不适用于私经济作用,这是多数说和判例的态度。"职务行为"包括权力作用和单纯的公行政作用,但是,国家机关的权力作用却是"职务行为"的核心内容。作为和不作为、法律行为、事实行为以及立法、行政、司法等作用都属于职务行为。

第三,执行公务。如何判断公务员的行为是执行公务? 主要是看执行公务是否为职务本身和客观上属于职务范围的行为,或者要看其行为是否与职务存在密切关联。职务行为的判断标准是公务员的行为是否具备了职务行为所要求的形式要件。

第四,故意或过失。《国家赔偿法》采取了过失责任主义,即赔偿责任的成立要件是公务员违法的加害行为必须是故意或过失。故意,是指公务员在明显认识到执行公务的行为客观上会发生违法的事实而继续实施该行为。过失,是指因公务员执行公务时没有履行应注意的义务或没有注意到相关处分是违法而继续实施该行为。①

第五,违反法令(违法性)。违法性,是指公务员的执法行为没有按法令规定的要件和程序进行。违反法令的行为应该是违反明文的法规及缺少客观正当性的超出和滥用裁量权的行为。明文的法令和尊重人权、禁止滥用权力、信义诚实等法的一般原则,都属于《国家赔偿法》所规定的法令的范围。

第六,损害。损害,是指侵害法律上利益而发生的不利益,即因加害行为而发生的所有损害,损害可以分为积极的损害和消极的损害;也可以分为财产上的损害、生命和身体上的损害、精神上的损害等。此外,行政机关的加害行为和损害之间应存在相当的因果关系,才可以认定国家的赔偿责任。

---

① 代位责任说,把故意或过失理解为相关公务员主观上的责任要件。故意,是已知会发生一定的结果;过失,是懒于履行应注意的义务而发生一定的结果。该说是通说和判例的立场。김동희, 행정법Ⅰ, 박영사, 2005, 498 면。

2. 损害赔偿责任的内容

第一,损害赔偿责任的原则。对公务员违法的职务行为所造成的损害应给予正当的赔偿。损害包括与加害行为存在相当因果关系的所有损害额。

第二,损害赔偿标准。《宪法》第29条第1款规定,国家应给予"正当的赔偿"。《国家赔偿法》对侵害生命和身体、灭失和毁损物品等的损害规定了相应的赔偿金额的标准。① 此外,加害行为与结果之间具有相当因果关系的损害,也应进行相应的赔偿。

第三,损害赔偿责任。首先,损害赔偿责任者②。(1)国家和公共团体。《宪法》所规定的国家赔偿责任的主体是国家或公共团体,而《国家赔偿法》所规定的赔偿责任者则是国家或地方自治团体,地方自治团体以外的其他公共团体相关的损害赔偿,只能按《民法》的规定进行处理。(2)相关事务的归属主体。属于机关委任事务时,该委任机关归属的行政主体承担赔偿责任。(3)费用负担者。《国家赔偿法》第6条第1项规定了"费用负担者等的责任"。在国家或地方自治团体承担国家赔偿责任的情况下,公务员的选任、监督或负责营造物的设置、管理的人和公务员的薪资、工资和其他费用或承担营造物的设置、管理的费用的机关不一致时,承担该费用的机关也应承担对该损害的赔偿责任。(4)承担公务员薪资、工资等的费用承担者。费用承担者,指承担薪资、工资和其他费用的主体。当事人有权在公务员的选任者、监督主体和费用承担者之中选择一方,提出损害赔偿之请求。其次,公务员的责任。《宪法》规定了因公务员的故意或过失违反法令的公务行为造成对国民的损害,国家或地方自治团体应承担国家赔偿责任,同时又规定并不免除公务员个人的责任,即规定了国家对公务员个人的求偿权。公务员个人应承担的责任包括刑事、民事责任和行政机关内部的惩戒责任等所有的法律上的责任。求偿权是一种不当得利返还请求权;在公务员的违法行为属于轻微过失时,不对该公务员进行求偿,其目的是让公务员致力于公务。

第四,损害赔偿请求权。在公务员履行职务过程中,因故意或过失实施的违反法令的行为给他人造成损害时,受到损害的国民都可以成为向国家或公共团体请求国家损害赔偿的请求权人。公务员的职务行为与国民受到的损害结果之间

---

① 《国家赔偿法》第3条规定的赔偿种类包括造成死亡时的工资、丧葬费等;造成伤害时的疗养费、休业赔偿、障碍赔偿等;造成物品灭失和毁损时的修理费、损失费等;加害行为与结果之间具有相当因果关系时的赔偿;精神上的慰藉金等。

② 홍정선, 행정법특강, 박영사, 2007, 493-499 면。

应存在相当的因果关系，这样才可以认定受损害的国民向国家请求赔偿责任的请求权和资格。国民请求国家赔偿的期限，只能依据《国家赔偿法》第 8 条的规定而适用民法上的期限规定。①

第五，禁止损害赔偿请求权的转让和扣押。《国家赔偿法》第 4 条规定，"因侵害生命、身体而获得的取得国家赔偿的权利不允许转让或扣押"。这是从社会保障的角度考虑，为了保护被害者或其遗属的权益而作出的规定。

（三）因营造物的设置、管理上的瑕疵而发生的损害赔偿

《国家赔偿法》第 5 条规定了因公共设施等的瑕疵而造成损害时的国家赔偿责任。因道路、河川、其他的公共的营造物的设置或管理上的瑕疵而给他人造成损害时，国家或地方自治团体应进行赔偿。

1. 损害赔偿责任的要件

第一，公共的营造物。公共的营造物，是指由行政主体用于公共目的的有体物，即公物，包括道路、自来水及下水道、学校、河川、湖泊、公车、消防车等人工公物和自然公物。

第二，设置或管理上的瑕疵。设置或管理上的瑕疵，是指营造物缺乏通常应具备的安全性的状况。设置，指从设计到建造的过程；管理，指营造物建造以后的维持和修缮过程。设置上的瑕疵，是指营造物从最初设计或建造上即缺乏安全性的状态，如营造物设计上的瑕疵和建造上的瑕疵。管理上的瑕疵，是指营造物建造以后存在的瑕疵，如营造物的维持或修缮上存在不完善的状态。对上述瑕疵的认定，应从营造物的构造、用法、场所环境、利用状况等各种情况进行综合，以后再进行个别的和具体的判断。

第三，瑕疵的证明责任。原则上，营造物的设置或管理上的瑕疵及因果关系作为赔偿责任要件之一，应由原告举证。设置和管理者没有预见可能性和回避可能性的证明，应由设置和管理者——国家或地方自治团体举证。但现实生活中存在诸多不能证明的情况，所以一旦出现因营造物的损害，则按"一应推定理论"②，一应推定为营造物的设置或管理者承担举证责任。③

---

① 《民法》第 766 条（损害赔偿请求权的消灭时效）第 1 项规定：因违法行为的损害赔偿请求权从被害者或其法定代理人知道该损害及加害者之日起经过 3 年不行使时，因时效而灭失。第 2 项规定：作出违法行为之日起经过 10 年时，与第 1 项相同。

② 一应推定理论，是指从救济被害者的角度出发，一旦发生事故，一应推定存在瑕疵；作为营造物的管理者国家等如不能证明该瑕疵不存在，应承担赔偿责任。

③ 김향기, 행정법개론, 삼영사, 2006, 392 면。

第四，损害的发生。因营造物的设置或管理上存在瑕疵而给他人造成损害，而且该损害与瑕疵之间存在相当因果关系，才可以满足赔偿责任的要件而获得赔偿。

第五，免责事由。营造物按通常的要求，在已具备了所应具备的安全性的前提下，因营造物本身以外的其他外部的不可预见或不可避免等不可抗力而造成损害时，其责任是被免除的。

2. 损害赔偿责任的内容

第一，损害赔偿额（范围）。因营造物的设置或管理上的瑕疵而造成的，与该瑕疵存在相当因果关系的所有损害额，就是赔偿额。

第二，损害赔偿责任者。《国家赔偿法》第6条以“费用承担者等的责任”规定了国家或地方自治团体的赔偿责任，即赔偿责任者是国家或地方自治团体。国家或地方自治团体两者中，被害者有权选择其中之一请求损害赔偿。

3. 求偿权

《国家赔偿法》规定，国家或地方自治团体作为赔偿责任者承担赔偿责任以后，对该损害的发生有承担责任者时，可向其追偿。这认定了故意或过失造成营造物的设置或管理上瑕疵者的责任追究制。

（四）行政损害赔偿的请求程序

程序有两种：一种是向法院提起损害赔偿诉讼；另一种是向赔偿审议会提起赔偿请求，即依据行政程序的国家赔偿。①

1. 依行政程序的国家赔偿请求

《国家赔偿法》规定的损害赔偿程序是任意程序，不是提起损害赔偿诉讼的前置程序。赔偿审议会决定赔偿的制度，具有及时救济国民受到的损害、事先预防可能发生的行政纠纷、节约费用、迅速和简便地解决赔偿问题等优点。

第一，赔偿审议会。为了审议和决定行政损害赔偿事务，设立了具有行政委员会性质的合议制行政机关——赔偿审议会。赔偿审议会具有审理损害赔偿案件，决定是否赔偿，并把委员会作出的决定通知申请人的权利。法务部设有赔偿审议会本部，国防部设有特别审议会，各地区检察厅及部分部队设有地区赔偿审

① 《国家赔偿法》第9条规定，依本法的损害赔偿诉讼，不经过赔偿审议会的赔偿申请也可以提起。

议会。① 上述各赔偿审议会受法务部长官的领导，法务部长官在指挥或监督各赔偿审议会的过程中认为必要时，可以采取必要的命令或措施，包括让其所属公务员或检察官监察各审议会的业务、向任用者提议惩戒或交换相关的存在违法或不当处理业务的委员或其职员等。赔偿审议会由委员长主持，委员长因不得已的事由不能履行其职务时，由委员长指定的委员代行其职权；没有指定时，设立审议会的行政机关所属公务员中地位处于第一位的选任者代行其职权；会议须由包括委员长在内的在籍委员过半数出席，出席委员 2/3 以上赞成时才可议决。

第二，赔偿审议会的决定程序。想要获得国家赔偿金的人应向管辖其地址、所在地或该赔偿原因发生地的地区赔偿审议会提出赔偿申请。委员长认为虽然赔偿申请不合法，但可以补正时，应规定一定的期限让申请人进行补正，补正后视为合法的赔偿申请。收到赔偿申请的地区赔偿审议会应及时通过询问证人、鉴定、检证等证据调查和审议，在 4 周内作出赔偿金支付决定、弃却决定或驳回决定②，并应在 1 周内送达申请人。地区赔偿审议会认为情况紧急时，可以事先作出支付一部分丧葬费、疗养费及修理费等的决定。最终作出赔偿决定以后，应把上述预先支付的部分费用扣除。还有，存在不具备召开地区赔偿审议会的时间或其他不得已的事由时，委员长可依其职权作出事先支付的决定，其后应向地区赔偿审议会提出报告和应得到审议会的追认，如得不到审议会的追认时，委员长的该决定即丧失效力。

地区赔偿审议会审议赔偿申请案件之后，认为赔偿金的金额属于总统令规定的金额以上的案件、其他总统令规定的应由本部审议会或特别审议会审议和决定的案件等不属于自己审议时，应及时向本部审议会或特别审议会移送该赔偿案件。收到移送的赔偿案件时，本部审议会或特别审议会应在 4 周内作出赔偿决定。

第三，赔偿审议会决定的效力。赔偿决定在得到申请人的同意时发生法律效力，即收到赔偿决定的申请人应及时附上赔偿决定同意书，向国家或地方自治团

---

① 《国家赔偿法》第 10 条（赔偿审议会）第 1 项规定：为了审议与国家或地方自治团体相关的赔偿申请案件，在法务部设立赔偿审议会。但为了审议军人或军务员给他人造成损害的赔偿申请案件，在国防部设立特别审议会。

② 《国家赔偿法》第 13 条第 8 项规定：驳回的事由包括：(1) 申请人之前已经以同样的理由提起过赔偿申请和得到赔偿金支付或驳回决定的。但得到驳回决定的申请人能说明发现了新的重要的证据为例外。(2) 申请人之前以同样的理由依本法已提起了损害赔偿诉讼和得到赔偿金的支付或驳回的确定判决。(3) 其他赔偿申请不合法和不能补正错误部分或不应补正要求的。

体请求赔偿金的支付。收到赔偿决定的申请人,如没有请求赔偿金的支付或地方自治团体在总统令规定的期限内没有支付赔偿金时,视为对赔偿决定的不同意。因审议会的赔偿决定不具有终局性的效力,申请人在领到赔偿金之后也可以向法院提起赔偿金请求诉讼。

赔偿金的支付时期,地方自治团体赔偿金支付机关应在收到申请人的赔偿金支付请求的两周以内支付该赔偿金。本部审议会或特别审议会所属的地区赔偿审议会赔偿金支付机关,应在收到申请人的赔偿金请求 1 周内支付该赔偿金。

第四,再审申请。申请人收到地区赔偿审议会弃却或驳回赔偿申请的决定书(包括部分驳回)之日起两周以内,可以经过审议会向本部审议会或特别审议会提起再审申请。收到再审申请的地区赔偿审议会应在 1 周内,向本部审议会或特别审议会送交与赔偿案件有关的全部赔偿申请资料。如发现地区赔偿审议会的决定中存在违反法令时,可以发回地区赔偿审议会。

2. 依司法程序申请国家赔偿

根据《国家赔偿法》的规定,申请国家赔偿的人或对国家赔偿决定不服时可以在规定的期限内向法院提起相关的损害赔偿诉讼。针对申请赔偿金的司法程序,虽然存在应依据民事诉讼程序进行诉讼的观点和应依据公法上的当事者诉讼进行诉讼的观点,但判例是按民事诉讼程序处理与国家相关的损害赔偿案件的。与行政诉讼相关联,《行政诉讼法》规定了“损害赔偿申请与行政诉讼合并审理”的规定。①

二、行政损失补偿制度

国家或行政主体在管理国家或履行其职责的时候,为了涉及公共利益的事务(如建设道路、学校、医院等)和其他的公益事业,可能会作出对特定的个人或组织的合法财产进行征收、使用或限制使用该财产等的行为。这些对私人财产的剥夺或限制是在当事人没有归责事由的前提下为了公益而为的。所以,因此而发生的损失也应从平等负担的原则出发,由国家给予补偿是当然的结果。这就是行政损失补偿制度。

---

① 《行政诉讼法》第 7 条(案件的移送)规定:《民事诉讼法》第 34 条第 1 项的规定同样适用于在没有原告的故意或重大过失的情况下错误的向不同审级的法院提起行政诉讼的情形。

（一）行政损失补偿概述

行政损失补偿，是指因合法的公权力的行使给私人的财产权造成特别损失（或牺牲）时，立足于由全体国民平等负担的原则由行政主体给予补偿的制度。包含以下几个方面的内容。

第一，因合法行政行为而发生的损失补偿。首先，合法行为。行政机关的侵害私人财产权的行为是依据法律规定的合法的公权力行为，该合法的公权力行为必须是在"公共利益"或"具有公共的需要"的前提下侵害私人的合法财产权，而私人的合法财产权是受到法律的保障的。必须要严格限制"公共利益或公共的需要"的前提下，对私人财产权与公共利益进行比较衡量以后，公共利益占有更大的分量时，才可以合法行使公权力侵害私人财产权。其次，损失（对财产权的侵害），即对私人财产权进行公用收用时发生的损失。例如，因公共的需要而进行的土地征收、收买农地等，因此而产生的损失是对已经预见到要侵害国民的私有财产而产生的损失，也是国家应对国民进行补偿的损失。

第二，因公权力的行使而发生的损失补偿。行政损失补偿是因公权力的行使而发生的公法上的补偿，具有公法的性质。

第三，对特别损失（牺牲）的补偿。从国家角度来讲，国家不应该让特定的个人承担因公共的需要而发生的损失；从个人角度来讲，特定的个人也不应该承担因多数人的公共需要而发生的损失。所以，因此而发生的损失（牺牲）应由全体国民来负担，即按国民公平负担的原则把该损失平等分摊给所有的国民，由代表全体国民的国家来进行补偿。

（二）行政损失补偿的依据

1. 行政损失补偿的理论依据

行政损失补偿的理论依据存在既得权说、恩惠说和特别牺牲说等，其中特别牺牲说是通说。行政主体超出财产权内在的限度而对私有财产进行的特别、偶然的牺牲时，应由全体社会成员来共同承担，这符合社会正义和公平的原则。行政损失补偿制度的主要内容是财产权保障和平等负担原则。

第一，财产权保障。在认定因公共需要侵害私有财产权的前提下，要通过保障财产权来补偿其损失。行政损失补偿的法理随着现代福利国家的发展，进一步要考虑得到补偿的个人的生活安排方面的生活补偿成为更为重要的问题之一。

第二，平等负担原则。尽管是为了公共的需要而对个人赋予特别的损失，该损失应由全体社会成员平均负担才是合理的。行政损失补偿制度是把不平等的负担转化为平等负担的技术上的手段而已，也称为“调解性补偿”。[①]所以，行政损失补偿，是在保障私有财产权的法制秩序之下，通过负担的社会化和平等负担的原则而实现公益和私益的协调，以达到稳定的法律活动。这可以归纳为损失补偿制度的理论依据。

2. 行政损失补偿的法律依据

《宪法》第 23 条第 3 款规定“因公共的需要而对财产权进行收用和使用或限制的补偿由法律具体规定，但应支付正当的补偿”。虽然针对行政补偿方面还没有专门的单行法律，但根据上述宪法精神制定的补偿方面的法律有《关于公益事业的土地等的取得及补偿的法律》（以下简称《土地补偿法》）和其他的单行法（如《道路法》《港湾法》《山林法》《河川法》《都市开发法》等）。根据现行的国家补偿方面的法律体系的内容来看，只认定因合法的公权力的行使而发生的损失补偿和因违法行为并有责的侵害而发生的损害赔偿。

（三）行政损失补偿的要件

1. 公权力的行使

公权力的行使，即对财产权的公法上的侵害，属于剥夺财产权的公用收用。也包括对财产权的短期使用的公用使用和限制所有者和其他私人的使用和收益的公用限制。公权力的行使原则上应由行政机关依法行使。

2. 因公共需要和合法行为

如何界定“公共需要”？特定公益事业的需要、公共福利的需要，还有广泛的为公共目的的需要等都可以包括在公共需要之中。而且随着社会经济的发展，“公共需要”具有扩大的趋势。宪法规定的国家安全保障、维持秩序、公共福利等和《土地补偿法》规定的公益事业都可以认为是属于“公共需要”。作为损失补偿要件之一的个人财产权的侵害行为应该是合法的行为。合法指的是依据法律规定的公行为，法律是指由国会通过立法程序制定的法律。

3. 对财产权的特别的损失（或牺牲）

财产权包括所有权和一切由法律所保护的所有财产上有价值的权利。因合法的公权力的行使而造成的财产权的损失和要想得到对该损失的补偿，还需要该损失应该是属于“特别的损失”。所谓“特别的损失”是指在财产权上按社会常理来判断，超出个人忍受限度的损失。

---

① 한견우, 현대행정법강의, 신영사, 2006, 815 면。

4. 行政损失补偿规定

如法律有明确的规定时，可以按照规定请求损失补偿或给予损失补偿。如《宪法》第 23 条第 3 项因公共需要而对财产权进行收用、使用或限制时应给予适当补偿的规定，其他法律依据宪法的规定作出了更为明确和具体的补偿规定时可按该规定补偿。

（四）行政损失补偿的内容

1. 行政损失补偿请求权

损失补偿请求权，是指对因合法的公权力的行使给私人财产权造成损失时请求补偿该损失的权利。行政损失补偿是与权力作用的原因或结果存在密切的关联的公法上特有的制度。所以损失补偿请求权为行使公权所致，与此相关的诉讼应该是当事者诉讼。

2. 行政损失补偿的范围①

对于损失补偿，《宪法》只规定了依法律的规定应给予正当的补偿。按社会常理来讲，客观上保证公正和妥当即可；以完全补偿作为原则而给予公益上合理的理由时，"完全补偿以下的补偿"也是公允的观点。

3. 行政损失补偿的标准

第一，现行法律中行政损失补偿的标准。对所造成的财产损失应该补偿到什么程度才是合理的？《宪法》第 23 条第 3 款对补偿的规定是一般意义上的补偿标准，即"……补偿由法律具体规定，但应支付正当的补偿"。虽然具体的补偿标准留由法律具体规定，通过判例和理论来看应肯定采取了完全补偿的原则。完全补偿，应包括财产权客观上的价值的补偿和不受补偿时期、方法等限制的附带产生的损失的补偿。

第二，土地补偿。根据《土地补偿法》的规定，计算土地补偿额，如有协议，则按协议成立当时的价格为标准进行补偿；依据裁决时，则按收用或使用时的裁决当时的价格为标准进行补偿。依据《土地补偿法》的规定，通过协议或裁决而使用的土地补偿，应考虑该土地与其周边类似土地的地料②、租赁费、使用方法、使用期间及土地的价格等评价之后的适当的价格进行补偿。使用土地和其地下及地上空间的使用的具体的补偿金额及评价方法，应综合考虑投资费用、预期收益及交易价格等，由国土海洋部令具体规定。

---

① 홍정선, 행정법특강, 박영사, 2007, 532 - 534 면。

② 地料：地上权者向土地所有者支付的作为土地使用代价的金钱或其他物品。

第三，土地以外的损失补偿。对土地以外的如建筑物、林木、工作物等附着于土地上的物品的补偿，应给予搬迁费；对土地中的土、石头、沙子或鹅卵石等的补偿，应斟酌交易价格进行适当的补偿；对矿业权、渔业权、水使用权的补偿，应斟酌其投资费用、预期利润及交易价格等进行适当的补偿；对关闭营业和停止营业的损失，应斟酌营业利益和设施的搬迁费用等进行适当的补偿。

第四，实际支出补偿。实际支出补偿是指根据丧失和转移财产权时所需支出相应的费用补偿其费用的补偿，如对地上物品搬迁费的补偿、果树等的移植费用补偿、坟墓等的移葬费用补偿等。

第五，逸失损失补偿。逸失损失补偿是指因财产权的收用而带来的事业的关闭或停止营业时，转业期间或停止营业期间可以通过事业经营取得的期待利益的逸失的补偿，如关闭或停止营业、移转的补偿、职工的停薪留职和失业的补偿。

第六，间接损失（事业损失）补偿。对因公共事业的实施或完成后涉及的企业用地以外的损失的补偿，称为间接损失补偿，如因公共事业的实施而被山地或河流围困而交通受堵或不能耕作时对土地、建筑物、坟墓和农地的补偿；自己所有的农地大部分被编入公共事业实施区域而迫不得已搬迁时的建筑物补偿；因公共事业的实施对剩余房屋的生活环境造成明显的不便而迫不得已要搬迁时对剩余房屋的补偿；取得许可以后进行营业的业户因公共事业的实施而不能正常营业时的营业补偿等。

4. 行政损失补偿的种类（或支付）

第一，现金补偿。根据《土地补偿法》的相关规定，行政损失补偿原则上应以现金补偿为主，因为现金可以自由流通，其客观价值变动也不是很大，可以确保损失补偿的完整性。现金补偿的支付方式有先行支付、个别支付和全额支付。

第二，债券补偿。在一定的情况下补偿金可以用债券的方式支付。事业的实施者是国家、地方自治团体和其他总统令规定的政府投资机关及公共团体等，且土地所有者及关系人愿意接受债券为其补偿金时，可以用债券补偿。

第三，实物补偿。作为现金补偿的例外情况有实物补偿，如根据相关法律的规定提供可交换的土地或提供房屋等。

第四，购买补偿。剩余土地不能按土地原来的目的继续利用或公共使用超过3年以上时认定购买补偿，即承认相对方对其土地的购买请求权，允许其购买，而得到实质补偿的方法。

5. 生活补偿[1]

(1)概念

生活补偿,是指在损失补偿中保障其生活状态就如没有发生过开发事业或收用前一样为其内容的补偿。生活补偿所涉及的因素有:因土地的稀少性而产生的购买类似土地的困难,丧失生活依靠等。

(2)法律依据和性质

法律依据有《宪法》第23条第3款和第34条的"过有尊严的人的生活的权利"规定[2],还有《土地补偿法》等。从传统的财产权保障理论来看,生活保障可以说是补偿概念的扩大。

(3)内容

一是移民对策。移民对策,是指因公共事业的实施而丧失生活依靠和为了在其他地区维持与之前同样的生活状态而要采取移民对策等实质上的生活再建措施。事业实施者为移民对策对象者制定和实施移民对策或支付移民定居金,移民定居地的生活基本设施应包括道路、自来水、排水设施等,与此相关的费用应由事业实施者负担。这些规定是强制性规定,不能让移民对策对象者承担设置公共设施相关的费用。

二是所有者、租住者的居住移转费、搬家费用。对居住用建筑物的居住者,在对居住移转所需要的费用和家具等动产的搬运等所需的费用进行计算以后,应给予补偿。

三是离农费或离渔费的补偿。因公益事业的实施不能继续从事农业或渔业而移居到其他地区生活,但没有补偿金或补偿金总额不足8个月的生活费时,应补偿该金额或其差额。

四是事业废止等的补偿。因公益事业的实施而依据相关法律规定的程序进行中的建筑许可等事业被废止、变更或中止,应补偿因该事业而发生的法定手续费及其他费用。[3]

五是居住用建筑物等的最低补偿。作为居住用建筑物评价额不足500万元时补偿金定为500万元,对无许可建筑物不进行补偿。因公益事业得到的补偿金在公益事业实施区域外买入或建筑所有的建筑物,在补偿日至20年内被编入其

① 한견우, 현대행정법강의, 신영사, 2006, 829－831면。

② 《宪法》第34条(社会保障)第1款规定:所有国民都具有过有尊严的人的生活的权利。

③ 《关于公益事业的土地等的取得及补偿的法律施行规则》第57条。

他公益事业实施区域时，对居住用建筑物及其土地在评价额的基础上加算30%给予补偿。加算金超过1000万元时，定为1000万元。①

（五）行政损失补偿的程序

1. 当事者之间的协商

根据《土地补偿法》的"事业实施者对于土地等的补偿，应与土地所有者及关系人进行诚实的协商"的规定，在行政机关进行决定之前的阶段，当事者之间可以进行协商。当事者之间达成协议时可以申请确认该协议的成立，这时的确认视为裁决。对已确认的协议和其内容，事业实施者、土地所有者及关系人不得有异议。

2. 行政机关的裁决及异议申请

在补偿金问题上，当事者之间如没有达成协议时，其损失补偿可由行政机关依职权或经过咨询机构的咨询以后以裁决和土地收用委员会的裁决的方式作出。裁决包括补偿裁决和收用裁决两种。行政机关作为事业主体时，可以单方面作出裁决决定，对此存有异议时可以向相关的机关提出再议申请。事业主体为行政主体以外的组织时，应进行协商；协商不成时，由事业实施者向土地收用委员会提出裁决申请。对裁决存有异议时，可以向中央土地收用委员会提出异议申请，也可以向法院提出行政诉讼。

（六）对行政损失补偿决定不服时的救济方法

事业实施者、土地所有者或关系人如对裁决不服时，可以在收到裁决书之日起60日内、经过异议申请时和收到异议裁决书之日起30日内可以向法院提起行政诉讼。起诉者为土地所有者或关系人时应以事业实施者为被告，事业实施者起诉时以土地所有者或关系人为被告。

对补偿金额决定不服时，可在收到裁决书正本之日起30日内提出异议申请。事业实施者、土地所有者及关系人对裁决不服而提起异议申请时，可以在收到对异议申请的裁决书之日起30日内提起行政诉讼。

第六节 行政复议

一、概述

（一）概念和性质

行政复议是一种行政机关处理行政纠纷的程序，即行政机关对行政法律关

① 《关于公益事业的土地等的取得及补偿的法律施行规则》第58条。

系的形成、法律事实的存在与否和正确与否等行政纠纷进行审理和判断的程序。

行政复议通过审查有关事实和适用法律来解决行政纠纷,从这个角度来讲其具有准司法裁判的性质。同时,行政复议作为行政机关的意思表示,通过规制存有争议的行政纠纷来实现行政秩序的维持或其他行政目的,从这个角度来讲,又具有行政行为的性质。根据《宪法》第107条第3款"作为裁判的前置程序可以申请行政复议。行政复议的程序由法律规定,应准用司法程序"的规定,行政复议强调了其司法裁判的作用。

(二)《行政复议法》

1. 概述

在韩国,行政复议的正式名称是"行政审判",法律也称为《行政审判法》。其实,在韩国,行政审判所指的就是行政复议(以下统称为行政复议)。由法院进行的审判称为"裁判"。所以,在韩国"审判"和"裁判"是两个完全不同的概念和在完全不同的领域使用的法律用语。

行政复议立法始于1951年制定的《诉愿法》,该法规定了权利或利益因行政机关的违法或不当的处分而受到侵害的当事人可以依本法提起诉愿。其后1984年制定了《行政复议法》,与《行政复议法施行令》《行政复议法施行规则》形成了行政复议法律体系。2010年1月25日,对现行行政复议法进行了全面的修改,至2018年共修改了15次。

2. 行政复议的一般法

《行政复议法》是行政复议的一般法。正如该法第3条(行政复议对象)所规定的那样,对行政机关的违法的处分或不作为,其他法律如无特殊的规定则应依据本法提起行政复议。第4条第2项规定"其他法律已规定了特别行政复议或依本法规定有行政复议程序的特例时,对其他法律没有规定的事项应适用本法"。从上述规定中可以看出,行政复议法是与行政复议相关的一般法。

3. 行政复议的根据法

《行政复议法》又是制定其他与行政复议相关法令的根据法,如第4条第1款所规定的那样,"考虑到案件的专门性和特殊性除了特别必要的情况以外,不能以其他法律规定类似于本法规定行政复议的特别的行政不服程序或依据本法行政复议程序的特例"。上述规定可以成为与行政复议相关的其他法律的制定依据。

二、种类和对象

(一)种类

《行政复议法》第5条具体规定了行政复议的种类,分为撤销复议、无效等确认复议和义务履行复议3种。

1. 撤销复议

第一,概念。撤销复议,是指请求撤销或变更行政机关的违法或不当的处分的复议。对当事人的复议申请,复议机关审查以后认为该请求是有理由时,复议机关可以撤销或变更请求对象之处分,或可以命令进行该处分的行政机关撤销或变更其处分。撤销复议以消除存有公定力的行政行为的效力为其主要目的。

第二,特征。撤销复议具有适用复议请求期限的限制(《行政复议法》第27条)、停止执行原则(《行政复议法》第30条)、事情裁决(《行政复议法》第44条)等规定的特征。当事人的请求有理由时,复议机关可以作出命令撤销或变更该处分或自行撤销或变更该处分。

2. 无效等确认复议

第一,概念。确认复议,是指确认行政机关的处分的效力有无或存在与否的复议。具体包括无效确认复议、有效确认复议、失效确认复议、不存在确认复议、存在确认复议。无效或不存在的处分的公定力是不被认定的,从一开始就是没有效力的,任何人都不受它的限制。但因作为处分的外观依然存在,行政机关有可能认为它还是有效的而去执行。还有可能会发生行政机关把有效的处分认为是无效或不存在而否认其效力的情况,此时需要对该处分的效力有无或存在与否进行进一步确定。

第二,特征。无效等确认复议不受复议请求期限、事情裁决等的限制。如果认为当事人的复议请求是有理由时,复议机关可以对该处分进行有效或无效、存在或不存在的确认裁决。

3. 义务履行复议

第一,概念。义务履行复议,是指对行政机关的违法或不当的拒绝处分或不作为请求履行一定处分的复议。复议对象为行政机关的不作为时,不受复议提起期间的限制,也不适用停止执行的规定。

第二,特征。对行政机关的拒绝处分所提起的义务履行复议,受复议提起的时间上的限制,即应在法律规定的期限内申请复议。事情裁决适用于义务履行复议。复议机关认为复议申请人的请求是有理由时,应及时作出依复议申请人的相关的处分(称为处分裁决)或命令行政机关作出相关的处分(称为处分命令裁决)。对后者处分命令裁决,行政机关应及时按照裁决作出复议申请人申请的相关的处分。行政机关没有按裁决的内容进行相关处分时,根据当事人的申请,可规定一定的期限命令行政机关进行纠正,如在规定的纠正期限内没有进行该处分时,复议机关可以直接作出该处分。

(二)行政复议的对象

1. 概述

行政复议的对象,是指行政复议的事项,即可以成为行政复议申请的对象。通常法律规定行政复议事项的方式有概括式和列举式。韩国《行政复议法》采取了概括式的规定,即对违法、不当的行政处分或不作为都允许提起行政复议。但对与总统有关的处分或不作为,考虑到总统是国家元首和政府首脑,除了法律有特别规定的情况以外,禁止提起行政复议。行政复议的对象包括行政机关的违法的处分、不作为、不当的处分等。

2. 行政机关

行政复议的对象是行政机关的处分或不作为。行政机关是具有行使处分或不作为的行政权的国家机关,即具有针对国家或地方自治团体的行政事务作出决定或意思表示权限的机关,是根据政府组织法而设立的行政机关。行政机关还包括因行政权限的委任或委托而产生的其他行政机关、公共团体及其机关和私人。

3. 处分

《行政复议法》所规定的"处分",是指行政机关对具体事实的执法行为之公权力的行使或其拒绝和其他准于此的作用。该处分由3个部分组成,即行政机关对具体事实的执法行为之公权力的行使、拒绝行使公权力、其他准于上述行为的行政作用。

第一,公权力的行使或拒绝。作为对具体事实的执法行为之公权力的行使,是指行政机关行使的权力性行政作用。行政机关的公权力的行使并不局限于行政行为,权力性事实行为(如对传染病患者采取的隔离措施、扣押物品等)也应属于行政复议法所讲的"处分"。

拒绝行使公权力,是指不想变动现有的法律状态的意思表示,也称为消极的公权力的行使,通常是行政机关在处于被动的情况下和国民先有相关申请时涉及的问题。如行政许可、认可等要求发动行政规制权时,对国民的申请拒绝发动该权力的行使就属于拒绝行使公权力。拒绝包括明示的拒绝处分,在一定期限内没有进行任何处分的情形等。

第二，准于公权力行使的作用。《行政复议法》第2条规定的处分的定义是“……公权力的行使或其拒绝，其他准于此的行政作用”，但对于何为“准于此的行政作用”则没有更为具体和明确的规定。理论上“公权力的行使或其拒绝”以外的实际上需要行政救济的行为，都可以理解为“准于此的行政作用”。

4. 不作为

《行政复议法》第2条规定的不作为，是指“在一定的期限内具有作出相应处分义务的行政机关针对当事人的申请而没有作出该处分”。对国民的各种申请事项即使法律没有明确行政机关作出处分等的时间上的限制规定，如果长时间没有作出处分或任意放任，则会造成侵害国民权益的结果。长时间任意放任的不作为判断为违法、不当时，应该采取措施给予纠正和保护国民的权益。不作为的成立，应满足下列条件。

第一，应有当事人的申请。法律明确规定当事人具有的申请权以外，通过法律解释而认为当事人具有相关的申请权时，该申请也应认定为是当事人的申请。通常情况下，是由当事人申请而启动行政规制权，由此可能引发行政机关的不作为。

第二，相当长的期间。就是当事人进行申请以后，应存在经过了“相当长的期间”行政机关也没有作出任何处分的状态。“相当长的期间”是多长的一个期间？在法律没有明确规定其期间时，对该期间的判断标准只能是依据社会常理来作出最后的判断，即客观上处理相关申请所需要的一个合理的期间，应认定为“相当长的期间”。

第三，具有法律上的处分义务。包括法律明文规定的义务，也包括通过法律解释可以认定为作为行政机关义务的那一部分义务。在羁束行为中当事人的申请，只要满足了作出处分义务的要件，行政机关就有作出法律所规定的特定处分的义务。但在裁量行为中，行政机关虽然具有根据相对方的申请而作出处分的义务，但考虑到行政机关所具有的法定的裁量权，最后的处分是不是相对方所申请的处分，只能由行政机关依其裁量权作出决定。

第四，没有作出处分。即针对当事人的申请在与该申请处分相关的法定的期间或按社会常理所理解的期间内，最终没有作出该处分的状态（没有积极的意思表示）。

三、行政复议的参加者

(一)行政复议机关

1. 概念

行政复议机关,是具有受理行政复议申请和对其进行审理和作出判断权限的机关。在韩国,行政复议机关是行政复议委员会;行政复议委员会,是指具有受理行政复议案件并对其进行审议和裁决权限的相对独立的机关。行政复议委员会分为中央行政复议委员会和地方行政复议委员会。

2. 特点

第一,区分了复议机关的管辖范围。如涉及国家机关(如监查院、国家情报院、总统令规定的总统所属机关的长官;国会事务总长、法院行政处处长、宪法裁判所事务处处长、中央选举管理委员会事务总长;国家人权委员会、为真实和解的过去史整理委员会、其他可以认定地位及性质的独立性和特殊性而被总统令规定的行政机关)的行政处分或不作为不服而提起的行政复议案件,由设在该国家机关的行政复议委员会审理和裁决,这是专属管辖。

第二,明确了中央行政复议委员会的管辖事项。包括除了上述(第一内容)各国家机关以外的中央行政机关的长官或其所属行政机关的处分或不作为;特别市市长、广域市市长、道知事、特别自治道知事(包括该地区的教育监)和该地区的议会(包括议长、委员会的委员长、事务处处长等隶属于议会的所有行政机关)的处分或不作为;根据地方自治法规定的地方自治团体组合等和国家、地方自治团体、公法人共同设立的行政机关的处分或不作为。上述的行政复议案件都由中央行政复议委员会审理和裁决。

第三,确定了地方行政复议委员会的管辖事项。如对地方行政机关的处分或不作为不服而提起的行政复议案件由设在各地方行政机关的行政复议委员会负责审理和裁决。地方行政机关包括市、道(类似于中国的省级)所属的行政机关;市(指特别市和广域市)、道管辖区域内的市、郡、自治区(类似于中国的市级)的长和所属行政机关或市、郡、自治区的议会(包括议长、委员会的委员长、事务局局长、事务科科长等议会所属的所有行政机关);市、道管辖区域内的两个以上的地方自治团体或公法人等共同设立的行政机关。

3. 组成

行政复议委员会的组成方面,行政复议委员会由委员长 1 名和 50 名以内的委员组成。委员长由该行政复议委员会所属的行政机关长官担任,没有委员长或因不得已的缘由不能履行其职务或认为需要委员长时，由委员长事先指定的委员或行政机关指定的公务员代行委员长的职务。另外，有些地方的行政复议委员会的委员长可以根据相关的地方自治条例的规定由不属于公务员的委员担任委员长，该职位为非常任职位。

行政复议委员会的委员由委员会所属的行政机关委任或指定该机关的公务员担任委员。委员的资格条件：取得律师资格并具有5年以上实务经验的人；根据《高等教育法》的规定在高等学校具有助教授以上职称或曾经具有助教授以上职称的人；行政机关的4级以上公务员或曾经属于高级公务员团的人；取得博士学位并在相关领域具有5年以上工作经验的人；其他具有丰富的行政复议相关专门知识和经验的人。

4. 会议

行政复议委员会的会议由委员长和每次会议时委员长指定的8名委员组成，其中委任委员应为6名以上，委员长不属于公务员时委任委员应为5名以上。根据其他法令的规定，也可以由委员长和由委员长指定的6名委员组成。会议由半数以上的委员参会和参会委员半数以上赞同时作出的议决才具有法律效力。

中央行政复议委员会，隶属于国民权益委员会。委员会由委员长1名和70名以内的委员组成，其中常任委员的人数为4名以内。中央行政复议委员会的委员长由国民权益委员会的副委员长中的一人担任，出现委员长空缺或因不得已的缘由不能履行其职务或认为需要委员长时，由常任委员代行委员长的职务（按常任期限的长短或常任期限相同时则按年龄顺序）。

委员的任命及委任方面，中央行政复议委员会的常任委员以别定职国家公务员的形式（特别政府工作人员的身份）任命，在3级以上公务员、属于高级公务员团和工作3年以上的一般公务员或具有丰富的行政复议相关的知识和经验的人中由中央行政复议委员会委员长提请国务总理，最后由总统任命。非常任委员由中央行政复议委员会委员长提请和考虑性别比例由国务总理委任。

中央行政复议委员会的会议由委员长、常任委员及每次会议时由委员长指定的非常任委员共9名人员组成。也可以根据具体的情况，组成由4名委员组成的小委员会来处理相关的行政复议案件（如根据《道路交通法》的机动车驾驶执照相关处分的复议案件）。中央行政复议委员会及小委员会在半数以上的委员出席和出席委员半数以上赞成时，可以作出具有法律效力的议决。必要时，中央行政复议委员会的委员长为了事先审查相关的案件，可设立专门委员会。

委员的任期方面,被委任的委员在其在职期限内担任该职,其任期是 2 年,可以连任两次。被任命的中央行政复议委员会常任委员的任期是 3 年,可以连任一次。

权限的继承方面,当事人提起复议请求以后,因法令的修改、废止或因其他原因行政复议委员会丧失对复议案件的裁决权时,该委员会应及时把与该复议案件相关的资料和其他的资料移送至新取得裁决权的行政复议委员会。接到行政复议案件资料的行政复议委员会应及时通知行政复议申请人、被申请人和其他行政复议的参加人。

(二)行政复议当事人

行政复议的当事人包括进行相关处分的行政机关、行政相对人和与此存在利害关系的人。

1. 申请人

第一,申请人资格。对行政机关的处分等不服而申请行政复议时必须要具备一定的资格条件,即应具备复议申请人的资格。《行政复议法》第 13 条对此作出了明确的规定,即撤销复议由具有请求撤销或变更处分的法律上的利益的人提起。处分的效果超过了期间、处分的执行和其他事由消灭之后,因该处分的撤销还具有可恢复的法律上的利益的人,也具有申请行政复议的资格。无效等确认复议由具有请求处分的效力有无或存在与否的法律上的利益的人提起。义务履行复议由具有申请处分而被行政机关拒绝或不作为的法律上的利益的人提起。与行政机关的处分等具有法律上的利益的人,是有权利提起行政复议的人。

第二,申请人。自然人和法人都可以成为行政复议的申请人,社团或财团如有代表或管理者时也可以以自己的名义申请行政复议,成为复议申请人。关于撤销复议、无效等确认复议和义务履行复议的申请人的资格,必须是与相关的处分或不作为等具有"法律上利益的人"。

由多数人共同提起行政复议时,可以在数人中选出 3 名以下的代表人,由他们代表多数人申请复议,如想撤销已提起的复议则必须要征得申请人的同意,并应以书面形式说明其事由。选出代表人申请复议时,与复议相关的所有事项必须要通过代表人进行。

申请人因死亡或法人的合并等原因发生地位的变化时,发生申请人地位的继承问题。此时,继承其地位的人(继承权利的自然人、合并后的法人或合并后新成立的法人)应准备相关的证明材料向行政复议委员会申告其继承事由。还有一种是许可继承,即与已申请的行政复议的对象有关联而继承其权利或利益的人,在取得行政复议委员会的许可以后获得申请人地位。对委员会的不许可继承地位的事项,可以在接到决定书正本之日起7日以内向委员会提出异议申请。

2. 被申请人

被申请人,是作出行政复议对象之处分或不作为的行政机关。行政机关进行处分或不作为以后,根据相关的法令其权限被移转到其他行政机关时,继承该权限的行政机关成为行政复议的被申请人。如错误指定被申请人时,行政复议委员会可以根据申请人的申请或依职权决定变更被申请人。此时,对先前被申请人提起的行政复议视为被撤销和对新的被申请人的行政复议溯及该行政复议提起时的时间。对行政复议委员会的变更被申请人的决定不服时,在接到决定书正本之日起7日以内可以向委员会提出异议申请。

3. 代理人和代表者

行政复议的申请人除了法定代理人之外,可以选任其他人作为其代理人,包括申请人的配偶、申请人或配偶的近亲属;申请人是法人或具有申请人能力的社团或财团时其所属的理事(任职员);律师;其他法律规定的可以代理行政复议的人;其他得到委员会许可的人。被申请人也可以在律师、其他法律规定的可以代理行政复议的人、得到委员会许可的人中选任其代理人。申请人因经济能力不能选任代理人时,可以申请委员会替其选任国选代理人,由委员会根据具体情况来确定。

代表者、管理人、选定代表人或代理人的资格,应以书面的形式作出说明,上述人员丧失其资格时,申请人或被申请人应以书面形式向委员会进行申告该事项,一并提交相关的书面说明材料。

4. 参加人

与行政复议的结果有利害关系的第三人或相关的行政机关,在得到行政复议委员会的许可以后,委员会议决之前可以参加到该复议案件中。此时,应向行政复议委员会提交复议参加申请书,申请书应记载参加复议的宗旨和理由。由委员会作出许可与否的决定,并向相关的人送达决定书。申请人有权在接到决定书之日起7日以内向委员会提出异议申请。

行政复议委员会认为必要时,也可以要求与行政复议的结果有利害关系的第三人或相关的行政机关参加该案件的复议。这时被要求参加复议的第三人或行政机关,应及时向行政复议委员会通知其参加复议与否的意思。这里所说的“利害关系人”是指因复议申请的裁决主文而自己的法律上的利益直接受到侵害的人。

四、行政复议的申请

(一)申请和受理

1. 申请

申请人对行政机关的处分等不服时,在具备了行政复议要件后,可向作出该处分的行政机关或行政复议委员会申请行政复议。因行政机关没有告知或错误告知而造成行政复议申请人向其他行政机关提出复议申请时,收到行政复议申请资料的行政机关,应及时把该复议申请资料移送有权限受理该行政复议的被申请人,并把移送事项告知行政复议申请人。

2. 受理

第一,被申请人受理。被申请人接到或收到行政复议申请人的复议申请书时,应在10日之内把复议申请书和答辩书送交行政复议委员会,申请人撤销行政复议申请时除外。如行政复议申请是由行政处分的相对方以外的第三者提出时,应及时通知行政处分的相对方并送达行政复议申请书副本。被申请人送交行政复议申请书时,向有复议权限的行政复议委员会送交相关材料,并及时通知行政复议申请人。

第二,行政复议委员会受理。行政复议委员会接到或受理行政复议申请书时,应及时把复议申请书的副本送交被申请人行政机关。接到被申请人提出的答辩书时,也应及时向复议申请人送达答辩书的副本。

第三,被申请人依职权撤销处分等。接到或受理复议申请书的被申请人认为该复议申请成立时,可以按复议申请的宗旨依职权撤销、变更或确认该处分,或作出依申请的新的处分,应书面通知复议申请人。被申请人依职权撤销相关的处分之后,向行政复议委员会送交复议申请书、答辩书时,应一并送交可以证明依职权撤销处分等事实的书面资料。

(二)申请要件

1. 申请行政复议的要件

申请行政复议,应满足以下要件。

一是行政复议应由具有行政复议申请人资格的人提出。申请人即指与相关的行政机关的处分等具有"法律上利益的人",包括处分等的相对方和与该处分等具有利害关系的第三者;该利益是具体的、直接的利益,间接的和抽象的利益排除在外。

二是行政复议的对象是复议所要请求的具体的处分或不作为。处分或不作为是行政机关针对特定的当事人作出的、实际影响当事人权利义务的处分或不作为。对不特定的多数人作出的所谓的抽象的处分等,不属于行政复议的对象。

三是在法定的行政复议期限内提出。复议申请应在法定的复议期限内提出。在法定期限内提出的复议申请才能得到法律的保护。

四是应具备一定的形式,根据程序向行政机关或行政复议委员会提出。当事人提出的行政复议申请应满足行政复议申请的形式要件。

2. 变更行政复议申请事项

申请人可以在其申请基础不发生变更的前提下,变更其申请的宗旨或理由。申请行政复议以后被申请人作出了新的处分或变更了复议对象之处分时,申请人可以按照新的处分或变更的处分相应变更其申请事项的宗旨或理由。复议申请的变更,应以书面的方式和按被申请人和参加人数量提出。行政复议委员会应把申请事项变更申请书的副本送达被申请人和参加人,并规定一定的期间听取被申请人和参加人对变更申请事项的意见。如在规定的期限内没有提出意见,则视为没有意见。对申请人的申请变更申请事项的许可与否,由行政复议委员会决定。

(三)申请行政复议的期限

对行政机关作出的处分等不服而申请复议时,当事人应遵守申请复议期间的规定,即应在法定的期间内申请复议。

1. 90 日

行政复议申请,应在知道行政机关作出处分之日起 90 日内提出。如遇有天灾、地震、战争、其他不可抗力的事由而不能在 90 日内申请复议时,可在该事由消除之日起 14 日内(在国外是 30 日)申请行政复议。

2. 180 日

在知道处分之日起超过 180 日,则不能再申请行政复议。但如有正当的事由,即使超过 180 日也可以申请行政复议。

3. 不变期间

行政复议法规定的 90 日和 180 日是法定的不变期间。除具有正当事由的情况以外,当事人在法定的不变期间内申请复议时,才能得到法律的保护。

4. 错误告知时的期间

行政机关错误告知复议申请期间和在错误告知的行政复议申请期间内申请行政复议时,则视为在法定的 90 日的行政复议申请期间内申请了复议。如果行政机关作出处分时没有告知行政复议申请期间时,则适用 180 日的规定。

以上规定不适用于无效等确认行政复议和对不作为的义务履行行政复议。

(四)停止执行

1. 停止执行的条件

《行政复议法》明确规定了申请行政复议并不影响处分的效力、执行或程序的续行,即不停止执行原则。这是为了防止行政运营上可能发生的停滞现象和防止滥诉而采取的措施。同时又规定了在例外的情况下允许停止执行,即为了防止处分等的实际执行而侵害个人的权利和利益,规定了有条件的停止执行。

2. 停止执行的申请

关于申请停止执行的时期:一是当事人在申请复议的同时提出停止执行的申请;二是委员会对复议案件进行议决之前也可以提出停止执行的申请。提出撤销停止执行决定的申请时,应在委员会对复议案件作出议决之前向委员会提出记载申请的宗旨和原因的书面资料。提出行政复议申请时,如同时提出行政复议申请和停止执行申请的话,应一并提交行政复议申请书的副本和受理证明。委员会作出停止执行决定或撤销停止执行决定时,应及时向当事人送达其决定书正本。

(五)临时处分

认为行政机关的处分或不作为存在重大违法或不当的嫌疑时,为了防止因该处分或不作为而对当事人造成重大的不利益、非常紧迫的危险和发生确定其临时性地位的必要性时,行政复议委员会可以依其职权或当事人的申请作出临时处分的决定。但是,如因停止执行而达到目的时,则不允许行政复议委员会作出临时处分的决定。

五、审理和裁决

(一)审理

1. 审理的概念

行政复议审理,是指为了明确作为裁决基础的事实关系、法律关系和听取当事人及关系人的主张和反驳,收集和调查证据等资料的程序。审理是行政复议委员会作出最后裁决的基础,也可以说是前置程序。因为,如果对复议案件不进行审查,则无从对该复议请求作出进一步的了解,也不可能对复议请求作出支持或驳回的判断。

2. 审理内容和范围

审理包括要件审理和本案审理。

要件审理,是指为了决定行政复议申请的受理与否,形式上审查该复议申请是不是具备了申请行政复议的要件,也称为形式审查。如认为复议申请不合法或可以补正时,可以规定一定的期间要求申请人补正其复议申请书的缺陷;其情节轻微时,可以依职权进行补正。

本案审理,是指对经过要件审理结果而受理的行政复议案件,进行按复议申请之宗旨的复议申请的认定或驳回与否方面的审理,也称为实体审查。针对复议申请人提出的申请事实和调查到的相关的证据等和适用法律进行实质上的判断。

关于行政复议的审理范围,行政复议法在重视行政救济功能的前提下规定了适用"不告不理"及"禁止不利益变更"等原则。

3. 审理程序

行政复议的审理程序要遵循的原则包括:当事人通过攻击和防御的方式进行审理的制度;书面审理和口头审理;依职权复议的同时对必要的资料不仅仅依靠当事人,也可以利用其职权收集的制度;行政复议不公开原则等。

在审理程序方面,当事人权利包括:申请委员及职员的回避权;申请口头审理权,除行政复议委员会认为必须用书面审理的除外;提出补充书面资料权;提出物证权;证据调查申请权等。

4. 要求提出资料等和证据调查

第一,要求提出资料等。行政复议委员会认为审理案件过程中需要相关行政机关提出其保管的资料时,可以向该行政机关要求提出相关的资料,包括文件、账簿和相关信息。也可以要求主管与复议案件有关联的法令的行政机关或相关行政机关负责人或其所属公务员参加会议进行陈述或提出意见。如无特殊情况,得到行政复议委员会要求的行政机关的长官应当满足委员会的要求。

第二,证据调查。行政复议委员会认为必要时,可以依职权或依当事人的申请进行证据调查。调查方法包括:要求当事人或关系人出席委员会进行询问的方法;要求和处置当事人或关系人所具有的文书、账簿、物品或其他证据资料的方法;向具有特殊的学识和经验的第三人要求鉴定的方法;出入当事人或关系人的地址、住所、工作场所或其他必要的场所询问当事人或关系人和调查、检验相关资料、物品的方法等。委员会也可以委托委员会所属的行政机关的职员或其他行政机关进行证据调查,履行证据调查的人应携带表明其身份的证件和并送达当事人或关系人。当事人等应诚实协助委员会的调查。

5. 合并审理与分离

行政复议委员会为了谋求审理的便捷,可以依职权把相互有关联的数个行政复议案件进行合并审理,也可以把已经合并审理的行政复议案件根据需要依职权分离后再进行审理。

6. 行政复议日期

行政复议案件的审理日期由委员会依职权决定,审理日期的变更由委员会依职权或依当事人的申请进行。一旦发生变更审理日期的事项,应及时告知当事人。告知方法包括书面通知或电话、手机短信、传真或电子邮件等。

7. 行政复议申请等的撤销

申请人提出复议申请之后,行政复议委员会作出议决之前可以以书面形式向被申请人或行政复议委员会提出撤销复议申请。同样,参加人也可以提出撤销参加复议之申请。审理过程中被申请人或委员会接到撤销申请书时,应及时向相关的机关、申请人和参加人告知该撤销事实。

(二)行政复议的裁决

1. 概念

裁决,是指行政复议委员会对复议案件进行审理之后作出判断的行为。裁决是对行政法律关系的存在与否或正当与不正当的纠纷,通过法定的程序进行判断和确定纠纷性质的行为,属于"准司法性质的行政行为"。如果裁决本身具有固有的违法时,也可以成为行政诉讼的对象。

2. 种类

行政复议委员会经过审理以后,可以依其职权作出以下的判断和决定。

第一,不予受理:是指对行政复议申请人的申请要件进行审理后,认为其不具备申请行政复议的条件,继而拒绝受理的裁决。

第二,驳回裁决:是指经过审理以后,认为复议申请人的申请是没有理由而排斥申请人主张和认定原处分合法和妥当性的裁决。

第三,引用裁决:是指行政复议委员会对复议案件进行审理之后,认为申请人的复议申请是有理由和原处分或不作为是违法的或不当时,接纳申请人的主张的裁决。

第四,事情裁决:是指即使认为行政复议的申请有理由而应当作出引用裁决,但作出引用裁决来撤销或变更处分明显不利于公共福利,也驳回复议申请的裁决。行政复议委员会在作出事情裁决时应当满足一定的条件,即行政复议引用裁决明显不利于公共福利、在裁决书的主文中必须明确载明复议申请对象之处分或不作为是违法的内容。因为事情裁决是为了公共福利而驳回申请人的合理的复议申请的,所以应认定对该复议申请的权益救济。

3. 裁决的期间和方式

行政复议委员会应在受理或接到复议申请人的复议申请书之日起60日内作出裁决。如有特殊情况时,委员长可以依其职权延长30日。延长裁决期间时,应在裁决期间到期7日之前告知当事人。

裁决应采取书面形式。裁决书应包括复议案件号和案件名、当事人、代表者或代理人姓名和地址、主文、复议申请的宗旨、理由、裁决日期等内容。

4. 裁决的效力

第一,裁决书的送达。行政复议委员会作出裁决时应及时向当事人送达裁决书正本。如果是由中央行政复议委员会作出裁决,应把裁决结果告知管辖该事务的中央行政机关负责人。行政复议委员会也应及时把裁决书的副本送达行政复议的其他参加人。如果是第三人提出复议申请时,行政复议委员会应及时把裁决书的副本通过被申请人送达给处分的相对方。

第二,裁决书的效力。裁决书正本送达复议申请人时即发生法律效力。发生法律效力的裁决约束参与行政复议的相关当事人。

第三,行政复议委员会的直接处分。行政复议委员会作出履行裁决以后,如果行政机关没有作出依裁决内容的处分时,在当事人申请时,可以规定一定的期限命令行政机关予以纠正。在规定的纠正期限内没有履行其职责时,行政复议委员会可以直接作出该处分,但因处分的性质或其他迫不得已的事由不能由行政复议委员会直接作出处分的除外。直接作出处分时,应及时向行政机关通报该处分的事实。接到通报的行政机关,应把委员会作出的处分视为自己作出的处分,并根据相关法令的规定采取管理、监督等必要的措施。

(三)权益救济

如对裁决有异议,对已经进行的裁决是不能再申请行政复议的,即禁止以同一事由再次申请复议。对行政复议的最为基本的和主要的救济方法就是对裁决提起行政诉讼。即以原处分为对象提起抗告诉讼,即采取了原处分主义。但是,也认定了在例外的情况下,可以对本身具有违法的裁决提起抗告诉讼。对行政复议的裁决不服并以其裁决本身所固有的违法为理由提起撤销或变更的行政诉讼或以裁决具有无效事由为理由提起无效确认的行政诉讼。"裁决本身所固有的违法",是指裁决本身的主体、程序、形式或内容上所具有的违法。

(四)资料等的返还和其他

1. 返还证据资料等

行政复议委员会作出裁决后,如有当事人申请要求返还证据资料等,应及时把申请人提交的文书、账簿、物品或其他证据资料的原本返还给申请人。

2. 行政复议的告知

行政机关作出处分时应向相对方告知与该处分相关的行政复议事项，如对处分是否可以申请行政复议、复议申请程序及复议期间等。此外，利害关系人要求行政机关告知下列事项时，应及时按要求告知：该处分是否属于行政复议对象之处分、复议请求期间等。

3. 要求改善不合理的法令等

中央行政复议委员会审理和裁决相关复议案件时，认为行政机关作出的处分或不作为所依据的命令等（指总统令、总理令、部令、条例、规则等）没有法令上的依据、违反上位法令的规定或过多的增加国民的负担等，可以要求相应的行政机关采取适当的纠正措施对该命令等进行修改或废止。

4. 调查和指导等

中央行政复议委员会可以对行政机关进行有关事项的调查和必要的指导，如委员会的运营状态、裁决的履行状况、行政复议的运营现状等。中央行政复议委员会要求地方行政复议委员会收集上述资料时，地方行政复议委员会应及时向中央行政复议委员会提交自己所收集的资料。

六、网上行政复议制度①

《行政复议法》规定了通过电子信息处理组织②的复议请求相关的内容，即通过有关部门设立的网上行政复议系统申请行政复议和确认复议过程及接收裁决书等的网上行政复议制度。网上行政复议包括以下几个步骤。

（一）提交行政复议申请书等

申请人通过网上行政复议系统提交行政复议申请书、停止执行申请书等。提交电子版确有困难，可以通过邮寄的方式提出，应在向网上行政复议系统提交行政复议申请书之后及时向被申请人寄出两份相关的复议申请资料。

（二）网上阅览答辩书

通过网上行政复议系统可以阅览记载被申请人反驳意见或主张的答辩书，也可以在网上提交对该答辩书的反驳意见或补充之前主张的资料。行政复议委员

---

① 参见韩国网上行政复议网，http://center.simpan.go.kr。

② 电子信息处理组织是指可以制作、提出、送达行政复议程序所必要的电子文书的硬件、软件、数据库、联网、保安要素等结合而构筑的具有信息处理能力的电子装置。

会发送答辩书时,可以通过 E-mail 和 SMS(Short Message Service,短信服务)告知发送的事实。补充资料应在行政复议委员会确定复议日期之前提交,没有次数限制。

(三)确定行政复议日期

复议日期,指的是行政复议委员会完成对复议案件的审查和处分等的违法与否或适当与否进行判断的日期。对复议案件确定复议日期时,应通知行政复议申请人,通知方式包括通过网上行政复议系统、E-mail、手机 SMS 等。

(四)确认行政复议结果

申请人申请复议以后,可以通过网上行政复议系统阅览案件的复议结果,接收行政复议委员会对行政复议案件作出的裁决书。对复议结果,自复议日期之翌日起即可以通过该网站、E-mail 和手机 SMS 等方式获知其结果。行政复议委员会的裁决书通常是自裁决之日起 1 周以后通过邮寄的方式送达申请人,裁决书的送达可通过网站、手机 SMS 和 E-mail 等方式告知相关的当事人送达的事实。裁决书送达当事人时才发生复议的效力。

第七节 行政诉讼

一、概述

(一)历史沿革

《宪法》第 27 条第 1 款规定,"所有国民都具有由法官根据宪法和法律规定接受裁判的权利";第 101 条第 1 款规定,"司法权由法官组成的法院行使";第 107 条第 2 款规定,"命令、规则或处分是否违反宪法或法律成为裁判的前提时,大法院对此具有最终审查的权利"。以上规定,是司法权方面的规定。在韩国并没有设立专门负责审理行政案件的区别于普通法院的独立行政法院,行政案件也由普通法院管辖,即采取了司法国家的形式。

1951 年 8 月制定了第一部行政诉讼法,共 14 条,可以说是一部内容非常简要的法律。根据该法第 14 条"该法没有具体规定时,适用法院组织法和民事诉讼法的规定",也可以说它是一部民事诉讼法的特例法。1984 年 12 月 5 日,对该法进行了全面的修改,其条款也增加到 46 条。为了专门审理行政案件,通过修改法院组织法于 1998 年 3 月设立了相当于地方法院级别的行政法院。现只设于首都首尔特别市,管辖涉及首尔特别市的第一审行政案件。还没有设立专门行政法院的其他地区的行政案件,由该地区的地方法院管辖。

(二)行政诉讼概述

1. 概念

行政诉讼,是对行政法上的纠纷通过法院的审判程序进行判断的争讼程序。首先,它是关于行政法上的法律关系的诉讼。其次,它把重点放在对个人权益的救济上,由独立行使司法权的法院作为第三者来进行裁判和判断。

2. 特点

第一,行政复议的任意选择制。除了其他法律规定须行政复议前置的情况以外,原则上不经过行政复议就可以直接提起行政诉讼。

第二,三审终审制。由地方法院一级的行政法院(包括地方法院本院)、高等法院和大法院进行裁判的三审终审制,充分保障国民的权益救济机会。

第三,起诉期间。行政复议裁定书送达之日起 90 日以内和已知行政处分之日起起诉时间为 1 年。

第四,合并审理制。对相关联的请求可以合并到一个行政诉讼程序中进行审理。

第五,在采纳不停止执行原则的前提下,在一定的条件下例外地允许停止执行。

第六,为了保障原告的地位设置了命令提出行政复议记录制度。

第七,采纳了情势判决制度。即使原告的请求被认为有理由,如撤销处分等明显不利于公共福利,法院也可以驳回原告诉讼请求的制度,但其目的必须是保护公共利益。而且,在判决书的主文中必须明确指出行政机关的处分等的违法事项。

二、行政诉讼的种类

行政行为的多样性,法律也规定了多种行政诉讼的种类。通过行政诉讼所要解决的问题就是国民与行政机关之间的行政法上的纠纷或行使公权力的过程中所发生的纠纷。种类包括抗告诉讼、当事者诉讼、民众诉讼和机关诉讼。

1. 抗告诉讼

抗告诉讼,是针对行政机关的处分等或不作为而提起的诉讼,其意义在于纠正行政机关的违法现象和确保行政的合法性。通常是因行政处分致使其权益受到侵害的人,以处分的违法性为理由要求撤销或变更该处分的诉讼。抗告诉讼包括撤销诉讼、无效等确认诉讼、不作为违法确认诉讼 3 种类型的诉讼。

第一,撤销诉讼。撤销诉讼,是指要求撤销或变更行政机关的处分或裁决的诉讼，它是抗告诉讼中最具代表性的诉讼形式。其目的是直接救济个人的权益和纠正行政机关的违法的处分等，以确保行政的合法性。

第二，无效等确认诉讼。无效等确认诉讼，是确认行政机关的处分或裁决效力有无或存在与否的诉讼，处分等的无效确认诉讼、有效确认诉讼、不存在确认诉讼、存在确认诉讼、失效确认诉讼等属于此类诉讼。行政行为无效或不存在时，是因其存在重大的瑕疵等从一开始就不发生法律效力，所以任何人都可以否认其效力。它的诉讼物是根据具体的请求，可以是处分或裁决的有效性或无效性、存在或不存在。

第三，不作为违法确认诉讼。不作为违法确认诉讼，是指确认行政机关的不作为属于违法的诉讼。即针对当事人的请求行政机关具有作出一定的法律上处分的义务，但在相当长的期间或法定期限内并没有履行该项义务时确认其违法的诉讼。现行《行政诉讼法》中并没有义务履行诉讼方面的规定，所以通过法院的判决只能确认行政机关的不作为违法与否。它的诉讼物是不作为的违法性。

2. 当事者诉讼

当事者诉讼，是指以行政机关的处分等为原因的法律关系的诉讼和因其他公法上的法律关系的诉讼中，把公法上法律关系的一方当事者作为被告的诉讼。它是因行使或不行使公权力而发生的法律关系的诉讼，是把公法上的法律关系作为诉讼对象的诉讼。

3. 民众诉讼

民众诉讼，是指国家或公共团体等机关实施了违反法律的行为时，在与自身的法律上的利益不相关的前提下请求纠正国家或公共团体的违法法律行为的诉讼。它不是为原告自身的权利救济，为的是要确保行政法规的正当的适用或确保公正的选举等。所以，一般的国民或居民都可以提起该诉讼。根据《行政诉讼法》的规定，只有在法律明确规定的情况下，才可以提起民众诉讼。例如，《公职选举法》规定的选举诉讼和当选诉讼、《国民投票法》规定的国民投票无效诉讼、《地方自治法》规定的居民诉讼、《居民投票法》规定的居民投票诉讼等。

4. 机关诉讼

机关诉讼，是指因国家或公共团体等机关相互间因权限的存在与否或其行使发生的纠纷而提起的诉讼。机关诉讼是在特定的范围内被认定的一种诉讼类型，即为解决保障机关的独立性和在没有共同的上级机关时发生的权限争议，而在现行法律中特别规定的诉讼类型。

三、行政诉讼的管辖

(一)审判管辖

1. 抗告诉讼的管辖

第一,一般管辖。适用撤销诉讼的管辖规定,即无效等确认诉讼和不作为违法确认诉讼的管辖也适用撤销诉讼的管辖规定。撤销诉讼的第一审法院是专门管辖行政案件的行政法院。考虑到行政法院现只设在首都首尔特别市,其他地方的撤销诉讼只能由地方法院管辖。中央政府的行政各部或其长官为被告的管辖法院是大法院所在地的行政法院。

第二,特别管辖。关于土地征用和其他不动产或特定场所相关处分等的撤销诉讼,可向管辖其不动产或其场所的所在地的行政法院提起诉讼,首尔特别市以外的其他地方可以向地方法院提起诉讼和由地方法院本院审理行政案件。跨越两个以上行政区域的行政纠纷,两个地方的法院都有管辖权。

为了方便国民起诉,行政诉讼法采纳了任意管辖主义,即可以根据当事人之间的协商或被告的应诉,除了被告所在地法院可以管辖以外,还有民事诉讼法上的协商管辖或辩论管辖。

2. 当事者诉讼的管辖

根据行政诉讼法的规定,当事者诉讼的管辖适用行政诉讼法对撤销诉讼管辖方面的规定。所以,当事者诉讼的第一审管辖法院应该是行政法院。但是,国家或公共团体成为被告时,与该诉讼有具体关联的行政机关所在地为被告的所在地,由该行政机关所在地的行政法院管辖。

3. 民众诉讼和机关诉讼的管辖

民众诉讼和机关诉讼的管辖,由认定该诉讼的个别法律来具体规定。根据《公职选举法》第 222 条第 1 项的规定①,对总统选举或国会议员选举的选举效力有异议时,可以向大法院提起诉讼,即这类诉讼由大法院管辖。

(二)案件的移送

为了促进诉讼活动和诉讼的经济性,法律设定了案件的移送制度。即受理案件的法院认为案件的全部或部分不属于自己管辖,应以决定的方式将案件移送有

---

① 《公职选举法》第 222 条第 1 项规定,总统选举及国会议员选举中对选举效力有异议的选举人、政党(限于推荐候选人的政党)或候选人,可以在选举之日起至 30 日内以该选区选举管理委员会委员长为被告向大法院提起诉讼。

管辖权的法院。

四、行政诉讼的当事人

当事人能力，是针对具有权利能力的自然人或法人而言的；其他没有法人资格的社团、财团，如果有管理其社团或财团的代表或管理人，也可以以代表或管理人的名义成为相关诉讼中的当事人。在特定诉讼中，作为当事人应具有受到本案判决的资格，即当事人资格。

（一）原告资格

即使具备了符合起诉条件的诉状提交到法院，并不等于说就可以受到实质上的裁判。为了得到实质上的裁判，诉求必须具有可以利用国家裁判制度的价值或必要性，这就是所谓的“诉之利益”。通常从“诉之利益”是否包括请求内容成为裁判对象的适当性、当事人是否具有正当的利益、法院是否有必要通过裁判来认定其实质上的利益等三个方面去理解。

1. 抗告诉讼的原告资格

（1）撤销诉讼的原告资格

首先，法律上的利益。撤销诉讼的原告是指具有请求撤销或变更行政机关的处分或裁决的“法律上的利益”的人。对于撤销诉讼所讲的“法律上的利益”，大法院判例认为：“法律上利益是指被该处分所依据的法律所保护的直接的、具体的利益，只具有间接的或事实的、经济上利害关系的利益不包括在内。”所以，对撤销或变更处分等具有具体的利益时，不仅处分的相对方具有原告资格，处分的第三者也具有原告资格。

其次，狭义的诉益。狭义的诉益是指对原告的诉讼请求法院作出判断的具体的、实际上的利益或必要性，也称为“诉的客观的利益”或“权利保护的必要”，单纯的称为“诉益”。

《行政诉讼法》第 12 条（原告资格）规定：“撤销诉讼由请求撤销处分等的法律上的利益的人提起。处分等的效果因期间的经过、处分等的执行以外的事由消灭之后，因该处分等的撤销具有可恢复的法律上的利益时，同样具有原告资格。”后段的规定指的就是狭义的诉益，是一般法律上的利益的例外，即处分等的效果消灭以后还具有可恢复的利益时所认定的利益。

（2）无效等确认诉讼的原告资格

这是指具有请求确认处分等的效力有无或存在与否的法律上的利益的人。这里所讲的法律上的利益与撤销诉讼中的法律上的利益一致。该诉讼所要求的是应存在确认之利益，该诉讼的原告资格或诉益的内容、范围应根据诉讼的性质和功能来具体考虑和决定。该诉讼的原告资格是其利益受到某种程度侵害的人，而且《行政诉讼法》第35条也只规定了具有无效确认的人可以提起该诉讼，并没有其他的限制规定。

(3)不作为违法确认诉讼的原告资格

这是指作为向行政机关实际申请处分的人，具有请求确认行政机关的不作为为违法的法律上的利益的人。该诉讼作为确认诉讼，应该具有确认的利益：一是必须要有向行政机关递交一定的申请处分的事实，二是要具有法律上的利益。只有具备上述条件的人，才具有提起该诉讼的原告资格。

2. 当事者诉讼的原告资格

当事者诉讼是对等的当事者之间因公法上的法律关系而引起的诉讼，没有如抗告诉讼中原告资格方面的限制规定。所以，原告资格方面的规定应适用《民事诉讼法》关于原告资格的规定。

3. 民众诉讼和机关诉讼的原告资格

根据个别法律规定的相关的人，才具有该诉讼的原告资格。现行法律规定的民众诉讼的种类有：选举无效诉讼、当选无效诉讼、国民投票无效诉讼、居民诉讼。据此，选举人、居民、地方自治团体的行政负责人、教育委员会的负责人等，都可以成为原告，具有原告资格。

(二)被告资格

1. 抗告诉讼的被告资格

撤销诉讼的被告，除其他法律另有规定的情况以外，作出相应处分的行政机关当然成为该诉讼的被告。行政机关的权限被委任或委托的情况下，被委任或委托的人或机关(组织)成为被告。

2. 当事者诉讼的被告资格

根据《行政诉讼法》第39条的规定，当事者诉讼的被告是国家、公共团体和其他权利主体。根据《以国家为当事者的诉讼的法律》的规定，国家成为被告时由法务部长官代表国家出庭；根据《地方自治法》的规定，地方自治团体成为被告时该地方自治团体的长官(如市长、郡守等)成为被告。

3. 民众诉讼及机关诉讼的被告资格

因上述两种诉讼只有在个别的法律中作出具体的规定时才可以提起，所以，被告资格的确定只能依据个别法律的规定。根据现行法律的规定，可以成为被告的主体包括总统选举诉讼中的被告选举管理委员会的委员长，国会议员选举诉讼中的被告管辖区域内的选举管理委员会委员长，地方议会议员选举诉讼中的被告该选区选举管理委员会的委员长，机关诉讼中的被告地方议会等。

4. 变更被告

变更被告，是指诉讼中把原来的被告变更为其他机关或组织的过程。根据《行政诉讼法》第 14 条的规定，原告错误指定被告时，法院可以根据原告的申请，以决定的方式允许变更被告。如原告错误指定被告时、行政机关的权限发生变更时、诉求发生变更时，为了防止原告不可预测的损害，允许在一定条件下变更被告。变更被告时对新被告的诉讼的起诉期间以最初起诉时为准，先前对被告提起的诉讼视为已撤诉。

（三）行政诉讼中的共同诉讼

多数人的请求或对多数人的请求与撤销处分等的请求相关联时，他们成为共同诉讼人。与共同诉讼的形式相关联，适用民事诉讼法的相关规定。

（四）行政诉讼中第三者的诉讼参与

1. 概述

在行政诉讼中为了公正解决和保护所有利害关系人的利益及确保诉讼资料的充分，允许与撤销诉讼存在利害关系的第三者或其他行政机关参与诉讼的制度称为诉讼参与制度。诉讼参与指的是辅助参与，根据现行法律的规定诉讼参与也限定于辅助参与。参与制度的本质在于辅助参与人也属于诉讼参加人和对相关纠纷的判决效力同样会涉及辅助参与人，具既判力的判决的效力不仅涉及原被告双方当事人，也涉及辅助参与人。这也是为了防止再次发生当事人与辅助参与人之间的纠纷。该诉讼参与制度同样适用于当事者诉讼、民众诉讼及机关诉讼。

2. 第三者参与诉讼的种类与时期

诉讼参与包括第三者的诉讼参与和行政机关的诉讼参与，依申请的诉讼参与和依职权的诉讼参与。参与时期是至法院宣告判决之前，当事人撤诉或已达成调解时不允许第三者再参与到诉讼之中。

3. 第三者的诉讼参与

法院认为诉讼的结果可能会侵害到第三者的权利或利益时，可由当事人申请或依职权通知第三者参与该诉讼，称为第三者的诉讼参与。参与诉讼的条件包括：一是当事人之间的诉讼正在进行中；二是必须是因诉讼的结果其权利或利益可能受到侵害的人，利益指法律上的利益。法院在作出第三者参与诉讼的决定时应事先听取当事人和第三者的意见，第三者的诉讼参与申请被驳回时可以提起即时抗告。

对当事人而言,诉讼参与人并不提出独立的请求,所以其在诉讼中的地位相当于辅助参与人。第三者的地位一旦被确定下来,不管第三者实际是否参与到了该诉讼过程,判决的效力同样会涉及第三者。确定判决以后,第三者不能依据《行政诉讼法》第 31 条的规定提起再审之诉。

4. 行政机关的诉讼参与

法院认为有必要让其他行政机关参与到该诉讼时,可由当事人或该行政机关的申请或依职权通知该行政机关参与到诉讼中来,特别是该诉讼需要相应的行政机关协助时更为重要。参与诉讼的条件包括:一是诉讼正在进行中;二是参与行政机关不是被告行政机关;三是须有法院的参加决定。法院作出参加决定时应事先听取当事人及该行政机关的意见,其地位相当于辅助参与人。行政机关的诉讼参与适用民事诉讼法的相关规定。

(五)诉讼代理人

现行行政诉讼法对诉讼代理人没有具体和明确的规定,所以行政诉讼中的诉讼代理人制度适用民事诉讼法的相关规定。《以国家为当事者的诉讼的法律》第 5 条规定"行政机关的负责人可以指定其职员或上级行政机关的职员来进行行政诉讼(第 1 项)。行政机关的负责人可以选聘律师为其诉讼代理人,进行行政诉讼(第 2 项)"。

五、行政诉讼的对象

行政诉讼对象的规定形式有概括式、列举式和混合式。韩国行政诉讼法采取的是概括式。根据诉讼种类的不同,对象的内容也有所差别。

(一)抗告诉讼的对象

1. 撤销诉讼的对象

《行政诉讼法》第 19 条规定:"撤销诉讼的对象是'处分等'。对裁决提起的撤销诉讼,应以裁决本身具有固有的违法为理由。""处分等"是指行政机关对具体事实的执法行为,包括公权力的行使或拒绝和其他准于此的行政作用及对行政复议的裁决。具体分析"处分等"应包括以下内容。

第一,行政机关。行政机关,是指具有可以决定和表示国家或地方自治团体的行政事务权限的国家机关。行政机关既可以是独立的机构,也可以是合议制机构(如公正交易委员会、土地收用委员会等),还有受权限的委任或委托的机关及公共团体或私人也可以成为行政机关。

第二,处分。处分是行政机关实施的对具体事实的执法行为,是公权力的行使或拒绝和其他准于此的行政作用。表现为：对具体事实的执法——公权力的行使，包括公权力的行使、具体的执法、对私人的权利义务直接产生影响的行为。消极的行政行为，是个人要求行政机关行使某项特定的公权力的行使时，拒绝行使其公权力的行政行为。作为拒绝处分应满足以下条件：一是个人应具有法律规定的申请权；二是个人的申请属于公权力的行使或准于此的行政作用；三是可以发生申请人的法律关系的变动的。

第三，裁决。《行政诉讼法》第 19 条的后段关于“对裁决提起的撤销诉讼，应以裁决本身具有固有的违法为理由”的规定，采纳了原处分主义的以原处分为撤销诉讼的对象，例外的情况下裁决可以成为撤销诉讼的对象。固有的违法是指裁决的主体、内容、程序、形式等方面所具有的违法。

2. 无效等确认诉讼的对象

无效等确认诉讼的对象是行政机关的处分或裁决。根据《行政诉讼法》第 19 条关于撤销诉讼对象的规定，无效等确认诉讼作为抗告诉讼的一个种类，所以它的对象与撤销诉讼是一致的，即无效等确认诉讼所请求的不是撤销，而是无效等确认。

3. 不作为违法确认诉讼的对象

第一，不作为的概念。不作为，是指行政机关对申请人的申请具有在规定的期间内作出一定处分的法律上的义务，但在规定的期限或合理的期限内没有作出该处分。

第二，不作为的成立条件。不作为的成立必须要存在当事人的合法的申请事项、相当长（或法定期间）的业务处理期间、行政机关具有作出该处分的法律上的义务、结果上行政机关没有作出相应的处分。

（二）当事者诉讼的对象

当事者诉讼的对象是以行政机关的处分为原因而发生的法律关系和其他公法上的法律关系。“以行政机关的处分为原因而发生的法律关系”指因行政机关的处分等而发生、变更、灭失的法律关系。“其他公法上的法律关系”指不以处分等为原因的其他的公法所规制的法律关系，如公法上身份、地位等的确认诉讼中的公务员或公立学校学生的身份确认请求；合同制公务员因行政机关单方面解除合同时请求其效力的请求等。

（三）民众诉讼和机关诉讼的对象

民众诉讼和机关诉讼是法律特别规定时才被认定的诉讼，所以，其对象也只能根据个别法律的规定而具体判断。例如，民众诉讼中的总统选举诉讼中选举或当选的效力、当选人决定处分,国民投票诉讼中国民投票的效力成为其对象。机关诉讼中,地方自治团体的行政负责人(如市长、知事、郡守等)与该地方议会之间的机关诉讼,以该地方议会的议决(决定)为机关诉讼的对象。

六、起诉

起诉,是指为解决行政纠纷而向法院提起请求审判的程序。为了提起诉讼和请求法院对此进行正确与否的判断的条件,称为起诉要件。当事人提起的诉讼如不能满足该要件,则会被法院驳回。行政诉讼应当由具有原告资格的当事人,以行政机关为被告和针对行政机关的"处分等",在法定的起诉期限内和程序及具备一定的形式向具有管辖权的法院提起。而且,必须具有可以利用国家司法制度的实质的价值,即"诉之利益"。

(一)当事人

行政诉讼应当由具有原告资格的人以行政机关为被告而提起。具有原告资格的人是指具有通过该诉讼获得法律上利益的人,被告是进行该诉讼对象之"处分等"的行政机关。除了原被告之外,与该诉讼的判决结果存有利害关系的第三人,也可以申请参加或依据法院的通知而参与该诉讼,成为当事人。

(二)处分等

行政诉讼应当是以行政处分等为对象,为要求撤销、变更或无效等确认及不作为违法确认而提起。所以,要提起行政诉讼必须要有作为诉讼对象的处分或裁决及不作为,还必须涉及行政处分等的违法,才可以提起诉讼。起诉与自己法律上的利益相关联,在主观上只要主张处分等的违法的可能性即可,并不需要处分等事实上违法。

(三)起诉期间

对起诉期间,行政诉讼法是有明确的规定的,而且其规定明显的带有限制性。作出限制性规定的理由是因行政法关系直接与公益密切相关联和有必要及时稳定行政秩序及权利关系的不稳定状态。抗告诉讼的起诉期间有下列几种。

1. 撤销诉讼的起诉期间

第一,知道该"处分等"之日起 90 日内。撤销诉讼的提起期间是知道该"处分等"之日起 90 日内,经过行政复议后起诉时应从接到裁决书正本之日起计算其期间。"知道该'处分等'之日起"指通过通知、公告和其他方法,实际上和具体知道该处分的存在之日。通过合法的途径送达时,如无特别事由应该推定当事人已知道该处分。上述90日是法定的不变期间，如果出现当事人不能承担的事由（如不可抗力等）而不能遵守其期间时，可以在其事由消失后的两周以内提起诉讼，在国外时的期间从14日延长到了30日。“当事人不能承担的事由”指当事人为了进行该诉讼行为已做到了通常应注意的一般事项，也没能遵守该期间的事由。

第二，进行处分之日起1年。进行处分之日起经过1年，经过行政复议后再提起行政诉讼时，进行裁决之日起经过了1年，就不能再提起撤销诉讼。即使已提起了诉讼，因其已经超过了法定的起诉期间而被驳回或不予受理。该期间不是不变期间，具有正当的事由时可以认定其例外。

上述两个起诉期间不是可以选择的，只要超过其中一个起诉期间，当事人的权益救济就得不到法律的保护。

2. 无效等确认诉讼的起诉期间

无效等确认诉讼原则上不受起诉期间的限制，因针对无效等确认诉讼不以期间的经过对该处分或裁决的效力或存在产生影响。

3. 不作为违法确认诉讼的起诉期间

不作为违法确认诉讼，在不作为状态持续的情况下随时都可以提起诉讼，不作为状态消除时诉之利益也随之消失，所以不受起诉期间的限制。如果经过行政复议以后再提起不作为违法确认诉讼时，因处分等的存在可以适用《行政诉讼法》第20条关于起诉期间的规定。

（四）起诉状

提起行政诉讼要具备必要的起诉形式，即应向法院提出书面的起诉状。根据行政诉讼法的规定，起诉状应适用民事诉讼法有关诉状方面的规定。① 起诉状应记载当事人、法定代理人、请求事项等内容。

（五）诉的变更

诉的变更，是指诉讼中原告变更其诉讼请求的事项，也称为诉讼请求的变更。包括撤销原来的请求和提出新的请求的“交换式变更”和保留原来的请求的同时增加新的请求的“追加式变更”。《行政诉讼法》规定的诉的变更包括诉讼种类的变更和因变更处分的诉的变更。

---

① 《民事诉讼法》第249条（起诉状的记载事项）规定：起诉状应记载当事人和法定代理人，请求的宗旨和原因。起诉状适用准备书面相关的规定。

1. 诉讼种类的变更

抗告诉讼的原告在该诉讼的事实审的辩论终结之前，在其诉讼请求没有发生变更的前提下，获得法院的允许以后，可以变更诉讼的种类。因为在现实生活中存在当事人可能错误选择诉讼种类的情况，所以从行政救济的角度也有必要允许其变更诉讼的种类。变更条件包括：一是该行政诉讼是正在进行中的诉讼；二是原告的申请必须是在事实审的辩论终结之前提出；三是在请求之基础没有发生变更的前提下提出；四是法院认为有必要变更该诉讼的种类；五是要变更的诉讼应具备起诉的合法要件，因变更诉讼后更改被告时应争得新被告的意见等。如进行诉讼种类的变更，先前进行中的诉讼则视为撤销和当初的诉讼程序自然地继承到新的诉讼。

2. 因变更处分的诉的变更

对审理中的行政诉讼，行政机关变更作为该行政诉讼之对象的处分时，可以根据原告的申请，法院以决定的方式变更诉讼请求的宗旨或原因。因变更诉讼的诉的变更除了撤销诉讼以外，在无效等确认诉讼及当事者诉讼也是认定的。变更应满足以下条件：一是变更处分是在该诉讼审理中发生的；二是原告应在知道该变更处分之日起60日内提出诉的变更申请；三是旧请求还处于事实审的审理中和新请求应符合法律的规定。

（六）假救济和不停止执行的例外①

1. 假救济

行政诉讼上的假救济，是指为了确保本案判决的实效性，对存在争议的处分或公法上的权利关系，假定其临时的效力关系或地位，至本案判决确定时为止暂时谋求其权利救济。假救济是至行政诉讼本案判决确定时为止，为了防止因诉讼对象之处分等的效力或其执行给原告造成不可恢复的损害而暂时停止处分等的效力或其执行，在事实上或法律上表现为处于临时实现原告请求的状态。如果通过法院的裁判程序进行判决的话，因其所需诉讼期间较长和行政作用的公证力和执行性的存在，到法院作出确定判决时会出现即使原告胜诉其权益也得不到救济的现象。所以为了确保判决的实效性，假救济制度是必要的。韩国行政诉讼法规

① 行政诉讼中作为保全处分是否可以适用假处分？假处分是民事诉讼法规定的保全处分之一，是指以金钱以外的特定的给付为目的，谋求请求权的执行保全或对存有争议的权利关系暂时确定其地位的保全处分。行政诉讼法已规定了保全处分之一的停止执行制度，所以原则上民事诉讼法上的假处分是不能适用的。但也有学者认为通过停止执行不能达到其目的时，也应该适用民事诉讼法上的相关规定。

定了停止执行,但对较为积极的假处分则没有任何规定。

2. 不停止执行的例外

为了防止因不停止执行而带来的不合理结果的发生,在一定的条件下允许停止执行。停止执行是指行政行为在事实上的执行可能给行政客体带来不可能恢复的损害时,在一定的条件下停止其执行的制度。这一制度是在一定条件下认可了停止执行的权限的、在确定本案判决之前存在的临时的、行政诉讼法上的假救济制度之一,具有消极的和维持现状的性质。它具有暂时性、紧急性和附属于本案诉讼的附属性的特点。法院作出停止执行决定的条件:一是存在停止执行对象之处分;二是还在管辖法院的审理之中;三是具有不可恢复的损害发生的可能性;四是存在紧急的必要性;五是申请人的适格与停止执行之利益的存在;六是要考虑公共福利。

3. 停止执行的程序

法院可以依其职权或当事人的申请作出停止执行决定。停止执行不限于本案诉讼之对象处分,也可以是该处分的执行或其程序的继续进行。申请人应当为自己的申请进行说明,停止执行决定可以不经过法院的辩论阶段而直接进行,也可以询问当事人。对停止执行决定或驳回决定可以提出即时抗告。

4. 停止执行决定的内容

停止执行决定以至本案诉讼终结时为止全部或部分停止处分等的效力、其执行或后续程序为其内容。停止处分的效力指把处分的效力置于不存在的状态,停止执行指剥夺处分的执行力而禁止实现处分内容的状态。

5. 停止执行的效力

第一,内容上的效力。停止执行的效力不仅涉及处分的执行,而且也涉及该处分的效力及其后续的程序。处分效力的停止是暂时停止处分内容的执行,使该处分针对将来处于处分本身不存在的状态。后续的程序是指以有效的处分为前提发展出来的法律关系的后续措施。停止后续的程序是指停止因诉讼对象之处分而衍生的后续的处分。

第二,时间上的效力。停止执行决定的效力是针对将来的效力,对作出停止执行决定前的法律关系不会产生影响。它的终止日期通常是停止执行决定主文中规定的日期,如没有特别规定时到确定本案判决时为止。

第三,对外的效力(羁束力)。停止执行决定的效力涉及申请人、作出该处分的行政机关和其他行政机关及第三者。所以,行政机关不能以同样的内容作出新的处分或与此相关联的处分。

6. 停止执行决定的撤销

法院作出停止执行决定以后,发现停止执行明显对公共福利产生重大影响或停止事由消失,可以根据当事人的申请或依其职权以决定的方式撤销先前的停止执行决定。

七、行政诉讼的审理与判决

(一)审理

审理,是指为了对所起之诉作出判决而审查和明确事实关系与法律关系等诉讼资料的行为。行政诉讼的审理也应依照民事诉讼的规定,采取辩论为主的审理方式,在必要的范围内允许法院采取职权审理为主的审理方式。

1. 审理的内容

第一,要件审理。要件审理指审查该起诉是否具备了合法的诉讼要件。经审查,认为不具备诉讼要件时,可以裁定不予受理当事人的请求,这属于法院的职权调查事项。

第二,本案审理。本案审理指经过要件审查结果认为符合诉讼要件的起诉,为了判断是否引用其请求或驳回其请求,而对案件进行实质性审查的过程。

2. 审理的范围

第一,不告不理原则和例外。行政诉讼也适用民事诉讼中的"不告不理原则"。所以,这就要求法院对没有提起诉讼的行政案件或对已提起诉讼的案件不能超出当事人的请求范围而进行审理或裁判。但《行政诉讼法》第26条规定"法院认为有必要时,可以依职权调查证据,也可以对当事人没有提出主张的事实进行判断",从公益的角度规定了不告不理原则的例外情况。

第二,法律问题与事实问题的审理。法院审理行政案件的原则是对该诉讼对象之处分等进行实质上、程序上的法律问题与事实问题进行全面的审查。

第三,裁量问题的审理。《行政诉讼法》第27条规定,"即使是属于行政机关裁量范围内的处分,如超出裁量权的范围或涉及滥用裁量权,法院可以撤销该处分",明确规定了法院可以对行政机关的裁量行为进行审理和判断。

3. 审理程序

根据《行政诉讼法》第8条第2项的规定,如果该法就行政案件的审理程序没有特别规定时,适用《民事诉讼法》和《法院组织法》的相关规定,即适用公开审理、口头审理、辩论主义等。行政诉讼法又规定了职权审理和命令提出行政复议记录等方面的内容,此为行政诉讼特有程序。

第一,职权审理。《行政诉讼法》第 26 条的规定,就是有关职权审理的规定,也是对辩论主义的一个例外规定。行政诉讼通过裁判所要达到的目的,一方面,要保护国民的权益;另一方面,又要保障行政的合法性,即与公共利益存在密切的关联性。法院依其法定的职权来审理案件,在审理所需的材料上并不只依靠当事人所提供的资料和证据,还包括可以依职权收集和调查的资料。从采取职权审理的原因来看,考虑了撤销诉讼中的公益性、谋求审理的简易和迅速、通过审理发现事实的真实性等。

第二,命令提出行政复议记录。在当事人向法院申请要求查看行政复议相关资料时,法院可以以决定的方式命令行政复议机关提交与该行政复议相关的记录。接到命令的行政复议机关应立即向法院提交行政复议相关的记录。

4. 主张责任和证明责任

第一,主张责任。采取辩论主义的诉讼中,当事人一方为避免败诉的危险或对已不利而对其所主张的事实承担的责任称为主张责任。

第二,证明责任。证明责任,是指针对要件事实的存在与否不明确的时候应承担的法律上对已不利的责任,即针对不明确的事实的存在与否,用所提出的证据不能证明时应受到不利的判断。行政诉讼中的证明责任,实体法上并没有作出具体的规定,特别是抗告诉讼中存在由谁来承担证明责任的问题。法院判例的态度是证明责任分配说。该说认为民事诉讼的证明责任分配原则同样适用于行政诉讼中,在诉讼中当事人的地位是平等的。所以,应适用“谁主张谁举证”的原则。

(二)判决

行政诉讼的判决是指法院为解决诉讼对象之具体的争讼,经过审理对其结果进行判断和决定的行为。

1. 判断违法的时机

因行政法规和其调整对象随着社会的发展也经常发生着变化,这就涉及认定抗告诉讼的对象之处分等的合法性的“时机”问题,即应以哪一时期的法规和标准为其合法性的判断时机?对此存在“处分时说”和“判决时说”两种学说,①处分

① “处分时说”认为在行政诉讼中针对处分等的违法与否的判断应以行政机关作出该行为时的法令及状态为标准,是通说和判例的观点。理由是抗告诉讼的本质是对处分等的事后的司法审查,如以判决时为标准则存在认定了法院的行政监督功能,是不当的;“判决时说”认为在行政诉讼中针对处分等的违法与否的判断应以判决时为标准,理由是撤销诉讼的目的在于决定是否维持存有争议的处分的效力,所以,是否撤销处分应以法院的判决时为标准来判断。

时说是通说和判例的观点。

2. 判决的种类

判决的种类有以下几种。

第一,中间判决和终局判决。中间判决,是指作为终局判决的前阶段,是为了解决诉讼过程中产生的各个阶段的焦点问题而作出的具有确认性质的判决。终局判决是指终结行政诉讼的全部或部分的判决。

第二,诉讼判决和本案判决。诉讼判决,是指关于所提起的诉讼是否适合的判决,对所提起之诉通过要件审查认为不适合诉讼要件时进行的不予受理裁定的判决。本案判决是指关于诉讼请求是否得当的判决,即本案审理之后认用或驳回其请求的全部或部分为内容的判决。

第三,不予受理判决和引用判决。不予受理判决是指通过本案审理后排斥原告主张的判决。引用判决是指通过本案审理后认为原告的全部或部分请求合理而受理的判决。

第四,事情判决(也称情势判决)。事情判决,是指即使认为原告的请求是合理的,如果撤销或变更处分等(处分等违法时)明显不利于公共福利时,法院驳回原告的合理的诉讼请求的判决。事情判决只适用于撤销诉讼,举证责任及诉讼费用由被告承担。事情判决是把公共利益和个人利益进行比较衡量和协调而后所产生的制度,是否作出事情判决属于法院的裁量事项。对事情判决不服时,原被告都可以提起上诉。

3. 判决的效力

第一,既判力。撤销诉讼的判决一旦被确定,其已确定的判断内容就会起到约束当事人和法院的作用,并在后续的诉讼中当事人和法院对同一事项不能主张与确定判决的内容相矛盾的主张和判断。确定判决内容的效力称之为既判力。

第二,形成力。撤销处分的判决被确定,该处分即使不用由行政机关自行撤销,已消极地丧失其效力或解除因处分产生的违法的法律状态,处于如同一开始就不存在处分一样的状态。这样的撤销判决的效力称为形成力。

第三,羁束力。撤销处分等的确定判决起到羁束该案件的当事者、行政机关,这就是羁束力(也称约束力)。羁束力具有针对当事者、行政机关产生使其根据判决的宗旨履行实体法上的义务的效力。义务包括:一是禁止反复,即行政机关不能对同一事实关系下的同一当事人反复同样的处分等。二是再处分义务,即对拒绝处分的撤销判决或不作为违法确认判决被确定时,行政机关应根据判决的宗旨对原来的申请进行相应的处分。

4. 违宪判决的公告

根据大法院行政诉讼的判决,命令、规则(行政法规)被确定为违背了宪法或法律时,大法院应及时通报行政安全部长官,接到通报的长官应及时在官报登载。被大法院确定为违宪或违法的命令,不是指废止该命令,而是拒绝适用该命令。因为基层行政机关还有可能存在仍然适用相关的违宪、违法的命令、规则的情形,所以有必要对外进行公告,其目的是防止因违宪的命令而对国民权益造成侵害。

(三)上诉与再审制度

1. 上诉

上诉,是指向上一级法院申请再审的诉讼。对第一审法院行政案件的判决不服时可以向高等法院提起抗诉,对抗诉审的判决不服时可以向大法院提起作为法律审的上诉。法院实行的是三级法院制和三审终审制,行政案件的当事人有两次向上一级法院申请权益救济的机会。

2. 再审制度

再审制度,是指向负责裁判的法院要求再次审理的制度。对已确定的判决,事后发现作为裁判基础的资料(法律适用或证据等)或诉讼程序中存在不可默认的重大的缺陷时,可以向负责裁判的法院要求再审理。其目的是救济因确定判决受到不利益的当事人。因撤销诉讼的确定判决的效力可能会涉及第三者的利益,所以因撤销处分等的判决而权利或利益受到侵害的第三者因与自己没有关联的事由,没有参与到诉讼和没能提出对判决结果产生影响的有利于自己的防御措施时,有权对已确定的终局判决请求再审。再审请求,应在知道确定判决之日起 30 日内、确定判决之日起 1 年内提出,这一期间是法定的不变期间。

第三章　韩国刑法

第一节　刑法的发展历程

一、刑法与特别刑法

在1905年朝鲜王朝制定并实施《刑法大全》之前，朝鲜半岛一直在中国刑法的影响之下。因为高丽王朝模仿、继受了当时很发达的唐律，制定出了符合高丽王朝国情的刑律即《高丽刑法》。后来，朝鲜王朝的刑律也全面反映了当时被认为是刑法之巅峰的明律。1910年朝鲜半岛被日本吞并后，1911年颁布的朝鲜总督府制令第11号《朝鲜刑事令》规定沿用日本的刑法。由此，朝鲜半岛首次继受了近代刑法。朝鲜半岛1945年摆脱了日本的殖民统治，在南部区域实施了美军的军事管制。美军当局1945年11月2日公布第21号军政法令，废除了歧视性的旧法令，同时规定包括刑法在内的多数原有法律继续有效。

1948年大韩民国政府成立后，原有刑法继续有效并适用。但是作为新生而独立的国家，韩国当然急需建立起自己统一完整的法律体系。而事实上，在美军管制时期组成的“朝鲜法制编纂委员会”（韩国政府成立后，改名为法典编纂委员会）早已开始着手起草刑法草案。到1949年11月12日完成了刑法草案。后经修改于1951年4月13日向国会提出政府草案，但由于1951年的“6·25朝鲜战争”，对刑法草案的审议中断。从1952年开始，审议的政府草案经一年多的审议及修改，终于在1953年通过了国会会议表决，并于9月8日公布，韩国的《刑法》由此诞生。

于1953年制定的韩国《刑法》至今已经修订了16次,真正做到大幅度修改的只有1995年的修改。除了修订《刑法》之外,自20世纪60年代以后出现了大量的特别刑法。为及时适应在政治、经济、文化等方面的快速变化,韩国有必要制定出在制定和修订上相对比较容易的特别刑法。韩国中央政府直属"法制处"将所有的法令分门别类地进行了编排整理,编入第九编"刑事法"中第一章"刑法"里的法律除了《刑法》之外,还有40部左右特别刑法。

现行的特别刑法包括:(1)关于处罚家庭暴力犯罪等的特例法;(2)轻犯罪处罚法;(3)关于公务员犯罪的没收特例法;(4)处理交通事故特例法;(5)国家保安法;(6)防止国内财产逃避法;(7)在国际商务往来中对外国公务员的贿赂防止法;(8)关于防止毒品类不法买卖的特例法;(9)关于处理没收财物等的临时特例法;(10)偷渡规制法;(11)罚金等临时措施法;(12)关于对隐匿犯罪收益的规制及处罚等的法律;(13)不正票据规制法;(14)关于处罚性买卖斡旋等行为的法律;(15)关于规制保健犯罪的特别措置法;(16)关于处罚性暴力犯罪及保护被害人等的法律;(17)违反秩序行为规制法;(18)关于处罚特定暴力犯罪的特例法;(19)关于加重处罚特定经济犯罪的法律;(20)关于加重处罚特定犯罪的法律;(21)关于处罚暴力行为的法律;(22)关于处罚使用火焰瓶等的法律;(23)关于对环境犯罪等的规制及加重处罚的法律;(24)军刑法;(25)监护治疗法;(26)少年法;(27)青少年保护法;(28)行刑法;(29)关于刑事补偿及恢复名誉的法律;(30)特定犯罪申告人等保护法;(31)犯罪被害人保护法;(32)保安观察法;(33)关于防止家庭暴力及保护被害人等的法律;(34)关于刑罚的时效等的法律;(35)关于保护观察等的法律;(36)关于儿童、青少年性保护的法律;(37)通信秘密保护法;(38)关于处罚儿童虐待犯罪等的特例法;(39)关于禁止不当请托及收受礼品等的法律;(40)关于在临终护理院医疗或临终过程中的患者决定延长生命医疗的法律。

二、韩国《刑法》的体系

《刑法》由总则和分则两编共372条以及附则组成,见表3-1。

表 3-1 韩国《刑法》的体系

第1编 总则			
第1章	刑法的适用范围	第3章	刑罚
第2章	犯罪	第4章	期间
第2编 分则			
第1章	内乱罪	第22章	有关性风俗的犯罪
第2章	外患罪	第23章	赌博和彩票犯罪
第3章	对国旗的犯罪	第24章	杀人罪
第4章	有关国交的犯罪	第25章	伤害和暴行罪
第5章	危害公安的犯罪	第26章	过失致死伤罪
第6章	有关爆炸物的犯罪	第27章	堕胎罪
第7章	公务员的职务犯罪	第28章	遗弃和虐待犯罪
第8章	妨害公务犯罪	第29章	逮捕和监禁罪
第9章	逃匿及隐匿犯罪人的犯罪	第30章	胁迫罪
第10章	伪证及毁证罪	第31章	掠取和引诱犯罪
第11章	诬告犯罪	第32章	强奸及丑行罪
第12章	有关信仰的犯罪	第33章	对名誉的犯罪
第13章	放火及失火犯罪	第34章	有关信用、业务和拍卖的犯罪
第14章	有关溢水及水利的犯罪	第35章	侵害秘密罪
第15章	交通妨害罪	第36章	侵入住居犯罪
第16章	有关饮用水的犯罪	第37章	妨害行使权利罪
第17章	鸦片犯罪	第38章	盗窃和强盗罪
第18章	有关通货的犯罪	第39章	诈骗和敲诈勒索罪
第19章	有关有价证券和邮票及印花的犯罪	第40章	侵占和背任罪
第20章	有关文书的犯罪	第41章	有关赃物的犯罪
第21章	有关印章的犯罪	第42章	损坏罪

第二节 刑法的一般规定

一、刑法的概念

刑法，是指规定犯罪和刑罚及其相互之间关系的法律，即规定对犯罪行为处以刑罚或保安处分等法律效果的法律。

刑法的概念有广义和狭义之分。

狭义的刑法，指的是《刑法》(1953 年 9 月 18 日法律第 293 号)；广义的刑法，包括狭义的刑法和特别刑法。

二、罪刑法定主义

(一)含义

罪刑法定主义，是指要将一定的行为作为犯罪并对此处以一定的刑罚，就必须以成文法规(制定法)为其条件的原则。罪刑法定主义以“没有法律就没有犯罪”“没有法律也没有刑罚”这两个命题来体现。这两个命题通常由拉丁语来表述，但并非源于古代罗马法的原则，而是由德国的刑法学家费尔巴哈在 1801 年出版的刑法教科书《德国普通刑法教科书》中首次以拉丁语表述的。

韩国《宪法》第 12 条第 1 款规定：“所有国民都拥有人身自由权。任何人非依法律不受拘留、逮捕、扣押、搜查或审讯，非依法律和合法程序不受刑罚处罚、保安处分或强制劳役。”《宪法》第 13 条第 1 款规定：“所有国民非依行为当时法律构成犯罪的行为不受追诉，不因同一犯罪受双重处罚。”

《刑法》第 1 条第 1 款规定：“(犯罪的成立和处罚)犯罪的成立和处罚依照行为时的法律。”这一规定体现了罪刑法定主义。

(二)派生原则

罪刑法定主义包括 5 个派生原则：(1)禁止习惯刑法的原则；(2)禁止类推解释的原则；(3)禁止溯及效的原则；(4)明确性原则；(5)适当性原则。

1. 禁止习惯刑法的原则

这一原则是指禁止将习惯法作为刑法的法源。因为在社会生活中习惯性规范具有法律的效力，但又不是像成文法那样制定出来并以文书表示的。如果肯定习惯法可作为刑法的法源，那么就会以其存在不明的法律进行处罚，最终否定应事先以法律规定犯罪和刑罚的关系这一罪刑法定主义的意义。

韩国《宪法》第 11 条第 1 款要求有关处罚的事项依照法律的规定，《刑事诉讼法》第323条第1款规定宣告刑罚应当明示法令的适用,以此明确罪刑法定主义的原则。在这个意义上,韩国现行《刑法》确立在要求以成文法规定犯罪和刑罚关系的罪刑法定主义基础之上。刑法的法源限于成文法,习惯法以及其他成文法以外的其他要素都不能成为刑法的法源。因而,在现行法中,直接以习惯或条理等作为内容的刑罚法规是不存在的。但是在现行法中规定犯罪的构成要件时,间接地依据成文法以外的要素确定其内容的情况还不少。例如,在决定违法性的内容上,如《刑法》第20条不违背社会常规的行为(正当行为)其范围可能要立足于习惯、条理等超法规性的法秩序精神。尤其是在不作为犯中作为义务的根据,虽然存在根据法令、法律行为等形式的标准发生的情况,但也有鉴于社会常规在习惯、条理上发生的情况。

总之,在罪刑法定主义中禁止习惯刑法的原则只意味着习惯法不能直接成为刑法的形式性法源;为了确定犯罪的成立或不成立(决定犯罪的实质性内容)也可以间接地适用习惯法。因而,当作为犯罪构成要件要素的法律关系的内容由习惯(或条理)决定的时候,其习惯(或条理)可以间接地成为刑罚法规的法源。

2. 禁止类推解释的原则

这一原则是指在刑法的解释中不能采用类推解释的方法。所谓类推解释,是虽然没有被任何法律的文言所明示但适用与此类似的事实进行解释的情况。因为如果在刑法的解释中允许类推解释,那么刑法没有明示的行为也会受到处罚,使个人的权利和自由变得岌岌可危。罪刑法定主义,从人权保障的立场要求刑法的解释限于只依照文字作严格的解释,在解释上存在疑问时应作出对被告人有利的解释。①

虽说刑法的解释依照文字严格进行解释而且不允许类推解释,但是刑法是千变万化的社会生活的规范之一,其解释不可能不受不断变化的社会生活的影响。因而,即使刑法文本本身没有任何变化,社会生活的变迁使其条文的内容发生变化这一事实也是无法回避的;社会生活纷繁复杂,随着时代的变迁而出现立法者未曾预见的新的现象;刑法不可能包罗这些现象而对将来的变迁一一作出规定。因此,此种情况下成文法的文字在其可能的范围内允许对法律的一般问题及刑法目的作出较为合理的类推解释,也不会违背罪刑法定主义。这种类推解释在对犯罪的社会防卫上是必要的,而且也不会不当侵害被告人的利益。例如,《刑法》第186条妨害交通罪中即使出现条文列举以外的新的交通工具,也应类推适用第

---

① 정영석, 형법총론, 법문사, 1987, 57면。

186 条规定。

3. 禁止溯及效的原则

禁止溯及效的原则是指不能溯及刑法效力的原则，即刑法（刑罚法规）只能适用于其制定、施行后的行为，不允许把刑法的效力溯及适用于其制定、施行之前的行为。因为，如果允许刑法的溯及效，那么行为当时没有成为犯罪的行为根据行为后的法律受处罚，会动摇应事先以法律规定犯罪和刑罚的关系这一罪刑法定主义的根基。①

韩国《宪法》第 13 条第 1 款规定："所有国民非依行为当时法律构成犯罪的行为不受追诉，不因同一犯罪受双重处罚。"韩国《刑法》第 1 条第 1 款规定："（犯罪的成立和处罚）犯罪的成立和处罚依照行为时的法律。"现行法以此来宣言不能根据事后的法律对法律实施之前的行为予以处罚这一刑法效力不溯及的原则。这里有一个问题，禁止刑法溯及效的原则对行为当时为合法在其后却变为违法（或犯罪）的这种事后法的态度是怎样的。根据《宪法》第 13 条第 1 款规定和《刑法》第 1 条第 1 款的精神，应解释为在因事后法律的变更对行为人变得刑罚更重或更为不利的情况下，禁止对行为人变得刑罚更重（或更为不利）的事后法效力的溯及。但是，因事后法律的变更对行为人更为有利时，允许刑法的溯及效。这是对禁止刑法溯及效原则的一个例外。现行《刑法》中的立法例就是第 1 条第 2 款、第 3 款的规定。"犯罪后依法律之变更其行为不构成犯罪或新法比旧法处罚轻，适用新法。"（第 1 条第 2 款）"裁判确定后依法律的变更其行为不构成犯罪的，免除其刑罚的执行。"（第 1 条第 3 款）在这个意义上，禁止重的刑法效力溯及的原则，就是在现行法中罪刑法定主义的实质性要求。

4. 明确性原则

明确性原则，是指应当明确规定犯罪和刑罚的内容的原则。因为，即使在法律上规定了犯罪和刑罚，但如果其内容不够明确，也会使人无法了解和掌握何种行为被禁止、何种行为被允许，而且实施犯罪人也不能了解自己应受何种刑罚；国民也会失去对将来的预测可能性以及对法律的信任，导致刑法无法正常发挥其作为国民行为准则的规范功能和保障性功能。

明确性原则要求在刑法中不允许适用不定期刑尤其是绝对的不定期刑制度。不定期刑是相对于定期刑而言的，是指法院在宣告自由刑时不决定具体刑期，如"判处惩役"（绝对的不定期刑）或者"判处短期 1 年、长期 3 年的惩役"（相对的不

---

① 정영석, 형법총론, 법문사, 1987, 57 면。

定期刑)等。绝对不确定的法定刑赋予法官过大的自由裁量权,不能保证刑罚处罚的适当性。如果在刑法中采用不定期刑甚至绝对的不定期刑制度,会违反刑罚应当是相对确定的这一罪刑法定主义的要求。但是,刑罚不仅作为一种报应给犯罪人(受刑人)带来痛苦,更重要的是对其进行教育、改善,使之重返社会。因此,对于特殊的犯罪人如常习犯、少年犯需要采用不定期刑制度。最近各国立法例的倾向是对特殊犯罪人采用相对的不定期刑制度。韩国《刑法》并没有设置有关不定期刑的规定,但是《少年法》规定了相对的不定期刑制度(《少年法》第60条)。

5. 适正①性原则

这一原则在韩国《宪法》第37条但书规定的禁止过剩原则、比例原则中体现。现代意义上的罪刑法定主义不仅要求约束法官等法律解释者,而且要求约束制定刑法的立法者,即不能因为是立法者,就可以随心所欲地规定犯罪和刑罚,而应当将值得处罚的行为规定为犯罪,也应当规定与犯罪相适应的刑罚而不能规定过度的刑罚。

犯罪和刑罚的范围被扩大,就意味着国民的自由等基本权利的范围相应地被缩小。因而,有必要限制过度地行使刑事立法权,这就是现代实质意义上的罪刑法定主义的内容。所谓过剩犯罪化或者过剩刑罚化,也许能够符合形式意义上的罪刑法定主义,但是违反了实质意义上的罪刑法定主义。②

三、刑法的效力

(一)时间上的适用范围

这是有关于刑法适用于什么时期的行为的问题,尤其是行为时和裁判时之间刑法内容有变更时,存在究竟适用行为时法(旧法)还是适用裁判时法(新法)的问题。

刑法原则上采用了行为时法主义,即《刑法》第1条第1款规定:"(犯罪的成立和处罚)犯罪的成立和处罚依照行为时的法律。"为了保护行为人,刑法还例外地采用裁判时法主义。第2款规定:"犯罪后依法律之变更,其行为不构成犯罪或新法比旧法处罚轻,适用新法。"第3款规定:"裁判确定后依法律的变更其行为不构成犯罪的,免除其刑罚的执行。"

(二)场所上的适用范围

这是指刑法适用于在什么场所发生的犯罪的问题。这会涉及国际刑法中的

---

① 适正,合理而适当之意。

② 오영근, 형법총론, 박영사, 2009, 64 면。

一些问题。

《刑法》在第2条、第4条中明确规定了属地主义。所谓属地主义,是指不论犯罪人的国籍如何,对发生在自国领域内的任何犯罪都适用本国刑法的原则。《刑法》第2条规定:"(国内犯)本法适用于大韩民国领域内实施犯罪的内国人和外国人。"第4条规定:"(在国外的内国船舶上等外国人实施的犯罪)本法适用于在大韩民国领域外的大韩民国船舶或航空器内实施犯罪的外国人。"

第3条规定了属人主义,"(内国人的国外犯)本法适用于在大韩民国领域外实施犯罪的内国人"。

第5条、第6条规定了保护主义。第5条规定:"(外国人的国外犯)本法适用于在大韩民国领域外实施以下犯罪的外国人:(1)内乱罪;(2)外患罪;(3)有关国旗的犯罪;(4)有关通货的犯罪;(5)有关有价证券、邮票和印花的犯罪;(6)在有关文书的犯罪中自第225条至第230条规定的罪;(7)在有关印章的犯罪中第238条规定的罪。"第6条规定:"(对大韩民国和大韩民国国民的国外犯)本法适用于在大韩民国领域外对大韩民国和大韩民国国民实施除前一条款记载以外犯罪的外国人。但是依照行为地的法律不构成犯罪或免除追诉或刑罚执行的情况除外。"

《刑法》总则没有规定世界主义。所谓世界主义,是指不问犯罪人的国籍、犯罪地及是否侵害了本国的法益,只要侵害了在文明国家中认定的共同法益之犯罪,就适用本国刑法的原则。其对象犯罪包括国际恐怖犯罪、劫持航空器、伪造通用货币、走私毒品、人身买卖等。《刑法》第296条之2规定了世界主义,即"刑法第287条至第292条以及第294条的规定,也适用于在大韩民国领域外实施的外国人"。而《刑法》第287条至第292条分别规定了对未成年人的掠取、诱骗罪,以强制猥亵等为目的的掠取、诱骗等罪,买卖人身罪,有关掠取、诱骗、买卖、秘密移送等的伤害、致伤罪,有关掠取、诱骗、买卖、秘密移送等的杀人、致死罪,收受、隐匿被掠取、诱骗、买卖、秘密移送人罪等,第294条规定了第287条至第289条、第290条第1款、第291条第1款、第292条第1款的未遂犯。《刑法》第207条第3款规定的伪造通用货币罪等,实际上也站在了世界主义的立场。

第7条的规定体现了刑罚人道主义的一些内容,"(在外国所受刑罚的执行)对于因犯罪在外国已执行全部或部分刑罚的人,可以减轻或免除其刑罚"。

(三)对人的适用范围

这是刑法适用于何种人的问题。刑法在时间和场所效力方面原则上适用于所有人,因此对人的效力问题归根结底还是例外地排除适用刑法的人的范围问题。

在国内法中例外地排除适用刑法的对象是总统(《宪法》第84条规定,“总统除了内乱罪或外患罪之外,在其任期内不受刑事上的追诉”)和国会议员(《宪法》第45条规定,“国会议员就有关国会上的发言与表决,不在国会之外承担责任”)。在国际法中例外地排除适用刑法的是外国的元首、外交使节及其家属、作为非本国人的随行人员。对于与韩国签有协定的外国之军队,根据其协定内容也不能对其行使刑事裁判权。

第三节　犯　罪　论

一、犯罪概念与犯罪论体系

(一)犯罪的概念

韩国的刑法教科书一般将犯罪概念定义为:符合构成要件、违法而且有责任的行为。

这是在形式意义上对犯罪概念所作的定义。形式的犯罪概念是在“没有法律就没有犯罪,没有法律也没有刑罚”这一罪刑法定主义之下的犯罪概念。形式的犯罪概念,在刑法中以要成立犯罪应具备哪些要件这一问题为其研究对象;符合性、违法性、有责性3个成立要件成为其内容对象,因而形式的犯罪概念被定义为“符合构成要件、违法且有责任的行为”。

(二)犯罪论体系的建构与演变

1. 犯罪论体系的建构

第一,1881年,德国刑法学家李斯特出版了《德国刑法教科书》一书,奠定了犯罪论体系的基本框架。

第二,1906年,德国刑法学家贝林格出版了《犯罪论》一书,阐述了构成要件理论。他作出了“犯罪是符合构成要件、违法、有责的行为”这一著名的定义,以此确立了“三阶层(三元)”即构成要件符合性—违法性—有责性的犯罪论体系。

2. 犯罪论体系的演变

以德国为代表的大陆法国家刑法理论中的犯罪论体系依次经历了以下演变:第一,20世纪前后属于古典型(因果型)犯罪论体系;第二,20世纪20年代至第二次世界大战结束之前属于新古典型犯罪论体系;第三,第二次世界大战结束后至20世纪60年代末为目的型犯罪论体系;第四,从20世纪70年代至今,演变为新古典型与目的型合一的犯罪论体系即合一型犯罪论体系。一个多世纪以来,尽管犯罪论体系有了不少进化或发展，但是构成要件符合性—违法性—有责性这一"三阶层（三元）"犯罪论体系的基本框架始终未曾改变。因而，所谓犯罪论体系的演变，不过是在上述"三阶层（三元）"犯罪论体系基本框架下一些具体要素的增减或者一些具体要素之间摆位的调整而已。

3. 韩国的犯罪论体系

韩国刑法理论中的犯罪论体系，从第二次世界大战结束后至今也依次经历了新古典型犯罪论体系、目的型犯罪论体系和合一型犯罪论体系的演变。进入20世纪80年代后至今，在韩国成为通说的是新古典型、目的型合一的犯罪论体系。[①]个别学者将其称为"社会型"犯罪论体系。[②]

（三）犯罪的成立要件

在刑法上为成立犯罪应当具有：

1. 构成要件符合性，即一定的行为符合于构成要件；

2. 违法性，即符合构成要件的行为违法；

3. 有责性，即行为人具有责任能力并认识违法性，存在对适法行为的期待可能性。

二、构成要件符合性

（一）概念和种类

1. 概念

构成要件符合性，是指某种现实中的具体行为符合抽象的、法规上的构成要件。构成要件，就是作为科处刑罚的根据在刑罚法规上抽象规定出来的行为类型，其实质为"违法行为的类型"；所谓构成要件符合行为或者构成要件实现行为，指的是符合或者实现了刑罚法规上构成要件的具体行为，也称为"正犯的实行行为"。

犯罪是符合构成要件、违法而且有责任的行为。在这里，构成要件符合性、违法性、有责性（责任）是犯罪成立的三大要件。也就是说，构成要件符合性是先于违法性判断和责任非难的第一犯罪成立要件。

2. 构成要件的种类

构成要件分为客观的构成要件和主观的构成要件。

客观的构成要件，是指行为客观的侧面即作为能够决定行为的外部发生形态

---

① 김일수, 서보학, 형법총론, 박영사, 2006, 104 면。

② 배종대, 형법총론, 홍문사, 2005, 167 면。

的要素，从外观上能够认识其存在的要素。例如，行为的主体、行为的客体、行为的方法或手段、行为的状况，在结果犯中发生的结果、行为和结果间的因果关系。

主观的构成要件，是指行为主观的侧面即属于行为人观念世界里的心理的、精神的构成要素，包括故意、过失、目的等。

（二）行为及行为论

行为，是指基于行为人（主观的）意思表现于（客观的）身体动作或态度，属于意思表现于外部的状态，即主观、内部的“意思”和客观、外部的“表现”的统一体。从“犯罪是行为”这一句话中也能看出，行为是犯罪构成要件的不可缺少的核心要素，即犯罪是“符合于构成要件、违法而有责任的行为”。

行为论，是指如何把握作为犯罪本质要素的行为概念的理论，是在犯罪理论中围绕犯罪论体系展开的刑法学中的中心课题。行为论既是犯罪论的出发点又是其基础性原理。

1. 因果行为论

（1）概念

自19世纪末到20世纪30年代，德国的贝林格等刑法学者将（刑法上）行为理解为“由主观的、内部的意识引起的对外部纯粹客观、因果过程的举动”。

（2）特征

因果行为论将行为视为有意的行为，即基于某种意识的身体外部之动作或停止。因果行为论将其特征归纳为有意性和举动性。因而无意识的反射运动、绝对被强制的行为被行为概念排除。但是因果行为论主张的有意性只是一种单纯的内心意识，不包括意识的内容和质量。按照因果行为论的观点，作为意识之具体内容的故意、过失，不是行为的要素而属于责任的要素。

（3）批判

首先，因为把有意识作出的一切身体动作（举动）只理解为原因及结果这一因果关系，就无法正确把握构成多数犯罪形态的故意行为的意义。而且根据此理论无法把握未遂犯的概念，因为处罚未遂犯不能不考虑“意识的具体内容”即故意。例如，对以杀人的故意造成伤害和单纯的伤害既遂，就难以区分。其次，由于强调作为行为要素的“举动性”，难以把不作为包括在行为概念里。

2. 目的行为论

（1）概念

目的行为论，自第二次世界大战之前由德国的汉斯·威尔哲尔提倡以来，被多数学者所接受。目的行为论，将行为理解为目的性活动，把行为定义为“为实现所预见的结果并支配、操纵因果过程而进行的有意识、有目的的活动”,并认为行为的本质就在于追求目的性。

(2)特征

首先,认为行为不是盲目被因果关系引起的身体动作或其结果,而是设定一定的目标并选择适当手段予以支配或操纵着的目的追求性行为。因而不是某种单纯的内心意识而是作为目的性意识的“意识内容”,被视为行为的本质要素。其次,行为的目的在故意犯中就等于实现构成要件的故意。因此,把从前被理解为责任形式(或责任条件)的故意被解释为行为的本质要素,即构成要件内部的、主观的不法要素。而且作为主观不法要素的故意,是一般存在于所有故意犯的构成要件,被称为一般的主观构成要件或者主观的不法要素。

(3)批判

首先,难以把握过失概念。目的的行为论强调行为的目的性,因此难以认定不具有目的性的过失行为的行为性。其次,难以说明不作为概念。由于把行为看作积极的目的性活动,所以难以认定消极不作为的行为性。

3. 社会行为论

(1)概念

社会行为论是第二次世界大战以后由德国的学者提倡并发展的理论,如今在德国和韩国成为通说。社会行为论,属于扬弃无价值的因果性或者目的性,试图以折中的存在论方法和规范的方法来解释行为概念的理论。

社会行为论作为行为概念的标准,提出了“社会性”或“社会的重要性”。将行为理解为价值评价性的“作为社会现象的行为”,即把行为概念定义为:由人的意思支配或有支配可能的具有社会意义的人的样态。这样就可以也有可能把握或解释故意行为、过失行为、不作为等各种行为的意义。[①]故意行为是具有构成要件实现意思的行为(现实的目的性);过失行为是因不注意而发生结果的行为(因果性);不作为是违反“法律性行为”期待义务的行为(社会及规范的重要性)。

(2)类型

社会行为论可分为因果社会行为论、客观的社会行为论、主观的(目的的)社会行为论等,其中主观的社会行为论得到绝大多数韩国学者的支持。主观的社会行为论原则上承认人的活动是实现目的的过程,在行为概念中引入了“社会重要

---

① 임웅, 형법총론, 법문사, 2003, 94 – 95 면; 정영일, 형법총론, 박영사, 2010, 106 – 107 면; 오영근, 형법총론, 박영사, 2009, 112 면。

性”的规范性要素，即把行为视为包括行为人主观意识在内的、具有重要社会意义的人的样态。

（三）不作为犯

1. 作为和不作为

行为除了区分为故意行为和过失行为之外，还分为作为和不作为。按照传统的因果性行为论的定义，作为是身体外部积极的动作或举动，大部分的犯罪是由作为方式来构成；而不作为是消极地不做一定的举动。

2. 不作为的行为性

能否将不作为包括在刑法上的行为概念中，这一问题向来是行为论的主要议题。根据因果行为论，由于作为表现为“举动性”而不作为不具有举动性，无法定义同时包容作为和不作为的行为概念。根据目的行为论，由于不作为不具有支配行为的机能，也无法将不作为包括在目的性行为的概念里。只有根据把行为理解为规范性概念的社会性行为论，才能正确把握不作为的行为性。

根据（主观的）社会行为论，不作为根据法律期待性行为这一规范的价值判断要素成为“具有重要社会性的人之行为”，与作为一起共同构成行为的两种基本形态。因此，不作为不是单纯的什么都不做，而是不为在规范上被期待的行为；并非存在论中的“无为”（身体的消极停止或物理上的“无”），而是作为规范论（当为性）中的概念应为而不为。

3. 不作为犯的种类

不作为犯，在理论上可分为真正不作为犯和不真正不作为犯。真正不作为犯，是指在刑法的构成要件上以不作为的形式规定的犯罪，即构成要件只能由不作为才能实现的犯罪；不真正不作为犯，是指在刑法的构成要件上以作为犯为其内容但实际上却以不作为方式实施的犯罪，即以不作为实现作为犯构成要件的情况。

《刑法》第18条在“不作为犯”的标题下，对不真正不作为犯作出如下规定：“负有防止危险发生义务或因自己的行为引起危险发生原因的人不防止其危险发生的，应当依其发生的结果予以处罚。”

（四）行为的主体和客体

1. 行为的主体

行为（犯罪）的主体，是人（犯罪人或行为人）。自然人能够成为犯罪的主体毋庸置疑，但法人能否成为犯罪的主体，在刑法理论上存在意见的对立。韩国的多数说以及判例都主张否定说，即否定法人能够成为犯罪的主体。

韩国的刑法并未规定法人犯罪。企业法人虽不能成为刑法中犯罪的主体,但对企业法人的严重违法行为可以由行政刑法处罚,韩国在处罚犯罪法人时采用了日本式的“双罚制”(称为“两罚规定”)。① 因而罚金刑是适用于法人组织体的唯一的刑罚种类。

2. 行为的客体

行为(犯罪)的客体,是指作为行为的对象规定在刑法分则各个构成要件的人、物或者信息等。例如,杀人罪(第 250 条第 1 款)中的“人”、盗窃罪(第 329 条)中的“他人的财物”等。

(五)刑法中的因果关系

1. 内涵

刑法中的因果关系,是指将发生的结果归属于行为人行为所必要的行为和结果之间合法则性的联系。

结果犯中在构成要件符合性阶段,实行行为和构成要件结果两者之间应当具有因果关系;如果不具有这种因果关系所发生的结果,就不是该行为引起的,因而只能成为犯罪的未遂。对于在构成要件上不以发生结果为要素的举动犯来说,不需要存在因果关系。

刑法对因果关系是以消极的方式来规定的,即“任何行为如果没有与作为犯罪要素的危险发生相联系,就不因其结果的发生受处罚”。(《刑法》第 17 条)

2. 大陆法系国家的因果关系理论

在大陆法系国家(包括韩国)的理论界及实务界,通说的基础是条件说。

按照条件说,在实行行为与结果之间,只要存在“没有前者就没有后者”这种条件关系就认为有刑法上的因果关系。例如,甲殴打乙致乙受伤,乙乘坐的救护车在途中发生交通事故,致乙死亡。甲的殴打行为与乙的死亡结果之间就具有因果关系。因为甲不殴打乙,乙就不会乘坐救护车;乙不乘坐救护车,就不会死亡。

条件说对结果以作用的所有条件都视为原因,这种条件说被称为绝对(制约)的条件关系。条件说认为给结果以影响的所有条件都具有同等的价值,因而

---

① 行政刑法是指附属规定于行政法、经济法或民商法等非刑事法律中的罪刑条款规定,因其多数附属规定于行政法,被统称为“行政刑法”。行政刑法规定在行政法、经济法或民商法的《罚则》一章中。该章内容一般由“罚则”“两罚规定”和“过怠料”3 个部分构成。“罚则”是有关自然人的罪刑条款规定,“两罚规定”是有关法人的罪刑条款规定,“过怠料”是行政性的经济处罚,相当于我国的罚款。行政刑法只包括上述“罚则”和“两罚规定”。目前,在韩国行政刑法或特别刑法中的“两罚规定”多达 400 个左右。

被称为等价说。由于条件说依赖的条件关系涉及范围很广,如果彻底坚持这一主张,将会产生处罚范围扩张的效果。为了克服这一缺陷,先后产生和发展了以下限制性理论:原因说、因果关系中断说、相当因果关系说、客观归责论。

3. 韩国的相关学说

(1)相当因果关系说(司法机关采用说)

根据该说,只有构成结果相当之条件,才能称为刑法因果关系的原因。条件是否具有相当性,必须根据经验法则判断。如该条件在通常情况下足以引起该结果,该条件则与该结果相当,其间就有因果关系;如该条件在通常情况下并不一定造成该结果,该条件与该结果则不相当,其间就不具有因果关系。

相当因果关系以如何确定相当性的判断标准,又分为主观的相当因果关系说、客观的相当因果关系说和折中的相当因果关系说。主观的相当因果关系说,以行为当时行为人认识的或能够认识的事实情况为基础,判断从社会经验法则上是否具有盖然性即相当性。客观的相当因果关系说,以行为当时存在的客观事实情况为基础,判断从社会经验法则上是否具有盖然性即相当性。客观的相当因果关系说实际上是仅仅以客观事实为根据予以判断的。折中的相当因果关系说,主张应当以一般人(谨慎的人)能够预见的情况以及行为人特别认识到的情况为基础,综合判断结果的发生是否具有盖然性即相当性。

(2)客观归责论(学界的通说)

客观归责论,是为确定能否将被认定为因果关系的结果客观地归责于行为人之行为的理论。客观的归责论试图寻找在具有合法则性条件关系下,例外地排除结果归责的根据。合法则性条件说,以特定行为对于特定结果是否给予实质性影响为标准。因此,与物理性因果关系有区别。

①危险创出理论

危险创出理论,是指由一定的行为发生了一定结果,而只有在该行为属于引起或者增大保护客体危险的行为时,才能将发生的结果归属于该行为;如果该行为是属于减少保护客体危险的行为或者是被容许危险范围内的行为,那么就不能将发生的结果客观归责于该行为的理论。例如,某甲在二楼的自己房屋与3岁的女儿一起玩耍。突然该楼房发生火灾,某甲一开始企图从楼道脱离现场但火势已蔓延到楼道无法通过。某甲不得已用被子把3岁的女儿包裹以后扔出窗外,自己也随即从二楼跳下。女儿掉在地面时因受冲击腿部骨折。某甲的行为,属于减少对女儿发生危险的行为,不能将女儿受伤的结果归属于某甲的行为。

②支配可能性理论

支配可能性理论,是指主张只有在行为人能够支配其结果是否发生的情况下才能认定其客观的归责;而在无法支配其结果是否发生的情况下不能认定其客观归责的理论。

对结果发生的支配可能性,在刑法理论中又可以称为对结果发生的回避可能性。因此,支配可能性理论可以称为回避可能性理论。例如,某甲是河坝的管理员,因为其没有认真负责管理河坝而导致河坝崩溃发生涝灾。在这种情况下,可以说某甲能够支配河坝是否崩溃,而且河坝的崩溃是能够回避的。因而,河坝的崩溃能够客观归责于某甲的疏忽管理行为。但是,在因发生地震河坝发生崩溃的情况下,这种结果的发生并不是某甲能够支配或能够回避的;在这种情况下即使某甲疏忽于对河坝的管理,其结果不能归责于其疏忽管理的行为。

③规范的保护目的理论

即使是违反规范而增大了危险或者创出了没有被容许的危险,但所发生的结果并非属于规范所保护目的范围之内,那么不能将其结果客观归责于违反规范的行为。例如,某甲当众殴打某乙,心胸狭窄的某乙因此而自杀。某甲的行为与某乙的自杀结果之间存在合法则性的条件关系。在暴行罪的规范保护目的中,包含了防止因殴打他人(暴行)致人死亡的结果,但不能说它还包含了被暴行之人因此悲观自杀的结果。因此,不能将某乙自杀死亡的结果,归责于某甲的殴打(暴行)行为。

(六)构成要件故意

1. 概念

故意,是指对构成要件性事实的认识和实现意思。

"没有认识作为犯罪成立要素的事实之行为,不予处罚"(第 13 条);对于过失犯"限于法律有特别规定的处罚"(第 14 条),以此表明以处罚故意犯罪为原则。

2. 故意在犯罪论体系上的地位

因果行为论者将故意视为责任的要素,目的行为论者把故意理解为(主观性)构成要件要素。如今在韩国目的社会行为论已成为通说,一般认为故意具有既是(主观的)构成要件要素又属于责任要素的双重机能。所以故意包括构成要件故意和责任故意,这不是意味着在一个行为里包括两个不同的故意,而是意味着一个故意在犯罪体系中具有双重地位和双重机能。

故意在构成要件阶段,行使决定行为的样态形式或行为的动机方向的功能;

而在责任的阶段，行使决定对行为人非难可能性大小（程度）的功能。[①]责任故意的存在，通常被构成要件故意推定或表征。

3. 故意的种类

故意，根据不同的标准，可以划分为两种：第一，意图的故意、知情的故意及未必的故意；第二，确定的故意和不确定的故意。对于未必的故意和有认识的过失的区分标准，多数学者和判例采用容忍说的立场。

（七）构成要件过失

1. 过失的概念

刑法上的过失，是违反社会生活中要求的注意义务以致发生构成要件性结果的心态。“疏忽正常的注意义务没有认识犯罪成立要素事实的行为，限于法律有特别规定的处罚”（第14条）。过失可以根据不同的标准，划分为有认识的过失和无认识的过失、业务过失和一般过失、重过失和轻过失等。

2. 过失在犯罪论体系中的地位

一般认为，过失和故意一样具有既属于主观的构成要件要素又属于责任要素的双重功能。所以过失包括构成要件过失和责任过失，这不意味在一个行为里包括两个不同的过失，而是意味一个过失在犯罪体系中具有的双重功能和双重地位。

过失在构成要件阶段，决定行为的样态、动机；而在责任阶段，决定对行为人非难的可能性大小（程度）。责任过失的存在，通常被构成要件过失所推定或表征。

3. 过失犯的成立要件

（1）违反客观的“注意义务”

所谓违反客观的注意义务，是指如果行为人不怠慢正常的“注意义务”就当然能够认识（或者预见）结果的发生，但是由于疏忽注意而没有认识（或者预见）或者即使是已经认识也未能回避结果发生的情况。这里的“注意义务”，是指一般的社会生活中所要求的义务，从以一般社会人的标准来判断这一点上，称为“客观的注意义务”。

注意义务的根据，包括法令、契约、事务管理、条理、习惯、生活经验、职业等。

---

① 이형국, “구성요건의 고의와 책임형식으로서의 고의”, 동암형법논문집, 삼우사, 2008, 92 면。

(2)结果发生、因果关系、预见可能性

要成立过失犯,应当有“法益侵害或危险”这一构成要件性结果的发生,且违反注意义务的行为(过失行为)和构成要件性结果之间存在因果关系,同时结果的发生应当是有预见可能的,即应具有客观的预见可能性。

4. 被容许的危险的法理

(1)含义

随着现代技术社会的发展,工厂、矿山、交通运输、土木建筑以及科学实验等社会生活高度复杂化,行为的危险因素明显增多。这些具有侵害法益危险的行为,在社会生活和发展中不可避免地存在而且具有必要性和有用性。

因此,既然采取了必要的安全措施即尽了客观的注意义务,那么伴随这种社会生活的危险是被允许的。对这种程度的危险只能由社会来承受,即使由此而产生法益侵害的结果,也不能追究行为人的刑事责任。这就是被容许危险的法理。被容许的危险,确切地说并不是允许危险而是指允许伴随危险的行为本身。因为即使在允许该行为的情况下,也要求采取足以防止使危险变为现实的必要措施。

(2)法律效果

这种被容许的行为,即便是伴随危险性的行为而且在一定情况下实现其危险即发生了侵害法益的结果,但其行为不具有故意犯罪或过失犯罪的构成要件符合性。例如,某甲驾驶摩托车撞死了他人。对于制造该摩托车的厂家来说,制车的行为本身,一开始就是不具有杀人罪或交通肇事罪构成要件符合性的行为(并非虽具有构成要件符合性而阻却违法性的行为)。

被容许危险的法理,能够阻却构成要件符合性的理由在于:该法理认为,因其行为的有用性明显优越于其危险性只好予以容许,主张不承认被容许危险行为的注意义务的违反。因此,认为过失犯不具有构成要件符合性。

5. 信赖原则

(1)含义

在合理信赖被害人或第三者会采取适当行为时,即使由于被害人或第三人采取不适当的行为造成了侵害法益的结果,行为人也不承担刑事责任。这就是信赖原则理论。信赖原则,属于把被容许危险的法理具体化的特殊情况,成为限制注意义务的另一原则。

(2)适用范围

信赖原则,20 世纪 30 年代最初由德国法院肯定和适用。在韩国,自 20 世纪 70 年代起由法院在审理交通事故的案件时对于车与车的关系中适用信赖原则,之后将其适用范围扩大到在高速公路或较宽道路中车与人的关系,[①]近年来还适用于分业的医疗行为中。

信赖原则适用于下一级综合医院对上一级综合医院的的诊断、综合医院的特定科室和专门医院之间对同一病人的诊断、同一医院内部的各专业科室对相互间的诊断等。例如,内科医生某甲从神经科医生处收到了有关于患者某乙在神经系统方面没有异常症状的诊断结果的回信。分析其前后诊断过程,认定对其回信内容中没有值得怀疑的情况。以信赖其回信内容为前提,在没有考虑到存在神经系统病症可能性的情况下,对某乙的内科系统进行诊治行为。直到被害人某乙的病情好转并出院,但是因没有发现某乙支柱膜下出血(属于神经系统)致使其死亡。

(3)限制

在医务处处长和大夫之间、大夫和护士之间、大夫与患者之间等单方面的指挥和监督或保护和监护关系中,不适用信赖原则。例如,大夫的医疗行为对特定患者的健康或生命安全具有危害的危险性。因此,大夫某甲负有义务充分指导和监督护士某乙的护理工作使其不犯错误以免发生医疗事故。但是,大夫某甲疏忽于这种义务甚至信赖护士某乙将自己的医疗行为委任给护士。结果,因为该护士的过错发生了医疗事故。那么,大夫某甲就对其事故的发生负有业务过失的责任。

在以下情况下,也禁止适用信赖原则:(1)已经认识对方的不注意、违反规则的情况;(2)不能信赖对方遵守规则的情况;(3)自己违反交通规则的情况。

作为行驶在高速公路的汽车司机来说,通常没有义务预见到会出现横穿高速公路的步行人并准备采取急刹车等措施以免冲撞步行人而驾驶汽车。但是,即使在冲撞横穿高速公路的步行人发生事故的情况下,如果存在该司机事先在相当的距离内能够预见步行人横穿马路并随之即时采取减速、急刹车等措施就能够避免冲撞步行人等特殊情况,那么就可以认定司机的过失行为(大法院 2000.9.5 判决)。

(八)结果加重犯

结果加重犯,是指由于故意的基本犯罪行为发生行为人没有预见的重结果,因其重结果加重刑罚的犯罪。它是在故意的基本犯罪中潜伏的典型危险,由过失以加重结果发生。根据韩国《刑法》的规定,强盗致伤罪、强盗致死罪、强奸致伤罪、强奸致死罪、人质致伤罪、人质致死罪等犯罪属于结果加重犯。结果加重犯的

---

① 오영근, 형법총론, 박영사, 2009, 204 면。

特征在于,比起一般过失犯其行为的非法性增大、责任也加重。

《刑法》第15条第2款规定:“在因其结果加重刑罚的犯罪中,其结果的发生不能预见时,不以重的结果而处罚。”

三、违法性

(一)概念

1. 违法性的含义

所谓违法性,是指构成要件符合行为和整个法秩序之间的矛盾或冲突的关系。违法性是在整个法秩序的立场上,对行为作出的客观而否定的价值性判断。

违法性是行为与规范之间的冲突关系(与整个法秩序的不一致),所以与不法有区别。不法是已被具体而特定的法律规范评价为违法的特定个别行为的反规范性。

2. 违法性的本质

(1)形式的违法性论

形式的违法性论,主张违法性是因违反潜在于刑法背后的禁止规范或命令规范而法律所不容许的性质。将违法性的判断标准寻找于法律的形式性规定上,但这种理论不过是立足于法实证主义的一种形式性循环论。

(2)实质的违法性论

实质的违法性论,是试图根据实质性标准来判断违法性的学说。有权利侵害说、法益侵害说、文化规范违反说、国家条理违反说等的对立。

韩国《刑法》在第20条“正当行为”中,将“社会常规”作为一般的、最终的判断违法性的实质性标准。

3. 违法性的判断方法

(1)主观的违法性论

这种观点主张,因为法律是命令或意思决定的规范,法律只有对能够理解其意义、内容的人才为合理,而且只有在主观上违反义务规范时才是违法。因而某种行为要成为违法,应当是基于具有责任能力人的故意或过失。无责任能力人的行为是无法律意义的自然现象,谈不上违法与合法的问题。因此,不存在违法性的问题。

(2)客观的违法性论

这种观点主张,法律是客观的评价规范,客观上与法秩序不一致的行为都是违法。在违法性的判断上不能问责任能力的有无或大小。因而只要是客观上不被法律容许的行为都具有违法性。区分违法性的判断方法，其意义主要体现在正当防卫，即针对无责任能力人的“现实而不当的侵害”，根据主观的违法性论正当防卫是不允许的，而根据客观的违法性论正当防卫是允许的。

（二）违法性阻却事由

1. 含义

所谓违法性阻却事由，是阻却因一定的行为符合于构成要件而要启动的违法性推定机能并排除其违法性，即把符合构成要件的行为转变为合法行为的例外性特殊事由。也就是说，符合构成要件的行为原则上是违法的，但如果具有违法性阻却事由，就例外地变为合法行为而被容许。

2. 种类

韩国刑法中的阻却违法性的事由包括：（1）正当行为（第 20 条）；（2）正当防卫（第 21 条）；（3）紧急避难（第 22 条）；（4）自救行为（第 23 条）；（5）依被害人的承诺的行为（第 24 条）；（6）分则中毁损名誉罪的违法性阻却事由（第 310 条）等。

（三）正当行为

所谓正当行为，是指没有违背社会常规的行为。根据刑法的规定，“依法令的行为、因业务的行为以及其他不违背社会常规的行为，不受处罚”（《刑法》第 20 条）。刑法以此来提示，正当行为其违法性被阻却而不成立犯罪。

正当行为包括依法令的行为（公务员的执行职务行为、惩戒行为、对现行犯罪人的逮捕行为、劳动争议行为、依《母子保健法》的堕胎行为等）、因业务的行为（治疗行为、安乐死即消极的安乐死、律师或神职者的业务行为）以及其他不违背社会常规的行为。

所谓社会常规，是指基于整个国家的法律秩序，一般国民在社会生活中正常的伦理感情或规范意识。① 不违背社会常规的行为，是指鉴于整个法律秩序的精神或者其背后的社会伦理或社会一般的观念，可以被容忍的行为。② 实际上刑法将超法规的违法性阻却事由规定在第 20 条中。大法院将判断是否违反社会常规的标准在判例中明示：第一，行为的动机和目的的正当性；第二，行为的手段或方法的相当性；第三，保护利益和侵害利益间的法益均衡性；第四，紧急性；第五，没

---

① 정영일, 형법총론, 박영사, 2010, 272 면。

② 대법원2002. 12. 26. 선고 2002 두 5077 판결;대법원 2003. 9. 5. 선고 2003 두 2903 판결;대법원 2004. 6. 10. 선고 2001 두 5380 판결。

有其他手段或方法的补充性。①

(四)正当防卫

1. 概念

(1)含义

正当防卫,是指为了防卫对自己或他人的法益发生现在不当的侵害而实施的防御行为。

这种行为,只要有相当的理由就不受处罚(《刑法》第21条第1款)。

(2)理论依据

正当防卫属于阻却违法性事由,其根据是"自己保护的原理"及"法守护的原理"。

2. 成立要件

第一,现在、不当的侵害;第二,具有防卫意图;第三,具有相当的理由(相当性)。

在社会通常的观念上防卫行为对侵害应当是相当的行为,即防卫行为应当是为立即制止侵害有效排除危险而必要的适当手段。正当防卫不需要恪守补充性原则和均衡性原则。

3. 法律效果

如果防卫行为具备上述成立要件,即使其行为符合于犯罪的构成要件但因属于正当防卫而阻却违法性。如果防卫行为超过相当的程度,就会成为过剩防卫而违法,但可根据其情况减轻或免除处罚(第21条第2款)。

4. 特殊的过剩防卫

过剩的防卫行为,如果在夜间或其他不安的状态下因恐怖、惊愕、兴奋或恐慌而引起的,因其没有适法行为的期待可能性而不受处罚(第21条第3款)。

(五)紧急避难

1. 概念

所谓紧急避难,是指为了避免对自己或他人法益所发生当时的危难而不得已损害第三者利益的行为。

紧急避难与正当防卫一样,都是一种紧急行为,属于阻却违法性的事由。但是区别在于,正当防卫是处于所谓"正对不正"的关系;紧急避难是一般处于"正

---

① 대법원1986. 10. 28. 선고86 두1764 판결;대법원1994. 4. 15. 선고93 두2899 판결;대법원2006. 4. 27. 선고2003 두4735 판결。

对正”的关系。因此,紧急避难要求手段的补充性和利益的衡量性。

2. 成立要件

第一,现在发生的危难;第二,具有避难意图;第三,具有相当的理由(相当性)。

所谓具有相当的理由,是指应当按照社会一般人的观念,不被认定为超过了相当的程度。紧急避险,还具体要求符合补充性的原则和法益衡量的原则。

所谓补充性原则,是指为了使紧急避难具有相当的理由,使用其他方法并不能避免将要发生的危难,避难行为是只有该行为才能避免危难发生的情况下不得已而采取的最后手段;即使在采取避难行为的情况下也应当将侵害最小化。所谓法益衡量的原则,是指因避难行为所保护的利益应当大于(或优越于)因避难行为被侵害的利益。如果被保护的利益等于或小于被侵害的利益,那么就不成立紧急避难,只是根据不同情况阻却责任或者减轻责任。

3. 紧急避难的特则

“不能避难而负有责任的人”,即在法律上负有职务上承受危难义务的人,不允许紧急避难(第22条第2款)。例如,船长、军人、警察官吏、消防队员、海上救助队员等。

这只意味因负有特殊义务在与一般人相同的条件下不能实施紧急避难。但如果是处于预想以外的重大危难的情况或属于为他人的紧急避难的情况下,就允许紧急避难。

4. 特殊的过剩避难

《刑法》第21条第2款、第3款的规定,准用于紧急避难(《刑法》第22条第3款)。

(六)义务的冲突

1. 概念

所谓义务的冲突,是指因处于不能同时履行数个义务的紧急状态,只履行其中一些义务而致使其他一些义务无法履行,其义务的不履行该当于构成要件的行为。例如,在溺水的两个儿子中只能救出其中一个儿子的情况下,虽然救助了一个儿子但发生另一个儿子溺水死亡的结果。关于义务的冲突,虽然在刑法中没有明文规定,但学界认定为阻却违法性事由。

2. 与紧急避难的区别

关于义务冲突的性质,多数说认为它是独具特征的广义的紧急避难之一,也就是将第21条规定的作为利益的冲突的紧急避难称为狭义的紧急避难,把义务的冲突包含在广义的紧急避难。

【案例】某一天，向A医院同时送来具有同等程度生命危险的3名急救患者甲、乙、丙。但是A医院当时由于发生劳动争议并且大多数大夫正在罢医，能够启动使用的医疗设备也寥寥无几。因此不可能同时抢救甲、乙、丙3个患者。大夫丁与其他大夫不同，认为作为大夫无论任何也不能见死不救。所以大夫丁凭着专家的判断先给甲和乙诊疗抢救，而在此期间未能及时得到诊疗抢救的丙就此死亡。

（七）自救行为

1. 概念

所谓自救行为，是指在依法定程序无法保全请求权的情况下，为了避免其请求权不能或明显难以实现而实施并具有相当性的行为（第32条第1款）。

即使国家公权比较发达的今天，鉴于如果不及时自力救济其权利就会变得无法救济的情况，把具有相当性的自救行为作为"代行国家权力"予以规定。

2. 与正当防卫、紧急避难的区别

自救行为，作为对过去性损害事后的救济手段，与具有现在性侵害、危难的正当防卫或紧急避难有区别。

3. 成立要件

第一，前提条件是依法定程序无法"保全请求权"，即为了避免请求权不能或明显难以实现。所谓的"请求权"，是指司法上的请求权，既包括债权也包括物权。

首先，因为是自救行为，通说认为这里的请求权只能是自己的请求权而不包括他人的请求权，对他人的请求权不允许实施自救行为。只是，受请求权人委托的人可以实施自救行为。例如，受请求权人委托追究债权的人，制止逃避海外的债务人的行为可以成为自救行为。其次，实施自救行为的目的是为了"保全"请求权，而不是实现请求权。因此，自救行为原则上不包括请求权的实行行为。例如，制止债务人逃避到海外躲债的行为，因为是避免不能或难以实现其请求权的行为，就可以成为自救行为。例如，翻开债务人衣兜抢走钱财的行为，是实行请求权的行为，不能成为自救行为。因而除了法律有特别规定的以外通常不能直接实行请求权，因而不允许任意处分财产或者抵偿债务。①

① "被告人根据合同的约定向画廊的被害人交付了石膏等作画材料却没有收到其货款。被害人因经营不善而发生亏损就歇业并到外地躲债，名单各种绘画作品和材料都存放在画廊里。被告人便在夜间撬开关闭的被害人画廊的大门，偷偷地将画廊里的财物搬出。对被告人的这一行为不能认定为自救行为。"（대법원1984. 12. 26. 선고76 두2582 판결）

第二,具有相当性(请求权保全手段的相当性)。

因为属于"正对不正"的关系,所以虽不是要求严格的法益均衡性,但不允许超出保全请求权所必要的范围造成明显大于请求权的损害。例如,公司职员甲在停车场目击小偷A正在盗窃自己的轿车逃走,想追回却没有追上。几天后,甲偶然在路上遇见小偷A。A惊慌欲逃,但被甲当场抓住。为了追回自己被盗的轿车,甲用劲拧住A的胳膊不让其逃跑。但A企图逃跑而继续挣扎,甲便从附近的五金商店买了一条绳子,将小偷和自己两人的胳膊绑在一起,并将小偷送到了派出所。在这一案例中,甲为了保全自己的合法财产权益的请求权,虽然对小偷A的身体施以暴力并一时剥夺了其身体自由,但其行为既没有造成小A人身的重大伤害,也未过长时间剥夺其身体自由权利,因而应当认定甲的自救行为具有相当性,即请求权保全手段的相当性。

(八)依照被害人承诺的行为

1. 概念

所谓依照被害人承诺的行为,是依照有权处分人的承诺损害其法益的行为。这种行为,除法律有特别规定的以外不受处罚(第24条)。

2. 成立要件

(1)承诺主体:有权处分法益的人

(2)能够处分的权益

第一,个人的法益,如财产权、名誉、信用、性的自由决定权、身体的完整性等。国家法益和社会法益不属于个人能够处分的法益,因此不属于承诺的对象。

第二,承诺的相当性。通说和判例认为,虽然对于法律上没有明文规定但因为违法性的实质性判断标准为社会常规。所以它当然也属于"依照承诺的行为"中的一般成立要件。

a. 生命权在被害人所能够承诺的法益中被排除。因此,刑法规定了嘱托、承诺杀人罪(第252条第1款),同意堕胎罪(第269条第2款、第270条第1款)等犯罪。

b. 有关伤害身体的被害人承诺,在伤害行为中存在违法性意图时被限制。比如,以逃避履行兵役义务(《兵役法》第86条)为目的的承诺伤害,以免除债务为代价的承诺伤害等不被允许。也就是依照这种承诺的伤害行为不阻却违法性。

c. 未成年人监护人的承诺,被认定为滥用权利而违反善良风俗时,不阻却违法性。

第三，承诺的行为。

a. 承诺能力

其一，要具有自然的洞察能力。刑法上将其定义为能够把握自己行为的意义的“自然的洞察、判断能力”。例如，在未成年人奸淫罪（第 305 条）中未满 13 周岁、在酷使儿童罪[①]中未满 16 周岁的人，对侵害行为不具有承诺能力。因此即使被害人承诺也不阻却违法性而成立犯罪。

在个别情况下在被害人的承诺中只以“自然的洞察、判断能力”还不够，还需要具备相关的专业知识。例如，患者同意手术的情况，在这种情况下赋予大夫“说明的义务”。大夫即使得到了患者的同意，但如果其对病情的说明不够充分，那么不阻却违法性。

其二，根据自由意志承诺。被害人的承诺是属于没有瑕疵的根据自由意思的选择。因此，根据强迫、欺骗、错误等有瑕疵的意思的承诺不能成为正当化事由。

b. 承诺的表示方法

承诺应当是明示的或者至少是从外观上能够认识的形式。默示的方法并不能成为刑法上的承诺。

(3) 承诺的时期

承诺应当在侵害法益之前作出。事后承诺不阻却违法性，根据情况可以成为量刑的事由。而且承诺可以随时自由撤回。

【案例】作为妇产科大夫的某甲过于相信自己的医务水平和能力，没有采取超音波检查等为判断病情是属于子宫外怀孕还是属于子宫根肌瘤的靠精密仪器的诊断方法，只是采用视诊、触诊等一般性诊断方法将被害人某乙的病症误诊为子宫根肌瘤。之后，根据此误诊结果就对没有任何医疗专业知识的被害人某乙反复强调子宫切除手术的不可避免性。继而得到某乙有关切除子宫的同意后进行了子宫切除手术。实际上被害人某乙的病症是属于子宫外怀孕并非子宫根肌瘤。由检察机关提起公诉后，某甲以已经得到被害人某乙的承诺后进行子宫切除手术为由，主张阻却其行为的违法性而不构成犯罪。问：某甲的行为是否属于依照被害人承诺的行为？

分析：某甲的行为不属于依照被害人承诺的行为。其理由是：在本案中某甲只是采用视诊、触诊等一般性诊断方法将被害人某乙的病症误诊为子宫根肌瘤。之后根据此误诊就对没有任何医疗专业知识的被害人某乙反复强调子宫切除手术

---

① 《刑法》第 274 条规定，对于把受自己保护或监护的未满 16 周岁的人转交给准备将其用于对生命或健康有危险之业务的营业主或其业务员的人，处以 5 年以下的惩役。

的不可避免性。继而得到某乙有关切除子宫的同意后进行了子宫切除手术。因此上述承诺是根据不正确或不充分的说明而得到的,不是阻却违法性的有效承诺。

四、有责性

(一)有责性的概念

1. 有责性及其与违法性的区别

(1)有责性的含义

有责性(责任),是指对实施"符合于构成要件"的"违法"行为"人"的道义性非难或者非难可能性。

(2)有责性与违法性的区别

违法性,意味着行为和法律秩序之间矛盾、不合关系的"对行为否定性价值判断",即"行为判断";有责性即责任,是以行为人能够不实施违法行为(不顾存在实施合法行为的期待可能性)却实施了违法性行为为理由,对行为人予以非难的所谓"行为人判断"。

2. 责任主义

法不能强人所难,即使某种行为具有构成要件该当性和违法性但没有合法行为的期待可能性而不能非难行为人时,不能科处刑罚。因而责任是犯罪的第三个成立要件。这种思想以"没有责任就没有刑罚"为内容的"责任主义"为根据。

(二)责任的根据

作为对行为人予以责任非难的根据,有道义责任论和社会责任论的对立。

1. 道义责任论

道义责任论认为,作为具有自由意思的"理性抽象人"的行为人,基于其自由的意思决定实施了违法行为。因此所受的道义性非难就是责任。道义责任论属于古典学派的主张。

2. 社会责任论

社会责任论认为,作为受素质和环境支配而决定意思的反社会性具体人的行为人,从社会防卫的目的来说应接受社会防卫处分(刑罚或保安处分)的地位就是责任。社会责任论属于近代学派的主张。

(三)责任的本质

1. 心理责任论

心理责任论将责任的本质理解为心理的事实关系,认为只要具有作为心理事实的故意或过失就具备了责任条件,因而也能归属责任。心理责任论主张"一切客观的、外部的要素均属于违法性，主观的、内部的要素均归于责任”，是古典犯罪论体系的立场。

2. 规范责任论

规范责任论将责任的本质理解为评价性价值关系，认为责任是对心理活动的非难可能性而不是心理要素本身，而非难可能性的核心是行为人具有实施合法行为的期待可能性。① 规范责任论于1907年由德国的弗兰克主张以来，如今在韩国也已成为支配责任理论的通说。

（四）责任的要素

1. 责任能力；

2. 违法性认识；

3. 期待可能性；

4. 故意和过失。

（五）责任能力

1. 内涵

责任能力，是指行为人能够理解法律规范的意义和内容（事物辨别能力），随而适法地决定行为的能力。因此，“没有责任能力就没有责任”。

刑法没有以积极的方式规定责任能力，而是消极地规定了无责任能力或限定责任能力的人。

2. 无责任能力人

（1）刑事未成年人（责任年龄，第9条）

刑法以未满14岁的人没有成熟到可以责任非难的程度为理由，不考虑个别的能力或教育的程度等，一律地规定为绝对的无责任能力人。

刑事未成年人的行为，其责任被阻却不受刑事处罚。只是存在成为少年法规定的保护处分对象的情况。

（2）心神丧失者（第10条第1款）

心神丧失者，是指因心神丧失没有辨别事物的能力或决定意思的人。心神丧失的状态是持续性的（精神病人或智力障碍者等）还是一时性的（昏厥、麻醉、催眠等），在所不问。

心神丧失者的行为不构成犯罪。由自己引起心神丧失的，以“原因自由行为”予以处罚（第10条第3款）。

---

① 신동운, 형법총론, 법문사, 2013, 360 면。

3. 限定责任能力人

(1)心神微弱者(第 10 条第 2 款)

心神微弱者,是指因心神障碍事物辨别能力或意思决定能力微弱的人,包括精神薄弱、酒精中毒、神经衰弱、冲动障碍等。但心神微弱者如果具有再犯的危险性就可成为治疗监护法上的处分对象。

(2)聋哑人(第 11 条)

聋哑人,是指先天性、后天性地同时丧失听觉技能和发音机能的人,即既聋又哑的人,因而聋人、哑人和盲人除外。

4. 原因自由行为

刑法要求责任能力应当在行为人实行犯罪行为当时具备(责任能力和实行行为同时存在的原则)。但在"原因自由行为"中,责任能力的时期和实行行为的时期不一致。

所谓原因自由行为,是指处于正常心神状态的人由自己引起一时的心神障碍状态,并利用这种心神状态实行犯罪行为的情况。

《刑法》第 10 条第 3 款规定:"对于预见危险的发生而自己引起心神障碍状态人的行为,不适用前两款(即有关心神丧失的人和心神微弱的人的规定)的规定。"由自己引起心神丧失并在其状态下实施行为的,不阻却责任并成立犯罪;或者在由自己引起的心神微弱状态下实施行为的,不减轻刑罚。

(六)违法性认识

1. 概念

所谓违法性认识,是指实施违法行为的人对自己行为违反法秩序的认识。

2. 违法性认识的体系性地位

《刑法》第 16 条在"法律错误"的标题下规定:"误认为自己的行为依法不构成犯罪而实施行为,其误认具有正当理由时不予处罚。"因此,在发生法律认识错误时,如果具有正当理由就不存在违法性认识;相反,如果不具有正当理由就存在违法性认识。所以,法律(认识)错误问题就是违法性认识及其可能性问题。①

【案例】某甲的邻居老太太某乙是从事个人高利贷业者。某甲认为某乙是专门欺压穷人的类似于寄生虫的人渣,除掉此种人渣是为民除害的壮举,不仅不违法反而是履行社会赋予自己义务的行为。因此,某甲杀害了某乙。在本案中,某甲实施了符合《刑法》第 250 条第 1 款规定的构成要件而且违法的行为。但是某

① 배종대, 형법총론, 홍문사, 2005, 463 면。

甲认为自己的行为不违法，属于事实上不具有违法性认识的情况，因而陷入了错误地判断自己行为性质的法律认识错误。

但即便是作为高利贷业者的老太太也不得对其杀害，是一般人都能够懂得的事情。因此，不能认为某甲没有认识到自己行为的违法性具有正当的理由，可认定存在对自己行为的违法性认识可能性。

在刑法理论上存在观点的对立：一种观点是将故意视为责任的要素，而且违法性认识是故意成立的不可缺少的因素（故意说）；另一种观点是将故意视为构成要件的要素，而违法性认识是与故意无关的责任中的独立要素（责任说）。

（1）故意说

故意说是将故意当作责任要素的古典型（因果型）犯罪体系所主张的理论，也是将违法性认识视为故意组成要素之一的学说。根据此说，故意是责任的要素，违法性认识是故意不可缺少的组成要素。因而如果事实上缺乏违法性认识，原则上阻却责任故意。在没有违法性认识但存在违法性认识可能性的情况下，依据认定过失责任和认定故意责任，分为严格故意说和限制故意说两种。

首先，严格故意说不承认存在例外。严格故意说主张，违法性认识是故意的组成要素，因此，①只在实际上具有违法性认识的情况下才认定故意责任；②在因过失没有认识到违法性的情况下（具有违法性认识可能性）阻却故意责任但认定过失责任；③就连违法性认识可能性也没有，故意和过失都被阻却，因此不成立犯罪。

其次，限制故意说承认存在例外。判例持限制故意说。限制故意说主张，在前述①、②的情况下都认定故意责任；③就连违法性认识的可能性也没有，故意和过失都被阻却，因此不成立犯罪。

在上述案例中根据严格故意说，某甲事实上没有违法性认识但存在违法性认识可能性，因而构成过失致人死亡罪；根据限制故意说，存在违法性认识可能性的情况下也认定故意责任，因而某甲构成故意杀人罪。

（2）责任说

责任说是目前学界的通说。责任说是将故意当作构成要件要素的目的型或合一型犯罪体系所主张的理论，也是将违法性认识视为与故意无关的责任中独立要素之一的学说。因为责任说将故意当作构成要件的要素，而且将违法性认识视为与故意无关的责任中独立要素之一。因此，即使没有违法性认识并不影响故意的成立，但没有违法性认识及其可能性就阻却责任或减轻责任。

具体而言:①事实上具有违法性认识的,认定故意责任;②由于过失没有认识到违法性(存在违法性认识的可能性)的,也认定故意责任但减轻刑罚;③就连违法性认识可能性也没有时,阻却责任。

在上述案例中根据责任说,违法性认识与故意或责任故意无关,因而某甲具有杀人的构成要件性故意。某甲构成故意杀人罪,但减轻刑罚。

(七)期待可能性

1. 概念

(1)含义

期待可能性,是指鉴于行为当时的具体情况能够期待行为人不实施犯罪行为而实施合法行为的可能性。期待可能性,是评价行为当时是否存在实施合法行为的客观、附随的情况(实施其他合法行为的期待可能性)。

有责任能力人依故意或过失实施了行为,如果按照一般社会生活经验即便是其他普通人处于该处境也会实施该种犯罪行为时,就是属于没有期待可能性的情况,也就不能非难该行为人,因而没有责任也不成立犯罪。

(2)期待可能性的体系性地位

期待可能性理论,来自1897年3月德国帝国法院对所谓"癖马案"的判决。① 如今根据韩国多数学者的主张,期待可能性作为消极的责任要素行使其机能。原则上只要具有责任能力、违法性认识及其可能性就能够认定责任;但是,如果例外地不存在期待可能性就阻却责任。因而,期待(不)可能性就成为超法规的责任阻却事由。

2. 基于期待不可能性的责任阻却(包括减轻)事由

(1)现行刑法中的责任阻却事由

首先,在《刑法》总则中的责任阻却事由,包括被强迫的行为(第12条)、特殊的过剩防卫(第21条第3款)、特殊的过剩避难(第22条第3款)等。

其次,在《刑法》分则中的责任阻却事由,包括①犯罪人自己的隐匿犯人、毁

---

① 被告人是马夫,从1895年起受雇于经营马车出租业的雇主。在受雇期间,被告人驾驭双缨马车,而其中一匹马是尾巴绕缰之马,经常用尾巴缠绕缰绳并用力压住缰绳。被告人多次要求雇主换掉此马,但雇主总以解雇相要挟。1896年7月19日,被告人正在驾驭之际,该马在某街头突然用尾巴缠绕缰绳并用力下压。被告人虽然想拉缰绳制御该马但并未奏效,马向前飞跑,致行人受伤。检察官以过失伤害罪对马夫提起公诉,但原审法官宣告被告人无罪。检察官不服提出上诉,案件移送到德意志帝国法院,该法院驳回检察官的上诉。理由是:不能期待被告人不顾自己的职业损失而违反雇主的命令而拒绝使用此马。因此,被告人不应当承担过失伤害罪的责任。

灭证据行为(第151条第1款、第155条第1款、第2款);②亲属之间相互隐匿犯人、毁灭证据行为(第151条第2款、第155条第4款)。

(2)学说中的责任阻却事由

①免责性紧急避难;②免责性义务冲突;③执行有约束力但违法性命令之行为;④因生命、健康以外的其他法益而被强迫的行为。

(八)被强迫的行为

被强迫的行为,是指"被无法抵抗的暴力或者对自己或亲属的生命、健康无法防御的危害所胁迫的行为"。被强迫的行为,"不予处罚"(《刑法》第12条)。

强制状态下被强迫的行为即使是不法行为,因其没有合法行为的期待可能性而阻却责任。但其前提必须是"对自己或亲属的生命、健康"的无法抵御的暴力或危害,而不是对名誉、地位或财产的损害。

五、未遂论

(一)序论

1. 犯罪的实现阶段

(1)犯罪意思

只有实现于外部并侵害了作为刑法保护对象的社会秩序才能成为不法,故仅有犯罪意思不能予以处罚。

(2)预备、阴谋

预备,是指作为犯罪行为的前一阶段包括为实现犯罪的一切准备行为(如物色犯罪场所、购入犯罪工具、筹备犯罪资金等);阴谋,是指2人以上为了实现一定的犯罪共同进行谋议。"犯罪行为的阴谋或预备行为还没有达到着手实行阶段的,除法律有特别规定的以外不予处罚"(《刑法》第28条)。因此,对预备犯和阴谋犯不处罚是原则,处罚只是一种例外。

(3)未遂

已经着手实行犯罪但没有终了行为,或者没有发生结果的(没有完成构成要件的实现)情况。

(4)既遂

属于构成要件在形式上的实现,指在举动犯中已经终了着手的行为或在结果犯中已经发生结果的情况。

2. 未遂犯的种类

韩国刑法所规定的未遂犯包括障碍未遂(第25条)、中止未遂(第26条)和不能未遂(第27条)3种。“对未遂犯的处罚,依照各本条的规定”(第29条)。

(二)障碍未遂

1. 概念

“已经着手实行犯罪但没有终了行为或没有发生结果的,以未遂犯处罚”(第25条第1款)。“未遂犯可以比照既遂犯减轻处罚”(任意的减轻,同条第2款)。

2. 成立要件

第一,在主观上要求有故意(也包括未必的故意);第二,在客观上要求具有实行的着手及犯罪的未完成。

着手实行是区分预备和未遂的标准。从着手实行起行为人进入犯罪的实行阶段,与此前作为犯罪准备阶段的预备、阴谋相区别。关于着手时期的判断,存在应采用不同的标准的主张,包括形式的客观说、实质的客观说、主观说和主观的客观说等。

形式的客观说,重视是否符合规定为构成要件的行为形式,即只有在某种特定行为属于严格意义上的构成要件性行为之一部分时,才能认定实行的着手。

【案例】小偷某甲为了在地铁进行扒窃,(1)乘坐了地铁;(2)观察乘客中哪个人身上钱多;(3)认定站在门口的乘客某乙身上钱多,便决定扒窃某乙的钱包;(4)接近某乙;(5)拍打某乙的肩膀分散其注意力;(6)把手伸向某乙的上衣内口袋;(7)把手伸进并抓住钱包;(8)往外掏出钱包;(9)放进自己的口袋内;(10)消失在众多乘客当中。问:某甲的盗窃(扒窃)行为何时着手,何时达到既遂?

如果按照形式的客观说,只有到(6)或(7)阶段才能认定着手实行。但是形式的客观说,目前只具有学说史上的意义以及有助于理解其他有关着手实行学说方面的意义。

判例主要采用实质的客观说。实质的客观说缓和了形式的客观说,主张即使不是形式上符合构成要件的行为,但实质上具有作为实行行为的危险性就应当认定实行的着手。因此,“构成要件行为之直接前阶段的行为”“导致法益直接性危险的行为”“对法益侵害密切的行为”等行为,虽然在形式上不属于构成要件但实质上为符合构成要件的行为,在实施这种行为时应认定实行的着手。判例还在个别情况下采用主观说。主观说主张,应当以行为人的意思作为标准认定着手实行的时期。主观说认为行为虽不可缺少,但行为本身客观的社会意义并不重要,重要的是通过其行为欲实现的行为人意思。具体地说,“犯罪意思通过其遂行行为明确表露时”或“存在犯意飞跃的表露时”,应认定为着手实行的时期。

按照主观说,上述案例中在(1)阶段也可以认定为着手实行。大法院的多个判例,在以间谍行为的目的从国外或从朝鲜进入韩国境内的情况下,从进入韩国境内的时候起就应认定为间谍罪的着手实行。①

学界的多数说则采用主观的客观说,认为行为人根据犯罪计划直接为实现犯罪构成要件结果开始活动的时期,就是着手实行的时期。根据此说,随着行为人犯罪计划内容的不同,即便在外观上相同的行为但其意义也不会相同,认定着手实行的时期也不同。

犯罪的未完成包括着手未遂(未终了未遂)和实行未遂(终了未遂)。

(三)中止未遂

1. 概念

中止未遂,是指"犯罪人自行中止已经着手实行的行为或防止因其行为所发生结果的"情况。中止未遂,"减轻或免除刑罚"(必要的减免,第26条)。

2. 成立要件

(1)主观要件:犯罪中止的自意性(自行中止)

在中止未遂中,应当存在犯人自行地中止、防止犯罪行为和结果的"自意性",这种"自意性"就是中止未遂和障碍未遂的区分标准。

对于"自意性"的判断,韩国判例和多数说采用折中说的立场。从社会一般的观念看虽然不存在外部的、物理的强制性障碍事由,但依自律性动机中止被认为具有自意性的而成立中止未遂。因外部的障碍事由而他律性中止的,被认为没有自意性而成立障碍未遂。这时的自律性的判断以行为人主观上认识的情况为根据。

因他律性动机否定自意性的情况有:①认识到犯罪实行的完成不可能或困难的;②中断犯罪以外没有其他选择余地的;③认识到不利状况的。

(2)客观要件:实行中止和防止结果的发生应当同时存在

其内容包括已经着手实行、有中止行为而且结果未发生。这里所说的"结果未发生",并不是没有发生任何损害结果,而是指未发生行为人所预期的犯罪结果。

(四)不能未遂

1. 概念

韩国《刑法》第27条规定:(不能犯)"即使因其实行的方法或对象错误不可能发生结果,但仍具有危险性的予以处罚。但是可以减轻或免除处罚"。

---

① 대법원 1984. 9. 11. 선고 84 두 1381 판결;대법원 1958. 10. 10. 선고 4291 형상 294 판결。

《刑法》第27条虽然使用了“不能犯”的标题，但实际规定的是“不能未遂”。因为“不能犯”在概念上是与“不能未遂”有区别的。

所谓不能犯（迷信犯），是指虽然具有犯罪意思也着手实行了犯罪，但事实上不仅不可能发生结果而且不具有危险性，而不以未遂犯处罚的情况。例如，某甲误以为诅咒能够杀死人，所以天天诅咒某乙快点死掉以及用针头扎刺写有某乙姓名的人形娃娃。某甲就是不能犯（迷信犯）。又如，某甲以为给高血压患者或糖尿病患者吃白糖会致人死亡，就偷偷在患者的饮料中放入了白糖。从形式上看，有了某甲杀人罪的着手实行。但是实质上在这种情况下不可能发生致人死亡的结果发生也没有危险性，故属于不能犯。

不能未遂，是指行为人“着手实行因其手段或对象不可能发生结果，但由于具有危险性而以未遂犯处罚”的情况（第27条前段）。因此，不能犯与不能未遂的区别就在于是否具有危险性。①

2. 成立要件

第一，着手实行；第二，因实行的方法或者对象错误，不可能发生结果；第三，具有危险性。

所谓“危险性”，是指在现实中不可能发生结果但按照规范性价值判断存在实现构成要件的可能性，即发生结果的潜在危险性。关于危险性的判断标准，现在的多数说为抽象的危险说（主观的客观说）。只以行为人主观认识的情况作为危险性判断的根据，但作出判断的却是一般人。② 例如，以为白糖能够杀人而给他人吃的行为不具有危险性，故属于不能犯；相反，把白糖误以为毒药（如砒霜）给他人吃的行为等具有危险性，是不能未遂。

3. 处罚

不能未遂犯，可以减轻或者免除处罚（第27条但书规定）。

六、共犯论

（一）概述

1. 正犯的概念

正犯，即实行犯，是指以行为直接实现构成要件性结果的犯罪人。

正犯以实行行为人的个数为标准，分为单独正犯和共同正犯。单独正犯，是

---

① 김일수, 서보학, 형법총론, 박영사, 2006, 528 면。

② 김일수, 서보학, 형법총론, 박영사, 2006, 529 면。

一个人以单独行为直接实现构成要件性结果的犯罪;共同正犯,是两个以上的人以共同行为直接实现构成要件性结果的犯罪。

正犯以是否本人实施实行行为作为标准,分为直接正犯和间接正犯。直接正犯,是指行为人以自己的身体或使用物件工具直接实现构成要件性结果的犯罪;间接正犯,是指利用有生命的他人作为工具(间接地)实现构成要件性结果的犯罪。

2. 共犯的概念

共犯,是指以实行行为以外的其他方法"加功于结果"的犯罪人,包括从犯(帮助犯)和教唆犯。这里的"加功于结果"的意思,应理解为有助于实现目的性结果。

3. 正犯和共犯的区分标准

有关正犯和共犯的区分标准的学说,是由德国的刑法学者威尔哲尔所提倡、路克辛继承并发展的"犯行支配说"或者"行为支配说"。该说如今成为德国、韩国等国家学界和司法界主要采用的学说。根据此观点,实行行为是主观和客观的有机统一体。因此在正犯与共犯的区分标准上,不仅应重视"操纵犯罪的意思",而且要考虑"行为参与的程度"。[①] 其结果:

第一,由于在行为支配犯中对行为主体没有特别的限制,根据行为的支配形态即根据操纵意思和行为参与的程度,将正犯分成如下类型:

首先,单独正犯——实行的"行为支配",也就是实施实行行为的人直接地支配犯罪行为。这是行为人单独而直接地实现构成要件事实的犯罪。其次,共同正犯——机能的"行为支配",也就是各实施实行行为的人按照分工负责的原理,共同而直接地实现构成要件结果的犯罪。最后,间接正犯——意思的"行为支配",也就是被利用人只不过是利用人的工具,被利用人没有支配犯罪的能力,利用人通过对被利用人的意思支配并以间接的方式实现构成要件性结果。[②]

第二,在义务犯、自守犯中,违反特定的义务就成为正犯概念的标准,故不适用"行为支配"的标志。

(二)共同正犯

1. 概念

正犯,指的是实行犯,是相对于帮助犯、教唆犯等狭义的"共犯"来讲的。

① 서거석, 송문호, (신)형법총론, 전북대학교출판문화원, 2017, 323 면。

② 서거석, 송문호, (신)형법총론, 전북대학교출판문화원, 2017, 323－324 면。

共同正犯,是指 2 人以上共同实行的犯罪,即共同正犯作为正犯的共同,是共同参与人均在伙伴关系中相互利用和配合共同实行的犯罪。共同正犯,“以各自其罪的正犯处罚”(第 30 条)。

共同正犯,在双方间相互利用关系中施以“机能的支配”这一点上,与在单方的利用关系中根据意思支配单独施以行为支配的“间接正犯”相区别。

共同正犯,也区别于“共犯”的概念,因为共犯的概念包括狭义的共犯和广义的共犯。狭义的共犯,只包括教唆犯和从犯(帮助犯)而不包括共同正犯,通常所说的共犯就是指狭义的共犯。广义的共犯,除了包括作为狭义共犯的教唆犯和从犯以外,还包括共同正犯在内。

2. 特征

共同正犯的特征在于,共同正犯在实现构成要件事实的过程中,分工负责以及相互配合以各自承担重要的角色来共同实行(称为分工负责的原理),对整个犯罪施以“机能的行为支配”。而且各共同行为人虽然只分担实行了部分的共同实行行为,但各共同行为人应对整个共同犯罪行为负责(“部分实行,全部责任”原理)。

3. 成立要件

(1)主观要件

应有共同实行的意思,即 2 人以上行为人相互之间依共同的犯罪计划共同实行犯罪。如果没有相互之间意思联络只能成为“同时犯”,同时犯不过是单独犯的竞合(第 19 条)。

关于共同实行的意思只存在于部分行为人的所谓“片面的共同正犯”,通说和判例不予认定。因而片面的共同正犯形态,一般只能成为同时犯或帮助犯。

(2)客观要件

应当有共同实行的事实(共同实行的行为、分工配合的行为)。

所谓共同实行,是共同行为人按照共同的犯罪计划分担实施符合于构成要件,并相互利用和配合积极完成犯罪的行为。

4. 处罚

共同正犯“以各自其罪的正犯处罚”(第 30 条)。

【案例】某公司职员某甲与某乙对该公司的上司某丙怀有不满。一天,某丙对某甲和某乙予以斥责,气愤的某甲以伤害的故意、某乙以杀人的故意一起对某丙进行殴打致其死亡。但无法判断某丙究竟死于某甲的手中还是某乙的手中。问:某甲与某乙能否成为共同正犯?

分析:第一,按照犯罪共同说(学界通说),甲乙不能成为共同正犯,而是同时犯。按照此说,共同正犯不仅应当实行共同行为,而且故意的种类或内容都要一致。所以犯罪共同说不承认过失犯的共同正犯、故意犯和过失犯的共同正犯以及不同种类故意之间的共同正犯,在这种情况下认定同时犯。在本案中,甲乙两者故意的种类或内容不同,所以某甲依照《刑法》第263条伤害罪同时犯的特例,构成伤害致死罪的单独正犯;而某乙依照《刑法》第19条的规定构成杀人未遂罪的单独正犯。第二,按照行为共同说(判例的立场),某甲和某乙构成共同正犯。因为此说主张要构成共同正犯只需存在共同的行为即可,无须存在共同的故意。所以行为共同说承认过失犯的共同正犯、故意犯和过失犯的共同正犯以及不同种类故意之间的共同正犯。

在本案中,甲乙共同实施了对某丙的"殴打行为",因此某甲构成伤害致死罪的共同正犯、某乙构成杀人既遂罪的共同正犯。

(三)教唆犯和从犯

1. 概念

教唆犯,是指唆使他人产生犯罪的决意并付诸实行的人(第31条)。从犯,是指帮助正犯的人(第32条第1款),又称为帮助犯。

教唆犯和从犯都是加功于正犯的狭义的共犯。

2. 本质

在学说上有共犯从属性说与共犯独立性说的对立。现行《刑法》在教唆犯(第31条)、从犯(第32条)的规定中以正犯的存在为前提,对共犯的处罚也以正犯的法定刑为标准。因此,应视为认定了共犯的从属性。只是,在"企图的教唆"规定(第31条第2、3款)中比照预备、阴谋犯处罚。所以也参照了共犯独立性说的立场。

所谓企图的教唆,是指得到教唆的人虽承诺实施犯罪但没有着手实行(第2款)或者得到教唆的人拒绝承诺实施犯罪(第3款)的情况。

3. 成立要件

(1)教唆犯

首先,教唆人的教唆行为(故意及教唆行为);其次,被教唆人(正犯)的实行行为(犯行决意及实行行为)。

(2)从犯

首先,从犯的帮助行为(故意及帮助行为);其次,被帮助人的实行行为。

4. 处罚

(1)教唆犯

对于教唆犯,处以与正犯相同的刑罚(第31条第1款)。这里所说的刑罚,是指法定刑而不是宣告刑。因而教唆犯具有法定加重事由的,有可能比正犯处罚重。

对于教唆受自己指挥或监督的人实施犯罪行为的所谓"特殊教唆",加重到正犯规定之最高刑或罚金最高额的1/2刑罚(第34条第2款)。

(2)从犯

对于从犯,比照正犯减轻处罚(第32条第2款)。

(四)间接正犯

1. 概念

间接正犯,是指将他人当作有生命的工具加以利用而实行的犯罪。例如,唆使精神病人杀害他人的情况。韩国《刑法》规定,"教唆或帮助因某种行为不受处罚的人或者以过失犯受处罚的人'发生犯罪行为的结果',依照教唆或帮助之例处罚"(第34条第1款)。

间接正犯属于不直接实施实行行为的单独正犯,而共同正犯是2人以上各自分担(直接)实施实行行为的正犯;间接正犯在利用他人的特征上与教唆犯相类似,但间接正犯属于正犯,而教唆犯是从属于正犯的共犯。

2. 本质

一些学者根据现行刑法中有关间接正犯依照教唆、帮助之例处罚的规定,主张间接正犯属于共犯的观点。但通说却认为间接正犯属于正犯,因为间接正犯是利用者本人按照自己的犯罪计划对被利用者施以意思支配以实现自己犯行的形态。

3. 成立要件

(1)被利用者的范围

《刑法》第34条第1款将被利用者的范围,限定为"因某种行为不受处罚的人"或者"以过失犯受处罚的人"。前者指不具有构成要件符合性、违法性、责任,因此不构成犯罪的情况。

(2)利用行为

《刑法》第34条第1款规定中的"教唆或帮助",与教唆犯或帮助犯中的教唆行为或帮助行为的意义不同,是指基于利用者优越的意思支配的利用行为。这里的"教唆、帮助"行为,不过是利用行为的预示形态。多数说认为间接正犯着手实行的时期,不应是被利用者的实行行为之时,而是以利用者的利用行为为标准。但少数说认为应当是被利用人的实行行为之时。①

4. 处罚

刑法规定,处罚间接正犯"依照教唆或帮助之例处罚"。利用行为如果在外形上相当于教唆行为就依照正犯刑处罚;如果相当于帮助行为就比照正犯减轻刑罚。

七、罪数论

(一)罪数理论

1. 概念和意义

有关行为人所实施的犯罪之数,是一个还是数个等问题的理论,称为罪数论。具体地说,罪数论是关于行为人通过一个或数个行为实现同一的构成要件事实或实现数个构成要件事实时,构成何种犯罪以及如何处罚等问题的理论。

因此,罪数论涉及犯罪论和刑罚论互相关联的问题,是位于犯罪论和刑罚论两者之间的理论。

2. 判断罪数的标准

(1)行为标准说

该说主张构成要件的本质是行为,因此行为是一个,犯罪也是一个。此说中的"行为",是"自然意义上的行为",可以称为"自然性行为"标准说。然而,存在以下问题:无法解释一个构成要件由两个以上行为构成的结合犯;将由多次反复的行为多次侵害同一法益的连续犯解释为数罪。

(2)法益标准说

该说主张因犯罪行为被侵害的保护法益的个数或法益侵害结果的个数为标准判断罪数。生命、身体健康等专属性法益,侵害一个法益主体就成立一个犯罪;在非专属性法益中,国家法益和社会法益,侵害一个法益就成立一个犯罪,而财产性法益是以侵害同一管理下的财产为标准成立一个犯罪。但是,此说对于同一法益以不同形态的行为侵害或危害的情况,视为数罪或者将连续犯当作数罪。因为,此说也是以"自然性行为"作为前提。

(3)犯意标准说

该说主张以犯罪意思(犯意)为标准判断犯罪的个数。此说具有忽视犯罪

---

① 이형국, 형법총론연구Ⅱ, 박영사, 1986, 503 면。

(成立要件)整体性的倾向,而且既然犯罪故意是单一的,那么将多次侵害或危及法益的情况也解释为一罪。

(4)构成要件标准说

该说是目前韩国学界的通说。该说将罪数论理解为法律解释上的构成要件符合性问题,以构成要件符合次数为标准判断罪数的学说。此说主张,犯罪是作为主观要素的犯意在客观上的实现,因此不能忽视作为主观要素的犯意以及作为客观要素的行为和法益侵害的结果。也就是说,构成要件标准说提出了主客观相统一的标准。因而在上述几种学说中构成要件说相对较为合理。

(二)一罪

1. 概念

一罪,是指犯罪的个数属于一个的情况。一罪在某种行为一次性符合于一个构成要件时成立(构成要件说)。

一罪分为法条竞合、想象的竞合以及包括性一罪。

2. 法条竞合

(1)含义

法条竞合,是指一个行为实现了数个犯罪构成要件,但是由于发生数个构成要件之间相互排斥的现象,只能适用其中的一个构成要件而其他构成要件被排斥适用的情况。

(2)竞合的法条之间的关系

韩国刑法并没有规定在法条竞合的情况下根据何种原理选择适用其中一个构成要件的问题。因此,只能靠法理来解决法条竞合的问题。学说对于法条竞合的情况,将竞合的法条之间相互关系分成特别关系、补充关系、吸收关系与择一关系等,以此来说明构成要件相互间排斥的原理。

首先,特别关系:加重的或减轻的构成要件比起基本的构成要件处于特别的关系。例如,尊属杀害罪(第250条第1款)、婴儿杀害罪(第251条)对于普通杀人罪(第250条第1款)处于特别关系;特别刑法(如军刑法)对于普通刑法处于特别关系。在特别关系中,依照“特别法优于一般法”的原则,适用特别法而排斥一般法的适用。

其次,补充关系:补充关系是一定的构成要件在没有其他构成要件适用的情况下所补充适用的关系。对于外患诱致罪(第92条)、与敌罪(第93条)、募兵利敌罪(第94条),一般利敌罪(第99条)处于补充关系;对于现住建筑物放火罪(第164条)、公用建筑物放火罪(第165条)、一般建筑物放火罪(第166条),一般财物放火罪(第167条)处于补充的关系。在补充关系中,依照“主法优先于补充法”的原则,适用主法排斥补充法的适用。

再次,吸收关系:吸收关系是一定构成要件的不法与责任内容包容其他构成要件的不法与责任内容,但又不属于特别关系与补充关系的情况。例如,伴随于杀人或放火的作为较轻法益侵害行为的毁坏财物(罪),被杀人罪或放火罪吸收;作为非法逮捕或监禁手段的暴行(罪)或胁迫(强要罪),被非法逮捕罪或非法监禁罪吸收。在吸收关系中,依照“全部法废止部分法”的原则,只适用全部法(吸收法)排斥部分法(被吸收法)。

最后,择一关系:当一个行为同时符合两个以上的构成要件时,由于竞合的构成要件之间不具有先后或者优劣关系,故可适用其中任何一个法条但不能同时适用两个以上构成要件的情况。

例如,在同一的行为中业务过失和重过失竞合的情况下,两种过失处于相互择一的关系;故意感染艾滋病的行为,可以构成对生命造成危险的重伤害行为(《刑法》第258条第1款),同时也可以构成致使残疾或难治疾病的重伤害行为(同条第2款)。

在这种情况下两个法条处于择一的关系。

3. 想象竞合犯

(1)概念

想象的竞合,是指以一个行为符合于两个以上不同的构成要件或者两次以上符合同种构成要件的情况。前者如以妨害公务的犯意伤害正在执行公务的公务员,因此发生妨害执行公务罪(第136条第1款)和伤害罪(第257条第1款)想象竞合的情况。后者如以投掷一个炸弹的行为杀害两个人的情况。

想象竞合犯,实际上是一个行为同时触犯数个不同罪名或相同罪名的情况,故也称为“观念的竞合”。

(2)处断

韩国《刑法》第40条规定,对于想象竞合犯应“从一重处断”。

同种想象的竞合,其刑罚轻重根据罪质和情节来决定。异种想象的竞合,其刑罚轻重依照《刑法》第50条规定。第50条规定,刑罚的轻重依照第41条中记载的顺序。①

① 《刑法》第41条规定的刑种及其顺序如下:(1)死刑;(2)惩役;(3)禁锢;(4)资格丧失;(5)资格停止;(6)罚金;(7)拘留;(8)科料;(9)没收。

4. 包括性一罪

(1)概念

包括性一罪,是指根据“刑法性、社会性行为标准说”,[①]即使实施数个行为但是这些数个行为被评价为概括性地“实现一个构成要件”而只成立一罪的情况。

(2)类型

①结合犯

结合犯,是指数个不同种行为根据刑法的规定结合成为一罪(实现一个构成要件)的情况。例如,对于同一个妇女进行抢劫后又强奸的,依照《刑法》第339条规定构成强盗强奸罪,是结合犯,就属于一罪;但是强奸妇女后又进行抢劫的,是实质竞合犯,不是结合犯,属于数罪。结合犯在韩国刑法规定中为数不少,比如强盗伤害罪(第337条)、强盗杀人罪(第338条)、强奸伤害罪(第301条)、强奸杀人罪(第301条之2)、人质强要罪(第324条之2)、人质伤害罪(第324条之3)、人质杀害罪(第324条之5)等。

②继续犯

继续犯具有持续性特征,包括非法逮捕罪或者非法持有毒品罪、非法持有枪支弹药罪等。比如某甲非法将某乙两天监禁在A地,后两天又监禁在B地。

③连续犯

连续犯具有连续性特征,例如,某甲多次实施强盗行为,或者某甲在同一天晚上将某乙一家三口人全都杀死。

④集合犯

所谓集合犯,是数个同种行为基于同一意思性倾向反复地实施,其数个行为集合成刑法上一个犯罪的情况。集合犯包括营业犯(如营利性贩卖淫乱物罪—第243条)、职业犯(如无许可医疗罪—医疗法第25条第1款以及同法第66条)、常习犯(如赌博罪的常习犯、盗窃罪的常习犯、诈骗罪的常习犯)。

---

① 所谓刑法性行为,即便是数个自然的物理性行为,但刑法中的构成要件在法律性评价中将其视为单一的行为时,数个自然的物理性行为就成为刑法上的一个行为。所谓社会性行为,第一,即便是数个物理性动作但出自单一的决意继续反复地实现了同一个犯罪的构成要件,那么从其社会性意义评价为一个行为。例如,多次殴打同一个人致使其受伤的情况,并非各个殴打行为构成各自的伤害行为,而是在整体上构成一个伤害行为。第二,非专属性、个人的法益方面,在同一个机会以数个动作侵害了多数人的法益,从其社会性意义评价一个行为。例如,同一个机会在运动场窃取多人脱下并堆放的衣服和手表,在整体上被评价为一个盗窃行为。임웅, 형법총론, 법문사, 2003, 549－550면。

（三）数罪

1. 概念

数罪，是指由数个犯罪意思和数个犯罪行为在不同的时间和场合侵害数个法益的情况。

数罪分为具有相互并列关系的“竞合犯”和具有累计关系的“累犯”两种。

2. 竞合犯

（1）概念

竞合犯，是指“判决尚未确定的数罪”或者“判决已确定的罪和判决确定之前所犯的罪”（第37条）。理论上将前者称为事前的竞合犯，将后者称为事后的竞合犯。刑法考虑到在对数罪具有同时裁判的可能性（第37条前段）或曾经有过裁判的可能性（后段），为谋求刑罚适用或执行的合理性，设置了有关竞合犯的规定。

竞合犯作为“实质的竞合”，以数个行为构成数个犯罪，与以一个行为同时符合数个罪名的“想象的竞合”不同。竞合犯作为构成实质数罪的竞合，与构成实质一罪的“法条竞合”或“包括性一罪”相区别。

（2）类型

①事前的竞合犯

事前的竞合犯，是指判决尚未确定的数个犯罪的竞合。例如，某甲实施了A、B、C、D、E 5个犯罪，其中哪一个犯罪都没有得到生效的判决。那么A、B、C、D、E罪都属于事前的竞合犯。

②事后的竞合犯

事后的竞合犯，是指判决已确定的罪和其判决确定之前所犯的罪竞合。例如，某甲犯有的A、B、C罪中对C罪的判决已确定，但A、B罪是对C罪的判决生效之前所犯的罪。因此，A、B、C罪是事后的竞合犯。

（3）处罚（竞合犯的处罚例）

①事前的竞合犯

刑法在事前的竞合犯中以限制加重主义为原则并以吸收主义和并科主义为补充。

在竞合犯的各罪中判有死刑或无期惩役或无期禁锢时，以死刑或无期惩役或无期禁锢予以处罚（第38条第1款第1项，吸收主义）。在各罪中判有除死刑或无期刑以外的其他同种刑罚时，可以加重到最重刑罚的1/2，但不得超过总和刑期或总和金额（同条第1款第2项）。在各罪中判有除死刑或无期刑以外的异种刑罚时，进行并科（同条第1款第3项，并科主义）。

②事后的竞合犯

竞合犯中存在尚未进行判决的犯罪时，对于该罪判决并宣告刑罚（第 39 条第 1 款）。根据一事不再理的原则，已确定判决的犯罪不能再进行审理和判决。在一个竞合犯中已均判有数个刑罚时，应当依照有关“竞合犯的处罚例”执行刑罚（同条第 2 款）。

因而，确定判决的刑罚为死刑或无期刑时，吸收其他刑罚；其他的情况下或者加重刑罚或并科刑罚予以执行。

3. 累犯

（1）概念

累犯，是指以屡次实施数个犯罪而成为法律上加重刑罚事由的情况，即具备《刑法》第 35 条规定要件的情况。

（2）与常习犯的区别

累犯也是反复实行，表现出常习犯形式上的特点，两者有密切的关系。但是，在两者之间有以下区别：①累犯以前科（曾被确定的刑事判决）为前提加重行为责任，常习犯并不是因前科而是由于反复出现的犯罪性而加重行为责任。②累犯在同一罪名或不同罪名的情况（一般累犯）下都能成立；但常习犯只有在同一罪质上具有常习性质的时候才能成立（特别累犯）。

（3）累犯的成立要件

①前一犯罪被判处禁锢以上的刑罚；②前一犯罪的刑罚已经执行完毕或被免除；③前一犯罪的刑罚执行完毕或被免除以后，3 年之内又犯应当判处禁锢以上犯罪的。

（4）处罚

“累犯的刑罚，加重到其罪最高法定刑的 2 倍”（第 35 条第 2 款）。

对累犯处断刑的范围，可以加重到最高法定刑的 2 倍以下，但是最高处断刑不能超过 25 年（第 42 条但书）。

第四节　刑　罚　论

一、刑罚的概念

刑罚，作为对犯罪的法律效果国家对犯罪人科处的制裁手段之一。

从“没有法律就没有犯罪也没有刑罚”的罪刑法定主义之原理，可归结为“没有犯罪就没有刑罚”。这就意味着“没有责任就没有刑罚”，即便是实施重大犯罪的人也不能对其科处行为当时没有明文规定的刑罚种类或过重的刑罚。①

二、种类

刑罚依据被剥夺法益的种类,分为生命刑、自由刑、财产刑、名誉刑等。现行刑法中的刑罚包括死刑、惩役、禁锢、资格丧失、资格停止、罚金、拘留、科料、没收9种(《刑法》第41条)。

(一)死刑

1.《刑法》中的死刑规定

韩国《刑法》在制定当时就已规定了死刑,可以判处死刑的犯罪包括杀人罪(第250条第1款、第2款)、以伪计等的嘱托杀人等罪(第253条)、强奸等杀人罪(第301条之2)、人质杀害罪(第324条之4)、强盗杀人罪(第338条)、海上强盗杀人罪、海上强盗致死罪、海上强盗强奸罪(第340条第3款)、使用爆炸物罪(第119条)、现住建筑物等放火致死罪(第164条第2款)、现住建筑物等溢水致死罪(第177条第2款)、向饮用水投毒致死罪(第194条)、内乱目的杀人罪(第88条)、外患诱致罪(第92条)、与敌罪(第93条)、募兵利敌罪(第94条)、提供设施利敌罪(第95条)、破坏设施利敌罪(第96条)、间谍罪(第98条)等。

在上述犯罪中,《刑法》只对与敌罪以绝对的法定刑规定了死刑,对其他的犯罪均以相对的法定刑规定了死刑,以便法官能够以自由裁量权在死刑和自由刑之中选择适用。

2.特别刑法和行政刑法中的死刑规定

韩国在现行的特别刑法和行政刑法中设置了较多的死刑规定。规定死刑的特别刑法和行政刑法有《军刑法》《国家保安法》《关于加重处罚特定犯罪等的法律》《关于惩治保健犯罪的特别措置法》《关于处罚性暴力犯罪及保护被害人等的法律》《关于处罚暴力行为等的法律》《关于处罚对船舶及海上救助物危害行为等的法律》《文化遗产保护法》《原子能源法》《保护原子能源设施等及原子能灾害对策法》《航空法》《关于航空安全及保安的法律》《关于为了禁止化学武器、规制制造、进出口特定化学物质等的法律》《关于移植器官等的法律》《关于规制地雷等常规武器使用及转移等的法律》《关于防止毒品类不法交易的特例法》《关于管理毒品类的法律》《设置战斗警察队法》等。

在特别刑法和行政刑法中,《军刑法》规定的死刑犯罪多达42种,对其中的

---

① 신동운, 형법총론, 법문사, 2013, 777 면。

12 种规定了绝对的法定刑。特别刑法在一个条文中包含多个死刑规定的情况较多,故实际上能够判处死刑的罪种数量远远超过条文本身的数量。尤其是《关于加重处罚特定犯罪等的法律》总共由 16 个条文构成,在其中 13 个条文中都能找到死刑的规定,被称为“死亡的文书”。①

韩国的死刑,目前只适用于侵犯生命及健康权利的穷凶极恶的暴力犯罪,而且截至 2018 年 6 月,韩国已有近 20 年未曾执行死刑。因此,它已成为事实上废止死刑的国家之一。

(二)自由刑

自由刑,是将受刑人隔离、拘禁于一定的场所剥夺其身体自由的刑罚。

自由刑以剥夺犯罪人的自由尤其是科以其劳役,作为报应性恶害(报应刑论)同时作为为实现矫正改善目的的刑罚(教育刑论),可以说是一种较好的制裁手段。自由刑可以把犯罪人从社会中隔离开来,能够在将来的犯罪性危险行为中防卫社会(社会防卫论)。

现行刑罚中规定的自由刑有惩役、禁锢和拘留 3 种。

1. 惩役

惩役是把受刑人羁押于教导所(监狱)内使其服务于定役(劳动)的自由刑(第 67 条),是自由刑中最重的刑罚。惩役根据其期限的长短,又分为有期惩役和无期惩役两种。

有期惩役的期间为 1 个月以上 30 年以下,但加重处罚时可以延长到 50 年(第 42 条)。无期惩役是仅次于死刑的严厉刑罚,属于终身刑。

2. 禁锢

禁锢是将受刑人羁押于教导所内限制其自由的刑罚(第 68 条),在无须服务于定役的特征上与惩役有区别。禁锢主要适用于政治犯、过失犯等受刑人。

禁锢分为有期禁锢和无期禁锢两种。有期禁锢的期间为 1 个月以上 30 年以下,但加重处罚时可以延长到 50 年(第 42 条)。

3. 拘留

拘留也在教导所内羁押执行,期限为 1 日以上 30 日以下(第 46 条)。禁锢和拘留可以依受刑人的申请科以作业(《刑法》第 38 条)。

---

① 김용우, 최재천, 형사정책, 박영사, 2006, 203 면。

（三）财产刑

1. 概念及种类

财产刑，是指以剥夺犯罪人一定财产利益为内容的刑罚。

财产刑的种类，有以下几种：(1)罚金和科料；(2)没收和追征。

2. 罚金刑和科料

罚金刑是命令犯罪人强制向国家承担一定金额金钱支付义务的财产刑。下限为5万元（第45条前段），但在刑法总则中没有规定上限；而在刑法各则中均规定了上限。在减轻处罚时可以是5万元以下（第45条后段）。

现行《刑法》中还有换刑处分的制度，即将未缴纳罚金的犯罪人留置到劳役场所从事劳役。“对未缴纳罚金的犯罪人处以1日以上3年以下、未缴纳科料的犯罪人处以1日以上30日以下的劳役，将其留置到劳役场命令其劳役。”（第69条第2款）“宣告罚金刑或科料刑时应当计算在不缴纳情况下的留置期间并同时予以宣告。”（第70条）

科料的金额为2000元以上5万元以下（第47条）。

3. 没收和追征

(1)没收的概念和性质

没收，是指为了防止反复实施犯罪并从犯罪得到不法利益，将与犯罪相关联的财产予以剥夺归国库的财产刑（第48条）。没收原则上属于附加刑，对行为人虽不作有罪裁判，但具备没收要件时，可以例外地只宣告没收（第49条）。

关于没收的性质，多数说认为虽然是形式上的刑罚但实质上属于对物的保安处分。

(2)没收的种类

首先，任意的没收。没收原则上依法官的自由裁量而决定（第48条）。其次，必要的没收。对于刑法各则规定的贿赂罪（第134条）的财物、有关鸦片犯罪中提供的鸦片、吗啡及其化合物、鸦片吸食器（第206条）、背任收财罪中的财物（第357条第3款）等，应当予以没收。

(3)没收对象

没收的对象应当与犯罪具有关联性。具体包括：①已向犯罪行为提供之物或欲提供之物（第48条第1款第1项）；②因犯罪行为产生或因其取得之物（同条第1款第2项）；③以前2项情况为代价而取得之物（第3项）。

(4)追征

所谓追征，是指在宣告判决当时没收对象物的一部或全部由于消费、丢失、转让等原因事实上或法律上已无法没收的情况下,命令没收其价款的司法处分(第48条第2款)。

(四)名誉刑

1. 概念

名誉刑,又称资格刑,是指损害犯罪人的名誉感情或者剥夺或限制荣誉地享有社会地位或权利的刑罚。

2. 现行刑法中的名誉刑

(1)资格丧失(第43条第1款)

资格丧失,是指如果被宣告死刑、无期惩役或无期禁锢,作为刑罚的当然效力附随丧失一定资格的情况。所丧失的资格包括:①成为公务员的资格;②公法上的选举权和被选举权;③由法律规定其要件的有关公法上业务的资格;④法人的理事、监事、或经理或其他能够成为法人业务监管人员或财务管理人员的资格。

(2)资格停止

资格停止,是指在一定期间内停止被判处一定刑罚之人资格的情况。

①当然的资格停止(第43条第2款)

被判处有期惩役或有期禁锢的人,在其刑罚执行完毕或被免除之前当然地被停止第43条第1款所规定各项资格的情况。

②依照判决的资格停止

以资格停止对象的一部或全部为对象,可以宣告其1年以上15年以下的资格停止。对于被判处有期惩役或有期禁锢的人并处资格停止的,其资格停止的刑期从惩役或禁锢执行完毕或被赦免之日起算。

三、自首与自服

《刑法》第52条规定了自首、自服作为在量刑中法定的减免事由(任意的减免),即"实施犯罪后向负有侦查责任的官署自首的,可以减轻或免除其刑罚"(第1款);"实施违反被害人意思不能处罚的犯罪后向被害人自服的,与前款规定相同"(第2款)。

"自首"是指犯罪人自己向侦查机关(检察官、司法警察官)申告自己的犯罪事实要求处分的意思表示。自首是犯罪人主动申告自己的犯罪事实,与针对侦查机关的讯问承认自己犯罪事实的自白有区别。而且即使犯罪人没有亲自到警察署自首,但是在能够立即接受侦查机关处分的状态下告知自己的犯罪事实,如通过代理人告知,也可以成立自首。

“自服”是指向被害人告知自己的犯罪事实，刑法中的自服限于不能违背被害人的意思而处罚的犯罪（如第260条的暴行罪）。

把“自首”“自服”规定为刑罚的减免事由，其理由在于“悔悟的人得到宽恕”这一东方特有的刑法传统，同时也出于使侦查、处罚变得容易的刑事政策性考虑。

四、刑罚的犹豫制度

《刑法》规定了宣告犹豫和执行犹豫等制度。

刑罚的宣告犹豫，是指对于犯罪情节轻微的犯罪人在一定期间内暂缓刑罚的宣告，如果在其暂缓期间内没有发生特定的事故而期满，就免除其刑罚宣告的制度。现行《刑法》对于刑罚的宣告犹豫在第59条至第61条中规定了其要件、期间以及效果等具体内容。

刑罚的执行犹豫，是指认定有罪以后宣告刑罚时根据犯罪情节在一定期间内暂缓刑罚的执行，如果在暂缓期间内没有发生特定的事故而期满就免除刑罚执行并且发生与未曾宣告其刑罚相同法律效果的制度。现行刑法对于刑罚的执行犹豫在第62条至第65条中规定了执行犹豫的要件、期间以及效果等具体内容。

五、假释制度

假释，是指正在被执行自由刑（惩役或禁锢）的人悔改表现良好而教化改善的效果显著时，在刑期届满前附条件地临时释放受刑人，只要其在临时释放没有被取消（或失效）的情况下经过了一定的期限，就视为刑罚的执行终了的制度。

假释制度是为了缩短不必要的刑罚的执行期间，促使受刑人较为容易重返社会的制度，也是为实现“促成行刑中的受刑人为尽早回归社会自觉而积极作出努力”这一特别预防目的的制度。而且根据假释制度的适用，可以弥补定期刑制度对受刑人的悔改情状不加以任何考虑而执行预定刑期的缺陷。①因此，假释制度被称为“残余刑罚的执行犹豫”。

现行《刑法》对于假释制度在第72～76条中规定了成立要件、期间以及效果等具体内容。

① 이재상, 장영민, 강동범, 형법총론, 박영사, 2015, 613 면。

第五节 具体犯罪

一、侵害个人法益的犯罪

个人法益，是指自然人所拥有并由刑法予以保护的重要生活利益，包括生命、健康、个人自由、名誉、信用、私生活安宁和财产等。

韩国《刑法》第24章至第42章规定的犯罪，均属于侵害个人法益的犯罪，可分为危害生命、健康的犯罪，侵害个人自由的犯罪，损害名誉的犯罪，侵害信用、业务与拍卖的犯罪，妨害私生活安宁的犯罪和侵害财产的犯罪等6类。

（一）危害生命、健康的犯罪

1. 杀人罪

杀人罪，是指非法剥夺他人生命的犯罪。韩国刑法将杀人罪行分为杀人，杀害尊亲属，杀害婴儿，依嘱托、承诺的杀人，依诡计或威力的嘱托、承诺杀人等，并规定了相应不同的法定刑。

第一，杀人、杀害尊亲属。杀人的，判处死刑、无期惩役或5年以上惩役（第250条第1款）；杀害自己或配偶的直系尊亲属的，处死刑、无期惩役或7年以上惩役（同条第2款）。第二，杀害婴儿。直系尊亲属为了掩盖耻辱或者预料无法抚养特别是因可以酌情考虑的动机，将分娩中或刚刚分娩后的婴儿杀死的，处10年以下惩役（第251条第1款）。第三，依嘱托或承诺的杀人等。依被害人的嘱托或承诺而杀人者，判处1年以上10年以下惩役（第252条第1款）；教唆或帮助他人自杀的，判处与前款相同的刑罚（同条第2款）。第四，依诡计等的嘱托、承诺的杀人。以诡计或威力迫使被害人嘱托、承诺杀人或决定自杀的，依照第250条的规定处罚（第253条）。

杀人罪的未遂犯予以处罚（第254条）。杀人罪的预备犯、阴谋犯，处10年以下惩役（第255条）。因实施第250条、第252条或第253条规定之罪处以有期惩役时，可以并处10年以下资格中止（第256条）。

2. 伤害罪与暴行罪①

第一，伤害、对尊亲属的伤害。伤害他人身体的，处以7年以下惩役或10年以下资格中止或者1000万元以下罚金（第257条第1款）。对于自己或配偶的直系亲属实施伤害行为的，处10年以下惩役或者1500万元以下罚金（同条第2

① 暴行罪，是指虽然对他人施以暴力但未造成伤害结果的犯罪行为，是轻犯罪的一种。

款)。伤害罪与伤害尊亲属罪的未遂犯,予以处罚。第二,重伤害、对尊亲属的重伤害。伤害他人造成重伤害的,处 1 年以上 10 年以下惩役(第 258 条第 1 款)。对于自己或配偶的直系尊亲属实施伤害行为造成重伤害的,处 2 年以上惩役(同条第 2 款)。第三,伤害致死。伤害致人死亡的,处 3 年以上惩役。对于自己或配偶的直系尊亲属实施伤害行为致人死亡的,处无期惩役或者 5 年以上惩役(第 259 条)。第四,暴行、对尊亲属的暴行。对他人身体施以暴力行为的,处 2 年以下惩役或者 500 万元以下罚金、拘留或者科料(第 260 条第 1 款)。对于自己或配偶的直系尊亲属实施暴力行为的,处 5 年以下惩役或 700 万元以下罚金(同条第 2 款)。暴行罪和对尊亲属暴行罪,不能违背被害人明示的意思而提出公诉(同条第 3 款)。第五,特殊暴行。利用团体、众人或者携带危险品实施暴行或对直系尊亲属实施暴行,处 5 年以下惩役或 1000 万元以下罚金(第 261 条)。第六,暴行致伤亡。犯暴行罪、对尊亲属的暴行罪、特殊暴行罪而致人伤亡的,应当依照第 257 条(伤害罪、尊亲属伤害罪)或者第 259 条(伤害致死罪)所规定的刑罚予以处罚(第 262 条)。第七,同时犯。在独立行为之间发生竞合导致死伤结果而无法判明原因行为的,应依照共同正犯之例处罚(第 263 条)。

实施第 257 条、第 258 条、第 260 条或第 261 条规定之罪的常习犯,加重其罪原定刑罚的 1/2(第 264 条)。

3. 过失致死伤罪

第一,过失致伤。因过失致人受伤的,处 500 万元以下罚金、拘留或科料(第 266 条第 1 款)。本罪不能违背被害人明示的意思而提出公诉(同条第 2 款)。第二,过失致死。因过失致人死亡的,处 2 年以下禁锢或 700 万元以下罚金(第 267 条)。第三,业务上过失、重过失致死伤。因业务上过失或重大过失致人伤亡的,处 5 年以下禁锢或 2000 万元以下罚金(第 268 条)。

4. 堕胎罪

具体包括堕胎与医师堕胎两种。

第一,堕胎。妇女用药物或其他方法堕胎的,处 1 年以下惩役或 200 万元以下罚金(第 268 条第 1 款);接受妇女的嘱托或承诺使其堕胎的,处 1 年以下惩役或 200 万元以下罚金(同条第 2 款);致使妇女受伤的,处 3 年以下惩役,致妇女死亡的,处 7 年以下惩役(同条第 3 款)。第二,医师等的堕胎。医师、韩医师、助产师、药剂师等接受妇女的嘱托、承诺使其堕胎的,判处 2 年以下惩役(第 270 条第 1 款)。没有妇女的嘱托或承诺使其堕胎的,处 3 年以下惩役(同条第 2 款);实施本罪致使妇女受伤的,处 5 年以下惩役;致妇女死亡的,处 10 年以下惩役(同条第3款）。

5. 遗弃和虐待罪

第一，遗弃、遗弃尊亲属。在法律上或契约上负有保护老幼病残或其他需要扶助人的义务却予以遗弃的，处3年以下惩役或者500万元以下罚金（第271条第1款）；对于自己或配偶的直系尊亲属实施上述行为的，处10年以下惩役或者1500万元以下罚金（同条第2款）；实施第271条第1款的犯罪行为而致使被害人生命发生危险的，处7年以下惩役（同条第3款）；实施第271条第2款的行为致使被害人生命发生危险的，处2年以上惩役（同条第4款）。第二，遗弃婴儿。直系尊亲属为了掩盖耻辱或者预料无法抚养特别是因可以酌情考虑的动机遗弃婴儿的，处2年以下惩役或者300万元以下罚金（第272条）。第三，虐待、虐待尊亲属。虐待受自己保护或监护的人，处2年以下惩役或500万元以下罚金。对自己或配偶的直系尊亲属实施上述行为的，处5年以下惩役或者700万元以下罚金（第273条）。第四，酷使儿童。将处于自己保护或监护下的未满16周岁的儿童交给他人迫使其从事危险性作业的，处5年以下的惩役。接受的人，处以相同的刑罚（第274条）。第五，遗弃致人伤亡。实施第271条至第273条的规定之罪致人伤害的，处7年以下惩役；致人死亡的，处3年以上惩役（第275条第1款）；对于自己或者配偶的直系尊亲属实施第271条或者第273条规定之罪致人伤害的，处3年以上惩役；致人死亡的，处以无期惩役或者5年以上惩役（同条第2款）。

（二）侵害个人自由的犯罪

侵害个人自由的犯罪包括逮捕和监禁罪、胁迫罪、挟持和诱骗罪、有关强奸和强制猥亵罪等。

1. 逮捕和监禁[①]罪

第一，逮捕和监禁、尊属逮捕和尊属监禁。逮捕或监禁他人的，处5年以下惩役或700万元以下罚金。对自己或配偶的直系尊亲属实施上述行为的，处10年以下惩役或1500万元以下罚金（第276条）。第二，重逮捕和重监禁、尊属重逮捕和尊属重监禁。逮捕或监禁他人并施以严重暴行的，处7年以下惩役；对于自己或配偶的直系尊亲属实施上述行为的，处2年以上惩役（第277条）。第三，特殊逮捕和特殊监禁。利用团体或众人的威力或者携带危险品实施第276条、第277条规定行为的，加重其罪原定刑罚的1/2（第278条）。对实施《刑法》第276条、

---

① 这里的逮捕和监禁，是指不具有依法逮捕、拘留等权限的人对他人实施非法拘捕、拘禁的行为。

第277条规定行为的常习犯,依第278条之例处罚(第279条)。实施《刑法》第276条至第279条规定行为的未遂犯,予以处罚(第280条)。第四,逮捕、监禁致人伤亡。实施第276条至第280条规定的行为致人伤害的,处1年以上惩役;致人死亡的,处3年以上惩役。对于自己或配偶的直系尊亲属实施第276条至第280条规定的行为致人伤害的,处2年以上惩役;致人死亡的,处5年以上惩役(第281条)。

2. 胁迫罪

对于胁迫、特殊胁迫、常习犯、未遂犯等,韩国刑法都作出了相应的规定。

第一,胁迫。胁迫他人的,处3年以下惩役或500万元以下罚金、拘留或科料(第283条第1款);对自己或配偶的直系尊亲属进行胁迫的,处5年以下惩役或700万元以下罚金(同条第2款);前两款的罪,不得违背被害人明示的意思提起公诉(同条第3款)。第二,特殊胁迫。利用团体或众人的威力或者携带危险品实施第283条第1款、第2款规定行为的,处7年以下惩役或1000万元以下罚金(第284条)。

对于实施胁迫罪、尊属胁迫罪和特殊胁迫罪的常习犯,应加重其罪原定刑罚的1/2(第285条)。胁迫罪、尊属胁迫罪和特殊胁迫罪的未遂犯,予以处罚(第286条)。

3. 掠取、诱骗及买卖人身的罪

第一,对未成年的掠取和诱骗。对未成年人实施掠取和诱骗的,处10年以下惩役(第287条)。第二,以强制猥亵为目的的掠取、诱骗等。以猥亵、奸淫、结婚或营利为目的对他人实施掠取、诱骗的,处1年以上10年以下惩役(第288条第1款);以榨取劳动力、强迫卖淫或摘取人体内脏为目的掠取、诱骗他人的,处2年以上15年以下惩役(同条第2款);以秘密移送国外为目的掠取、诱骗他人或者将被掠取、诱骗的他人秘密移送到国外的,处以与前款相同的刑罚(同条第3款)。第三,人身买卖。买卖人身的,处7年以下的惩役(第289条第1款);以强制猥亵、奸淫、结婚或者营利为目的买卖他人的,处1年以上10年以下惩役(同条第2款);以剥削劳动力、迫使卖淫或摘取内脏为目的买卖他人的,处2年以上15年以下惩役(同条第3款);以秘密移送到国外为目的买卖他人或者将被买卖的他人移送到国外的,处以与第3款相同的刑罚(同条第4款)。第四,有关掠取、诱骗、买卖、移送等的伤害与致伤。实施第287条至第289条之罪并伤害被掠取、诱骗、买卖、移送人的,处3年以上25年以下惩役(第290条第1款);实施第287条至第289条之罪致使被掠取、诱骗、买卖、移送人受伤的,处2年以上20年以下惩役(同条第 2 款)。第五,有关掠取、诱骗、买卖、移送等的杀人与致死。实施第 287 条至第 289 条之罪并杀害被掠取、诱骗、买卖、移送人的,处死刑、无期惩役或者 7 年以上惩役(第 291 条第 1 款);实施第 287 条至第 289 条之罪导致被掠取、诱骗、买卖、移送人死亡的,处无期惩役或者 5 年以上惩役(同条第 2 款)。第六,收受、隐匿被掠取、诱骗、买卖、移送人等。收受、隐匿因第 287 条至第 289 条之罪被掠取、诱骗、买卖、移送人的,处 7 年以下惩役(第 292 条第 1 款);以实施第 287 条至第 289 条之罪为目的募集、运送、转移他人的,处以与前款相同的刑罚(同条第 2 款)。

第 287 条至第 289 条以及第 290 条第 1 款、第 291 条第 1 款、第 292 条第 1 款的未遂犯,予以处罚(第 294 条)。以实施第 287 条至第 289 条以及第 290 条第 1 款、第 291 条第 1 款、第 292 条第 1 款之罪为目的进行预备、阴谋的,处 3 年以下惩役(第 296 条)。

4. 强奸罪和强制猥亵罪

第一,强奸。以暴行或胁迫的方法强奸他人的,处 3 年以上惩役(第 297 条)。第二,类似强奸。以暴力或胁迫的方法实施把生殖器塞入他人的口腔、肛门等身体(生殖器除外)的内部或者向生殖器、肛门塞入手指头等身体(生殖器除外)的一部或道具行为的人,处 2 年以上惩役(第 297 条之 2)。第三,强制猥亵。以暴行或胁迫的方法对他人进行猥亵的,处 10 年以下惩役或 1500 万元以下罚金(第 298 条)。第四,准强奸和准强制猥亵。利用他人心神丧失或无法抗拒的状态实施奸淫或猥亵的,依照强奸罪、强制猥亵罪定罪处罚(第 299 条)。强奸罪、类似强奸罪、强制猥亵罪、准强奸罪和准强制猥亵罪的未遂犯,予以处罚(第 300 条)。第五,强奸伤害、强奸致伤。实施第 297 条至第 300 条之罪并且故意伤害或致人伤害的,处无期惩役或 5 年以上惩役(第 301 条)。第六,强奸杀人、强奸致死。实施第 297 条至第 300 条之罪并且加以杀害的,处死刑或无期惩役;致人死亡的,处无期惩役或 10 年以上惩役(第 301 条之 2)。第七,对未成年人等的奸淫。对于未成年人或者心神微弱者利用诡计或威力进行奸淫或猥亵的,处 5 年以下惩役(第 302 条)。第八,利用业务上的威力等奸淫。对于因业务、雇佣等关系处于自己保护或监督下的妇女,利用诡计或威力奸淫的,处 10 年以下惩役或 1500 万元以下罚金。对于依法被囚禁的妇女负有监护之责却实施奸淫的,处 7 年以下惩役(第 303 条)。第九,对未成年人的奸淫、猥亵。奸淫未满 13 周岁的妇女或者猥亵未满 13 周岁之人的,依照第 297 条、第 298 条、第 301 条或第 301 条之 2 的规定处罚(第 305 条)。

实施第297条、第297条之2、第298条至第300条、第302条、第303条或第305条之罪的常习犯,加重其罪原定刑罚的1/2(第305条之2)。

(三)损害名誉的犯罪

1. 毁损名誉罪。公开不为众人所知的事实损害他人名誉者,判处2年以下惩役、禁锢或500万元以下罚金(第307条第1款),但为了公共利益而实施上述行为的除外(阻却违法性,第310条)。公开捏造事实损害他人名誉的,处5年以下惩役或10年以下资格中止或1000万元以下罚金(同条第2款)。本罪不得违反被害人明示的意思提起公诉(第312条第2款),理论上称为“反意思不罚罪”。

2. 损害死者名誉罪。公开捏造事实损害死者名誉者,处2年以下惩役或禁锢或500万元以下罚金(第308条)。本罪只有告诉①才能提起公诉(第312条第1款)。

3. 借助出版物等损害名誉罪。以诽谤他人为目的,利用报纸、杂志或广播及其他出版物,公开不为众人所知的事实损害他人名誉的,处3年以下惩役或禁锢或700万元以下罚金(第309条第1款)。公开捏造事实用上述方法损害他人名誉的,处7年以下惩役或10年以下资格中止或1500万元以下罚金(第309条第2款)。本罪不得违反被害人明示的意思提起公诉(第312条第2款)。

4. 侮辱罪。公开侮辱他人的,处1年以下惩役或禁锢或200万元以下罚金(第311条)。本罪只有告诉才能提起公诉(第312条第1款)。

(四)有关信用、业务与拍卖的犯罪

1. 损害信用罪。散布谣言或其他欺骗方法损害他人信用的,处5年以下惩役或1500万元以下罚金(第313条)。

2. 妨害业务罪。散布谣言或其他欺骗手段妨害他人业务者,处5年以下惩役或1500万元以下罚金(第314条第1款)。利用计算机信息处理系统等手段妨害他人业务的,处以与前款相同的刑罚(第314条第2款)。

3. 妨害拍卖、投标罪。用欺骗、暴力、胁迫及其他方法妨害公正的拍卖或投标的,处2年以下惩役或700万元以下罚金(第315条)。

---

① 告诉,是指被害人或其他告诉权人对于侦查机关举报犯罪事实以请求追诉犯罪人的意思表示。告诉权人包括犯罪被害人及其法定代理人。被害人死亡时其配偶、直系亲属或兄弟姐妹成为告诉权人。

(五)妨害私生活安宁的犯罪

1.侵害秘密罪

侵害秘密罪包括侵害秘密、泄露业务上秘密罪两种。

第一,侵害秘密。私拆他人封缄或秘密放置的信件、文件或材料者,处3年以下惩役或禁锢或500万元以下罚金(第316条)。本罪只有告诉才能提起公诉(第318条)。第二,泄露业务上秘密。从事医师、韩医师、牙科医师、药剂师、药材商、助产士、律师、经纪人、统计员、公证人、代书职业和其辅助人员以及从事诸如职业者,在处理业务中泄露他人秘密的,处3年以下惩役、禁锢或700万元以下罚金(第317条第1款)。从事宗教职业或曾经从事过宗教职业的人泄露因其职务得知他人秘密的,处3年以下惩役、禁锢或700万元以下罚金(同条第2款)。本罪只有告诉才能提起公诉(第318条)。

2.侵入住宅罪

第一,侵入住宅、拒不退出。侵入他人的住居、有人管理的建筑物以及船舶、航空器或占有的房屋,处3年以下惩役或者500万元以下罚金(第319条第1款)。侵入第1款所规定的场所拒不退出的,依照第1款规定处罚(第319条第2款)。第二,特殊侵入住宅。利用团体或众人的威力或者携带危险品实施第319条规定之罪的,处5年以下的惩役(第320条)。第三,非法搜查住宅。非法搜查他人的身体、住居、有人管理的建筑物、汽车、船舶或者航空器、占有的房屋的,处3年以下惩役(第321条)。第319条、第320条、第321条规定之罪的未遂犯,予以处罚(第322条)。

(六)侵害财产的犯罪

侵害财产犯罪包括妨害他人行使权利罪、盗窃罪、强盗罪、诈骗和敲诈勒索罪、侵占和背任罪、赃物罪和损坏罪等。

1.妨害行使权利罪

第一,妨害权利行使。以强取、隐匿或损坏他人占有或成为他人权利标的的自己财物或电子记录的手段妨害他人行使权利的,处5年以下惩役或700万元以下罚金(第323条)。第二,强要。以暴力或胁迫手段妨害他人行使权利或迫使他人做无义务事务的,处5年以下惩役(第324条)。第三,人质强要。以逮捕、监禁、劫持或引诱他人作为人质的方法妨害第三人行使权利或要求第三人做无义务事务的,处3年以上惩役(第324条之2)。第四,人质伤害、致伤。实施人质强要罪的人对人质进行故意伤害或致人伤亡的,处无期惩役或5年以上惩役(第324条之3)。第五,人质杀害、致死。实施人质强要罪行的人故意杀害人质的,处死刑或无期惩役；致人死亡的，处无期惩役或10年以上惩役（第324条之4）。强要、人质强要、人质伤害与致伤、人质杀害与致死的未遂犯，应予以处罚（第324条之5）。第六，占有强取、准占有强取。以暴力或胁迫手段强取由他人合法占有的自己财物者，处7年以下惩役或10年以下资格中止（第325条第1款）。对于由他人合法占有的自己财物，为了抗拒他人取回、抗拒抓捕、毁灭罪证而当场使用暴力或以暴力相威胁的，处7年以下惩役或10年以下资格中止（同条第2款）。前两款罪的未遂犯，予以处罚（同条第3款）。第七，重妨害权利行使。实施第324条至第325条之罪并致使他人生命处于危险的，处10年以下惩役（第326条）。第八，逃避强制执行。出于逃避强制执行之目的，以隐匿、损坏、虚假转让或承担虚假债务的手段损害债权人利益的，处3年以下惩役或1000万元以下罚金（第327条）。

直系血亲、配偶、同居亲属、同居家属相互之间实施第323条所规定妨害行使权利罪的，免除刑罚（第328条）。

2. 盗窃罪

第一，盗窃。窃取他人财物的，处6年以下惩役或1000万元以下罚金（第329条）。第二，夜间侵入住宅盗窃。夜间侵入他人的住居、看守的住宅、建筑物、船舶或占有的房屋窃取财物的，处10年以下惩役（第330条）。第三，特殊盗窃。在夜间破坏门窗、墙壁或其他部分建筑物而侵入他人的住居、看守的住宅、建筑物、船舶或占有的房屋窃取财物的，处1年以上10年以下惩役（第331条第1款）。携带凶器或2人以上合同窃取他人财物的人，其刑罚与前款的规定相同（第2款）。第四，汽车等非法使用。未经所有权人同意暂时使用他人的汽车、船舶、航空器或者动力自行车的，处3年以下惩役或500万元以下罚金（第331条之2）。

对于实施第329条至第331条之2规定之罪的常习犯，加重其罪原定刑罚的1/2（第332条）。

直系亲属、配偶、同居亲属、同居家属相互之间实施第329条至第332条规定之罪的，免除刑罚（第344条），理论上称为“亲属间的相盗例规定”。

3. 强盗罪

第一，强盗。以暴力或胁迫手段强取他人的财物或取得其他财产上的利益或使第三人取得财物或其他财产上的利益的，处3年以上惩役（第333条）。第二，特殊强盗。夜间侵入他人的住居、管理的建筑物、船舶、航空器或占有的房屋实施强盗罪的，处无期惩役或5年以上惩役。携带凶器或者2人共同实施上述行为的,处无期惩役或5年以上惩役(第334条)。第三,准强盗。犯盗窃罪,为了窝藏赃物、抗拒抓捕或毁灭罪证使用暴力或以暴力相威胁的,依照强盗罪和特殊强盗罪的刑罚规定处罚(第335条)。第四,人质强盗。以逮捕、监禁、劫持或诱骗他人作为人质,取得财物或财产性利益或者让第3人取得财物或财产性利益的,处3年以上惩役(第336条)。第五,强盗伤害、致伤。犯强盗罪并故意伤害他人或者致人受伤的,处无期惩役或7年以上惩役(第337条)。第六,强盗杀人、致死。强盗犯故意杀害他人的,处死刑或无期惩役;致人死亡的,处无期惩役或10年以上惩役(第338条)。第七,强盗强奸。强盗犯强奸妇女的,处无期惩役或10年以上惩役(第339条)。第八,海上强盗。利用众人的威力在海上强取船舶或侵入船舶内抢劫他人财物的,处无期惩役或7年以上惩役(第340条第1款)。实施本条第1款规定之罪并故意伤害他人或致人受伤的,处无期惩役或10年以上惩役(同条第2款)。实施本条第1款规定之罪并故意杀害他人或致人死亡或强奸妇女的,处死刑或无期惩役(同条第3款)。实施第333条、第334条、第336条或第340条第1款规定之罪的常习犯,处无期惩役或10年以上惩役(第341条)。第329条至第341条的未遂犯,予以处罚(第342条)。

以强盗为目的实施预备、阴谋的,处7年以下惩役(第343条)。

4. 诈骗和恐吓罪

第一,诈骗。以欺骗的手段使自己或第三人获取他人财物或取得财产性利益的,处10年以下惩役或2000万元以下罚金(第347条)。第二,利用计算机等诈骗。在计算机等信息处理设备中,以记录虚假情报、不正当命令或者未经授权的记录、变更的方法来处理信息并获取财产性利益或使第三人获取财产性利益的,处10年以下惩役或2000万元以下罚金(第347条之2)。第三,准诈骗。利用未成年人的智虑浅薄或他人的心神障碍使自己或第三人获取财物、财产性利益的,处10年以下惩役或2000万元以下罚金(第348条)。第四,不当利用便利设施。在未支付相应代价的情况下以不正当手段利用自动销售机、公共电话或其他有偿自动设施来获取财物或财产性利益的,处3年以下惩役或500万元以下罚金(第348条之2)。第五,不当获利。利用他人穷迫的状态使自己或第三人获取明显不当利益的,处3年以下惩役或1000万元以下罚金(第349条)。第六,恐吓。以恐吓的手段使自己或第三人获取财物或财产性利益的,处10年以下惩役或2000万元以下罚金(第350条)。

实施第347条至第350条规定之罪的常习犯,加重其罪原定刑罚的1/2(第

351 条)。第 347 条至第 348 条之 2、第 350 条、第 351 条的未遂犯,予以处罚(第 352 条)。

对于上述诈骗和恐吓罪,适用第 238 条"亲属间的相盗例规定"(第 354 条)。

5. 侵占和背任罪

第一,侵占和背任。对他人财物负有保管义务的人侵占其财物或拒不返还财物的,处 5 年以下惩役或 1500 万元以下罚金(第 355 条第 1 款);对他人事务有义务管理的人以违背其责任的行为使自己或第三人获取财物的,处 5 年以下惩役或 1500 万元以下罚金(第 355 条第 2 款)。第二,业务上的侵占和背任。违背业务上的责任实施侵占或背任行为的,处 10 年以下惩役或 3000 万元以下罚金(第 356 条)。第三,背任受赠罪。对他人事务有义务管理的人就其事务接受非法请托而获取财物或财产性利益的,处 5 年以下惩役或 1000 万元以下罚金(第 357 条第 1 款);向背任受赠人提供财物或利益的,处 2 年以下惩役或 500 万元以下罚金(同条第 2 款)。法人背任受赠的财物,予以没收。已无法没收财物或财产性利益的,追征其价额(同条第 3 款)。第 355 条至第 357 条规定之罪的未遂犯,予以处罚(第 359 条)。第四,侵占遗失物。侵占流失物、漂流物或脱离占有人的财物,处 1 年以上惩役或 300 万元以下罚金或科料(第 360 条第 1 款);侵占埋藏物的,处以与前款规定相同的刑罚(同条第 2 款)。

第 238 条"亲属间的相盗例规定",适用于上述各侵占和背任的犯罪(第 361 条)。

6. 有关赃物罪

第一,取得、斡旋赃物。取得、转让、运输或保管赃物的,处 7 年以下惩役或 1500 万元以下罚金(第 362 条第 1 款);斡旋上述行为的,处以与前款规定相同的刑罚(同条第 2 款)。本罪的常习犯,处 1 年以上 10 年以下惩役(第 363 条)。第二,业务上过失、重过失。因业务过失或重大过失实施第 362 条之罪的,处 1 年以下禁锢或 500 万元以下罚金(第 364 条)。

第 238 条"亲属间的相盗例规定",适用于上述各赃物犯罪(第 365 条第 1 款、第 2 款)。

7. 损坏罪

第一,损坏财物。损坏他人的财物、文书或电子记录等特殊媒体记录或以隐匿等其他方法损坏其效用的,处 3 年以下惩役或 700 万元以下罚金(第 366 条)。第二,破坏公益建筑物。破坏公益建筑物的,处 10 年以下惩役或 2000 万元以下罚金(第 367 条)。第三,重损坏。实施损害财物罪、破坏公益建筑物罪致使他人的生命或身体发生危险的,处 1 年以上 10 年以下惩役(第 368 条第 1 款)。实施损害财物罪、破坏公益建筑物罪造成他人身体伤害的，处1年以上的有期惩役；致人死亡的，处3年以上有期惩役（同条第2款）。第四，特殊损坏。利用团体、众人的威力或携带危险物实施损坏财物罪的，处5年以下惩役或1000万元以下罚金（第369条第1款）；利用团体、众人的威力或携带危险物实施破坏公益建筑物罪的，处1年以上惩役或2000万元以下罚金（第369条第2款）。第五，侵犯地界。以损坏、移动或拆除等其他方法致使无法辨认土地界限的，处3年以下惩役或500万元以下罚金（第370条）。

实施损坏财物罪、破坏公共建筑物罪和特殊损坏罪的未遂犯，予以处罚（第371条）。

二、侵害社会法益的犯罪

社会法益，是指以社会整体作为法律人格所拥有的社会共同生活的公共利益，包括尊重信仰风俗、社会共同生活的安全、公众健康、公共信用和善良风俗。

韩国《刑法》分则第12章至第23章所规定的犯罪，都是侵犯上述社会法益的犯罪。它分为妨害信仰风俗的犯罪、危害公共安全的犯罪、危害公众健康的犯罪、妨害公共信用的犯罪和败坏善良风俗的犯罪5类。

（一）妨害信仰风俗的犯罪

1. 妨害葬礼等。妨害葬礼、祭祀、礼拜或传教者，处3年以下惩役或500万元以下罚金（第158条）。

2. 侮辱尸体。侮辱尸体、遗骨或遗发的，处2年以下惩役或500万元以下罚金（第159条）。

3. 挖掘坟墓。挖掘坟墓的，处5年以下惩役（第160条）。

4. 窃尸等。损坏、遗弃、隐尸或窃取尸体、遗骨或遗发以及棺材内藏物品的，处7年以下惩役。挖掘坟墓并犯有前款罪行的，处10年以下惩役（第161条）。第160条、第161条的未遂犯，予以处罚（第162条）。

5. 妨害对死亡者的验尸。以隐匿、变更或其他方法妨害对死亡者的尸体或被疑尸体①进行验尸的，处700万元以下罚金或科料（第163条）。

（二）危害公共安全的犯罪

1. 放火罪和失火罪

第一，对现住建筑物等的放火。放火烧毁他人用于居住或正在使用的建筑

---

① 被疑尸体，指具有横死疑点的尸体。

物、火车、电车、汽车、船舶、航空器或矿井的,处无期惩役或3年以上惩役(第164条第1款)。实施上述犯罪行为致人伤害的,处无期惩役或5年以上惩役;致人死亡的,处死刑、无期惩役或7年以上惩役(同条第2款)。第二,对公用建筑物等的放火。放火烧毁公用或公益性的建筑物、火车、电车、汽车、船舶、航空器或矿井的,处无期惩役或3年以上惩役(第165条)。第三,对一般建筑物的放火。放火烧毁第164条、第165条以外的建筑物、火车、电车、汽车、船舶、航空器或矿井的,处2年以上惩役(第166条第1款)。放火烧毁属于自己所有的建筑物、火车、电车、汽车、船舶、航空器或矿井导致发生公共危险的,处1年以上10年以下惩役或1000万元以下罚金(同条第2款)。第四,对一般财物的放火。放火烧毁除第164条、第165条、第166条规定以外的财物导致发生公共危险的,处1年以上10年以下惩役(第167条第1款)。如果前款的物品属于自己所有的,处3年以下惩役或700万元以下罚金(同条第2款)。第五,燃烧。实施第166条第2款、第167条第2款之罪燃烧第164条、第165条或者第166条第1款所记载财物的,处1年以上10年以下惩役。实施第167条第2款规定之罪燃烧第167条第1款所记载财物的,处5年以下惩役(第168条)。第六,妨害灭火。在火灾中以隐匿、损坏灭火设施、物品或其他方法妨害救火的,处10年以下惩役(第169条)。第七,失火。因过失烧毁第164条、第165条所记载财物或第166条记载的他人所有财物的,处1500万元以下罚金(第170条第1款)。因过失烧毁第166条或第167条记载的自己所有财物导致发生公共危险的,处1500万元以下罚金(同条第2款)。第八,业务上失火与重大失火。因业务上过失或重大过失实施第170条规定之罪的,处3年以下禁锢或2000万元以下罚金(第171条)。第九,爆炸性物质物破裂。使锅炉、高压气体或其他爆炸性物质的破裂导致他人生命、身体发生危险的,处1年以上惩役(第172条第1款)。犯本罪致人伤害的,处无期惩役或3年以上有期惩役;致人死亡的,处无期或5年以上有期惩役(同条第2款)。第十,放流煤气、电等。放出或撒布煤气、电、蒸汽或放射线、放射性物质导致他人的生命、身体或财产发生危险的,处1年以上10年以下惩役(172条之2第1款)。实施上述犯罪行为致人伤害的,处无期或3年以上惩役;致人死亡的,处无期或5年以上惩役(第172条之2第2款)。第十一,妨害煤气、电等的供给。以损坏、除去煤气、电或蒸汽设备或其他方法妨害煤气、电或蒸汽的供给或使用导致发生公共危险的,处1年以上10年以下惩役(第173条第1款)。以损坏、除去公用的煤气、电或蒸汽设备或其他方法妨害煤气、电或蒸汽的供给或使用导致发生公共危险的,处1年以上10年以下惩役(同条第2款)。实施上述犯罪行为致人伤害的,处2年以上惩役;致人死亡的,处无期或3年以上惩役(同条第3款)。第十二,过失爆炸性物质破裂。因过失实施第172条第1款、第172条之2第1款、第173条第1款和第2款之罪的,处5年以下禁锢或1500万元以下罚金(第173条之2第1款)。因业务上过失或重大过失实施前款之罪的,处7年以下禁锢或2000万元以下的罚金(第173条之2第2款)。

第164条第1款、第165条、第166条第1款、第172条第1款、第172条之2第1款、第173条第1款和第2款的未遂犯,予以处罚(第174条)。

第164条第1款、第165条、第166条第1款、第172条第1款、第172条之2第1款、第173条第1款和第2款的预备犯、阴谋犯,处5年以下的惩役。但是在着手实行犯罪之前自首的,应减轻或免除处罚(第175条)。

即使是自己所有的财物,但依法被抵押、强制措施或成为他人权利或保险的标的物时,在有关放火罪和失火罪规定的适用中应视为他人财物(第176条)。

2. 溢水和破坏水利罪

第一,对现住建筑物的溢水。溢水侵害他人用于居住或正在使用的建筑物、火车、电车、汽车、船舶、航空器或矿井的,处无期或3年以上惩役(第177条第1款)。实施上述犯罪行为致人伤害的,处无期惩役或5年以上惩役;致人死亡的,处无期或7年以上的惩役(同条第2款)。第二,对公用建筑物的溢水。溢水侵害公用或公益性的建筑物、火车、电车、汽车、船舶、航空器或矿井的,处无期或2年以上惩役(第178条)。第三,对一般建筑物的溢水。溢水侵害第177条、第178条以外的建筑物、火车、电车、汽车、船舶、航空器或矿井的,处1年以上10年以下惩役(第179条第1款)。侵害属于自己所有的建筑物、火车、电车、汽车、船舶、航空器或矿井导致发生公共危险的,处3年以下惩役或700万元以下罚金(同条第2款)。第四,防害防水。在水灾中以损坏、隐匿防水用设施或财物或其他方法妨害防水的,处10年以下惩役。第五,过失溢水。因过失侵害第177条、第178条或第179条记载的财物导致发生公共危险的,处1000万元以下罚金。第177条至第179条第1款的未遂犯、预备犯、阴谋犯,予以处罚。第六,防害水利。以破坏堤防、水闸或其他方法妨害水利的,处5年以下惩役或700万元以下罚金。

3. 妨害交通罪

第一,妨害一般交通。以损坏道路、水路、桥梁或使之无法通行或在其他方法妨害交通的,处10年以下惩役或1500万元以下罚金(第185条)。第二,妨害火车、船舶等交通。以损坏轨道、灯台、标识或其他方法妨害火车、电车、汽车、船舶或航空器交通的,处1年以上惩役(第186条)。第三,颠覆火车等。颠覆、埋没、坠落或破坏正在使用中的火车、电车、汽车、船舶或航空器的，处无期或3年以上惩役（第186条）。第四，妨害交通致死伤。实施上述妨害交通罪致人伤害的，处无期或3年以上惩役；致人死亡的，处无期或5年以上惩役（第187条）。第五，过失妨害交通。因过失实施第185条至第187条规定之罪的，处1000万元以下罚金。因业务上过失或重大过失实施第185条至第187条规定之罪的，处3年以下禁锢或2000万元以下罚金。

第185条至第187条的未遂犯、预备犯、阴谋犯，予以处罚。

（三）危害公众健康的犯罪

1. 有关饮用水罪

第一，妨害使用饮用水。向日常饮用的纯净水投入污物致使无法饮用的，处1年以下惩役或500万元以下罚金。向日常饮用的纯净水投入毒物或其他有害于健康之物的，处10年以下惩役（第192条）。第二，妨害自来饮用水的使用。向公用的自来饮用水或其水源投放污物致使无法饮用的，处1年以上10年以下惩役。向公用的自来饮用水或其水源投放毒物或其他有害于健康之物的，处2年以上有期惩役（第193条）。第三，向饮用水投毒致死伤。犯妨害使用饮用水罪、妨害自来饮用水的使用罪致人伤害的，处无期或3年以上惩役；致人死亡的，处无期或5年以上惩役（第194条）。第四，妨害供水。以损坏公用自来水管道、设备或其他方法妨害供水的，处1年以上10年以下惩役（第195条）。

对于第192条第2款、第193条第2款和第195条的未遂犯，予以处罚。第192条第2款、第193条第2款和第195条的预备犯、阴谋犯，处2年以下的惩役。

2. 有关鸦片罪

第一，制造鸦片等。制造、走私、贩卖或以贩卖的目的持有鸦片、吗啡及其化合物的，处10年以下惩役（第198条）。第二，制造鸦片吸食器等。制造、走私、贩卖或以贩卖的目的持有鸦片吸食器的，处5年以下惩役（第199条）。第三，海关公务员输入鸦片等。海关的公务员走私或许可鸦片、吗啡及其化合物或者鸦片吸食器的，处1年以上惩役（第200条）。第四，吸食鸦片及提供场所。吸食鸦片或注射吗啡的，处5年以下惩役。以提供吸食鸦片或注射吗啡场所而获取利益的，处5年以下惩役（第201条）。上述各条犯罪，未遂犯予以处罚；常习犯加重其罪原定刑法的1/2，也可以并处10年以下资格中止或2000万元以下罚金。第五，持有鸦片等。持有鸦片、吗啡及其化合物或鸦片吸食器的，处1年以下惩役或500万元以下罚金（第205条）。

在上述各条犯罪中提供的鸦片、吗啡及其化合物或鸦片吸食器，予以没收；无法没收的,应追征其价额。

(四)妨害公共信用的犯罪

妨害公共信用的犯罪包括有关通货罪、有关有价证券、邮票和印花罪、有关公文罪和有关印章罪。

1. 有关通货罪

第一,伪造通货等。以行使为目的伪造或变造通用的大韩民国货币、纸币或银行卷的,处无期或2年以上惩役(第207条第1款)。以行使为目的伪造或变造在国内流通的外国货币、纸币或银行卷的,处1年以上惩役(同条第2款)。以行使为目的伪造、变造在外国通用的外国货币、纸币或银行卷的,处10年以下惩役(同条第3款)。行使或者以行使为目的非法输入或非法输出前3款所记载通货的,处以其伪造或变造之各罪所定刑罚(同条第4款)。本罪第1款至第3款的预备犯、阴谋犯,处以5年以下惩役。但是在着手实行之前自首的,减轻或免除其刑罚(第213条)。第二,取得伪造的通货。以行使为目的取得伪造或变造的第207条所记载通货的,处5年以下惩役或1500万元以下罚金(第208条)。因实施第207条或第208条规定之罪处以有期惩役时,可以并处10年以下资格中止或2000万元以下罚金(第209条)。第三,取得伪造通货后知情行使。取得第207条所记载通货后将其知情行使的,处2年以下惩役或500万元以下罚金(第210条)。第四,制造通货类似物等。以贩卖为目的制造、非法输入或输出、贩卖在国内或国外通用或流通的货币、纸币或银行卷的,处3年以下惩役或700万元以下罚金(第211条)。

第207条、第208条和第211条的未遂犯,予以处罚(第212条)。

2. 有关有价证券、邮票和印花罪

第一,伪造有价证券等。以行使为目的伪造或变造大韩民国或外国的公债证书或其他有价证件的,处10年以下惩役。以行使为目的伪造或变造有关有价证券权利义务记载的,处10年以下惩役(第214条)。第二,冒用他人资格制作有价证券等。以行使为目的冒用他人的资格制作有价证券或记载有关有价证券权利义务事项的,处10年以下惩役(第215条)。第三,制作虚假有价证券等。以行使为目的制作虚假有价证券或记载有价证券虚假事项的,处7年以下惩役或3000万元以下罚金(第216条)。第四,行使伪造的有价证券等。行使或以行使为目的非法输入或输出伪造、变造或虚伪记载第214条、第215条、第216条所记载有价证券的,处10年以下惩役(第217条)。第五,伪造印花、邮票等。以行使为目的伪造或变造大韩民国或外国印花、邮票或邮票收据的,处10年以下的惩役。行使或以行使为目的非法输入或输出伪造或变造的大韩民国或外国印花、邮票或邮票收据的，处10年以下惩役（第218条）。第六，取得伪造的印花、邮票等。以行使为目的取得伪造或变造的大韩民国或外国印花、邮票或邮票收据的，处3年以下惩役或1000万元以下罚金（第219条）。实施第214条至第219条规定之罪处以有期惩役时，可以并处10年以下资格中止或2000万元以下罚金。第七，制造印花、邮票类似物等。以贩卖为目的制造、非法输入或输出大韩民国或外国的公债证书或印花、邮票或邮票收据、类似物的，处2年以下惩役或500万元以下罚金。

3. 有关公文罪

第一，伪造、变造公文罪。以行使为目的伪造或变造公务员或公务所的文书或图画的，处10年以下惩役（第225条）。第二，冒用资格制造公文。以行使为目的冒用公务员或公务所的资格制作文书或图画的，处10年以下惩役（第226条）。第三，制造虚假公文等。公务员以行使为目的就其职务虚假制作文书或图画或改变的，处7年以下惩役或2000万元以下罚金（第227条）。第四，伪作、变作公文记录。以贻误处理事务为目的伪作或变作公务员或公务所的电子记录等特殊媒体记录的，处10年以下惩役（第227条之2）。因实施以上各罪处以有期惩役时，可以并处10年以下资格中止。第五，记载不真实的公正证书原本等。向公务员提出虚假申告使在公正证书原本或类似电子记录等特殊媒体记录中包含不真实内容的，处5年以下惩役或1000万元以下罚金。向公务员提出虚假申告使在执照、许可证、登记证或护照中记载不真实内容的，处3年以下惩役或700万元以下罚金（第228条）。第六，行使伪造的公文。使用通过第225条至第228条规定之行为制成的文书、图画、电子记录等特殊媒体记录、公正证书原本、执照、许可证、登记证或护照的，处其各罪所定的刑罚（第229条）。第七，非法使用公文。非法使用公务员或公务所的文书或图画的，处2年以下惩役或者禁锢或500万元以下罚金（第230条）。第八，伪造、编造私人文书。以使用为目的伪造、变造有关权利、义务或事实证明的他人文书或图画的，处5年以下惩役或1000万元罚金（第231条）。第九，冒用资格制作私人文书。以使用为目的冒用他人的资格制作有关权利、义务或事实证明的文书或图画的，处5年以下惩役或1000万元以下罚金（第232条）。第十，伪作、变作私人电子记录。以贻误处理事务为目的伪作或变作有关权利、义务或事实证明的他人电子记录等特殊媒体记录的，处5年以下惩役或1000万元以下罚金。第十一，制作虚假诊断书等。医师、韩医师、牙科医师或助产师虚假制作诊断书、鉴定书或死亡证明书的，处3年以下惩役或禁锢、7年以下资格中止或3000万元以下罚金（第233条）。第十二，使用伪造的私人文书。

使用通过第231条至第233条规定之行为制成的文书、图画、电子记录等特殊媒体记录的,处其各罪所定的刑罚(第234条)。

以上各种犯罪的未遂犯,予以处罚(第235条)。

4. 有关印章等罪

第一,伪造、非法使用公印罪。以使用为目的伪造或非法使用公务员或公务所的印章、署名、记名或记号的,处5年以下惩役(第238条第1款)。使用伪造或非法使用的公务员或公务所的印章、署名、记名或记号的,处5年以下惩役(同条第2款)。犯本罪的,可以并处7年以下资格中止(同条第3款)。第二,伪造、非法使用私印罪。以使用为目的伪造或非法使用他人的印章、署名、记名或记号的,处3年以下惩役(第239条第1款)。使用伪造或非法使用的他人印章、署名、记名或记号的,处3年以下惩役(同条第2款)。

以上各罪的未遂犯,予以处罚(第240条)。

(五)败坏善良风俗的犯罪

败坏风俗的犯罪包括《刑法》第22章规定的败坏性风俗罪、赌博和彩票罪等。

1. 败坏性风俗罪

第一,介绍卖淫。以营利为目的介绍未成年少女或没有淫行习性的妇女卖淫的,处3年以下惩役或1500万元以下罚金(第242条)。第二,传播淫秽书刊等。传播、贩卖或公开展示淫秽书刊、图片及其他物品的,处1年以下惩役或500万元以下罚金(第243条)。第三,制造淫秽书刊等。以提供淫秽书刊为目的,制造、保管、输入或输出淫秽书刊的,处1年以下惩役或500万元以下罚金(第244条)。第四,公然淫乱。公然实施淫乱行为的,处1年以下惩役或500万元以下罚金、拘留或科料(第245条)。

2. 有关赌博和彩票罪

第一,赌博、常习赌博。以财物赌博的,处500万元以下罚金或科料,但是为了一时娱乐的除外(第246条第1款)。常习赌博的,处3年以下惩役或2000万元以下罚金(同条第2款)。第二,开设赌场。以营利为目的开设赌场的,处3年以下惩役或2000万元以下罚金(第247条)。第三,出售彩票等。出售非法彩票的,处1年以下惩役或2000万元以下罚金(第248条第1款);对于经纪人处1年以下惩役或500万元以下罚金(同条第2款);取得上述非法彩票的,处500万元以下罚金或者科料(同条第3款)。

三、侵害国家法益的犯罪

国家法益是以国家作为法律人格者所拥有的公法益,包括国家存立的安全、政府统治机能的保障和公共秩序的维护等。

韩国刑法分则第1章至第11章所规定的犯罪,都是侵犯国家法益的犯罪,并可分为危害国家安全的犯罪、危害公安的犯罪和危害国家权力作用的犯罪3类。

(一)危害国家安全的犯罪

1. 有关内乱的犯罪

有关内乱的犯罪,实际上是从国家"内部"威胁国家的安全或破坏宪法秩序的犯罪。

第一,内乱。内乱罪,是指以僭窃国土[①]或紊乱国宪[②]为目的而进行暴动的犯罪。①魁首处死刑、无期惩役或无期禁锢。②参与策划、指挥或从事其他重要任务的,处死刑、无期惩役(或禁锢)或5年以上惩役(或禁锢)。参与杀人、伤人、破坏或掠夺者也处以相同刑罚。③附和遂行或单纯参与暴动的,处5年以下惩役或禁锢(第87条)。第二,以内乱为目的的杀人。以出卖国土或紊乱国宪为目的而杀人的,处死刑、无期惩役或禁锢(第88条)。

以上各罪的未遂犯予以处罚(第89条),预备犯、阴谋犯、煽动犯或宣传犯,处3年以上有期惩役或禁锢。但是在着手实行之前自首的,减轻或免除刑罚(第90条第1款);煽动、宣传他人实施第87条、第88条规定之罪的,处以与前款相同的刑罚(同条第2款)。

2. 有关外患的犯罪

有关外患的犯罪,实际上是从国家"外部"威胁国家安全的犯罪。

第一,引致外患。与外国通谋在大韩民国引起战乱或者与外国通谋与大韩民国为敌者,处死刑或无期惩役(第92条)。第二,与敌合谋。与敌国合谋抵抗大韩民国者,处死刑(第93条)。第三,为敌募兵。为敌国募兵,处死刑或无期惩役(第94条第1款);响应为敌国募兵的,处无期惩役或5年以上惩役(同条第2款)。第四,为敌国提供设施。为敌国提供船舶、飞机及其他场所、设备或建筑物的,处死刑或无期惩役(第95条第1款);为敌国提供武器、弹药及其他军用物资

---

① 僭窃国土,是指对于大韩民国行使统治权的领土非法排挤领土主权的行为。

② 紊乱国宪,是指破坏宪法秩序的行为,即不遵守宪法或法律规定的程序导致宪法或法律的功能失效以及颠覆依法设立的国家机关或致使无法行使其权能的行为。

的，处以与前款相同的刑罚（同条第2款）。第五，为敌国破坏设施。为敌国破坏军用设施及其他物件使其丧失功能者，处死刑或无期惩役（第96条）。第六，为敌国提供物资。为敌国提供非军用的武器、弹药或可供作战用的物资的，处无期惩役或5年以上惩役（第97条）。第七，间谍。为敌国从事间谍活动或帮助敌国间谍的，处死刑、无期惩役或者7年以上惩役（第98条第1款）；向敌国泄露军事秘密的，处以与前款相同的刑罚（同条第2款）。第八，一般利敌。除前7条之外，凡实施有损大韩民国军事利益而有利于敌国军事利益的行为，处无期惩役或3年以上惩役（第99条）。以上8条规定各罪的未遂犯，予以处罚（第100条）；以实施第92条至第99条之罪为目的的预备犯、阴谋犯、煽动犯、宣传犯，处2年以上惩役（第101条）。第九，战时不履行军需契约。在战争或事变中没有正当理由不履行有关与政府的军需品或军用工作物品契约的，处10年以下惩役（第103条第1款）；妨害履行前款规定中契约的，处以与前款相同的刑罚（同条第2款）。

3. 亵渎国旗罪

亵渎国旗罪，是指以侮辱大韩民国为目的，损坏、除掉、玷污及诽谤国旗或国徽的犯罪。

第一，损坏、除掉、玷污国旗或国徽的，处5年以上惩役或禁锢或者资格停止10年以下或700万元以下罚金（第105条）。第二，诽谤国旗或国徽的，处1年以下惩役、禁锢或停止资格5年以下或200万元以下罚金（第106条）。

4. 破坏国交罪

破坏国交罪，是指破坏国家外交关系、损坏本国外交利益的犯罪。

第一，对外国元首施暴等。对停留在大韩民国的外国元首施以暴力或胁迫的，判处7年以下惩役或禁锢；进行侮辱或损害其名誉者，判处5年以下惩役或禁锢（第107条）。第二，对外国使节施以暴力。对派驻大韩民国的外国使节施以暴力的，处5年以下惩役或禁锢（第108条第1款）；进行侮辱或损害其名誉的，处3年以下惩役或禁锢（同条第2款）。第三，亵渎外国国旗、国徽。以侮辱外国为目的，损坏、除掉或玷污该国公用国旗或国徽的，处2年以下惩役或禁锢或300万元以下罚金（第109条）。第107条至第109条之罪，属于反意思不罚罪。第四，对外国私战①。对外国私自发动战争的，处1年以上禁锢（第111条第1款）；本罪的未遂犯予以处罚（同条第2款）；以对外国私战的目的而预备或阴谋的，处3年以

① 所谓私战，是与国家本身的意愿或意志毫无关系，却由个人或私人团体出于个人的目的而擅自对外国发动的战争。

下禁锢或500万元以下罚金。但在实行以前自首的,可以减轻或免除刑罚(同条第3款)。第五,违反中立命令。在外国之间交战的情况下违反中立命令的,判处3年以下禁锢或500万元以下罚金(第112条)。第六,泄露外交秘密。泄露外交秘密的,判处5年以下惩役或1000万元以下罚金(第113条第1款);以泄露秘密为目的探知或收集外交秘密的,判处与前款相同的刑罚(同条第2款)。

(二)危害公安的犯罪

1.危害公安罪

危害公安罪,是指通过组织犯罪团体、骚扰、聚众不散、不履行战时供需契约或者冒充公务员等行为危害公安的犯罪。

第一,组织犯罪团体。组织或加入以犯罪为目的的团体的,以该罪质的法定刑处罚,但可减轻刑罚(第114条第1款);组织或加入以抗拒服兵役或纳税义务为目的的团体的,处10年以下惩役或禁锢或1500万元以下罚金(同条第2款);因犯前两种罪行被判处惩役、禁锢或罚金的,可以并处10年以下资格停止(同条第3款)。第二,骚扰。有聚众斗殴、胁迫或破坏行为的,处1年以上10年以下惩役、禁锢或1500万元以下罚金(第115条)。第三,聚众不散。以实施暴力、胁迫或破坏为目的聚众闹事,在接到有关公务员3次以上解散命令后仍不解散的,处2年以下惩役、禁锢或300万元以下罚金(第116条)。第四,不履行战时公需契约。在发生战争、天灾及事变等情况下,无正当理由不履行或妨害履行与国家或公共团体签订的供给粮食等生活必需品契约的,处3年以下惩役或500万元以下罚金(第117条第1款);妨害履行前款规定中契约的,处以与前款相同的刑罚(同条第2款)。第五,冒充公务员。冒充公务员且非法行使其职权者,处3年以下惩役或700万元以下罚金(第118条)。

2.有关爆炸物的罪

所谓有关爆炸物的罪,是指制造、使用爆炸物危及他人生命、健康、财产或者破坏公共安全的犯罪。

第一,爆炸物使用。使用爆炸物侵害他人的生命、健康、财产或者其他扰乱公共安全的,处以死刑、无期徒刑或7年以上有期惩役(第119条第1款);在战时或发生自然灾害等非常情况下实施前款规定行为的,处以死刑或者无期惩役(同条第2款);前2款的未遂犯,予以处罚(同条第3款)。以实施第119条之罪为目的的预备犯、阴谋犯、煽动犯,处2年以上惩役。但是在着手实行以前自首的,减轻或免除处罚(第120条)。第二,战时制造爆炸物等。在战时等非常情况下没有正当的理由制造、进出口、收受或者携带爆炸物的,处10年以下惩役(第121条)。

(三)危害国家权力作用的犯罪

这一类犯罪包括公务员渎职罪、妨害公务罪、潜逃和窝藏犯人罪、伪证和毁灭证据罪及诬告罪。

1. 有关公务员的犯罪

第一,遗弃职务。公务员没有正当理由拒绝履行其职务或遗弃职务的,处1年以下惩役、禁锢或3年以下资格中止(第122条)。第二,滥用职权。公务员滥用职权使他人从事义务的事务或妨害他人行使权利的,处5年以下惩役、10年以下资格中止或1000万元以下罚金(第123条)。第三,非法逮捕、非法监禁。从事审判、检察、警察或其他有关人身拘禁业务的人及其辅助人员滥用职权逮捕或监禁他人的,处7年以下惩役并处10年以下资格中止(第124条第1款);本罪的未遂犯,予以处罚(同条第2款)。第四,暴行、残酷行为。从事审判、检察、警察或其他有关人身拘禁业务的人及其辅助人员对于犯罪嫌疑人或其他人员实施暴行或残酷行为的,处5年以下惩役或10年以下资格中止(第125条)。第五,公开发表嫌疑事实。检察官、警察或其他从事犯罪侦查的人员及其监督、辅助人员在提起公诉之前将得知的嫌疑事实公开发表的,处3年以下惩役或5年以下资格中止(第126条)。第六,泄露公务上的秘密。公务员或曾具有公务员身份的人泄露公务上秘密的,处2年以下惩役、禁锢或5年以下资格中止(第127条)。第七,妨害选举。检察官、警察或军职公务员就依法令的选举对于选举人、候选人、准候选人进行胁迫或其他方法妨害选举自由的,处10年以下惩役或5年以下资格中止(第128条)。第八,受贿、事先受贿。公务员或仲裁员在履行职务中索要、约定收受或收受财物的,处5年以下惩役或10年以下资格中止(第129条第1款);将要成为公务员或仲裁员的人就其即将担任的职务索要请托人财物或约定收受、收受请托人财物后成为公务员、仲裁员的,处3年以下惩役或7年以下资格中止(同条第2款)。第九,向第三人提供贿赂。公务员或者仲裁员在履行职务中接受他人不当请托让其向第三人提供财物或索要财物、约定提供财物的,处5年以下惩役或10年以下资格中止(第130条)。第十,受贿后徇私舞弊和事后受贿。公务员或仲裁员实施第129条、第130条规定之罪后徇私舞弊的,处1年以上惩役(第131条第1款);公务员或仲裁员在履行职务中徇私舞弊后索要或约定收受、收受财物或让其向第三人提供财物或索要、约定提供财物的,处1年以上惩役(同条第2款);曾经为公务员或仲裁员的人在公职时受人请托徇私舞弊后索要、约定收受或收受财物的,处5年以下惩役或10年以下资格中止(同条第3款);犯本罪的,可以并处5年以下惩役或10年以下资格中止(同条第4款)。第十一,斡旋受贿。

公务员利用职务之便通过其他公务员职务上的行为为请托人谋取非法利益,索取财物或约定收受或收受财物的,处5年以下的惩役或10年以下的资格中止(第132条)。第十二,行贿等。表示提供、约定提供、提供第129条至第132条所记载财物的,处5年以下惩役或2000万元以下罚金(第133条第1款);以向第1款规定的行为提供财物为目的,向第三人交付财物或明知其内情而予以收受财物的,处5年以下惩役或2000万元以下罚金(同条第2款)。

2. 有关妨害公务的犯罪

妨害公务罪,是指妨害公务员依法执行职务的犯罪。

第一,妨害执行公务。对于正在执行职务的公务员使用暴力或进行胁迫的,处5年以下惩役或1000万元以下罚金(第136条第1款);对于公务员以强迫、阻止其职务上的行为或让其辞职为目的使用暴力或进行胁迫的,处5年以下惩役或1000万元以下罚金(同条第2款)。第二,以诡计妨害执行公务。以诡计妨害公务员执行职务的,处5年以下惩役或1000万元以下罚金(第137条)。第三,侮辱法庭、国会议事堂。以妨害或威胁法院的审判或国会的审议为目的,在法庭或国会议事堂及其附近实施侮辱或骚动的,处3年以下惩役或700万元以下罚金(第138条)。第四,妨害保护人权职务。行使警察之职的人及其辅助人员妨害检察官执行有关人权保护内容的公务或拒绝遵守其命令的,处5年以下惩役或10年以下资格中止(第139条)。第五,使公务秘密标志失效。公务员在履行职务中以损坏、隐匿或其他方法使查封的封条、扣押或其他强制措施标志失去功能的,处5年以下惩役或700万元以下罚金(第140条第1款);公务员在履行职务时非法开拆封缄、其他秘密性文件或图画的,处5年以下惩役或700万元以下罚金(同条第2款);公务员在履行职务时非法以技术手段获取封缄、其他秘密性文件、图画或电子记录等特殊媒体记录其内容的,处5年以下惩役或700万元以下罚金(同条第3款)。第六,破坏不动产强制执行效果。以侵入被强制执行并转让或者转手的不动产或其他方法破坏强制执行效果的,处5年以下惩役或700万元以下罚金(第140条之2)。第七,公用文书等无效,破坏公用物。以损坏、隐匿公务用文书、其他财物、电子记录等特殊媒体记录或其他方法使之无法发挥功能的,处7年以下惩役或1000万元以下罚金。破坏公务用建筑物、船舶、汽车或航空器的,处1年以上10年以下惩役(第141条)。第八,公务上的保管物无效。损坏或隐匿根据公务所的保管命令或依照公务所的命令由他人保管的自己财物或以其他方法使之失去功能的,处5年以下惩役或700万元以下罚金(第142条)。第140条至第142条之罪的未遂犯,予以处罚(第143条)。第九,特殊妨害公务。利用团体、众人的威力或携带危险物实施第136条、第138条和第140条至第142条规定之罪的，加重其罪原定刑罚的1/2(第144条第1款)；实施前款规定之罪导致公务员受伤的，处3年以上惩役；导致公务员死亡的，处无期惩役或5年以上惩役(同条第2款)。

3. 脱逃、窝藏犯人的犯罪

第一，脱逃、违反集合命令。依法被逮捕或羁押的人脱逃的，处1年以下惩役(第145条第1款)；依法被逮捕或羁押的人在因自然灾害、事变或其他法令而暂时被解散的情况下，没有正当理由违反其集合命令的，处1年以下惩役(同条第2款)。第二，特殊脱逃。以损坏收容设备、器具或者对他人实施暴力、胁迫的方法或者2人以上共同实施第145条第1款规定行为的，处7年以下惩役(第146条)。第三，援助脱逃。夺取依法被羁押的人或帮助其脱逃的，处10年以下惩役(第147条)。第四，看守人员援助犯人脱逃。看守或护送人员帮助依法被羁押的人脱逃的，处1年以上10年以下惩役(第148条)。第145条、第146条、第147条、第148条的未遂犯，予以处罚(第149条)。以实施第147条和第148条之罪为目的的预备犯或阴谋犯，处3年以下惩役(第150条)。第五，窝藏犯人及亲属之间的特例。隐匿或帮助逃匿判处罚金以上刑罚犯罪之人的，处3年以下惩役或500万元以下罚金(第151条第1款)。近亲属或同居的家属之间实施前款规定之罪的，不予处罚(同条第2款)。

4. 伪证和毁灭证据罪

伪证和毁灭证据罪包括伪证、作虚假的鉴定、翻译或销毁证据等行为。

第一，伪证、谋害伪证。依法宣誓的证人进行虚假陈述的，处5年以下惩役或1000万元以下罚金(第152条第1款)；在刑事案件或者惩戒案件中，以谋害被告人、犯罪嫌疑人或惩戒嫌疑人为目的进行虚假陈述的，处10年以下惩役(同条第2款)。实施第152条规定之罪的人，在其所供述案件的判决或惩戒处分确定之前自白或自首的，减轻或免除处罚(第153条)。第二，虚假鉴定、翻译。依法宣誓的鉴定人、翻译人作虚假的鉴定、翻译的，依照前第152条、第153条的刑罚规定处罚(第154条)。第三，毁灭证据。在有关他人的刑事案件或者惩戒案件中销毁、隐匿、伪造、变造证据或使用伪造或变造证据的，处5年以下惩役或700万元以下罚金(第155条第1款)。在有关他人的刑事案件或者惩戒案件中隐匿证人或帮助其逃匿的，处5年以下惩役或700万元以下罚金(同条第2款)；以谋害被告人、犯罪嫌疑人或惩戒嫌疑人为目的实施本条前2款规定行为的，处10年以下惩役(同条第3款)。近亲属或同居的家属之间实施本条规定之罪的，不予处罚

(同条第 4 款)。

5. 诬告罪

诬告罪,是指以他人受到刑事处分或惩戒处分为目的,向公务所或公务员告发虚假情况的犯罪。

构成本罪的,处 10 年以下惩役或 1500 万元以下罚金(第 156 条)。实施第 156 条规定之罪的人,在其所供述案件的判决或惩戒处分确定之前自白或自首的,减轻或免除处罚(第 157 条)。

第四章　韩国民法

第一节　民法的发展历程

一、韩国《民法》制定之前的背景

1910年朝鲜成为日本的殖民地之后，日本公布《关于应在朝鲜施行的法令的法律》，[①]赋予朝鲜总督制定法令的权利，即所谓的“制令权”。据此，朝鲜总督于1912年3月18日，制定了第7号制令《朝鲜民事令》。根据该法令，朝鲜开始依用了日本的民法典及其特别法。《朝鲜民事令》是朝鲜在日本殖民时期的民事基本法。根据该法令，朝鲜依用的日本民法，称为“依用民法”。除了日本民法之外，被依用的法律还包括民法施行法、商法、商法施行法、法官法、合议法、民事诉讼法、民事诉讼程序法、非诉案件程序法、民事诉讼费用法、拍卖法等。但值得注意的是，尽管依用了日本民法，朝鲜在日本殖民初期，有关能力、亲族、继承的规定，仍适用本土习惯法。[②] 日本殖民后期，当局对《朝鲜民事令》进行了3次修改之后，有关亲族、继承的大部分的规定也依用日本民法。

1945年，朝鲜半岛光复之后，立刻进入了美国军政统治时期。根据美国军政府发布的第21号法令规定，日本统治下在朝鲜半岛具有效力的大部分法令，在美国军政下仍然具有效力。故此，朝鲜依用日本民法的状况实际上也未改变。此外，韩国政府成立之后的《制宪宪法》第

① 송덕수, 신민법강의, 박영사, 2009, 17 면。

② 《朝鲜民事令》第11条。

100 条规定:“现行法令未抵触该宪法的,仍然具有效力”。据此,与宪法几乎没有抵触的民法规定仍然具有效力了。这就是韩国法制历史上所谓的“依用民法”或“旧民法”。

二、韩国《民法》的制定

为尽快摆脱依用他国法律的情形,韩国迫切需要构建自己的法律体系。实际上,为制定韩国民法,在美国军政时代,仅由韩国人组成的“立法议院”下设的“朝鲜法制编纂委员会”,已经开始起草民法纲要的制定工作。1948 年 8 月 15 日,大韩民国政府成立,其后不久,韩国政府以总统令第 4 号公布《法典编纂委员会职制》,成立“法典编撰委员会”,开始完善法律体系的工作。1950 年《民法案编撰纲要》完成,1953 年民法案完成,并于 1954 年作为政府法律案提交到国会。1957 年,经国会通过的民法案于 1958 年 2 月 22 日,以法律第 471 号予以公布,并于 1960 年 1 月 1 日开始施行。全法典共有正文 1111 条,补则 28 条。[①] 其后,法典历经数次修改,目前共有正文 1118 条,补则 30 条。[②]

韩国《民法》在体系上受到了德国民法典的影响,采用了总则、物权、债权、亲属、继承等五编制体系。

第一编总则,包括民法的一般规定、自然人、法人、物、法律行为、期间、消灭时效。自然人和法人是有关权利主体的规定,物则是最具有代表性的权利客体的规定。法律行为承担代表性的权利变动的媒介功能。此外,期间和消灭时效则是独立的权利变动的原因,与法律行为及其债权编的无因管理、不当得利、侵权行为等一起,构成权利变动的原因。

第二编物权,包括物权总则、占有权、所有权、地上权、地役权、传贳权、留置权、质权、抵押权。其中传贳权是韩国固有的不动产租赁形态,与中国古老的传统制度典权颇有相似之处。

第三编债权,由债权总则、合同、无因管理、不当得利、侵权行为等构成。

第四编亲属,包括有关亲属关系的总则规定、家族、婚姻、父母与子女、监护、抚养。随着社会经济的不断发展,韩国《民法》亲属编的诸多内容发生重大变化。比如,历经数次修改,韩国《民法》成立以来所规定的以户主为中心构成家庭的户主制度与男女平等的宪法理念及其时代的变化不相符合,已经全部予以废止。

---

① 이은영, 민법총칙, 박영사, 2005, 19 면。

② 参见韩国国家法令信息中心,http://www.law.go.kr。

第五编继承。1958 年 2 月 22 日的韩国《民法》继承编由户主继承、财产继承以及遗嘱等三章构成。历经数次修改，现行韩国《民法》继承编由继承、遗嘱等两章构成。

第二节　民法总则

一、民法概述

(一) 民法的意义

1. 民法是私法

人的社会生活关系可分为两种：一种是作为国家的一员而产生的生活关系，另一种是作为一般市民在日常生活中的生活关系。如果把前者称作公法意义上的社会关系，那么后者可以称作私法意义上的社会关系。民法是调整私人之间即市民关系的法律。因此，民法是私法。原则上说，凡是平等主体之间的财产关系和人身关系，都属于私法关系，而具有等级和隶属性质的法律关系，则应属于公法关系。私法关系的参与主体都是平等主体，而公法关系中必然有一方是公权主体。

2. 民法是一般私法

民法是适用于有关以民事为内容的一般私法。这与特别私法商法，存在重大差别。商法的调整对象是以营利为目的活动的“商人”。

3. 民法是实体法

实体法是与程序法相对应的法律部门，是指规定具体权利义务的发生、变更、消灭的法律。民法是规定民事主体之间的权利义务变动的法律，而不是规定权利救济程序的法律，因而民法是实体法，而非程序法。一般认为，民法是实体法，民事诉讼法是程序法。

(二) 民法的法源

民法的法源，是指法院裁判民事案件所依据的法律规范或根据的来源。韩国《民法》第 1 条规定：“关于民事，法律无规定的，依照习惯法；无习惯法的，则依照法理。”法律是国家权力机关在其职权范围内制定的有关民事的规范性文件。习惯法是指一定范围、一定地域的人们长期形成的为多数人认可并遵守的行为规范。法理是指形成法律的基本精神和学理。

民法的法源中最重要的法律是 1960 年 1 月 1 日开始施行的现行韩国《民法》。目前，共由 1118 个条文构成的韩国《民法》是在韩条文数最多的法律。

对于习惯法与成文法的关系，存在两种对立的学说。一种是认为习惯法只能是在不存在成文法的情形下补充存在的补充效力说，另一种是认为习惯法具有可修改和废除成文法效力的变更效力说。韩国法院的判例采取补充效力说。[①] 依据现存判例所确定的习惯法，主要包括有关树林和未分离果实的所有权移转的明认方法，习惯法上的法定地上权、坟墓基地权、名义信托与转让担保、事实婚等。

法官不得以法律规范的空白为由拒绝审判是近代法律的一般原则。现行韩国《民法》亦认为，"法官不得以没有法律规范为由拒绝审判，因此作为审判的基准，认定法理是合理的。"对于法理是否可以构成法源，存在两种对立的学说。一种学说认为，法理其本身并不具有采取法命题形式的特殊性，但根据《民法》第1条的规定，应认定为民法的法源。另一种学说认为，认定为法理是裁判的基准，并不是因为法理是法律规范，而是因为法律规范有瑕疵时，防止法官的随意裁判，因此不得认定法理是民法的法源。判例认为，"女性不得成为宗族的成员的习惯法，与以两性平等为基础的宪法精神不相符合，再也不能发生效力，此时，根据《民法》第1条的规定，依据法理认定，与祖先同姓同本的子孙没有性别的区别，成年时应自然成为宗族的成员"。[②]

（三）民法的基本原则

根据韩国《民法》的规定，可将韩国民法的基本原则概括为：私有权绝对原则、私的自治原则、过失责任原则。韩国民法根据宪法的精神，保障每一个人权利能力的平等，尊重其私有财产权，肯定私法自治，采用过失责任原则。[③] 韩国《民法》，正从多个角度对近代民法的基本原则进行修正，即为了实现国民全体的公共福利，利用信义诚实原则、权利滥用禁止原则、社会的妥当性原则、保护交易安全原则等，对上述原则加以严格限制。

二、权利主体

权利主体，是指根据法律规定，能够参与法律关系，享有权利和承担义务的当事人。在韩国，能够充当民事法律关系主体的包括自然人与法人。

---

① 대법원1983.6.14. 선고, 50 다 3231 판결。
② 대법원2005.7.21. 선고, 2002 다 1178 판결。
③ 곽윤직, 민법총칙, 박영사, 2002, 38 면; 김용한, 민법총칙론, 박영사, 1986, 42 면。

(一)自然人

1. 自然人的概念

自然人,是基于出生而取得民事主体资格的人,包括本国公民、外国公民和无国籍人。自然人和公民不同,公民仅指具有一国国籍的人。

2. 自然人的权利能力

所有的自然人从出生开始就成为权利义务的主体,并且,从出生时起到死亡时止具有民事权利能力。自然人的权利能力因出生而取得,因死亡而消失。对于如何确定出生时间与死亡时间,韩国民法主张:出生时是以完全脱离母体为准,[①]死亡时是以停止脉搏或心跳停止时为准。[②] 据此,出生前的胎儿并不具有权利能力,但是韩国民法例外认定胎儿的权利能力,比如,侵权损害赔偿请求、财产继承、遗赠、认知等情形,此时,视为胎儿已出生。

3. 自然人的行为能力

权利能力仅指享有权利或承担义务的地位或资格。但是,享有权利能力的人如果要在现实生活中真正享有某种权利或承担某种义务,那就必须具备一定的意思能力。意思能力,是指具有能够正确认知现实的认识力和在一定程度上能够判断未来的预见力,并能以此来正确判断自己行为结果的精神方面的能力。但是,因为具有这种意识能力的人千差万别,所以有必要将其统一地加以客观化。行为能力,是指具有意思能力的人,能够单独完成某种有效行为的资格。韩国民法将一定的人视为判断力和意思能力受到限制的人,并将其作为限制行为能力人加以保护。依据韩国《民法》的规定,自然人的限制行为能力人分为未成年人、成年被监护人、限定被监护人、特定被监护人。①未成年人。在韩国,未成年人是指未满19周岁者。②成年被监护人。成年被监护人是因疾病、残疾、高龄以及各种精神原因不能长期正常处理事物的人。③限定被监护人。限定被监护人是因疾病、残疾、高龄以及各种精神原因缺乏处理事务能力的人。④特定被监护人。特定被监护人是临时或对特定事务需要获得帮助的人。这些限制行为能力人的法律行为可以撤销,撤销的法律行为具有溯及力,绝对无效,以最终保护他们的财产。

4. 自然人的住所

对于人的法律关系,有必要以一定的场所为中心予以规范。民法将人的生活的根据地称为住所。对此,除了定居的事实(实质主义)之外,并不要求具有定居

---

① 김준호, 민법총칙, 법문사, 2015, 64 면。

② 김준호, 민법총칙, 법문사, 2015, 72 면。

的意思(客观主义)。此外,还可以同时在两地以上设立住所(复数主义)。没有住所的或者无法确定住所的以及在国外有住所的,考虑法律关系的不便,将居所视为住所(第19条、第20条)。对于因实施某一行为而设定临时住所的,限于该行为,将其视为住所(第21条)。例如,住所在大田的商人为了交易来到首尔,把他住的某酒店的某房间设定为住所的,限于该交易,将其视为住所。临时住所是依据当事人的意思而设定的,限制行为能力人不得单独设定临时住所。

韩国民法将以住所为中心规定不在者与失踪者。

所谓不在者,是指离开原来的住所或居所,是否返回不明确的人。不在者未确定财产管理人的,法院可以作出选任财产管理人等财产管理所必要的处分命令(第22条第1款)。法院选任的财产管理人,属于法定代理人的一种,负有善良管理人的注意义务。财产管理人对不在者的财产,可以实施保存行为、在不改变财产性质的范围内的利用行为以及改良行为(第25条)。财产管理人应制作其所管理的财产的清单(第24条第1款),并实施法院所命令的处分(第24条第2款)。

所谓失踪者,是指不在者生死不明的状态持续一定期间(失踪期间)的,依据法院的宣告被拟制死亡的人。对于失踪期间,一般失踪期间为5年(第27条第1款),其他特别失踪(战争失踪、船舶失踪、飞机失踪以及其他危难失踪)期间为1年(第27条第2款)。失踪者,在以住所或者居所为中心的私的法律关系中,自失踪期间届满时起,视为死亡(第28条)。例如,甲在飞机堕落事件中失踪于1980年1月1日,1990年其配偶请求宣告失踪,1991年甲被宣告失踪的,视为甲于1981年1月1日死亡。宣告失踪并非最终、绝对剥夺其权利能力,宣告失踪的效力范围局限于失踪者的以原来住所为中心的私法的法律关系。有以下情形的,可以撤销宣告失踪:①失踪人生存的事实;②死亡时间不同于失踪期间届满时间的事实(第29条第1款)。韩国民法为了保护交易的安全,规定撤销宣告失踪之效力,不影响在宣告失踪之后撤销之前因善意所为的行为的效力(第29条第1款但书)。以宣告失踪为直接原因而取得财产的,如果为善意,返还现存利益;如果为恶意,则须返还现存利益加利息(第29条第2款)。

(二)法人

自然人之外,依据法律承认其人格的权利主体为法人。

1.法人的种类

法人,包括社团法人和财团法人。社团法人是指由两个以上的自然人构成的法人;财团法人是指为达到一定的目的而集中一定财产为要素构成的法人。社团法人又分为以营利为目的的营利法人和不以营利为目的的非营利法人。在韩国,前者由商法调整,而后者则由民法调整。

2. 法人的能力

根据韩国《民法》的规定,法人仅在其章程所确定的目的范围内,具有权利能力和行为能力(第 34 条)。在此所谓的目的范围,是指为达成目的所“必需的范围”。[①]法人设有机关,法人机关设有理事、监事、社员大会,代表机关的行为被视为法人的行为。法人对理事以及其他代表人因其职务而对他人造成的损害,负有赔偿责任。但理事和其他代表人不得因此而免除自己对该损害赔偿的责任(第 35 条第 1 款)。对于因法人目的范围之外的行为致他人损害的,法人不承担侵权行为责任,而应由赞成该决议或者执行该事项的社员、理事或其他代表人,承担连带赔偿责任(第 35 条第 2 款)。

3. 法人的设立

法人通过制作记载一定事项的章程、取得主管机关的许可、在主事务所所在地办理设立登记而成立。对于财团法人的设立,除上述程序之外,尚需财产的出资行为。对于出资财产的归属时期,财团法人是在因生前处分而设立的情形,于法人成立之时;在因遗嘱而设立的情形,于遗嘱发生效力之时,归属于法人。对此,多数说认为,即使未经登记或交付,法律确定之时,物权应归属于法人;而少数说则认为,必须经登记或交付,才可归属于法人。判例认为,出资人和法人之间,即使未经登记,物权亦可归属于法人,但如未经登记,则不得对抗第三人。[②]

4. 法人的解散

法人因期间的届满、目的的实现或不能实现、破产、成立许可被撤销以及章程所规定的其他事由而解散。社团法人特有的解散原因包括社员的不存在和社员大会的解散决议。对于社团法人的解散,如果章程无其他规定,则须全体社员3/4以上同意才可解散。但法人并不因解散而丧失法人人格,而须经过清算程序。所谓清算,是指终止法人原有活动、处理残存业务并整理财产关系的程序。此时,法人仅在其目的范围以及清算目的范围内享有权利能力。法人人格在清算结束之后才可消灭。

三、权利客体

根据权利的种类不同,其客体也有所不同。但大多数民事法律关系与物有密

---

① 고상룡, 민법학특강, 법문사, 1995, 97 면。

② 대법원1979. 12. 11. 선고, 78 다481 · 482 판결。

切联系,有的以物为客体;有的虽以行为为客体,但仍以物为利益体现。所谓物,是指有体物、电以及其他可管理的自然力(第98条)。根据不同的标准,物可以分为不同的种类。如物分为主物和为实现其经济性用途而附属的从物(第100条第1款),则从物随主物的处分(第100条第2款)。此外,物还可分为原物和从原物所收取的经济受益——孳息。孳息根据物的用法,可分为产出的天然孳息(第101条第1款)和作为其使用对价的法定孳息(第101条第2款)。前者自与原物分离之时,归属于收取它的权利人(第102条第1款);后者按收受权利存续期间天数的比率获取(第102条第2款)。另外,物还可分为不动产和动产。不动产是指土地及其定着物(第99条第1款),动产是指不动产以外的物(第99条第2款)。不动产包括土地和经公示被认定为独立于土地的建筑物、立木、树木、未分离的孳息、农作物等。树木、未分离的孳息和农作物的公示方法为习惯法上的明认方法。明认方法作为公示方法,以贴标签等方式,使第三人明明白白认识目前的所有人。法律上对待不动产和动产存在着诸多差异。例如,善意取得的适用,对于动产承认善意取得(第249条),而对于不动产则不承认善意取得。

四、权利变动

权利变动是指从权利本位的立场出发,泛指权利或义务的变动,是权利的发生、变更和消灭的统称。大体上,民法规定采取了"只要具备一定要件就发生一定效果"的方式。在此,"一定效果"为"法律效果",从权利的角度来看,它表现为权利变动,而能使法律效果或者权利变动产生的前提条件(原因)称为法律要件。法律要件按其发生原因分为两种。一种是当事人的"意思表示以及法律行为"。实现民法基本基础的私的自治,需以意思表示为手段而实现,其完成的单位是法律行为。另一种是法律行为以外的所有的情形,即民法所规定的产生权利变动的情形,统称为"法律规定"。例如,消灭时效、取得时效、无因管理、不当得利、侵权行为、继承等,根据民法的规定,只要具备一定要件,无关于当事人的意思,就取得或丧失其权利。

(一)法律行为

法律行为是指以一个或数个意思表示为本质性构成要素的法律要件。一般将当事人、目的和意思表示称为法律行为的成立要件。当事人必须具备意思能力和行为能力;目的必须确定、可能、合法并具有社会妥当性;意思和表示必须一致,并且意思表示不得有瑕疵。民法规定反社会的法律行为和不公平的法律行为为无效。所谓反社会法律行为,是指违反善良风俗以及其他社会秩序而实施的法律行为。判例所确认的反社会行为的类型,包括反伦理的行为①、反正义观念的行为②、极度限制个人自由的行为③、处分生存的基础财产的行为④以及赌博等射幸行为⑤。所谓不公平法律行为,是指因当事人的窘迫、轻率、无经验而实施的显著丧失公平的法律行为。

1. 意思表示

所谓意思表示,是指向外部表示以发生一定法律效果为目的的意思的行为。关于意思表示,韩国《民法》规定了意思和表示不一致的情形、意思表示有瑕疵的情形和意思表示的生效等内容。

韩国《民法》规定的意思和表示不一致的情形,包括非真意表示、虚伪表示和错误。所谓非真意表示,是指仅表意人自己知道其真意和表示不一致而为的意思表示。民法采取表示主义,即不考虑表意人的真意而仅依据表示确认其效力,因此非真意表示原则上有效(第 107 条第 1 款),但相对人知道或可以知道其为非真意的,无效(第 107 条第 2 款)。所谓虚伪表示,是指与相对人通谋的虚伪的意思表示。韩国《民法》明文规定,虚伪表示为无效。虚伪表示,在多数情形之下是为了隐匿一定的行为而作出。在此,通过虚伪表示而被隐藏的行为称为隐匿行为,外部的虚伪表示称为假装行为。但是,所谓的信托行为,即为实现一定的经济目的而向相对人移转实现该目的所需的权利,且相对人仅在实现该目的所必要的范围内行使该权利的法律行为,不构成虚伪表示。所谓错误的意思表示,是指从表示行为可推断的意思与真意不一致,且表意人无法得知该不一致的意思表示。在此,所谓真意,是指若无错误应具有的内心的效果意思。通过错误所为的意思表示,如果对法律行为内容的重要部分存在错误且错误非因表意人的重大过失的,可以撤销(第 109 条第 1 款)。因意思和表示不一致而导致意思表示无效时,有可能损害善意第三人的利益,为此韩国《民法》又明文规定,意思表示的撤销和无效,不得对抗善意第三人(第 107 条第 2 款、第 108 条第 2 款、第 109 条第 2 款)。所谓第三人,是指基于虚伪表示,与虚伪表示的当事人缔结新的法律关系的人。

---

① 대법원1967. 10. 6. 선고, 67 다1134 판결; 대법원1955. 7. 14. 선고, 4288 민상156 판결; 대법원1963. 11. 7. 선고, 63 다587 판결。

② 대법원2001. 4. 24. 선고, 2000 다71999 판결; 대법원 2010. 7. 29. 선고, 2009 다56283 판결; 대법원2000. 2. 11. 선고, 99 다49064 판결。

③ 대법원1969. 8. 19. 선고, 69 므18 판결。

④ 대법원1970. 3. 31. 선고, 69 다2293 판결。

⑤ 대법원1959. 7. 16. 선고, 4291 민상260 판결; 대법원1959. 10. 15. 선고, 4291 민상262 판결。

所谓有瑕疵的意思表示,是指基于欺诈和强迫而为的意思表示。基于欺诈的意思表示,是指表意人因相对人或第三人的欺骗行为陷入错误而为的意思表示。欺骗行为的构成要件包括欺诈人的故意、欺诈行为、欺诈的违法性、因果关系。基于强迫的意思表示,是指表意人因相对人或第三人的强迫行为陷入恐惧而为的意思表示。强迫行为的构成要件包括强迫人的故意、强迫行为、违法的强迫行为、因果关系。在因欺骗行为或强迫行为造成意思表示不自由的状态下,基于欺诈或强迫所为的意思表示,可以撤销(第110条第1款)。对于有相对人的意思表示,如果该意思表示是因第三人的欺诈或强迫而为的,则限于相对人已知或可知该事实的情形下,可以撤销(第110条第2款)。为保护善意第三人,韩国《民法》明文规定,意思表示的撤销,不得对抗善意第三人(第110条第3款)。

韩国《民法》在有相对人的意思表示的情形下,为协调表意人和相对人的利益,对意思表示的生效时期,采取到达主义。有相对人的意思表示,到达该相对人时,发生效力(第111条第1款)。因此,意思表示的未到达、迟延等,对表意人不利。此外,意思表示的撤回应在已发出的意思表示到达之前或同时到达时,才可有效。对于无相对人的意思表示,法律无特别的规定,自表示行为完成时,生效。意思表示发出之后,即使表意人死亡或丧失行为能力,亦不影响意思表示的效力(第111条第2款)。韩国《民法》规定,意思表示的相对人接受意思表示时为无行为能力人的,表意人不得以该意思表示对抗相对人,将意思表示的受领能力与行为能力同一对待(第112条)。因此,无行为能力人,原则上无受领能力,但限于有行为能力的例外情形下,认定其有受领能力。

2. 代理

所谓代理,是指代理人以被代理人名义实施的,而该法律效果直接归于本人的法律关系(第114条第1款、第2款)。代理人并非法律行为的当事人,受领代理人的意思表示或向代理人为意思表示的人和本人为当事人。

(1)代理权

代理人为了本人的利益,为意思表示或受领意思表示,且将该法律效果直接归于本人的法律上的资格,称为代理权。代理权依其发生原因,可分为任意代理权和法定代理权。据此,代理人亦可分为任意代理人和法定代理人。所谓任意代理人,是指依据本人的意思表示,获得代理权的代理人。以授予代理权为目的的法律行为,称为授权行为。对于授权行为的性质,多数说认为其属于单方行为,而非契约。一般在理论上,将授权行为与本人和代理人之间存在的委任、雇佣、合伙、承包等为基础的内部关系或者内部行为,予以区别。授权行为有时与内部行为同时发生,有时分别发生。关于作为基础关系的内部行为的无效、撤销等,是否影响授权行为的效力,学说上有无因说和有因说的对立。多数说认为,为了保护第三人和交易安全,应采取有因说。代理人在保存行为以及在不改变代理标的物或权利性质的范围内,可以实施利用或改良(第118条)。所谓法定代理人,是指非依本人的意思表示,而根据法律的规定,被授予代理权的代理人。根据韩国《民法》的规定,法定代理人分为以下几种:①与本人具有一定身份关系的人而成为代理人的,如具有日常家事代理权的夫妻、亲权人等;②根据一定人的指定而成为代理人的,如指定监护人、指定遗嘱执行人等;③根据法院的选任而成为代理人的,如不在者财产管理人、监护人、继承财产管理人、遗嘱执行人等。

(2)代理行为

代理人为代理行为时,须明示"为了本人"的意思(第114条第1款)。所谓"为了本人"的意思,是指将行为的法律效果归属于本人的代理意思。代理人未明示"为了本人"的意思的,如果相对人不知或不能知道其为代理人的,将其意思表示视为代理人为自己而为的意思表示(第115条)。在被动代理的情形下,相对人必须向代理人明示是为了本人之意思(第114条第2款)。在代理行为中,意思表示的当事人为代理人,因此判断是否存在非真意表示、虚伪表示、错误和欺诈、强迫等时,须以代理人为标准予以判断(第116条第1款)。在代理行为中,本人并非法律行为的当事人,但对于自己知道或因过失不知道的事情下,不得主张代理人的不知情(第116条第2款),因为本人为法律行为效果的最终归属者,因此不得作为第三人受保护。韩国《民法》明文规定,代理行为的代理人,无须为完全行为能力人(第117条)。对于无行为能力人是否可以成为法定代理人,少数说认为,尽管法律并未规定,但法定代理人仍必须为完全行为能力人。多数说则认为,除法律特别限制的情形外,无行为能力人亦可成为法定代理人。

(3)代理的效果

代理人的意思表示,其结果直接归属于当事人本人(第114条)。直接归属于本人的效果,除了包括代理人意思表示为中心的法律后果外,还应包括随意思表示而产生的非法律后果。但是,因代理人的非法行为而引起的责任,不能被看作合法行为意思表示的效果,其责任不归属于当事人本人,而应由代理人自己承担。

(4)复代理

复代理,是指代理人为了实施代理权限内的全部或部分行为,以自己的名义选定他人担任被代理人的代理人而进行的代理。比如,甲委任乙出售住宅,授予代理权,乙以自己的权限选任丙为甲的代理人出售其住宅的行为。在此,代理人选任复代理人的权限称为复任权,其选任行为为复任行为。代理权为依法律行为授予的,除代理人经过本人的同意或者因为发生不得已的事由之外,则不得选任复代理人。但法定代理人可以不经本人的同意,以自己的责任选任复代理人。代理人选任复代理人,对本人负有选任、监督责任(第 121 条第 1 款)。复代理人对于本人、第三人,具有与代理人相同的权利义务(第 123 条第 2 款)。

(5)无权代理

无权代理,分为狭义的无权代理和表见代理。所谓狭义的无权代理是指代理人无代理权的情形,不包括表见代理。在契约中,对于无权代理行为,本人享有追认权和拒绝权(第 132 条)。经本人追认的,无权代理行为的效力溯及合同订立时(第 133 条),而无权代理人与本人之间成立无因管理。此时,无权代理人的相对人对本人享有催告权(第 131 条)和撤回权(第 134 条)。无权代理人根据相对人的选择,负担履行合同或损害赔偿责任(第 135 条)。此时,无权代理人负无过失责任。在单方行为中,无相对人的单方行为的无权代理行为是确定的、绝对的无效,因此即使本人有追认,亦不得发生效力;但有相对人的单方行为的无权代理,限于相对人同意无代理权的行为或对代理权未提出异议的情形,无权代理人与本人之间成立无因管理(第 136 条)。所谓表见代理,是在代理人虽无代理权但具有授予代理权外观而成立的无权代理。表见代理包括基于授予代理权外观的表见代理(第 125 条)、超越权限的表见代理(第 126 条)以及代理权终止之后的表见代理(第 129 条)等。基于授予代理权外观的表见代理,是指比如外观上甲授予乙代理权为内容广告,但是事实上未授予代理权的,丙视为乙具有代理权,与乙实施法律行为等情形。超越权限的表见代理,是指比如授予代理权出售某建筑物或者对其建筑物设定担保借入 1000 万元,但是实施对其建筑物设定担保借入 3000 万元的代理行为的情形。代理权终止之后的表见代理,是指某些曾有代理权的人,比如辞任法人理事职位的人,作为法人理事,与第三人实施的法律行为,或者本人死亡之后代理人继续实施代理行为等情形。表见代理一旦成立,相对人可以向本人主张代理行为的效力(第 131 ~ 134 条)。另外,表见代理仍属无权代理,所以无权代理的一般效力对其有同等效力,如本人的追认权、拒绝权和相对人的拒绝权、撤回权。但对于相对人可否要求无权代理人负担履行契约或损害赔偿责任,学说存在分歧,多数说持肯定观点。

3. 无效和撤销

(1)法律行为的无效

法律行为的无效,原则上绝对无效。但非真意表示的无效和虚伪表示的无效,不得对抗善意第三人(第107条第2款、第108条第2款)。韩国《民法》明文规定,法律行为的部分无效的,原则上全部无效,但即使不存在该无效部分仍会实施该法律行为的情形,其余部分有效(第137条)。例如,甲与保险公司乙缔结保险契约约定:被保险人为7周岁的甲的儿子丙,保险受益人为甲,丙若因灾害死亡之时,给付死亡保险费;若因灾害受到障碍之时,给付所得丧失扶助金为内容的保险契约。根据《商法》第732条(以未满15岁者、身心丧失者或者身心薄弱者的死亡为保险事故的保险契约为无效)的规定,甲与公司乙缔结的保险契约中丙若因灾害死亡之时,给付死亡保险费的内容为无效。但法院认为,即使甲知道该事实仍与乙缔结该保险契约,判决契约其余部分的内容仍有效。[①] 此外,无效的法律行为具备其他法律行为的要件,且可以认定当事人如果知其无效,将会实施该其他法律行为的,该无效法律行为转换为其他法律行为(第138条)。比如,重建公司与土地所有者签订的买卖合同,由于买卖款的巨大属于不公正的法律行为,但是根据无效行为的转换规定,将适当降低买卖款,认定其买卖合同的有效性。[②] 对于无效法律行为,即使经追认,仍不发生效力。但当事人知其无效且追认的,视为新的法律行为(第139条)。因不公正的法律行为而无效的,即使经追认,其无效法律行为不得成为有效法律行为。[③]

(2)法律行为的撤销

所谓可撤销的法律行为,是指虽然有效成立但无法确定有效的、流动的法律行为。法律行为一旦被撤销,溯及无效(第141条)。撤销权人包括,限制行为能力人,因错误、欺诈、强迫而意思表示者,法定代理人和承继人(第140条)。撤销权的行使,应自可追认之日起3年、法律行为实施之日起10年内行使(第146条)。法律行为一旦被撤销,尚未履行的义务随之消灭,而已经履行的,发生不当得利的返还义务。可撤销的法律行为,经追认,可以确定有效(第143条)。追认意味着抛弃撤销权,因此撤销事由终止之后知道撤销事由而不追认的,不发生追认的效力(第144条),但由法定代理人撤销的除外。可撤销的法律行为经追认,不得撤销(第143条)。但撤销权终止之后,如果不保留任何异议,发生以下事由的,视为追认:全部或部分履行、履行请求、更改、提供担保、转让因可撤销的法律行为而取得的权利的全部或部分、强制执行事由(第145条)。

---

① 대법원2013.4.26. 선고, 2011 다9068 판결。

② 대법원2010.7.15. 선고, 2009 다50308 판결。

③ 대법원1994.6.24. 선고, 94 다10900 판결。

4. 条件和期限

为限制法律行为效果发生或消灭，当事人所附加的约款称为附款。韩国《民法》规定了作为法律行为之附款的条件和期限。

所谓条件，是指当事人以将来客观上不确定的事实，作为决定法律行为效力的附款。条件中，使发生法律行为效力的条件，称为停止条件（第 147 条第 1 款）；使消灭法律行为效力的条件，称为解除条件（第 147 条第 2 款）。外观的形式上为条件，但实质上不被认定具有条件的效力的，称为假装条件，包括法定条件、违法条件、既成条件、不能条件。法定条件，是指为了法律行为发生效力，法律特别规定的要件。例如，在设立法人行为中，有关行政厅的许可等。在此种法定条件中也可以附加条件，比如，法律将“截至特定日取得”规定为有效条件的行政厅的许可。违法条件，是指以违背善良风俗以及其他社会秩序的事实为内容的条件。附违法条件的法律行为，无效（第 151 条第 1 款）。既成条件，是指以法律行为当时已经成就的事实为内容的条件，并非未来意义的条件。如果以既成条件为停止条件的，视为未附条件的法律行为，但以既成条件为解除条件的，该法律行为无效（第 151 条第 2 款）。不能条件，是指以法律行为当时已经无法成就的事实或客观上不可能实现的事实为内容的条件。法律行为以不能条件为解除条件的，视为未附条件的法律行为；以不能条件为停止条件的，则该法律行为无效（第 151 条第 3 款）。

所谓期限，是指当事人以将来客观确定发生的事实，作为决定法律行为效力的附款。决定法律行为效力发生的期限为始期（第 152 条第 1 款），决定法律行为效力消灭的期限为终期（第 152 条第 2 款）。

条件成就或期限到来之前，当事人享有希望权或期待权。因此，法律行为的当事人，不得侵害随着条件的成就或期限的到来相对人所应得的利益（第 54 条）。此外，对于条件的成就或期限的到来无法确定的权利、义务，当事人可以根据一般的规定予以处分、继承、保存或提供担保（第 149 条、第 154 条）。这种期限利益的享有者，主要有无偿保管的保管人、无利息消费借贷的借款人、使用借贷的借用人、租赁合同的出租人和承租人等。条件的成就和期限的到来，不具有溯及力（第 147 条第 1 款、第 2 款，第 152 条第 1 款、第 2 款）。但在附条件时，如果当事人作出将条件成就的效力溯及成就前的意思表示的，依其意思（第 147 条第 3 款）。

（二）消灭时效

韩国《民法》明文规定，时效的客体是财产权（第 162 条第 2 款）。因此，身份权和人格权，不能成为时效的客体。在财产权中，所有权为永久权（第 162 条第

2 款)，占有权是自始至终伴随占有的权利，担保物权是从属于被担保债权的权利，所以这些权利也不能成为时效客体。关于形成权是否为时效的客体，通说认为不是时效的客体，而是除斥期间的客体。

一般财产权的时效期间为 20 年(第 162 条第 2 款)，债权的时效期间为 10 年(第 162 条第 1 款)，因商行为发生的债权的时效为 5 年(《商法》第 64 条)。此外，民法还规定了 3 年(第 163 条)或 1 年(第 164 条)的短期时效。但即使属于短期时效的债权，一旦通过法院判决确定，则其时效期间仍为 10 年(第 165 条第 1 款)。消灭时效自可以行使权利之时开始(第 166 条第 1 款)；在以不作为为目的的情形下，自实施违反行为之时开始(第 166 条第 2 款)。时效期间，不得依法律行为排除、延长或加重，但可缩短或减轻(第 184 条第 2 款)。

不行使权利的状态中断或义务人承担义务时，消灭时效随之中断。消灭时效因请求、扣押或假扣押、假处分、承认而中断(第 168 条)。其中所谓请求，是指权利人主张并行使其权利；请求并不限于裁判上的请求。裁判上的请求(第 170 条)、参加破产程序(第 171 条)、支付命令(第 172 条)、为和解的传唤(第 173 条)、任意出席(173 条)、催告(第 174 条)，均属于请求。催告后 6 个月内，不为裁判上的请求的，不发生时效中断的效力(第 174 条)。判例认为，应诉也属于裁判上的请求，发生时效中断的效力。[①] 消灭时效中断的，中断时已经经过的时效期间不再计入，中断事由终止时起，重新计算新的时效(第 178 条第 1 款)。所谓消灭时效的中止，是指消灭时效即将完成之时，发生权利人难以中断时效事由，而自时效期间终止前的一定时期起该事由不消失时，中止时效进行的制度。例如，限制行为能力人无法定代理人的情形(第 179 条)、对财产管理人限制行为能力人享有权利的情形(第 180 条第 1 款)、夫妻对另一方享有权利的情形(第 180 条第 2 款)、对继承财产享有权利的情形(第 181 条)，为自时效完成 6 个月前起，时效中止；在因天灾以及其他变故而无法中断消灭时效的情形(第 182 条)，为自时效完成 1 个月前起，时效中止。消灭时效中止事由消灭后，根据具体事由，经过 6 个月或 1 个月即完成消灭时效。

对于消灭时效的效果，学界存在分歧。多数说采取绝对消灭说，即认为权利被消灭；但少数说采取相对消灭说，认为权利没消灭，而仅发生向时效利益的取得人主张权利消灭的援用权。因消灭时效以保护时效期间持续的事实状态为目的，所以溯及起算日发生效力(第 167 条)。因此，起算日之后的利息无须给付。消灭

---

① 대법원1993. 12. 21. 선고, 92 다47861 판결。

时效的利益不得事先抛弃(第184条第1款)。

(三)期间

所谓期间,是指从一定时间继续到达一定时间。期间属于法律事实中的事件,并同其他法律事实结合在一起成为法律要件。期间的计算有自然计算法和历法计算法。自然计算法是以时、分、秒为计算单位,以时间的自然流逝,以时为起算点,以既定的时、分、秒为期间的届满点。历法计算法是以历法的日、周、月、年为计算单位。期间开始的日不算在内,但出生年、月、日的计算和期间从零时开始的例外。期间最后一日为期间的届满日。期间以周、月、年为单位时,不以日为换算单位,而根据历法计算。以月、年为单位时,在最后月无该当日时,以该月的末日为期间届满日。期间的最后一日为公休日时,以公休日的第二日为期间届满日。

第三节 物 权

一、总论

物权是以物为客体的权利。物权,将特定之物归属于某特定主体,由其直接支配特定之物的价值(包括使用价值、交换价值)。作为物权客体的物,分为动产和不动产。不动产最有代表性的为土地和建筑物。建筑物不是土地的构成部分,而是独立于土地的不动产。作为物权客体的物,区别于其他物,成为交易的对象,具有特定性和独立性。物权作为直接支配物的权利(直接性),可排除与其不能并存的他人支配(排他性),且对任何人均可主张(绝对性),并可自由处分(较强的让与性)。物权此种支配权的性质通过"公示方法"实现,如甲对某地主张所有权,宣示该地为其所有。不动产以"登记"为其公示方法;动产以"占有"为其公示方法。物权具有的支配权的性质产生以下几种效力。①同一内容的物权相互之间"时间在先,效力在先"。同时,物权优先于债权。②物权被侵害之时,可以请求解除其侵害(物上请求权)。通过物上请求权物权可以维持原来的实效性。无论侵害人是否具有过失,物权的实现受到妨碍的,均足以发生物上请求权。物权,除依法律或者习惯法之外,不得任意创设。基于物权法定主义,"物权法是强行法"。韩国《民法》规定的物权包括占有权、所有权、地上权、地役权、传贳权、留置权、质权、抵押权。一般分类,见图4-1。

- 物权
  - 占有权
  - 本权
    - 所有权
    - 限制物权
      - 用益物权：地上权、地役权、传贯权
      - 担保物权：留置权、质权、抵押权

图 4－1　物权分类

物权的变动，是指物权的发生、变更、消灭。引起物权变动的原因分为两种。一是与当事人意志有关的“法律行为”；二是法律行为以外的“法律规定”。引起物权变动，前者以公示方法为要件，而后者不以公示方法为要件。

关于不动产的物权变动，韩国《民法》规定如下：

比如，甲对于其所有土地与乙签订买卖合同。乙成为所有人，需要具备两个要件，即关于所有权变动的合意和所有权移转登记。因此，未经协议，所有权移转登记的，或者经协议，但未办理所有权移转登记的情形，乙均不得成为该土地的所有人。韩国《民法》第 186 条规定，基于法律行为的不动产物权的得失变更，经登记发生效力，即不动产物权变动的要件规定为物权行为和登记。物权行为，是指以物权变动为目的的法律行为。物权与公示方法具有不可分的关系，因此，韩国《民法》采用登记的方法对不动产物权变动进行公示。此时，引起物权变动的登记需要满足两个要件：一是按照不动产登记法的规定进行登记（形式要件）；二是登记应与物权行为的内容相一致（实质要件）。值得注意的是，与物权行为不一致的登记的效力问题，判例认为，形成一定法理最终符合实体关系的，应认定其登记为有效。但并非所有的不动产物权变动是基于法律行为而引起的，如基于继承、征收、判决、拍卖等情形，即是无关于法律行为而引起的变动。这就是所谓的基于“法律规定”的物权变动。韩国《民法》规定，上述情形无须登记。例如，甲死亡之后，其所有不动产无须登记其继承人为所有人，但是处分该不动产之时，需经登记。在此案例中，甲为登记义务人，乙为登记权利人。一般情形下，登记权利人和登记义务人共同申请所有权移转登记，通过共同申请保障登记的真实性。如果甲未协助登记申请，乙可以请求协助登记申请，此即所谓的“登记请求权”。

关于动产的物权变动，韩国《民法》规定如下：

基于法律行为的动产物权变动，与不动产物权变动相同，需要具备两个要件，即物权行为和公示方法。韩国《民法》规定的动产物权包括占有权、所有权、留置权、质权，准用于此要件。但是动产物权变动的公示方法分为现实交付（第 188 条第 1 款）、简易交付（第 188 条第 2 款）、占有改正（第 189 条）、对标的物返还请求权的让与（第 190 条）4 种。基于法律规定的动产物权变动，主要涉及所有权取得的问题,包括公示方法,认定占有的公信力,赋予所有权取得的效力,规定“善意取得”制度。动产受让人为善意,平稳、公然且无过失地占有该动产,即使让与人为非正当的所有人,该受让人也立即取得该动产的所有权。如果该动产为盗窃物或者遗失物,受害人或者遗失人自其被盗窃或者遗失之日起2年之内可以请求受让人返还,但是盗窃物或者遗失物为金钱除外。

物权的消灭原因虽然有很多种,但是韩国《民法》规定“混同”,准用于所有物权的消灭原因。例如,传贯权人购买其目的物成为所有人的,传贯权当然消灭。

二、分论

(一)占有权

物权,是指某特定主体直接支配特定之物的价值,即使用价值或交换价值。但占有权,与其无关,是指人对物的事实上的支配,不论其是否具有本权,作为物权受保护。因此,小偷也具有占有权。但是,具有占有权的所有人请求返还的,未具有占有权的占有人须返还,据此,占有权最终不得优先于本权。事实上支配物的人,享有占有权。占有人对物丧失事实上支配的,占有权随之消灭。作为权利,认定占有权,认定占有权的转让(第196条)与继承(第193条)。

韩国《物权法》规定的占有分为:直接占有、间接占有;自主占有、他主占有;善意占有、恶意占有;有过错占有、无过错占有;平稳占有、公然占有;有瑕疵占有、无瑕疵占有;单独占有、共同占有。例如,甲对其所有房屋与乙签订期限为2年的租赁合同。根据合同,现在占有、使用其房屋的乙为“直接占有人”;现在未使用其房屋,但合同终了之后,返还其房屋,现实上具有使用可能地位的甲为“间接占用人”。自主占有,是指法律上并不具有支配权源,但具有所有意思的占有;他主占有,是指自主占有以外的占有,以他人具有所有权为前提的占有。善意占有,是指无权占有人无占有的权源但误信存在此种权源且无怀疑地占有。例如,误以为他人遗失之物为抛弃物而以所有的意思占有的情形,占有人误以为自己先占取得成为所有权人,从而误信其占有为有权占有。恶意占有,是指占有人明知无占有权源,或者对是否存在占有权源有怀疑而为的占有。例如,窃贼占有窃得的物品,或者以极低的价格从他人处购买物并对该物是否为赃物有怀疑之人的占有等。有过错占有与无过错占有是以善意占有为前提,以是否具有过错而为的区分。平稳占有,是指不以法律禁止的手段取得的占有;公然占有,是指不故意以避免他人发现的方式取得的占有。有瑕疵占有的“瑕疵”,包括恶意、过错、暴力、隐秘占有和未持续占有的情形。对特定之物一人占有的,称为“单独占有”;数人占有的,称为“共同占有”。占有人基于所有的意思,善意、平稳及公然占有,且前后均有占有事实的,可以推定为其占有持续。例如,能够证明10年前占有的事实和现在占有的事实的,可以推定为其占有10年以来一直继续。

他人掠夺物或者妨害占有的,占有人可以基于占有权请求排除,实现恢复本来的占有状态。占有保护请求权包括,基于占有权的返还请求权、妨害排除请求权、妨害预防请求权。以占有权为诉因的诉讼,不得基于本权的理由进行裁判。比如,甲以所有人占有某特定之物,系被乙盗窃的,即可以基于占有权请求返还,也可以基于所有权请求返还,两者均以独立的请求来处理。

(二)所有权

所有权是在法律限制的范围内,对物全面支配的权利。所有权人对其所有物,依法享有使用、受益和处分的权利(第211条)。但是,所有权的此类权能依法受到限制。韩国《民法》规定的关于不动产所有权的效力范围如下:其一,土地所有权,在正当利益的范围内,其权利及于地上、地下(第212条)。其二,将整栋建筑物区分为若干个部分,每一部分都在结构上和利用上具有独立性的,使其均成为一个独立的所有权对象(建筑物区分所有权)。其三,相邻当事人之间的所有权在一定范围内得以扩张或者受到限制,对此,韩国《民法》规定相邻关系予以规范。其内容包括:生活妨害的禁止(第217条)、利用他人土地的相邻关系、排水以及用水相邻关系、相邻越界关系。

根据取得原因,所有权分为基于法律行为而取得和基于法律规定而取得两种。韩国《民法》规定的基于法律规定而取得所有权的原因,包括取得时效、善意取得、先占、拾得遗失物、埋藏物发现、附合、混合、加工等。

所谓取得时效,是指占有他人之物持续达法定期间而取得其所有权的制度。韩国《民法》之所以规定取得时效制度,其基本的立法理由是:一定的事实关系,即便与法律上的权利归属状况不符,如因长期存在而形成一种秩序,并已引起社会公众或者相关利害关系人的信赖,则强行打破此种长期形成的秩序而回归抽象的权利归属,恐怕会导致不安与混乱。比如,占有他人之物的事实固然不能直接改变所有权的归属状况,但如果此种占有状态长期持续,而所有权人也的确长期消极地不行使权利打断此种占有,则不仅社会公众或者相关交易当事人可能会对占有人享有所有权这一点产生信赖,而且甚至连占有人本人,即便他是恶意的占有人,也会因为这一占有状态的长期持续而产生原所有人已默许自己成为所有人的信赖。取得时效制度的基本功能就在于保护此种信赖。关于取得时效,韩国《民法》规定如下内容:其一,根据对象,取得时效的要件不同。根据不动产与动产的不同,分为不动产取得时效与动产取得时效。以所有的意思,平稳、公然占有不动产满20年的,经登记取得该不动产所有权。登记为不动产所有权的人,以所有的意思,平稳、公然、善意且无过错占有该不动产满10年的,取得该不动产所有权;以所有的意思,平稳、公然占有动产满10年的,取得该动产所有权。此时占有,善意、无过错开始的,经过5年可以取得该动产所有权。其二,所有权取得的效力溯及占有开始之时。

所谓善意取得,是指出让人与受让人之间,以转移标的物所有权为目的而为的动产的交付,即便出让人无转移所有权的权利,在受让人为善意之时仍可由其取得标的物所有权的制度。例如,甲将其笔记本电脑出借给乙,而由后者占有,乙恶意将该电脑出售给不知情的丙,并向其交付,甲知晓之后,以所有人身份向丙要求返还。在此案例中,乙与丙之间实施的处分行为显然属于无权处分,但是,由于丙的善意,再加上其已现实占有标的物的事实,法律认可其直接取得标的物的所有权,从而使甲丧失了所有权。此时,甲不得向丙提出任何权利主张,而仅能向借用人主张不当得利等债法上的请求权。善意取得应具备以下要件:①对象仅限于动产;②转移标的物所有权之时,出让人占有该标的物,且出让人为无权处分人;③受让人通过以所有权转移为目的的取得行为,占有该标的物。

韩国《民法》规定,以所有的意思,占有无主的动产的,取得该动产所有权;无主不动产,归国家所有。拾得遗失物,根据法律规定公告之后1年内,其所有人不主张权利的,由拾得人取得其所有权。发现埋藏物,根据法律规定公告之后1年内,其所有人不主张权利的,由发现人取得其所有权。但是,在他人土地上发现埋藏物的,与该土地所有人平分取得所有权。

韩国《民法》规定的附合分为两种:不动产附合与动产附合。不动产所有人,取得附合于该不动产之上的物的所有权。动产与动产的附合,属于不同人所有的两个以上的动产相互结合,非经毁损不能分离或者分离需花费过巨的,该合成物的所有权归属于占主导地位的动产所有人。没有明显主次之分的,按照各动产所有人在附合时的价值比例而共有。属于不同人所有的两个以上的动产相互混合,以至于不能识别或者识别需花费过巨的(混合),准用动产附合的规定。在他人动产上劳作,使其成为新物的(加工),加工物所有权归属于原材料所有权人。不过,当加工增值部分超过原材料价值的,加工物归加工人所有。

所有权是以对特定之物的使用、受益、处分为内容的权利,由此,存在妨害其事由的,可以请求排除妨害。基于所有权的物上请求权,包括占有返还请求权、妨害排除请求权和妨害预防请求权;通过这些请求权,可以维持所有权的实效性。

共同所有，是指两个以上的法律主体共同享有一物所有权的状态。韩国《民法》规定的共同所有分为：共有、合有、总有，见表4－1。

表4－1　共同所有的分类

不同点	共有	合有	总有
结合形态	(例)数人购买一片土地共同所有	(例)以共同经营工厂为目的，数人购买一片土地共同所有	(例)门中或者教会购买一片土地所有
份额的处分	共有人可以自由地处分其份额(第263条第1款)	受让人为合有人以外的第三人，合有人份额处分受到限制(第277条)	共同所有人不具有份额(第277条)
分割请求	共有人随时请求分割，终止共有关系(第268条)	组合体存续的，不得请求分割合有物(第273条第2款)；分割合有物的，须解散组合体(第274条)	不得请求分割
处分、变更	须征得所有共有人的同意(第264条)	须征得所有合有人的同意(第272条)	须社员总会的决议(第276条第1款)
使用	按照份额比例使用(第263条)	根据组合合同规定使用(第271条第2款)	根据章程规定使用(第276条第2款)
不动产登记方式	以共有人所有人的名义登记，并记录份额(《不动产登记法》第48条第4款)	以合有人所有人的名义登记，并记录合有的宗旨(《不动产登记法》第48条第4款)	以未具有权利能力的社团自身名义登记(《不动产登记法》第26条第1款)

(三)用益物权

韩国《民法》规定的支配物的使用价值的“用益物权”，分为以下几种：

1. 地上权

地上权，是指为了在他人土地上所有建筑物以及其他工作物或者树木，以使用他人土地为内容的权利(第279条)。根据当事人之间的约定和登记而成立的地上权的规定，除了经过1984年《民法》修订新设的区分地上权制度(第289条之2)之外，被评价为“几乎不被适用的制度”。其理由是，为了在他人土地上所有建筑物、工作物以及其他树木，以使用他人土地为内容的权利，除根据作为物权的地上权之外，亦根据作为债权的租赁即土地租赁而发生。尤其是地上权的相关规定,与租赁的相关规定相比较,更有利于土地使用权人,同时,其为强制性规定,土地所有人忌讳设定地上权,选好租赁。对此,学说提出修订地上权的内容接近于租赁的内容,[①]或者固定地上权的规定,相对强化租赁权的规定等立法论。[②]

韩国《民法》之地上权,分为依当事人意思而设立的意定地上权和依法律规定而设立的法定地上权两种。地上权根据土地所有人和地上权人之间的地上权设定合同与其登记而成立。法定地上权分为:为建筑物传贯权人设立的法定地上权(第305条)、为抵押建筑物的竞买人设立的法定地上权(第366条)、为假登记担保法上的建筑物取得人设立的法定地上权(《关于假登记担保等的法律》第10条)、为立木法上的立木所有人设立的法定地上权(《关于立木的法律》第6条)。此外,尚有习惯法上的法定地上权和与之类似的坟墓基地权。习惯法上的法定地上权,是指一人所有的土地与建筑物,基于法律行为或者其他原因,该建筑物或者土地的所有人变更,当事人之间未约定拆迁该建筑物的,建筑物所有人对于该土地所有人当然取得地上权的制度。[③] 坟墓基地权,是指为了在他人土地上所有坟墓,坟墓设置人使用他人土地的类似于地上权的物权。坟墓基地权成立的情形分为以下3种:①得到土地所有人的承诺而在该土地上设置坟墓的情形;[④]②未得到土地所有人的承诺而在他人土地上设置坟墓,平稳、公然占有该坟墓基地满20年的,时效取得坟墓基地权;[⑤]③在自己所有的土地上设置坟墓,未约定移葬坟墓而处分该土地的情形。[⑥]

关于地上权的存续期间,法律根据土地上存在的工作物的性质,分为30年、15年或者5年的最短存续期间(第280条)。未设定存续期间的,地上权的存续期间为5年,即上述期间之中的最短存续期间(第281条第1款)。

地上权消灭,但该土地上建筑物或者其他工作物及其树木仍存在的,地上权人可以请求契约的更新(第283条第1款)。地上权设定人不愿意更新契约的,地上权人可以向地上权设定人请求以相当的价格买受该工作物或者树木(第283条第2款)。支付土地使用价款,并不是地上权的要素。当事人约定支付土地使用价款的,产生支付义务。土地使用价款,因情势变化而变更不合理的,当事人可以

① 곽윤직, 민법총칙, 박영사, 2002, 408 면。
② 이영준, 한국민법론 · 물권편, 박영사, 2004, 611 면。
③ 대법원 1962. 4. 18. 선고, 4294 민상 1103 판결。
④ 대법원 1962. 4. 26. 선고, 4294 민상 451 판결。
⑤ 대법원 1969. 1. 28. 선고, 68 다 1927 판결。
⑥ 대법원 1967. 10. 12. 선고, 67 다 1920 판결。

请求增减其价款(第 286 条)。地上权人 2 年以上未支付土地使用价款的,地上权设定人可以请求消灭其地上权(第 287 条)。地上权消灭的,地上权人负担收回建筑物以及其他工作物或者树木,并将土地恢复原状的义务(第 285 条第 1 款);地上权设定人提供相当的价格请求买受所有物的,地上权人无正当理由不得拒绝(第 285 条第 2 款)。此外,确定土地上下空间的一定范围内,可以设立所有建筑物以及工作物的地上权,韩国《民法》对其称为"区分地上权"(第 289 条第 2 款)。区分地上权,不同于一般地上权。其一,地上权的效力范围及于土地上下全部范围,而区分地上权的效力范围及于土地的地上或者地下一定范围;其二,地上权可以为所有树木而设定,而区分地上权不得为所有树木而设定。

2. 地役权

所谓地役权,是指为自己土地之利益而使用他人土地的权利(第 291 条)。其中,为自己土地提供便利的他人土地称为"供役地",而利用他人土地获得便利的土地称为"需役地"。地役权的内容相当丰富,根据不同标准,可以将其分为不同类型:①作为地役权与不作为地役权。根据地役权的行使内容不同,可以将其分为作为地役权与不作为地役权。"作为地役权",是指以需役地所有人可以在供役地上为一定行为为内容的地役权,通行、排水、汲水等地役权均属此类。"不作为地役权",是指以供役地所有人不得在供役地上为一定行为为内容的地役权,眺望、禁止气象干扰等地役权均属此类。②继续地役权与非继续地役权。根据地役权的行使时间不同,可以将其分为继续地役权与非继续地役权。所谓继续地役权,是指不需地役权人的行为,而由其无间断地继续行使的地役权。例如,不加高建筑的眺望地役权、修筑道路的通行地役权、装设水管的汲水地役权等均属此类地役权。所谓非继续地役权,是指权利内容的实现,每次均以地役权人做出一定行为为必要的地役权。这种地役权通常都无固定的设施,如未开设道路的通行地役权、未装设水管的汲水地役权等均属此类地役权。③表见地役权与非表见地役权。根据地役权的行使形式不同,可以将其分为表见地役权与非表见地役权。表见地役权,是指权利的存在与行使,依一定的事实而表现于外部的地役权,如通行地役权、地面排水或者汲水地役权等。非表见地役权,是指权利的存在与行使,无外在的事实为表现而无法从外部认识的地役权,如采光地役权、眺望地役权等。

地役权,既根据设定合同和登记而取得,也根据遗嘱、继承、转让、取得时效而取得。地役权人有权使用供役地,对供役地加以必要的利用。地役权人在行使其权利之时,应尽量减少对供役地权利人物权的限制。地役权人对于侵害其地役权之人,有权行使妨害排除请求权(第 214 条)以及妨害预防请求权(第 301 条)。

值得注意的是，地役权并不具有占有供役地的权能，因此，不得认定标的物的返还请求权。根据需役地或者供役地的灭失、地役权的抛弃、混同、存续期间的届满、约定消灭事由的发生、供役地的征收等，地役权消灭。

此外，韩国《民法》还特别对某地域居民以集合体的关系有权利在他人土地上采取草木、野生物以及砂土或者放牧等而受益的，作为特殊地役权予以保护（第302条）。

3. 传贯权

传贯权，是指支付传贯金，占有、使用、受益他人的不动产，并对该不动产全部，与后顺位权利人以及其他债权人相比较，优先受偿传贯金的权利（第303条第1款）。农田不得作为传贯权的标的物。传贯权除具有用益物权的性质之外，还具有担保物权的性质。传贯权在存续期间当然属于用益物权，而传贯权消灭的，发生传贯金返还债权，此时，为担保其作为担保物权存续。[①]

传贯权根据当事人的"设定合同"和"登记"而成立。依据约定而成立的传贯权，无论该标的物为土地还是建筑物，存续期间都不得超过10年。约定期间超过10年的，须缩短为10年。1年的最短存续期间适用于建筑物传贯权，并不适用于土地传贯权。未确定存续期间的，当事人一方通告对方传贯权消灭之后，经过6个月，传贯权即消灭。

传贯权人占有标的不动产，根据该不动产的用途，具有使用、受益其不动产的权利。传贯权人应当维持标的物的现状，并进行通常管理的修缮。与其他用益物权不同，传贯金是构成传贯权的成立要素。传贯权设定之后，因各种情况的变化变更传贯金数额不合理的，当事人可以请求适当增减（第312条之2）。但是，传贯金的"增减请求"受到一定的限制，即增减请求的比例不得超过约定传贯金的1/20；自设定传贯权合同之日起1年之内不得请求。传贯权人可以转让或者提供担保传贯权，且在存续期间，可以转传贯或者出租标的物。但是，以设定行为禁止其情形的除外。

韩国《民法》规定的传贯权的消灭事由，包括传贯权的消灭请求、传贯权的消灭通告、标的物的灭失以及传贯权的抛弃。传贯权消灭的，当事人须同时履行传贯金和标的物的返还义务（第317条）。传贯权设定人耽搁返还传贯金的，传贯权人可以根据民事执行法的规定，请求拍卖其传贯权的标的物。

---

① 대법원2005. 3. 25. 선고, 2003 다 35659 판결。

(四)担保物权

担保物权,是指以确保债务清偿为目的,于债务人或者第三人所有之物或者权利上设定的以变价权和优先受偿权为内容的定限物权。韩国《民法》规定的担保物权分为留置权、质权、抵押权,见表4-2。

表4-2 担保物权分类

不同点	留置权:法定担保物权	质权:意定担保物权	抵押权:意定担保物权
成立	具备法律规定的一定要件当然成立(第320条第1款)	设定合同与动产的转移(第330条)或者权利的转让(第346条)	设定合同与登记(第186条)
标的物	动产、不动产、有价证券(第320条第1款)	动产(第329条)、财产权(第345条)	不动产(第356条)
本质效力	留置效力(第320条第1款) ＊以占有为要件	留置效力(第335条)与优先受偿效力(第329条) ＊以占有为要件	优先受偿效力(第356条) ＊不以占有为要件
拍卖权	具有(第322条第1款)	具有(第338条第1款)	具有(第363条)
简易清偿抵充	经过法院的许可(第322条第2款)	经过法院的许可(第338条第2款)	不允许
物上代位	不可以	可以(第342条)	可以(第370条)

1. 留置权

留置权,是指债权人占有其债务人的特定之物而具备法定条件的,在其债权未受清偿之前,留置该特定之物的法定担保物权。例如,甲的电脑发生故障,送乙处维修,维修之后,乙有权请求甲支付维修费,如果甲无正当理由拒绝支付维修费而要求返还电脑的,则乙可以留置该电脑。韩国《民法》规定的留置权的成立要件包括:①标的物为他人之物(动产、不动产)或者有价证券。②标的物与债权之间具有牵连关系。债权人留置的动产,应当与债权属于"同一法律关系"。在民法理论上,留置物与其所担保之债权的这种关系被称为"牵连关系"。所谓动产与债权属于同一法律关系,是指债务人所享有的动产返还请求权与债权同属于一个法律关系。例如,定作人对承揽物的返还请求权与承揽人的报酬债权同属于加工承揽合同关系;寄存人的保管物返还请求权与保管人的保管费债权同属于有偿保管合同关系；收货人的货物返还请求权与承运人的运费债权同属于货物运输合同关系。③合法占有标的物。占有因侵权行为而引起，留置权不得成立。④不存在特别约定。债务人在将动产交付债权人占有之时，如果约定该动产不得留置，则根据意思自治的原则，排除债权人在该物上取得留置权。

留置权人在债权得以清偿之前，对标的物享有留置、拍卖以及简易清偿抵充的权利。此外，留置权人，与其他债权人相比较，以留置物的孳息，可以优先清偿债权。该孳息为非金钱的，应当拍卖。孳息首先抵充债权的利息，其有剩余的，抵充本息。留置权人对留置物支出的必要费用和有益费用享有返还请求权。留置权人应尽善良管理人的注意义务占有留置物。留置权人未经债务人的承诺，不得使用、出借或者提供担保留置物。留置权人违反上述义务的，债务人可以请求消灭留置权。

2. 质权

质权，是指债权人为担保债权，而占有由债务人或者第三人移交的动产或者可以转让的财产权，在债权已届满清偿期，而未受清偿之时，能够就该动产或者权利折价或者以其卖得的价款优先受偿的权利。根据韩国《民法》的规定，质权包括动产质权与权利质权两种类型，前者以动产作为质物，后者则以可以转让的财产权作为质押财产。

(1)动产质权

动产质权，是指债权人因担保其债权，占有债务人或者第三人移交的动产，而于债务人不履行到期债务之时，可以以该动产折价或者以其卖得的价款优先受偿的权利。动产质权成立要件包括：①质权合同的订立；②质物的交付；③质权的善意取得。质权不得以不可以转让的物为标的物。因为，标的物具有转让性，才可以实现交换价值，通过其优先受偿。质权人可以留置质物，收取质物孳息。不过，此孳息并不由质权人无偿取得，而是应先抵充原债权的利息，然后抵充原债权。质权，也可以在质权设定人因质物的灭失、毁损或者公用征收而取得的金钱或者其他之物上行使。此时，应在支付金钱或者转移特定之物之前将其扣押。质权被担保债权的范围包括，原债务、利息、违约金、质权行使费用、质物保存费用以及因债务不履行或者质物的瑕疵而引起的损害赔偿。质权人占有该标的物，相对于其他债权人而言，具有优先受偿的权利。质权人在其权利范围内以自己的责任可以转质其质物，此时，须负担如果未转质而可以避免的不可抗力所引起的损害责任。质权是以占有为基础的物权，在质权受第三人侵害之时，质权人可以行使占有返还、妨害排除和消除危险等物上请求权。质权人应以善良管理人的注意妥善保管质物,未经设定人的承诺不得使用、出租、提供担保质物。质权人违反此义务之时,设定人可以请求消灭质权。债务人清偿到期债务的,债权消灭,质权也随之消灭,此时,质权人对质物的占有丧失权利基础,而应向出质人返还质物。

(2)权利质权

权利质权,是指以可以转让的财产权为客体而设定的质权。例如,甲持有一张金额为1亿元的远期汇票,乙为汇票的承兑人和付款义务人,现甲向丙借贷8000万元,为担保丙的债权,甲以对乙的票据债权为丙设定权利质权,如果甲到期不能清偿贷款本息,则丙可以就甲对乙的债权优先受偿。权利质权,除法律规定之外,依据权利的转让方法设定。以债权为质权标的物的质权设定,如果具有债权证书的,将其交付质权人之时,质权成立。质权设定人未经质权人同意,不得消灭质权标的权利,或者进行侵害质权人利益的变更。质权人可以直接请求质权标的债权。债权标的物为金钱的,质权人可以在其债权范围内直接请求。此债权清偿期,先于质权人的债权清偿期的,质权人可以对第三债务人请求提存该清偿金额。此时,质权存在于该提存金上。债权标的物为金钱以外之物的,质权人可以就其清偿之物上行使质权。除此之外,质权人可以根据民事执行法的规定行使质权。

3. 抵押权

抵押权,是指债务人或者第三人不转移物的占有而向债权人提供特定之物以担保债务的履行,在债务人不履行债务之时,债权人取得就抵押物折价或者就其卖得的价金优先受偿的权利。抵押权的定义,包含以下几个方面的要点:①抵押权为担保物权。②抵押权设定于债务人或者第三人所提供的不动产之上。韩国《民法》认定的抵押权的客体,仅限于不动产、地上权、传贯权。民法以外的法律认定的抵押权的客体包括立木、矿业权、渔业权、工厂财团或者工厂、矿业财团、建设基地、小型船舶、汽车、飞机等。③抵押权为不转移标的物占有的担保物权。④抵押权为就抵押物卖得的价金优先受偿的权利。

抵押权,以债权人的被担保债权的存在和可以设定抵押权的标的物为前提;当事人之间设定抵押权合同,对标的物进行抵押权登记,抵押权成立。抵押合同由抵押权人与抵押人订立。因抵押权设定的目的是担保债权的实现,故抵押权人必为所担保债权的债权人。抵押人为提供抵押物并为债权人设定抵押权之人,其多为该债务关系的债务人,但也可以为第三人(物上担保人)。物权公示是物权法的一项基本原则。作为一项重要的物权,抵押权的设定当然也需要考虑公示的因素。抵押权的客体包括不动产、不动产用益物权,由于其具有不转移占有的权利属性,因此,登记就成了抵押权公示的一般手段。

根据韩国《民法》的规定,抵押权的标的物,除当事人明确约定抵押物或者法律特别规定之外,及于抵押不动产的附合之物和从物。这是为了维护抵押标的物的经济效用与其交换价值。孳息包括天然孳息与法定孳息。抵押权设定之后,由于抵押物的占有并不转移,因此孳息应仍由抵押人收取,而无从成为抵押权之标的物。自因债务人不履行债务而导致抵押财产被扣押之日起,抵押权人即有权收取抵押物所产生的天然孳息与法定孳息,抵押权人未通知取得不动产所有权、地上权或者传贯权的第三人其被扣押事实的情况除外。抵押权担保债权的范围包括原债权、利息、违约金、因债务不履行而引起的损害赔偿,以及抵押权的行使费用。对于迟延赔偿,仅限于原债权履行期间届满之日起 1 年之内的范围内,行使抵押权。债务人不履行到期债务而使被担保的债权未得到清偿之时,抵押权人可以依法定程序对抵押物进行拍卖,使其转化为可以用于债务清偿的金钱。取得抵押物所有权的第三人也可以成为拍卖人。就抵押物卖得的价金,抵押权人具有优先于其他债权人优先受偿的权利。抵押权的实现有赖于抵押物价值的维持。抵押期间,如果由于抵押人方面的原因导致抵押物价值减少的,则未来抵押权人在实现抵押权之时可能不能得到完全的受偿。于是,法律有必要赋予抵押权人一种救济方法,以确保未来抵押权的有效行使。根据韩国《民法》的规定,抵押权的救济方法包括物权请求、损害赔偿请求、抵押物的抵充、期限利益请求等。

除此之外,韩国《民法》规定根抵押和共同抵押,作为抵押权的特别内容。“根抵押”,是指抵押人与抵押权人约定,在最高额债权限额内,以抵押物的价值对一定期间之内连续发生的债权提供担保而设定抵押。与一般抵押权相同,根抵押权也设定于特定的抵押物之上,体现了物权客体特定的原则。然而,与一般抵押权不同,在设定根抵押权之时,该抵押权所担保的债权范围并未具体确定,而只是确定一个不得超出的最高额限额以及确定债权额的相应期间,在此期间究竟将发生多少债权尚不确定。根抵押权的功能也在于保障其所担保的债权的实现,但是,由于此类抵押权并不担保一个确定的债权,因此,根抵押权的从属性特征并不像一般抵押权那么明显,而具有相对的独立性。所谓“共同抵押”,下文举例说明。甲对乙的 3000 万元的债权,以乙所有的土地(相当于 3000 万元)和建筑物(相当于 5000 万元),设定抵押担保。此时,同时分配数个抵押物的拍卖价款的,按照各个不动产的拍卖比例分担债权。抵押权人可以从部分不动产的拍卖价款中优先受偿其债权全部,但对其不动产尚有次顺位抵押权人的,可以从其他不动产的拍卖价款中代位共同抵押权人行使抵押权。

第四节 债　　权

一、总论

(一)债权的概述

韩国《民法》规定的债权由5部分构成,即总则、合同、无因管理、不当得利、侵权行为。总则规定债权标的、债权效力、多数债权人与债务人、债权让与、债务承担、债权消灭等内容。合同是根据当事人的意思而产生的债权债务关系;无因管理、不当得利、侵权行为是无关于当事人的意思,根据法律规定而产生的债权债务关系。债权债务是债权人与债务人之间的权利义务关系。债权是指债权人请求债务人履行给付的权利;债务是指债务人依据约定或者法律规定履行给付的义务。

(二)债权的标的

债权的标的,是指债权债务所指向的事物。从债权人方面而言,债权是债权人请求债务人履行一定给付的权利;从债务人方面而言,债务是债务人依据债权人的请求履行一定给付的义务。可见,债权的标的归结于债务人的行为,即"给付"。债权的标的与标的物不相同。前者是从债的关系的构成要素而言,是指给付本身;而后者则是从债务人的行为所及的物而言,是指给付的对象。故单纯提供劳务的债,其本身即足以完成给付,无所谓标的物。交付财物、交付金钱的债,则有标的物的存在。给付必须"确定、有实现可能、合法、妥当"。

韩国《民法》根据债权的标的,将债权分为:特定物债权(第374条)、种类物债权(第375条)、金钱债权(第376~378条)、利息债权(第379条)、选择债权(第380~386条)。[①]

以特定给付为标的的债权,称为特定物债权。例如,债务人负担交付某台特定的电视机债务,即为特定物债权。以特定物的交付为债权标的的,债务人在交付该物之前,应以善良管理人的注意保存该物(第374条)。

给付以其种类物中的一定数量指示的债权,称为种类物债权。例如,债务人负担交付某种品牌、规格的电视机若干台债务,即为种类物债权。债权标的物为种类物的,根据法律行为的性质或者当事人的意思无法确定品质的,债务人应以中等品质之物履行。此时,债务人履行完成所必要的行为,或者经债权人的同意

① 곽윤직, 민법주석Ⅷ, 박영사, 2008, 59-95면。

指定履行之物的,该物则成为债权的标的物(第375条)。

金钱债权,是指以给付一定数额的金钱为标的的债权。债权标的为给付某种类货币的,但该种类货币在清偿期内停止流通的,债务人应以其他种类货币清偿。债权的标的为以其他国家货币给付的,债务人可以以其所选择国家的任意种类货币清偿。债权的标的为以其他国家某种类货币给付的,但该货币在清偿期内停止流通的,债务人应以该国家的其他种类货币清偿。以其他国家货币确定债权额的,债务人可以根据给付之时履行地的兑换市价,以韩国货币清偿。

利息债权,是指以给付一定利息为标的的债权,以原本债权的存在为前提。利息,从权利客体的角度来看,与原物相对,是原物的一种法定孳息;从法律关系的角度来看,是债务人使用或者占有债权人的金钱或者其他代替物所应给付的对价或者补偿。与利息相对的原物以及利息本身,均不限于金钱,还包括其他的替代物。利率,是指利息与原本之间的比例。依据确定标准的不同,利率有约定利率和法定利率之分,前者由当事人的意思表示决定,后者直接由法律规定。在许多立法例上,法定利率有确定化的规定,其优点是便于公众了解,便于法律适用。韩国对利息债权的利率规定,没有其他法律规定或者当事人约定的,年利率为5分(第379条)。

选择债权,是指债的客体或者其构成因素为两项以上,当事人可以选择其一履行的债权。例如,甲号大米10吨或者乙号大米10吨,汽车运货或者火车运货,现金支付或者支票支付等。债权的标的在数个行为之中可以选择确定的,没有其他法律规定或者当事人约定之时,选择权在于债务人。确定选择权行使期间的,但是选择权人在该期间内未行使选择权的,相对人可以指定适当的期间催告,选择权人在该期间内仍未进行选择的,选择权归于相对人;未确定选择权行使期间的,债权期限届满之后,相对人可以指定适当的期间催告其选择。由债权人或者债务人进行选择的,该选择是以向相对人作出意思表示的方式进行;意思表示,未经相对人的同意,不得撤回。由第三人进行选择的,该选择是以向债务人以及债权人作出意思表示的方式进行;意思表示,未经债权人以及债务人的同意,不得撤回。第三人不能进行选择的,或者第三人未进行选择,债权人或者债务人指定适当期间催告其选择,但是第三人在该期间内仍未进行选择的,选择权归于债务人。作为债权标的可以选择的数个行为之中,若有自始不能或者嗣后不能的,债权标的则存在于剩余部分(第385条第1款)。但是,因为没有选择权的当事人的过失而导致履行不能的,不得适用此规定。选择的效力溯及该债权发生之时。

(三)债权的效力

债权成立,债权人有权请求债务人履行给付,并受领债务人履行的给付;债务人不履行给付的,债权人可以通过强制力获得其债权。对于债权的效力,韩国《民法》规定如下内容:

第一,按照债务的内容,债务人不履行的情形,即“债务不履行”包括延迟履行、履行不能、不完全履行、拒绝履行等类型。延迟履行,是指债务具有履行期,但是由于债务人的归责事由不履行按照债务内容的情形。债务履行具有确定期限的,债务人自期限届满之日起负有延迟责任;债务履行不具有确定期限的,债务人自受请求履行之日起负有延迟责任(第387条)。履行不能,是指债权成立之后,由于债务人的归责事由,其履行不可能的情形。不完全履行,是指债务人的履行并不是按照债务内容的,而是履行不完全的情形。拒绝履行,是指债务人作出意思表示不履行其债务的情形。根据作出意思表示的时间不同,拒绝履行分为“履行期之前的拒绝履行”和“履行期之后的拒绝履行”。

第二,在很多情形下,债务人履行给付,需要债权人的协助。假如,债务人转让特定之物的,只有债权人受领其特定之物,该转让债务才能获得清偿。此时,债务人提供给付,但是债权人未受领的,需要规定该债务人的地位,这就是所谓的“债权人延迟”制度。债权人不能受领履行的或者拒绝受领履行的,自债务人提供履行之日起负有延迟责任(第400条)。

第三,债务人不履行给付的,债权人可以通过强制履行和损害赔偿得到救济,其最终对债务人的一般财产进行执行得到实现。法律为防止因债务人的财产不当减少给债权人的债权带来危害,规定“责任财产的保全制度”,允许债权人代债务人之位向第三人行使债务人的权利,或者请求法院撤销债务人与第三人的民事法律行为。其中,债权人为了保全自己的债权代债务人之位,以自己的名义向第三人行使债务人的权利的法律制度,叫作债权人的代位权制度(第404条、第405条);债务人实施有害于债权人的法律行为的,债权人请求法院撤销债务人与第三人的民事法律行为,恢复原状的制度,叫作债权人的撤销权制度(第406条、第407条)。

第四,作为债权的对外效力,存在“第三人侵害债权”问题。债权一般是因债务人受到侵害所致,但是,也有可能存在第三人受到侵害的情形。例如,甲转让给乙的特定之物由于丙受到毁损的情形。此时,债权人可以根据侵权行为请求损害赔偿。

(四)多数债权人与债务人

债的主体为债权人和债务人。任何债都须有债权主体和债务主体双方。但是，债的任何一方主体既可以是单一的一人，也可以是复数的多人。债权主体和债务主体至少一方为2人以上的债，称为“多数债权人与债务人”。韩国《民法》对多数当事人的债权关系的种类，认定“可分债权关系”“不可分债权关系”“连带债务”“保证债务”4种。可分债权关系，是指对于“可分给付”，债权人或者债务人为多数的，多数人一方的当事人各自按照确定的份额享有权利或者履行义务的债权关系。债权人或者债务人为多数的，并且没有特别意思表示的，各债权人和各债务人按照均等比例享有权利或者履行义务(第408条)。不可分债权关系，是指以不可分给付为目的的多数当事人的债权关系，分为债权人为多数的“不可分债权”和债务人为多数的“不可分债务”。债权的标的基于其性质或者当事人的意思表示不可分的，并且债权人为多数的，各债权人可以为所有债权人请求履行其给付，债务人也可以为所有债权人向各债权人履行其给付(第409条)。债务人为多数的，准用连带债务的相关规定。连带债务，是指多数债务人各自负有履行全部债务的义务，债务人一人的履行可以免除其他债务人的义务的债权债务关系。债权人可以向某一连带债务人或者所有连带债务人请求履行债务的全部或者部分(对外效力)。某一连带债务人清偿债务的，该连带债务人可以对于其他连带债务人应负担部分，行使求偿权。该求偿权包括自免责之日起的法定利息以及不可避免的费用和其他损害赔偿(对内效力)。保证债务，是指主债务人未履行债务的，保证人履行其义务的债权债务关系。保证债务保证主债务的履行，对于“一个给付”具有主债务和保证债务，即具有两个债务，但是保证债务作为担保的手段，具有从属于主债务的性质。

(五)债权让与与债务承担

债的内容与客体保持不变的情形之下，债的主体可以发生变更，这就是所谓的“债的移转”。债的移转包括两种情形，即债权移转和债务移转。前者通常称为债权让与；后者通常称为债务承担。债权让与，是指债权人的债权由第三人承受，即第三人参与债的关系而成为新的债权人。债权可以让与，但是基于债权的性质不允许让与的，或者当事人表示反对意思的，均不得让与。禁止债权让与的意思表示，不得对抗善意第三人。指名债权的让与，未通知债务人的，或者未得到债务人承诺的，不得对抗其债务人和其他第三人；其通知和承诺须以具有确定日期的证书为依据。债务承担，是指在维持债的内容的同一性的前提下，原债务人的债务移转于新债务人承担。第三人可以根据与债权人之间的契约承担债务，免除债务人的债务，但是基于债务的性质不允许承担的除外。同时，没有利害关系的第三人不得违背债务人的意思承担债务。第三人根据与债务人之间的契约承担债务的，基于债权人的承诺，产生其效力。债权人的承诺或者拒绝的相对人为债务人或者第三人。债务承担人，可以依据原债务人的抗辩事由对抗债权人。原债务人债务的保证或者第三人提供的担保，可以因为债务承担而消灭。但是保证人或者第三人同意债务承担的除外。

债的移转既包括因法律规定或者裁判而发生的债的移转，也包括因当事人之间的合意而发生的债的移转。但是债权让与和债务承担，是指基于法律行为而发生的债的移转，而不包括基于法律的直接规定而发生的债的移转。

（六）债权的消灭

债权的消灭，是指债权最终不复存在，归于消灭。债权消灭的事由，包括清偿、代物清偿、提存、抵销、更改、免除、混同。

清偿，是指按照债的约定实现其目的的行为。当事人利益的实现为债的本来目的。债务一经清偿，债权即因其达到目的而消灭。因此，清偿为债权消灭的原因。清偿，应按照债务的内容履行。但是，债权人提前拒绝受偿或者债务的履行需要债权人行为的，债务人应向债权人通知清偿准备完毕，并催告其受领。债务人自提供清偿之时，免除债务不履行责任。债务的清偿，可以由第三人进行。但是，基于债务的性质或者当事人的意思表示，不允许由第三人清偿的除外。没有利害关系的第三人，不得违背债务人的意思而进行清偿。债权标的为交付特定之物的，债务人应按照履行期的现状交付其特定之物。以交付他人之物清偿债务的债务人，未进行有效清偿的，不得请求返还其物。此时，债权人善意消费或者让与他人其受偿之物的，该清偿有效。在此，第三人提出的请求赔偿，债权人可以向债务人行使求偿权。没有让与能力的所有人作为债务清偿交付其物的，即使该清偿被撤销，但是未重新进行有效清偿的，也不得请求返还其物。当事人之间没有特别意思表示的，在清偿期届满之前，债务人也可以进行清偿。但是应赔偿相对人的损害。债务人支付一个或者数个债务的费用以及利息的，而债务人的履行不足以清偿全部债务的，清偿的抵充顺序为费用、利息、本金。债务人对同一债权人负担数个同种类债务，而债务人的履行不足以清偿全部债务的，清偿人可以指定该履行抵充某个或者某几个债务。清偿人未作出指定的，清偿受领人可以作出指定，但是清偿人对此立即提出异议的除外。清偿的抵充，应以对相对人的意思表示的方式作出。对清偿具有正当利益的人，因清偿当然代位债权人。为债务人进行清偿的人，可以在清偿同时经债权人的承诺代位债权人。代位人依据自己的权利，在求偿范围内，可以行使债权以及其担保相关的权利。对债权部分进行代位清偿的，代位人按照其清偿价额的比例与债权人共同行使该权利。以债务不履行为理由的契约的终止或者解除，只能由债权人进行，债权人应向代位人偿还其清偿的价额以及利息。具有可以代位的人，而因债权人的故意或者过失导致担保丧失或者减少的，在其因丧失或者减少而不能受偿的范围内，代位人免除其责任。

债务人经债权人的承诺，以其他给付代替原债务履行的，与清偿具有相同的效力（代物清偿）。债权人拒绝受领或者无法受领的，或者清偿人无过失不知债权人的，清偿人可以为债权人提存清偿标的之物免除其债务（提存）。债权人承认提存，或者向提存所通知受领提存物，或者在提存有效判决确定之前，清偿人可以回收提存物。此时，视为未提存。但是质权或者抵押权因提存而消灭的除外。双方互负债务的，各以其债权充当债务的清偿，而使其债务与对方的债务在对等额内相互消灭（抵销）。但是，基于债务的性质或者当事人意思表示，不允许抵销的除外。当事人不允许抵销的意思表示不得对抗善意第三人。消灭时效完成的债权，在其完成之前可以抵销的，债权人可以抵销。抵销应以向相对人的意思表示的方式作出。该意思表示不得附条件或者期限。各债务的履行地不同的，也可以抵销。但是，提出抵销的人应赔偿因抵销而发生的损失。

当事人订立变更债务重要部分的契约的，旧债务因更改而消灭（更改）。因更改而产生的新债务，因违法原因或者当事人不知情的事由而不成立或者被撤销的，其旧债务不消灭。基于债务人的变更而引起的更改，可以由债权人与新债务人之间的契约而进行，但不得违背旧债务人的意思。基于债权人的变更而引起的更改，非依具有确定日期的证书，不得对抗第三人。债权人向债务人作出免除债务的意思表示的，债权消灭（免除），但免除不得对抗具有正当利益的第三人。债权与债务同归一人，债权消灭（混同），但债权为第三人的权利标的之时除外。

二、分论

（一）契约总论

1. 契约的成立

契约，是指平等主体之间以债权债务的发生为目的，设立、变更、终止民事权利义务关系的协议。缔约人为意思表示并达成合意的，契约成立。作为契约的成立要件，韩国《民法》以合意为基础认定3种类型，即“承诺”“交叉要约”“意思实现”。相对人作出同意当事人的要约的意思表示，契约成立（承诺）。要约，是指一方当事人以缔结一定内容的契约为目的，向对方当事人作出的意思表示。要约一经生效，要约人不得任意撤回（第527条）。法律赋予要约这种效力，目的在于保护受约人的合法权益，维护交易安全。承诺必须在要约的存续期间之内作出。

异地之间当事人的契约，在发送承诺通知之时成立（第531条）。当事人之间以同一的内容相互交叉要约的，双方要约到达相对人之时，契约成立（交叉要约）。基于要约人的意思表示或者交易习惯，承诺不需要通知的，契约在可以认定承诺的意思表示事实存在之时成立（第532条）。缔结标的不能的契约的，知道其不能或者应当知道其不能的当事人，应当赔偿相对人因相信其契约有效而引起的损失，但该赔偿额不得超过契约有效而带来的利益额。

2.契约的效力

契约具备一般的效力要件，即产生其效力，但是根据契约的种类，其具体内容不同。韩国《民法》在契约的效力部分特别规定"双务契约"和"为第三人利益契约"。

双务契约各当事人相互负担具有代价的债务，即各债务相互之间具有依存关系。因此，双务契约的特质在于债务的牵连性，分为成立上的牵连性、履行上的牵连性、存续上的牵连性。双务契约的当事人一方，在相对人未为对待给付以前，可以拒绝履行自己的债务。但是相对人的债务未在清偿期的除外。

根据契约，约定当事人一方向第三人履行的，该第三人可以直接向债务人请求履行。例如，甲将其所有建筑物卖给乙，约定价款由丙受领。对于支付价款而言，甲为债权人；乙为债务人；丙为第三人，即受益人。其三面关系为，甲与乙的关系为补偿关系；乙与丙的关系为受益关系；甲与丙的关系为原因关系。此时，第三人的权利，在该第三人向债务人作出受领契约利益的意思表示之时发生。

3.契约的解除与终止

契约的解除与终止，是指基于契约或者法律的规定，当事人一方或者双方具有终止或者解除契约的权利的，因当事人的意思表示，使契约关系终止或者解除的行为。该意思表示不得撤回。韩国《民法》规定的契约解除的条件分为：①当事人一方未履行其债务的，相对人可以确定适当的期间催告其履行，在此期间内仍未履行的，相对人可以解除契约。债务人事先作出不履行的意思表示的，无须经催告（一般的延迟履行）。②根据契约的性质或者当事人的意思表示，在一定期限内不履行，就无法实现契约目的的，当事人一方在该期限内未履行的，相对人可以不经催告而解除契约（定期行为）。例如，甲为庆祝其母六十大寿，向乙蛋糕店定制蛋糕一份，约定于寿宴开始之时交付。届时乙未能履行，甲可以不经催告而解除契约。③因债务人的归责事由履行不能的，债权人可以解除契约（履行不能）。终止权，与解除权相同，基于当事人的契约或者法律的规定而发生。但是，契约的终止只适用于继续性合同，而契约的解除只适用于非继续性合同。同时，契约的终止使契约关系将来消灭，不具有溯及力，因此不产生恢复原状的法律后果;而契约的解除使契约关系溯及既往地消灭,具有溯及力,因此产生恢复原状的法律后果。当事人一方解除契约的,各当事人对其相对人负担恢复原状的义务。恢复原状范围,包括原物、价额、利息、孳息以及使用利益、费用。当事人一方或者双方为数人的,契约的终止或者解除,应由全体成员或者向全体成员作出。终止或者解除的权利,对于当事人一人消灭的,对于其他当事人也消灭。契约的终止或者解除,不影响当事人请求损害赔偿。

(二)契约分论

韩国《民法》规定的典型契约,根据其标的,分为财产权的转移、物的利用、劳务的利用、其他类型4种,见表4-3。

表4-3 典型契约的分类

<table>
<tr><td rowspan="6">以财产作为对象的契约</td><td rowspan="3">以转移财产权为标的的契约</td><td colspan="2">无偿让与……赠与(第554~562条)</td></tr>
<tr><td rowspan="2">有偿让与</td><td>相应给付为金钱的……买卖(第563~595条)</td></tr>
<tr><td>相应给付为金钱以外的……互易(第596~597条)</td></tr>
<tr><td rowspan="3">以利用物为标的的契约</td><td colspan="2">消费借用之物,返还同种类之物的……消费借贷(第598~608条)</td></tr>
<tr><td rowspan="2">返还借用之物的</td><td>无偿……使用借贷(第609~617条)</td></tr>
<tr><td>有偿……租赁(第618~654条)</td></tr>
<tr><td rowspan="5">以劳务作为对象的契约</td><td colspan="3">债权人支配、利用他人劳动力的……雇佣(第655~663条)</td></tr>
<tr><td rowspan="4">不服从债权人的支配,以提供劳务为标的的契约</td><td colspan="2">以完成工作为标的的……承揽(第664~674条)</td></tr>
<tr><td colspan="2">以完成广告确定的行为为标的的……悬赏广告(第675~679条)</td></tr>
<tr><td colspan="2">以处理一定事务为标的的……委托(第680~692条)</td></tr>
<tr><td colspan="2">以保管物为标的的……保管(第693~702条)</td></tr>
<tr><td rowspan="3">其他契约</td><td colspan="3">以经营共同事业为标的的……合伙(第703~724条)</td></tr>
<tr><td colspan="3">以确定债务人的给付期限为标的的……终身定期金(第725~730条)</td></tr>
<tr><td colspan="3">以当事人的相互让步解决纷争为标的的……和解(第731~733条)</td></tr>
</table>

1. 赠与

赠与，是指当事人一方向相对人作出无偿授予财产的意思表示，相对人承诺接受其赠与的契约。赠与人对赠与标的物的瑕疵不负担保责任。但是赠与人知道其瑕疵，而故意不告知的，应当承担责任。附义务的赠与，赠与人在附义务的限度内承担与出卖人相同的责任。

2. 买卖

买卖，是指当事人一方约定向相对人转移财产权，相对人约定支付价款的契约。单方预约的买卖，在相对人作出完成买卖的意思表示之时，才能发生效力。如果未确定意思表示期间，预约人可以确定适当的期间，催告相对人作出是否完成其买卖的答复。预约人在此期间内未得到答复的，预约将丧失其效力。买卖的当事人一方在订立契约之时，以契约金、保证金等名义将金钱交付于相对人的，在当事人一方着手履行之前，契约可以解除，但是，交付人须抛弃其契约金；受领人须双倍偿还契约金。买卖契约的出卖人负有转移标的物所有权的义务，买受人负有支付价款的义务，此双方义务一般同时履行。订立买卖契约之后，未交付标的物产生的孳息，归出卖人所有。买受人应在受领标的物之日起，支付价款利息，但对于支付价款附期限的除外。对于买卖标的物，第三人主张权利的，买受人可以在其危险限度内，拒绝支付相应价款，但出卖人提供适当担保的除外。第三人对于买卖标的物主张权利，买受人拒绝支付相应价款的，出卖人可以请求买受人提存其价款。出卖人就转移的“权利”或者“权利的客体——物”本身所存在的瑕疵对买受人负担保责任。出卖人在订立买卖契约的同时，保留买回的权利的，在返还其受领的价款以及买受人负担的买卖费用之时，可以买回其标的物。此时，对于买回价款具有特别约定的，依据其约定。对于标的物的孳息以及价款的利息没有特别约定的，视为抵销。出卖人的债权人代位出卖人买回的，买受人根据法院选定的鉴定人的评价额扣除出卖人应返还的买回价款之后，以剩余金额清偿出卖人的债务，消灭其买回权。债务清偿之后，有剩余的，将其交付于出卖人。

3. 互易

互易，是指当事人双方约定相互转移金钱以外的财产权的契约。

4. 消费借贷

消费借贷，是指当事人一方约定向相对人转移金钱以及其他代替物的所有权，相对人约定返还与其相同种类、品质和数量之物的契约。关于借用物的返还，借用人预约以其他财产权代替借用物转移的，预约之时该财产的价款，不得超过借用额以及附加利息的合算额（第 607 条）。违反此规定的当事人的约定，不利于借用人的，均不发生效力。

5. 使用借贷

使用借贷，是指当事人一方约定向相对人交付标的物，允许其无偿使用、受益，相对人约定使用、受益之后，返还标的物的契约。

6. 租赁

租赁，是指当事人一方将标的物交付相对人使用、受益，相对人支付租金的契约。租赁期限不得超过20年。当事人约定的租赁期限超过20年的，应缩短为20年。租赁期限可以更新，但其期限自更新之日起，不得超过10年。租赁期间届满之后，承租人继续使用、受益承租物的，出租人在适当期间内未提出异议，视为以与原租赁相同的条件重新租赁。但是，当事人也可以通知终止。契约默示更新的，对于原租赁第三人提供的担保因期间届满而消灭。出租人将租赁物交付承租人，并在租赁期间保持其租赁物的使用、受益的必要状态。出租人对承租人为租赁物支出的费用有偿还义务。出租人应当偿还的费用包括有益费用和必要费用两部分。建筑物以及其他工作物的承租人为了使用的便宜，经出租人的同意附加附着物的，在租赁届满之时，可以请求出租人买受其附着物。承租人未经出租人的同意，不得让与其权利或者转租其租赁物(第629条)。承租人违反其规定的，出租人可以终止其契约。承租人经出租人的同意，可以转租其租赁物。此时，次承租人直接向出租人负担义务。

7. 雇佣

雇佣，是指当事人一方向相对人提供劳务，相对人对此支付报酬的契约。

8. 承揽

承揽，是指当事人一方按照相对人的要求完成工作，交付工作成果，相对人给付报酬的契约。承揽人应当保证其所完成的工作成果符合契约约定的质量要求。承揽人所完成的工作成果不符合契约中约定的质量标准和要求的，定作人有权请求承揽人承担损害赔偿。因承揽人所完成的工作成果的瑕疵，无法达成契约标的的，可以解除契约。不动产工程的承揽人可以为报酬担保债权，对其不动产为标的请求设定抵押权。承揽人完成其工作之前，定作人不得请求赔偿损失以及解除契约。

9. 悬赏广告

悬赏广告，是指广告人向完成某一行为的人作出支付一定报酬的意思表示，应征人完成其广告确定的行为的契约。原则上，契约的当事人不得单方撤回本人的意思表示，但是，悬赏广告基于以下两种理由，可以认定撤回：①因为悬赏广告的相对人未确定,无法协议变更广告内容或者使其广告内容失效的情形;②完成指定行为的人出现之前。广告确定其指定行为完成期间的,在期间届满之前,不得撤回广告;广告未确定其指定行为完成期间的,限于完成其行为的人出现之前,可以撤回广告。撤回的悬赏广告不得存续,撤回之后,第三人完成指定行为的基于悬赏广告不得请求报酬。

10. 委托

委托,是指当事人一方向相对人委托处理事务,相对人承诺其委托的契约。向相对人通知或者相对人知道其委托终了事由除外,不得对抗相对人。

11. 保管

保管,是指当事人一方向相对人委托保管金钱或者有价证券以及其他物,相对人承诺其保管的契约。

12. 合伙

合伙,是指两人以上约定相互出资共同经营事业的契约。出资,既可以是金钱或者其他财产,也可以是劳务。合伙契约未确定事务执行人的,通过 2/3 以上合伙人的赞成,选任事务执行人。合伙的事务执行,应由过半数合伙人决定。事务执行人为数人的,应由其过半数决定。合伙的通常事务,可以由各合伙人或者各事务执行人单独执行。但是,在其事务完成之前,其他合伙人或者其他事务执行人提出异议的,应及时中止。执行合伙事务的合伙人,推定为具有事务执行代理权。合伙人的出资以及其他合伙财产,归合伙人合有。

13. 终身定期金

终身定期金,是指当事人一方约定以自己、相对人或者第三人死亡为止,向相对人或者第三人定期支付金钱以及其他物的契约。定期金债务人受领定期金债务本金,怠于支付其定期金债务或者未履行其他义务的,定期金债权人可以请求返还本金。定期金债权人解除契约,发生损失的,可以请求赔偿;因定期金债务人的归责事由而死亡的,法院可以根据定期金债权人或者其继承人的请求,宣告在适当的期间内债权继续存在。此时,也可以行使解除契约的权利。

14. 和解

和解,是指约定当事人相互让步,终止当事人之间纷争的契约。

(三)无因管理

无因管理,是指没有法定的或者约定的义务,为他人而对他人事务进行管理的行为。无因管理属于事实行为。首先,无因管理与人的意志有关,不属于事件,而属于行为。其次,因无因管理的管理人并不是以发生一定法律后果为目的而实施管理行为，所以，无因管理不属于法律行为，而属于事实行为。无因管理的成立须具备以下 4 个要件：①他人的事务；②为他人而为管理；③没有义务管理他人事务；④不违背本人的意思以及对本人的不利不明确。无因管理一经成立，一方面，管理人的管理行为为合法行为，不构成侵权行为；另一方面，管理人与本人之间产生债权债务关系。管理人应根据事务的性质，以最有利于本人利益的方法进行管理；管理人知道或者应当知道本人意思的，应基于本人的意思进行管理。否则，管理人即使无过失，也应负担因此而引起的损害赔偿责任。但是，其管理行为符合公共利益，且无重大过失的，无须负担损害赔偿责任。管理人开始管理的，应及时通知本人。管理人为本人支出必要费用或者有益费用的，可以向本人请求偿还。管理人在管理事务的过程中无过失而受到损害的，可以在本人现存利益范围内，请求补偿其损失。

（四）不当得利

不当得利，是指没有合法根据，取得利益而使他人受到损失的情形。不当得利属于“事件”，因为不当得利本质上是一种利益，与当事人的意志无关。不当得利的成立须具备以下两个要件：①没有合法根据的得利；②因他人的财产或者劳务取得利益而使他人受到损失。作为例外，韩国《民法》规定，“非债清偿”（第 742 条）、“期限之前的清偿”（第 743 条）、“符合道义观念的非债清偿”（第 744 条）、“他人债务的清偿”（第 745 条）和“不法原因给付”（第 746 条）等，限制受害人的不当得利返还请求权。不当得利一经成立，受益人应当返还其所取得的不当得利。受益人返还的不当得利，可以是原物、原物的价款、使用原物所取得的利益，也可以是其他利益。受益人返还义务的范围，基于其受到利益是否善恶而不同。受益人为善意的，应在其现存利益范围内，承担返还责任；受益人为恶意的，应返还其所得利益、利息，若有损失的，应赔偿损失。

（五）侵权行为

侵权行为，是指由于故意或者过失侵害他人权益，加害人向受害人承担损害赔偿责任的行为。韩国《民法》侵权行为的归责原则以过错责任为原则，例外认定无过错责任。一般侵权行为的成立要件为：①加害人的故意或者过失行为。行为，是指侵犯他人权益的加害行为本身。加害行为包括作为和不作为。作为是不该作而作；不作为是该作而不作。侵权行为的成立，须行为人实施该行为之时，具有故意或者过失。例如，某甲因为违反交通法规致某乙受伤。某甲有违反交通法规的行为，而过错考察的是某甲违反交通法规之时的主观状态。过错的证明责任，一般由受害人来承担。但是，在有些情况下，根据法律的规定或者如果不能证明，则推定有过错。②加害人的责任能力。加害人具有故意或者过失，以加害人具备一定精神能力为前提，此种精神能力，称为“责任能力”。作为无责任能力人，韩国《民法》规定了两种情形：一种为未成年人不具有责任辨识智能的；另一种为丧失身心人。加害人免除其责任的，证明自己为无责任能力人即可。③加害行为的违法性。加害行为违法性的本质在于，一是判定违法的基准，二是判定违法的对象。认定判定违法的基准为，实证法以及善良风俗或者其他社会秩序；认定判定违法的对象为结果和行为。为正当防卫或者紧急避险，不得已致他人受到损害的，不负赔偿责任。④加害行为导致损害发生。侵权行为的成立，须其损害与加害人的行为具有因果关系。通说以及判例认为，因果关系是否存在，由受害人承担证明责任。但是，在特殊情形下，如果不能证明，则推定因果关系的存在。

韩国同时规定，成立要件不同于一般侵权行为成立要件的侵权行为，即特殊侵权行为。韩国《民法》规定的特殊侵权行为包括无责任能力人的监督人责任（第755条）、使用人责任（第756条）、工作物的占有人以及所有人责任（第758条）、动物占有人责任（第759条）、共同侵权行为人责任（第760条）等。特别法规定的特殊侵权行为包括自动车运行人责任、环境污染责任、制造物责任、医疗过失责任等。

侵权行为一经成立，加害人向受害人负担损害赔偿责任。因侵权行为而引起的损害赔偿包括财产上的损害和精神上的损害（第751条、第752条）。在损害赔偿请求权，胎儿视为已经出生（第762条）。名誉受到毁损的，作为金钱赔偿原则的例外，认定恢复原状的救济（第764条）。损害不因加害人的故意或者过失，且赔偿对赔偿人的生计产生重大影响的，加害人可以请求法院减轻其赔偿额（第765条）。因侵权行为而产生的损害赔偿请求权，自受害人或者其法定代理人知道其损害之日起3年之内，或者自实施侵权行为之日起10年之内未行使的，因时效而消灭（第766条）。

第五节　亲族法与继承法

一、亲族法

（一）亲族关系

亲族，是指配偶、血亲以及姻亲。配偶，是指男女双方因结婚而形成的亲族关系。关于配偶之间是否具有亲族关系的问题，理论上存在两种不同的观点。否定说认为，配偶不是亲族。其主要理由在于，配偶之间发生的法律效果是基于配偶的地位而发生的,并不是基于亲族的地位而发生的。① 肯定说认为,配偶之间的法律效果是基于亲族的地位而赋予的。② 配偶关系,因婚姻的成立而发生;因当事人一方的死亡,婚姻无效、被撤销或者离婚而消灭。血亲,是指具有血缘关系的亲族。血亲分为自然血亲、法定血亲,直系血亲、旁系血亲,父系血亲、母系血亲。自然血亲,是指具有自然血缘关系的血亲,如父母、祖父母、外祖父母、兄弟姐妹。自然血亲关系因出生而发生,因死亡而消灭。法定血亲,是指相互之间本无自然血亲关系,基于法律拟制血亲的情形。根据韩国《民法》的规定,具有法定血亲关系的,如养亲子关系。养亲子关系因收养而发生;因死亡、收养的被撤销或者罢养而终了。直系血亲,是指具有直系血亲关系的血亲,包括直系尊亲属和直系卑亲属。旁系血亲,是指具有旁系血亲关系的血亲,包括兄弟姐妹、兄弟姐妹的直系卑亲属、直系尊亲属的兄弟姐妹以及其兄弟姐妹的直系卑亲属。父系血亲,是指具有父系亲关系的血亲,例如,祖父母、伯、叔、姑等;母系血亲,是指具有母系亲关系的血亲,例如,外祖父母、舅、姨等。姻亲,是指以婚姻为中介而形成的亲族,包括血亲的配偶、配偶的血亲、配偶的血亲的配偶。姻亲关系因婚姻的成立而发生,因婚姻无效、被撤销或者离婚而终了。夫妻一方死亡的,姻亲关系不消灭。但是,生存配偶再婚的,姻亲关系随之终了。

根据韩国《民法》第 777 条的规定,亲族的范围为:8 寸以内的血亲;4 寸以内的姻亲;配偶。

寸,是计算亲族关系亲疏远近的基本单位。配偶之间不计寸数。直系血亲寸数的计算方法,是从己身往上或者往下数至其直系尊亲属或者直系卑亲属(不算己身)。按照此种方法计算,父母与子女是 1 寸直系血亲,祖父母与孙子女是 2 寸直系血亲。旁系血亲寸数的计算方法,是从己身往上数至同源直系尊亲属,记下世代数;再从同源直系尊亲属往下数至其直系卑亲属,记下世代数,将两边的世代数相加,所得之和为旁系血亲的寸数。按照此种方法计算,兄弟姐妹是 2 寸,堂(表)兄弟姐妹是4 寸。姻亲寸数的计算方法,是以赖以发生姻亲的一方与其血亲的寸数为依据。例如,儿媳与公婆是 1 寸直系姻亲。

---

① 김주수 · 김상용, 친족 · 상속법, 법문사, 2013, 515 면。

② 송덕수, 친족 · 상속법, 박영사, 2018, 279 면。

(二)婚姻

1. 婚约

婚约,是指男女双方以将来结婚为目的而为的协议。将来结婚的当事人双方达成协议,婚约成立。婚约无需类似于登记的特别方式。[①] 成年人具有意思能力的,可以自由订立婚约。法律上或者事实上具有婚姻关系的当事人,违背社会秩序而为的婚约以及法律上婚姻无效的近亲属之间而为的婚约均无效。但是,附条件或者附期限的婚约,不违背社会秩序的,有效。婚约成立,当事人负担诚实交往以及将来结婚的义务。但是,不得违背婚姻的本质强制没有结婚意思的人履行结婚的义务。对于未履行结婚义务的,婚约当事人可以请求损害赔偿。第三人侵害婚约上的权利的,成立侵权行为。基于婚约不得认定亲族法上的地位。婚约当事人之间生育的子女为非婚生子女。当事人一方发生解除婚约的一定事由的,相对人可以正当解除婚约。解除婚约的事由如下:①婚约之后,被宣告停止资格以上刑的;②婚约之后,受到成年监护开始或者限定监护开始审判的;③患有性病、无法治愈的精神病以及其他不治之症的;④婚约之后,与他人婚约或者结婚的;⑤婚约之后,与他人通奸的;⑥婚约之后,1 年以上生死不明的;⑦无正当理由拒绝结婚或者迟延其时期的;⑧发生其他重大事由的。解除婚约的,须向相对人作出意思表示。无法向相对人作出意思表示的,自知道解除原因之时起,视为解除。婚约一经解除,自始无效。当事人一方可以向具有过失的相对人请求因此而造成的损害赔偿。其损害赔偿包括财产上的损害和精神上的损害。对于聘礼等的返还问题,学界存在两种观点。一种观点认为,基于不当得利的法理,应当返还,但是,具有过失的一方,基于心意则不具有返还请求权;另一种观点认为,即使有责当事人也具有返还请求权。判例认为,关于解除婚约,具有过失的有责当事人,对其提供的婚约聘礼不具有请求返还的权利。[②]

2. 婚姻的成立

婚姻的成立,是指男女双方作为夫妻形成生活共同体的法律行为。婚姻的成立要件为:①当事人的结婚合意;②结婚登记。韩国《民法》规定的婚姻的障碍事由,即婚姻的实质成立要件为:①男女双方年满 18 周岁,可以结婚。②未成年人或者被成年监护人结婚的,须经父母同意;父母一方无法行使同意权的,须经另一方的同意;父母双方均无法行使同意权的,须经监护人同意。但是,被限定监护

① 대법원1998. 12. 8. 선고, 98 므961 판결。

② 대법원1976. 12. 28. 선고, 76 므41 · 42 판결。

人,可以自由结婚。③一定范围的近亲属之间禁止结婚如:8寸以内的血亲之间的婚姻;收养亲养子之前8寸以内的血亲之间的婚姻;6寸以内的血亲的配偶、配偶的6寸以内的血亲、配偶的4寸以内的血亲的配偶等姻亲之间的婚姻;6寸以内的养父母系血亲和4寸以内的养父母系姻亲之间的婚姻。④有配偶者不得与他人再次结婚,即禁止重婚。但是,禁止重婚的对象仅指法律婚,不包括事实婚。因此,事实婚关系的当事人又与他人形成法律婚的或者法律婚的当事人又与他人形成事实婚关系的,均不构成重婚。

3. 婚姻的无效与可撤销

婚姻的无效原因为:①当事人之间没有结婚合意的;②当事人之间具有8寸以内血亲关系的;③当事人之间具有直系姻亲关系的;④当事人之间具有养父母系直系血亲关系的。无效婚姻是宣告无效,还是当然无效?判例认为,具有婚姻无效事由的,当然可以提起婚姻无效之诉;未提起婚姻无效之诉的,利害关系人可以在有关诉讼过程中作为先决问题主张婚姻无效。[①] 婚姻无效请求权人包括当事人、法定代理人、4寸以内的亲族。

婚姻的可撤销原因为:①未达到法定婚龄。②未经父母等的同意而为的婚姻。③6寸以内的血亲的配偶、配偶的6寸以内的血亲、配偶的4寸以内的血亲的配偶等姻亲之间的婚姻;6寸以内的养父母系血亲之间的婚姻;4寸以内的养父母系姻亲之间的婚姻。④重婚。⑤具有恶疾或者其他重大事由的婚姻。⑥因欺诈或者强迫而为的婚姻。婚姻具有可撤销事由的,请求权人可以请求家庭法院撤销其婚姻。婚姻基于其判决的确定而被撤销;若以其他有关诉讼为前提,不得主张其婚姻的撤销。

对于婚姻无效和撤销的法律后果,可以从以下几个方面加以说明,见表4-4。

表4-4 婚姻无效和撤销的法律后果

法律后果	无效婚姻	可撤销婚姻
溯及力	具有	不具有
基于婚姻的权利变动	无效	有效
所生子女	非婚生子女	婚生子女
财产分割请求	不可以	可以

① 대법원2013.9.13. 선고, 2013 두9564 판결。

4. 婚姻的效力

(1)人身方面效力

结婚,夫妻作为配偶成为亲族。夫妻结婚之后,各自使用本来的姓氏。夫妻应当履行同居、扶养、协助、贞操义务。未成年人结婚的,视为成年人(成年拟制)。夫妻之间相互具有继承权。

(2)财产方面效力

对于夫妻财产的归属与管理,韩国《民法》规定,首先基于当事人的协议确定财产关系;对此没有协议的,适用民法典规定的夫妻财产制,即分别财产制。夫妻当事人婚姻成立之前,对其财产可以自由订立契约。订立的夫妻财产契约,婚姻关系存续期间原则上不得变更。但是:具有正当事由的,经过法院的许可可以变更。基于夫妻财产契约,夫妻一方管理另一方财产的,因不适当管理,对其财产造成危害的,另一方可以请求法院由其自己管理。该财产为夫妻共有的,可以请求分割。关于婚姻关系存续期间管理人的变更或者共有财产的分割,夫妻财产契约事先约定的,不经过法院的许可,也可以进行。对于订立夫妻财产契约的方式,没有作出限制,因此,口头契约也具有效力。但是,婚姻成立之前,未经登记的夫妻财产契约,不得对抗第三人。婚姻关系存续期间契约内容的变更、管理人的变更、共有财产的分割,未经登记,也不得对抗第三人。夫妻财产契约的效力,因婚姻的成立而发生,因婚姻的终了而丧失。韩国《民法》以别算制为法定财产制。别算制,是指夫妻一方婚前固有财产以及婚后以自己名义取得的财产为特有财产,其特有财产均归各自管理、使用、受益。另外,夫妻之间归属不明确的财产,推定为夫妻共有。因夫妻的共同生活所必要的费用,当事人之间没有特别约定的,夫妻共同负担。关于日常的家事,夫妻相互具有代理权。关于日常的家事,夫妻一方与第三人实施法律行为的,另一方对由此而产生的债务负有连带责任。

5. 婚姻的解除

婚姻的解除,是指合法有效的婚姻关系因发生一定的事由而归于消灭。婚姻解除的原因有二:一是配偶的死亡;二是离婚。

夫妻一方死亡的,婚姻当然解除。夫妻一方被宣告失踪或者死亡的,以及被认定死亡的,婚姻均被解除。

离婚,是指完全、有效成立的婚姻当事人双方或者一方解除婚姻关系的法律行为。韩国《民法》规定的离婚分为协议离婚和判决离婚。

协议离婚,是指夫妻双方基于协议解除婚姻关系的离婚方式。其成立要件为:①当事人的离婚协议;②离婚登记。被成年监护人,经过父母或者其他监护人的同意,可以离婚。未成年人以及被限定监护人,不经过任何人的同意,可以协议离婚。

判决离婚,是指具有一定事由的,基于当事人一方的请求,经过家庭法院的判决解除婚姻关系的离婚方式。韩国《民法》规定的离婚原因为:①配偶的不贞行为;②恶意的遗弃;③基于配偶或者其直系尊亲属的严重不当对待;④配偶对于自己直系尊亲属的严重不当对待;⑤3 年以上的生死不明;⑥其他重大事由。关于是否认定有责配偶的离婚请求权,学界认为,在一定范围内应当允许有责配偶的离婚请求。判例则认定,除了一定情形(①认定相对人具有离婚意思的;②对于婚姻破裂,夫妻双方均有责任的;③因其他原因婚姻破裂之后,请求人具有有责事由的)之外,原则上不允许有责配偶的离婚请求。

离婚一经成立,婚姻解除,基于婚姻而发生的效力随之消灭。离婚当事人可以再婚。子女不因父母的离婚而丧失其婚生子女的地位。关于抚养子女的事项,基于父母的协议而确定。协议须包括:①确定抚养人;②抚养费的负担;③探望权的行使与否以及行使方法。另外,协议违背子女福利的,家庭法院命令补正,或者参酌该子女的意思、年龄、父母的财产状况以及其他事情,依据其职权确定抚养所必要的事项。关于抚养事项,未达成协议或者协议不成的,家庭法院可以依据其职权或者根据当事人的请求决定。家庭法院为了子女的福利,认为必要之时,根据父、母、子女以及检察官的请求,或者依据其职权,变更关于子女抚养的事项,或者作其他适当的处分。不直接抚养子女的父母一方和子女,相互享有探望的权利。为了子女的福利,家庭法院认为必要之时,根据当事人的请求或者依据其职权,可以限制、排除、变更探望的权利。财产分割请求权,是指离婚当事人一方向另一方请求财产分割的权利。财产分割的对象为:①夫妻协力取得的财产;②退休金、年金;③债务;④第三人名义的财产。离婚当事人一方向另一方请求财产分割的,如果有协议,基于当事人的协议确定财产分割的方法和数额;未达成协议或者协议不成的,家庭法院可以根据当事人的请求,参酌当事人双方协力取得的财产价额以及其他情况,确定分割数额和方法。财产分割请求权,自离婚之日起经过 2 年的,归于消灭。离婚当事人一方,可以向具有过失的相对人请求财产上以及精神上的损害赔偿。

(三)父母与子女

1. 亲子关系

亲子关系,是指父母与子女的身份关系。亲子关系分为两大类:一是亲生亲子关系;二是法定亲子关系。前者以血缘为基础;后者以法律为基础。

2. 亲生子女

(1)婚生子女

婚生子女,是指具有婚姻关系的父母所生的子女。婚生子女包括:①自出生之时起,即取得婚生子女地位的“生来的婚生子女”;②出生之时为非婚生子女,之后,基于父母的婚姻,取得婚生子女地位的“基于准正的婚生子女”。“生来的婚生子女”包括:①被推定为亲生子女的。妻在婚姻关系存续期间怀孕的子女,推定为夫的子女。自婚姻成立之日起200日之后,或者自婚姻终止之日起300日以内所生子女,视为婚姻关系存续期间怀孕的子女。推翻亲生子女的推定,夫妻一方须提起亲生否认之诉。②不被推定为亲生子女的。自婚姻成立之日起200日之前所生子女,不被推定为亲生子女,此时,基于亲生子女关系不存在确认之诉,可以否定父子关系。③不涉及推定的。因为夫妻分居等原因,妻完全没有可能怀丈夫子女的情形。

(2)非婚生子女

非婚生子女,是指没有婚姻关系的父母所生的子女。为了确立非婚生子女的法律地位,保护其合法权益,韩国《民法》规定准正和认领制度。非婚生子女的准正,是指非婚生子女因生父母的结婚而取得婚生子女的资格的制度。非婚生子女的认领,是指非婚生子女的生父或者生母,认定非婚生子女是自己的子女而为的确认亲子关系的意思表示。认领分为两种形式:一是任意认领;二是强制认领。任意认领是生父或者生母自愿认领的情形;强制认领是生父或者生母未任意认领的,子女和其直系卑亲属或者其法定代理人,以生父或者生母为对象,提起请求认领之诉的情形。

3. 养子女

收养,是指以创设养亲子关系为目的的养子女与养亲之间的协议。收养的成立要件为:①当事人的收养协议;②收养登记。收养的障碍事由为:①养父母须为成年人。②收养未成年人,须经家庭法院许可。养子女为13周岁以上的未成年人的,须经法定代理人同意承诺收养。养子女为未满13周岁的未成年人的,法定代理人代替承诺收养。被收养的未成年人,须经父母同意。③被收养的成年人,也须经父母同意。④被成年监护人,经过成年监护人的同意,可以成为收养人,也可以成为被收养人。⑤有配偶的人,与配偶共同收养子女。有配偶的人,经过配偶同意,可以成为被收养人。⑥养子女不得为养亲的尊亲属或者年长者。当事人之间没有收养协议的情形;收养未成年人、被成年监护人成为收养人或者被收养人的,未经家庭法院许可的情形;收养未满13周岁的未成年人,未具备法定代理人的收养承诺的情形；养子女为养亲的尊亲属或者年长者的情形，收养均为无效。未成年人成为收养人的情形；收养13周岁以上的未成年人，未经法定代理人的同意承诺收养的情形；应当知道法定代理人的所在，但是以不知为由，经家庭法院的收养许可，成为养子女的情形；成为养子女的未成年人、成年人，未经父母同意的情形；被成年监护人成为收养人或者被收养人的，未经成年监护人的同意的情形；有配偶的人，未与配偶共同收养子女的，以及有配偶的人，未经配偶的同意，成为被收养人的情形；收养当时不知当事人具有恶疾或者其他重大事由的情形；基于欺诈或者强迫，作出收养意思表示的情形，收养可以撤销。收养一经成立，养父母与养子女之间创设法定血亲关系。收养的成立，不影响养子女收养之前的亲族关系，即养子女的亲生父母及其血亲、姻亲之间的亲族关系存续。有效成立的养亲子关系可以人为解除（罢养），收养的解除分为协议罢养和判决罢养。前者是养父母与养子女协议罢养的情形；后者是具有一定原因的提出请求罢养之诉而为的情形。判决罢养的原因为：①养父母虐待、遗弃养子女或者其他严重危害养子女福利的；②养子女严重不当对待养父母的；③养父母、养子女生死不明3年以上的；④发生其他难以继续养父母子女关系的重大事由。

收养人须具备一定要件，才能请求家庭法院允许其收养亲养子女。要件包括：①婚姻关系存续期间3年以上的夫妻共同收养；②被收养人为未成年人；③被收养人的生父母同意其亲养子女收养；④收养13周岁以上的未成年人的，须经法定代理人同意承诺收养；⑤收养未满13周岁的未成年人的，法定代理人代替承诺收养。为了被收养人的福利，家庭法院应当考虑其抚养状况、收养亲养子女的动机、养父母的抚养能力以及其他情况，决定是否适当收养亲养子女；认为不适当的，驳回请求。亲养子女收养一经成立，将亲养子女拟制婚生子女。收养亲养子女，被收养人收养之前的亲族关系，自收养亲养子女的请求确定之日起终了。养父母虐待或者遗弃亲养子女，以及其他显著侵害亲养子女福利的情形；因亲养子女对于养父母的悖伦行为，无法维持亲养子女关系的情形，养父母、亲养子女、亲生的父或者母以及检察官，可以请求家庭法院解除亲养子女的收养。

（四）亲权

1. 亲权人

亲权人，是指享有亲权的人。古代一般以父亲为亲权人，母亲不享有亲权。现代各国均规定男女平等原则，体现在婚姻家庭领域夫妻地位平等、父母权利平等。因此，现代未成年子女的亲权人为父母双方。但是在特殊情况下，父母共同行使亲权将会发生一定的变化。

(1)婚生子女的情形

在婚姻关系存续期间,父母对其未成年子女共同行使亲权。“父母共同行使亲权”,并非所有亲权行为均须以父母的共同名义完成。比如,以父亲的名义买卖子女的不动产,经过母亲的同意或者追认的,即有效。但是,如果父母一方未经过另一方的同意,以自己的名义代理子女实施法律行为的,一般将其视为无权代理,如果没有权利人追认,就不发生效力。另外,韩国《民法》第920条之2规定,如果父母一方以父母共同名义代理子女,或者同意子女实施法律行为的,即使违背父母另一方的意愿,也发生效力。但是,相对人为恶意的,该行为无效。此规定的立法目的是维护交易的安全。但是,此规定与父母共同行使亲权的立法旨意不符,应当予以修改。父母双方意见不一致的,根据当事人的请求,由家庭法院决定行使亲权的方法。同时,父母一方无法行使亲权的,由另一方行使。“无法行使亲权”的情形,包括事实上无法行使和法律上无法行使。前者包括生死不明或者患有重病的情形、长期不在的情形、不具有意思表示能力的情形等;后者包括被宣告成年监护开始的情形、被宣告丧失亲权的情形、被决定禁止行使亲权假处分的情形等。

(2)非婚生子女的情形

非婚生子女未被认领的,其母亲为亲权人。任意认领的,父母协议决定亲权人;无法达成协议或者协议不成的,家庭法院依据职权或者根据当事人的请求指定亲权人。但是,父母的协议违背子女福利的,家庭法院命令补正或者依据职权决定亲权人。强制认领的,家庭法院依据职权决定亲权人。

(3)养子女的情形

养子女、亲养子女的亲权人为养父母双方。因此,养父母在婚姻关系存续期间的,养父母共同行使亲权。养父母一方死亡或者无法行使亲权的,由另一方行使。

(4)父母离婚等的情形

父母协议离婚的,父母协议决定亲权人;无法达成协议或者协议不成的,家庭法院依据职权或者根据当事人的请求指定亲权人。但是,父母的协议,违背子女福利的,家庭法院命令补正或者依据职权决定亲权人。父母判决离婚的,家庭法院依据职权决定亲权人。父母离婚的,亲权与抚养权并不一定归于同一人,亲权可以归属于父母双方。①

---

① 대법원2012. 4. 13. 선고, 2011 므4719 판결。

婚姻被撤销的,家庭法院依据职权决定亲权人。另外,无效婚姻,依据《家事诉讼法》第25条的规定,家庭法院依据职权决定亲权人。

2. 亲权人的指定与变更

被指定单独亲权人的父母一方死亡的,生存的父或者母、未成年子女、未成年子女的亲族,自知道其事实之日起1个月、自死亡之日起6个月以内,可以向家庭法院请求指定其生存的父或者母为亲权人。收养被撤销的或者罢养的以及养父母均死亡的,亲生父母一方或者双方、未成年子女、未成年子女的亲族,自知道其事实之日起1个月、自收养被撤销或者罢养以及养父母均死亡之日起6个月以内,可以向家庭法院请求指定亲生父母一方或者双方为亲权人。但是,亲养子女的养父母均死亡的,则开始未成年人监护。在上述期间,没有亲权人指定请求的,家庭法院依据职权或者根据未成年人、未成年人的亲族、利害关系人、检察官的请求选任未成年人监护人。亲权人指定请求或者监护人选任请求,为了未成年人的福利,家庭法院认定不适当的,可以驳回请求。此时,家庭法院依据职权选任未成年人监护人或者指定其生存的父或者母、亲生父母一方或者双方为亲权人。在未指定亲权人或者未选任未成年人监护人之前,家庭法院可以选任代替执行其任务的人。

由于非婚生子女的认领,父母的离婚,婚姻的无效、被撤销等原因,父母一方决定为亲权人的,家庭法院为了子女的福利认定必要的,根据子女4寸以内亲族的请求,可以变更亲权人。

3. 亲权的内容

亲权的内容主要分为关于子女身份的权利和关于子女财产的权利。

(1)关于子女身份的权利、义务

①关于子女保护、教养的权利、义务。亲权人具有保护、教养子女的权利、义务。②子女交还请求权。亲权人可以请求不法掠夺或者强留其子女的人交还其子女。这一请求权并不适用于具有意思表示能力的未成年子女自愿停留在第三人居住地的情形①以及第三人根据正当权限保护其子女的情形。交还义务人无正当理由拒绝行使其义务的,家庭法院可以依据当事人的申请,要求义务人履行其义务(《家事诉讼法》第64条)。对于不履行其义务的,法院可以依据职权判处1000万韩元以下罚金。当事人接到判决之后30日以内仍未履行交还义务的,法院可以根据申请判处30日以内的拘留(《家事诉讼法》第68条)。③居所指定

① 대법원 1979. 7. 10. 선고, 79 므 5 판결。

权。为了实现保护、教养未成年子女的目的，子女应当在亲权人指定的居所居住。未经父母的允许，不得在他处居住。④惩戒权。亲权人在必要范围内，可以惩戒其子女。告诫、体罚、禁闭、减食等手段，以达成保护、教养目的为限，均可以采用。至于必要的程度，应当依据子女的家庭环境、性别、年龄、健康、性格以及过失轻重等因素加以确定。值得注意的是，父母行使惩戒权超越必要范围的，构成惩戒权滥用，可以成为剥夺亲权的事由。[①]惩戒可以由当事人行使，也可以经过家庭法院的许可，由感化院或者矫正机构进行。⑤营业许可权。亲权人作为法定代理人，可以允许未成年的子女营业。⑥关于身份行为的代理权以及同意权。未成年子女不能独立进行民事法律行为。父母作为未成年子女的法定代理人，未成年子女进行与年龄、智力不适应的行为的，必须由其法定代理人代为意思表示或者得到法定代理人的同意。

此外，亲权人，未成年的子女未婚生育的，代其行使亲权。未成年子女婚后生育的，由于成年拟制，其子女独立行使亲权。

（2）关于子女财产的权利、义务

①财产管理权。未成年子女，因继承、赠与或者其他无偿取得的财产，以及未成年子女以劳力或者其他有偿行为取得的财产，为其特有财产。未成年子女的特有财产由其父母管理。财产管理，是指保持、利用、改良财产的行为。亲权人为增加财产价值，可以在财产管理上采取必要的处分行为。父母管理子女财产，应当尽到何种程度注意，韩国《民法》规定，应当尽到与处理自己事项同一注意（第922条）。父母未为此注意而导致子女财产受到损害的，应当负有损害赔偿责任。以子女财产取得的受益，可以充当对子女抚养费和财产管理费。一般情况下，亲权人基于子女财产而取得的受益与其支出的抚养费和管理费相互抵销，但是，对于超过合理的部分，不能无限制地取得受益。②关于子女财产行为的代理权和同意权。作为法定代理人的亲权人，对于子女财产的法律行为，代理其子女。亲权人只为自己或者第三人的利益实施代理行为的，其应当适用代理权滥用的相关理论。亲权人代理未成年子女签订以子女的行为为目的的债务承担契约的，应当经过本人的同意。这种以子女的行为为目的的债务，主要是提供劳务的债务。未成年子女具有意思表达能力的，经过亲权人的同意，可以单独管理财产。对于未成年子女单纯得到利益的行为，无需亲权人的同意。亲权人有权撤销未成年子女未经其同意的管理财产行为。

---

① 대법원2002. 2. 8. 선고, 2001 도6468 판결。

4. 亲权的消灭、丧失和恢复

(1) 亲权的消灭

亲权的消灭分为绝对消灭和相对消灭。绝对消灭的情形包括子女死亡的、子女成年的、子女结婚的等情形。相对消灭的情形包括:亲权人死亡的;子女被他人收养的;非婚生子女被认领之后,父亲成为亲权人的;因父母离婚或者婚姻无效、被撤销,父母一方成为亲权人的;收养无效、被撤销或者罢养的;根据法院的审判亲权人变更的;被宣告丧失亲权的等情形。

(2) 亲权的丧失[①]

亲权丧失,是指亲权人因法定的事由而失去行使亲权的资格。根据韩国《民法》的规定,丧失亲权的原因为亲权人滥用亲权而对未成年子女造成损害。丧失亲权的原因,只能从维护被亲权人的利益考虑。父母滥用亲权的,家庭法院根据子女、子女的亲族或者检察官的请求宣告其亲权丧失、暂时停止或者部分限制(第924条)。

(3) 亲权的恢复

亲权恢复,是指丧失亲权的人,在丧失亲权的法定事由消失之后,重新取得亲权。亲权被宣告丧失、暂时停止或者部分限制的亲权人,在事由消失之后,可以恢复行使其权利(第926条)。丧失亲权事由消灭的,家庭法院根据本人、子女、子女的亲族或者检察官的请求,宣告亲权的恢复。

此外,一般情况下,亲权人不得随意表示放弃代理权和财产管理权。但是,确有正当理由的,家庭法院可以允许当事人放弃其法律行为的代理权和财产管理权。放弃代理权和财产管理权的事由消灭的,亲权人经过家庭法院的许可可以恢复其放弃的权利(第927条)。

(五) 监护

监护,是指保护限制行为能力的人或者其他需要保护的人的制度。2011年韩国对此进行大幅度修改。根据其修改内容,监护认定两种情形,即任意监护与法定监护。任意监护,是指基于监护契约而产生的监护;法定监护包括未成年监护、成年监护、限定监护、特定监护。同时,2011年修正《民法》新设监护监督人制度。

1. 未成年监护与成年监护

未成年监护的设立原因为:①没有亲权人的情形;②亲权人不得行使全部或

---

① 김상용, 가족법연구 I, 법문사, 2002, 241 면。

者部分亲权的情形。受到家庭法院的成年监护开始审判的,应当为其设置成年监护人。成年监护的设立的要件为:①因疾病、障碍、高龄以及其他事由而引起的精神制约,处理事务能力持续缺乏的人;②本人、配偶、4 寸以内的亲族、未成年监护人、未成年监护监督人、限定监护人、限定监护监督人、特定监护人、特定监护监督人的请求;③家庭法院审判成年监护设立的,须考虑本人的意思。未成年人的监护人为一人。考虑被成年监护人的人身和财产方面的诸多情形,允许成年监护人为数人。法人也可以成为成年监护人(第 930 条第 3 款),但是,不得成为未成年监护人。具有监护人缺格事由的人,不得成为监护人。缺格事由如下:其一,未成年人;其二,被成年监护人、被限定监护人、被特定监护人、被任意监护人;其三,被宣告回生程序开始或者破产的人;其四,被宣告停止资格以上的刑罚处罚,并在服刑之中的人;其五,被家庭法院解任的法定代理人;其六,被家庭法院解任的成年监护人、限定监护人、特定监护人、任意监护人以及其监督人;其七,去向不明的人;其八,与被监护人具有诉讼关系的人;其九,与被监护人具有诉讼关系的人的配偶或者直系血亲。监护人具有正当理由的,经过家庭法院的许可,可以辞任。其监护人在请求辞任同时,请求家庭法院选任新的监护人。家庭法院为了被监护人的福利,认定有必要变更监护人的,依据职权或者根据被监护人、亲族、监护监督人以及检察官的请求,可以变更监护人。

家庭法院认定有必要的,可以依据职权或者根据被监护人、亲族、监护人、检察官的请求,选任监护监督人(第 940 条第 3 款、第 4 款)。监护人的家族不得成为监护监督人。监护监督人具有正当理由的,经过家庭法院的许可,可以辞任。其监护监督人在请求辞任同时,请求家庭法院选任新的监护监督人。家庭法院为了被监护人的福利,认定有必要变更监护监督人的,依据职权或者根据被监护人、亲族、监护监督人以及检察官的请求,可以变更监护监督人。

监护职责分为关于身份的职责和关于财产的职责。监护人履行任务尽到善良管理人的注意即可。

监护的终止分为绝对终止与相对终止。绝对终止的原因为:①被监护人死亡;②未成年人成年或者结婚的;③成年监护终止的审判;④未成年人产生新的亲权人;⑤未成年人恢复亲权。相对终止的原因为:①监护人的死亡;②监护人的缺格、辞任、变更;③配偶为监护人的,婚姻解除等。

2. 限定监护与特定监护

因疾病、障碍、高龄以及其他事由而引起的精神制约,缺乏处理事务能力的,应当为其设置限定监护人。因疾病、障碍、高龄以及其他事由而引起的精神制约,暂时或者关于特定事务需要帮助的，应当为其设置特定监护人。

3. 任意监护

任意监护，是指基于监护契约而产生的监护。监护契约，是指因疾病、障碍、高龄以及其他事由而引起的精神制约，处于处理事务能力不足状况或者应对不足状况，对于自己的财产管理以及人身保护事务的全部或者部分，委托他人，对其委托事务授予代理权的契约。监护契约，应当以公证证书缔结。监护契约，自家庭法院选任任意监护监督人之时，产生效力。家庭法院、任意监护人、任意监护监督人，在履行、运营监护契约方面，应当最大程度尊重本人的意思。选任任意监护监督人之前，本人或者任意监护人，以经过公证人认证的书面文件，随时可以撤回监护契约的意思表示。选任任意监护监督人之后，本人或者任意监护人，具有正当事由的，经过家庭法院的许可，可以终止监护契约。任意监护人的代理权消灭，未经登记的，不得对抗善意第三人。

4. 任意监护与法定监护的关系

监护契约经过登记的，家庭法院为了本人的利益限于特别必要之时，基于任意监护人或者任意监护监督人的请求，可以进行成年监护、限定监护或者特定监护审判。此时，监护契约，在本人被审判成年监护或者限定监护开始之时终止。本人为被成年监护人、被限定监护人或者被特定监护人的，家庭法院选任任意监护监督人之时，首先进行之前的成年监护、限定监护或者特定监护的终止审判。但是，为了本人的利益，认定其成年监护或者限定监护措施继续特别必要的，家庭法院不得选任任意监护监督人。

（六）扶养

扶养，是指一定范围的亲族，维持或者扶助其他亲族的生活。韩国《民法》认定的扶养，包括父母与子女之间以及夫妻之间的扶养和其他亲族之间的扶养。扶养的义务，以受到扶养的人基于自己的资力或者劳动无法维持生活为限，履行其责任。扶养义务人为数人的，关于扶养义务人的顺序没有协议的，基于当事人的请求由法院决定。扶养权利人为数人的，以扶养义务人的资力无法扶养其全员的，也基于当事人的请求由法院决定。此时，法院可以选定数人的扶养义务人或者权利人。关于扶养的程度以及方法，当事人之间没有协议的，法院基于当事人的请求，参酌扶养义务人的生活程度和扶养义务人的资力等其他诸多情形而决定。关于扶养义务人或者扶养权利人的顺序、扶养的程度以及方法，基于当事人的协议或者法院的判决决定之后，对此具有情势变更的，法院基于当事人的请求可以撤销或者变更其协议或者判决。被扶养的权利不得处分。

二、继承法

(一)继承

1. 继承的开始

继承的开始,是指基于继承,法律效果产生。继承开始的原因为被继承人的死亡。死亡包括自然死亡和基于法院宣告失踪的拟制死亡。自然死亡的时间,以死亡证明记载的时间为准。死亡证明记载的时间和实际死亡的时间不一致的,以实际死亡的时间为准。被宣告失踪的人,失踪期间届满的,视为死亡,且以此为准,继承开始。继承开始的地点为被继承人的住所地。被继承人没有住所的,以居所为准;被继承人的住所和居所均没有的,以死亡地为准,确定继承开始地点。

2. 继承人

基于继承,继承人继承被继承人的权利、义务,其应当具有继承能力。继承能力,是指可以成为继承人的能力。继承能力要求继承人在继承开始之时为生存的人(同时存在原则)。作为同时存在原则的例外,胎儿视为已经出生,认可胎儿的权利能力。继承人具有一定不适合继承的事由的,丧失其资格。韩国《民法》规定的缺格事由分为:①故意杀害或者蓄意杀害直系尊亲属、被继承人、其配偶或者先顺位、同顺位的继承人的;②故意加害直系尊亲属、被继承人或者其配偶,导致死亡的;③以欺诈或者胁迫,妨害被继承人关于继承的遗嘱或者导致遗嘱撤回的;④以欺诈或者胁迫,使被继承人设立关于继承的遗嘱的;⑤伪造、变造、废弃、隐匿被继承人关于继承的遗嘱的。实施继承缺格事由行为的人,不得成为继承人。缺格的效果,法律上当然发生,无需利害关系人的请求或者裁判程序。缺格事由在继承开始之前发生的,缺格人不得继承。缺格事由在继承开始之后发生的,开始的继承溯及无效。因此,缺格人的继承财产处分行为也无效。真正的继承人可以请求继承恢复。例如,甲的儿子乙,与丙结婚。乙死亡之后,丙对于乙所有的不动产X,进行继承登记,其自己的份额转让给丁,并且,对此经过登记。之后,丙故意堕胎(乙的胎儿)。此时,丙故意堕胎为继承缺格事由。其事由发生在继承开始之后,但是,继承溯及无效。同时,缺格人丙实施的行为份额转让为无效。由此,真正的继承人甲,可以向丙请求对于X不动产共有份额登记抹消。但是,真正继承人向受让其继承财产的第三人请求登记抹消的,适用继承恢复请求权的短期除斥期间,甲自知道堕胎事实之日起3年以内,或者自堕胎之日起10年以内行使其权利。①

依据韩国《民法》的规定，韩国法定继承人的继承顺序如下。第一顺序：被继承人的直系卑亲属。不论直系卑亲属的性别、结婚与否、是否婚生子女、年龄，均包含在内。直系卑亲属为数人的，按照直系卑亲属的寸数，最近亲作为先顺位继承人，成为继承人。最近亲为数人的，成为共同继承人。第二顺序：被继承人的直系尊亲属。不论父系、母系、养家、生家、性别、离婚与否，均包含在内。直系尊亲属为数人的，按照直系尊亲属的寸数，最近亲作为先顺位继承人，成为继承人。最近亲为数人的，成为共同继承人。第三顺序：被继承人的兄弟姐妹。不顾性别、结婚与否，自然血亲、法定血亲均包含在内。兄弟姐妹为数人的，成为共同继承人。第四顺序：4 寸以内的旁系血亲。旁系血亲为(a)兄弟姐妹；(b)兄弟姐妹的直系卑亲属；(c)直系尊亲属的兄弟姐妹；(d)直系尊亲属的兄弟姐妹的直系卑亲属。其中，(a)为第三顺序继承人，(b)可以代袭或者再代袭兄弟姐妹，因此，第四顺序继承人为除(a)、(b)之外，(c)、(d)之中，4 寸以内的旁系血亲。不论父系、母系、性别、结婚与否，均包含在内。4 寸以内的旁系血亲为数人的，最近亲作为先顺位继承人，成为继承人。最近亲为数人的，成为共同继承人。

配偶的继承顺序：被继承人的配偶，被继承人具有直系卑亲属或者直系尊亲属的，与其成为共同继承人；被继承人不具有直系卑亲属或者直系尊亲属的，则成为单独继承人。

3. 代袭继承

代袭继承，是指继承开始之前，被继承人的直系卑亲属或者兄弟姐妹死亡或者缺格的，其直系卑亲属和配偶，代替死亡或者缺格的人的顺序继承的制度。韩国《民法》认定代袭继承的情形如下。①被继承人的直系卑亲属，继承开始之前，死亡或者缺格的，其直系卑亲属代袭继承。②被继承人的兄弟姐妹，继承开始之前，死亡或者缺格的，其直系卑亲属代袭继承。③被继承人的直系卑亲属或者兄弟姐妹，继承开始之前，死亡或者缺格的，其配偶与其直系卑亲属共同代袭继承；但是，不具有直系卑亲属的，其配偶单独继承。具备代袭继承要件的，代袭人可以继承被代袭人应当继承的继承份。代袭人为数人的，以其继承份为限，应当基于法定继承的方法。

4. 继承的效力

继承人自继承开始之时，概括继承被继承人关于财产的所有权利、义务。同

---

① 대법원 1981. 1. 27. 선고, 79 다854 판결。

顺位的继承人为数人的,该继承份均分。被继承人的配偶的继承份,与直系卑亲属或者直系尊亲属共同继承的,加算直系卑亲属或者直系尊亲属的继承份的50%。例如,甲死亡,配偶乙,儿子丙、丁,女儿戊各自继承财产1.5∶1∶1∶1。被继承人只有配偶,没有直系卑亲属或者直系尊亲属的,其配偶单独继承。

具有特别受益人的,首先,在被继承人继承开始当时的财产价额,加算生前赠与价额,以此价额确定各共同继承人的继承份;特别受益人的继承份为在各共同继承人的继承份,控制其受到赠与或者遗赠的价额。例如,死亡当时,财产价额为1亿元的甲留有子女乙、丙而死亡。甲1年之前,赠与乙2000万元。此时,如果没有特别受益的返还制度,乙、丙各自继承5000万元。但是,在特别受益的返还制度现行法下,继承财产为1亿元加算赠与财产2000万元,即12,000万元;因而,乙、丙的继承份为6000万元。但是,乙的继承份为在其6000万元,控制已经受到赠与的2000万元,即4000万元。

具有关于被继承人的财产维持或者增加特别贡献的,或者特别扶养被继承人的,在继承开始当时被继承人的财产价额,控制其特别贡献人的贡献份之后,以其视为继承财产,算定各共同继承人的继承份;贡献人的继承份为在各共同继承人的继承份,加算贡献份的价额。例如,甲留有配偶乙,子女丙、丁、戊而死亡。死亡当时,甲的财产价额为11,000万元;甲生前,特别资助丙1000万元;对于甲,戊特别贡献3000万元。此时,其继承人如何继承甲的财产?继承财产价额:11,000万元+1000万元(特别受益)-3000万元(特别贡献)=9000万元。各继承人的法定继承份:乙∶丙∶丁∶戊=1.5∶1∶1∶1。各继承人的具有继承份:乙:9000万元×1.5/4.5=3000万元。丙:9000万元×1/4.5=2000万元。丁:9000万元×1/4.5=2000万元。戊:9000万元×1/4.5=2000万元。各继承人应当取得的额:乙:3000万元。丙(特别受益人):2000万元-1000万元(特别受益)=1000万元。丁:2000万元。戊(贡献继承人):2000万元+3000万元(贡献份)=5000万元。

继承开始之后,继承财产分割之前,继承人可以让与继承份。共同继承人中,具有将其继承份让与第三人的,其他共同继承人可以偿还其价款以及让与费,还收其继承份。还收权自知道让与之日起3个月,自让与之日起1年内行使。

继承人为数人的,共同继承人,按照各自的继承份,承继被继承人的权利、义务。继承财产首先由数人共有。共同继承人为了此种共有关系转换为单独所有,基于指定、协议、审判等方法,可以分割继承财产。

继承权因非真正的继承人而受到侵害的,可以请求其恢复(继承恢复请求权)。继承恢复请求权经过自知道侵害之日起3年、自发生继承权侵害行为之日起10年而消灭。

5. 继承的承认与放弃

韩国《民法》基于继承的权利、义务，一方面，认定当然继承；另一方面，规定对其可以承认或者放弃。承认包括单纯承认和限定承认。

单纯承认，是指对于继承权利、义务，全面承认。具有以下事由的，不论继承人是否具有单纯承认的意思，视为单纯承认：①继承人对于继承财产，进行处分行为的；②继承人在3个月的考虑期间内，未作出限定承认或者放弃的；③继承人作出限定承认或者放弃之后，隐匿或者不当消费或者故意未计入继承财产的。单纯承认的，继承人无限制地继承被继承人的权利、义务。其结果，被继承人的消极财产超过其积极财产的，继承人也不得拒绝清偿。同时，继承债权人，对于继承人的固有财产可以进行强制执行；继承人的债权人，对于继承财产，可以进行强制执行。单纯承认之后，在一定范围内，可以限定承认。

限定承认，是指以继承财产限度内偿还被继承人的债务为条件，承认继承。限定承认的方法为在3个月的考虑期间内，须添附继承财产的目录向家庭法院申报限定承认。继承财产中，具有已经处分财产的，须提交其目录和价额。申报限定承认之时，在财产目录上，故意未计入继承财产的，拟制单纯承认。限定承认继承人，在基于继承取得积极财产的范围内，清偿被继承人的债务和遗赠。继承人限定继承的，对于被继承人的继承人的财产上的权利、义务不消灭。限定继承人，自限定继承之日起5日以内，对于一般继承债权人和受遗赠人，公告限定承认事实和在一定期间内申报其债权或者受赠。其期间应为2个月以上。限定承认人在此期间届满之前，可以拒绝继承债权的清偿。限定承认人在此期间届满之后，以继承财产，对于在此期间内申报的债权人，按照各债权额的比例清偿。但是，不得侵害具有优先权的债权人的权利。限定承认的，其继承人在继承财产中剩余的财产，加算已经处分的财产价额清偿。但是，限定承认之前，对于继承债权人或者受遗赠人清偿的价额，不属于已经处分的财产价额。附条件债权或者存续期间不确定的债权，基于法院选任的鉴定人的评价清偿。为了清偿，继承财产的全部或者部分需要出售的，基于民事执行法拍卖。限定承认人，怠于公告或者催告，因为对于某继承债权人或者受遗赠人的清偿，而对于其他继承债权人或者受遗赠人无法清偿的，限定承认人赔偿其损害。不知继承债务超过继承财产的事实，具有过失的继承人，或者继承人知道继承债务超过继承财产的事实，某继承债权人或者受遗赠人得到清偿的，未得到清偿的继承债权人或者受遗赠人，可以向限定承认人行使求偿权。在申报期间内，未申报的继承债权人或者受遗赠人，继承财产具有剩余的,可以得到清偿。但是,对于继承财产具有特别担保权的除外。

继承的放弃,是指使为自己开始的不确定的继承效力,确定无效而作出的单方的意思表示。继承人放弃继承的,须在3个月的考虑期间内向家庭法院申报放弃。继承放弃的,溯及继承开始产生其效力。继承人为数人的,某继承人放弃继承之时,其继承份按照其他继承人的继承份比例,归属于其他继承人。例如,被继承人甲留有7000万元财产而死亡。甲具有配偶乙和直系卑亲属丙、丁。假如,丙放弃继承份,其继承份如何归属?此时,视为丙自始不存在。乙、丁的法定继承份:乙:丁=1.5:1。乙、丁的具体继承份:乙:7000万元×1.5/2.5=4200万元。丁:7000万元×1/2.5=2800万元。

韩国《民法》以单纯承认为原则,如果未表示放弃或者限定承认的,认定单纯承认。继承人自知道继承开始之日起3个月内,可以表示单纯承认、限定承认,或者放弃。继承人承认或者放弃之前,可以调查继承财产。继承人该期间内,未表示承认或者放弃的,拟制单纯承认。继承人为限制能力人的,考虑期间自其亲权人或者监护人知道继承开始之日起起算。继承人未表示承认或者放弃,且在考虑期间内死亡的,考虑期间自其继承人知道自己的继承开始之日起起算。3个月的考虑期间,基于利害关系人或者检察官的请求,家庭法院可以延长。继承人无重大过失,在考虑期间内不知继承债务超过继承财产的事实,表示单纯承认的,自知道其事实之日起3个月内,可以表示限定承认。继承人表示承认或者放弃的,在考虑期间内,也不得撤回。这是为了保护利害关系人的信赖。继承人表示承认或者放弃的,自可以追认之日起3个月内,或者自表示承认或者放弃之日起1年内可以撤销。无意识能力的状态表示承认或者放弃的,无权代理人表示承认或者放弃的,当然认定主张无效。继承开始,继承财产由继承人概括继承,继承人确定之前,由继承人管理继承财产。此时,继承人应当以与对待固有财产同一注意管理其继承财产。家庭法院基于利害关系人或者检察官的请求,可以命令为保存继承财产所必要的处分。

6.财产的分离

财产的分离,是指继承开始之后,基于继承债权人、受遗赠人或者继承人的债权人的请求,继承财产与继承人的固有财产分离的制度。基于继承,继承财产和继承人的固有财产混合的,继承人债务超过的,继承债权人以及受遗赠人受到不利益;继承财产债务超过的,继承人的债权人受到不利益。此时,分离继承财产与继承人的固有财产,应当保护继承债权人、受遗赠人或者继承人的债权人。

财产分离的程序为:①财产分离的请求权人为继承债权人、受遗赠人或者继承人的债权人。②相对人为继承人或者继承财产管理人。继承人为数人的,其全员为相对人。③请求期间为自继承开始之日起3个月内。但是,继承人未表示继承的承认或者放弃的,经过3个月,也可以请求财产分离。④继承财产的分离请求,由继承开始地的家庭法院审判。

财产分离的审判确定,继承财产与继承人的固有财产分离存在。据此,对于被继承人的继承人的财产上的权利、义务不因混同而消灭、存续。具有财产分离命令的,继承人对于继承财产以与自己的固有财产同一注意管理。此时,家庭法院可以命令对于继承财产的管理所必要处分。财产的分离,继承财产为不动产的,对其未经过登记的,不得对抗善意第三人。家庭法院命令财产分离的,其请求人在5日以内对于继承债权人和受遗赠人公告财产分离命令的事实和在一定期间内申报其债权或者受遗赠。申报期间为两个月以上。继承人在可以请求财产分离期间以及对于继承债权人和受遗赠人公告的申报期间届满之前,对于继承债权人和受遗赠人,可以拒绝清偿。此期间届满之后,继承人首先清偿质权、抵押权等具有优先权的债务。其后,以继承财产按照比例清偿各债权额或者受赠额。继承债权人和受遗赠人,就继承财产无法获得全额清偿的,可以从继承人的固有财产获得清偿。此时,对于继承人的固有财产,继承人的债权人优先获得受偿。

7. 继承人不存在

继承人不存在,是指继承人的存否未分明的情形。此时,一方面搜索继承人,另一方面管理清算继承财产。身份不明的人死亡的;继承人为未真正的继承人,真正的继承人存否不分明的;唯一继承人为继承缺格的人或者推定同时死亡的;继承人全员放弃继承的等情形。继承人搜索公告期间内,没有人主张继承权的,家庭法院基于与被继承人共同生活的人,或者疗养护理被继承人的人,以及其他与被继承人具有缘故的人的请求,可以分与继承财产的全部或者部分,此请求,应当在继承人搜索公告期间届满之后两个月以内提起(第1057条第2款)。基于此规定,未分与的继承财产归属于国家。继承财产归属于国家的,以继承财产未获得清偿的继承债权人或者受遗赠人,对于国家不得请求其清偿。

(二)遗嘱

1. 遗嘱概述

遗嘱,是指自然人确定关于其死后的法律关系中一定事项而为的单方的意思表示。遗嘱人需要具有遗嘱能力。韩国《民法》规定的遗嘱能力具体为:①未满17岁的人,不得设立遗嘱。同时,17岁以上的人,在无意思能力的状态之下,不得设立有效遗嘱。②未成年人达到17岁的,未经过法定代理人的同意,对于所有遗嘱事项,可以设立遗嘱。此时,法定代理人以未经过同意为理由,不得撤销。③被成年监护人只有意思能力恢复的,才能设立遗嘱。被成年监护人设立遗嘱的,须医生在遗嘱书附记身心恢复的状态以及署名签字。被成年监护人合法设立的遗嘱,不得撤销。④被限定监护人达到17岁的,限定监护人的同意被保留之下,可以单独设立有效遗嘱。其遗嘱以未经过同意为理由,不得撤销。⑤遗嘱能力,在设立遗嘱当时存在即可。

2. 遗嘱的方式

韩国《民法》规定了5种遗嘱方式:①自书证书;②录音;③公证证书;④秘密证书;⑤口述证书。自书证书、录音、公证证书、秘密证书为通常使用的方式;口述证书为由于疾病以及其他紧迫事由,不得基于通常方式之时使用的方式。自书证书,是指遗嘱人自书其全文和年月日、住所、姓名,签字而成立的遗嘱。其要件为:①自书遗嘱书的全文;②自书遗嘱书的制定年月日;③自书住所、姓名和签字。对于自书证书,插入、删除或者变更文字的,遗嘱人签字。录音,是指遗嘱人口述遗嘱的宗旨、其姓名和年月日,参与的证人口述遗嘱的正确和其姓名而成立的遗嘱。被成年监护人设立录音遗嘱的,需医生口述录音身心恢复的状态。公证证书,是指遗嘱人在2名证人参与的公证面前,口述遗嘱的宗旨,公证人笔记、朗读,遗嘱人和证人承认其正确,各自署名或者记名签字而成立的遗嘱。其要件为:①具有2名证人参与;②遗嘱人在公证人面前,口述遗嘱的宗旨;③公证人笔记、朗读遗嘱人的口述;④遗嘱人和证人承认公证人的笔记正确,各自署名或者记名签字。秘密证书,是指遗嘱人严封签字遗嘱宗旨和记入笔者姓名的证书,提交在2名以上证人面前,表示其为自己的遗嘱书,其封书表面记载提交年月日,遗嘱人和证人各自署名或者记名签字之后,在一定期间内取得确定日期而成立的遗嘱。遗嘱封书自表面记载的日期之日起5日以内提交到公证人或者法院书记处取得确定日期。基于秘密证书的遗嘱,由于其方式的瑕疵,该证书适合于自书证书方式的,视为基于自书证书的遗嘱。口述证书,是指由于疾病以及其他紧迫事由,不得设立基于通常方式的遗嘱的,遗嘱人在2名以上证人参与之下口述遗嘱的宗旨,证人笔记、朗读遗嘱人的口述,遗嘱人和证人承认其正确,各自署名或者记名签字而成立的遗嘱。被成年监护人基于口述证书设立遗嘱的,须恢复意思能力。但是,此时,无须医生在遗嘱书附记身心恢复的状态以及记名签字。基于口述证书的遗嘱自其证人或者利害关系人紧迫事由终了之日起7日以内申请法院检印。检印申请期间内,未申请检印的,其口述证书遗嘱为无效。

3. 遗嘱的撤回

遗嘱人可以自由撤回遗嘱。遗嘱人不得抛弃撤回遗嘱的权利。遗嘱撤回的方式分为:①任意撤回;②法定撤回。遗嘱人随时以遗嘱或者生前行为,撤回遗嘱的全部或者部分。前后遗嘱相互抵触的;设立遗嘱之后的生前行为,与遗嘱相互抵触的,视为撤回其抵触部分的前遗嘱。遗嘱人故意破损遗嘱证书或者遗赠标的物的,视为撤回其破损部分的遗嘱。遗嘱被撤回的,自始无效。遗嘱的撤回基于错误、欺诈或者强迫而为的,可以撤销。

4. 遗嘱的效力

遗嘱自遗嘱人死亡之时发生效力。遗嘱,除形式上不允许除外,可以附条件或者附期限。基于遗嘱的内容,以遗嘱人的意思表示,遗嘱也具有自遗嘱人死亡之时,未完全发生效力的情形。例如,遗嘱设立财团法人的、父或者母遗嘱表示亲生否认意思的、遗嘱认领的等。遗嘱是一种法律行为,可以适用法律行为的无效、撤销的相关规定。遗嘱无效的情形为:①未具备方式的遗嘱;②未满 17 岁的人的遗嘱;③无意识能力人的遗嘱;④对于受赠缺格人的遗嘱;⑤违背社会秩序或者强行法规的遗嘱;⑥以法定事项以外的事项为内容的遗嘱。遗嘱不得以限制行为能力为理由撤销。但是,以错误、欺诈、强迫为理由可以撤销遗嘱。此时,撤销权在于遗嘱人和继承人。

5. 遗嘱的执行

遗嘱的执行,是指遗嘱产生其效力之后,为实现其内容而为的行为或者程序。遗嘱需要执行的,应当具有遗嘱执行人。遗嘱执行人,是指担当遗嘱执行业务的人。根据情形,继承人也可以成为遗嘱执行人。遗嘱人指定的人或者由遗嘱人委托的人指定的人成为遗嘱执行人。没有指定遗嘱执行人的,继承人成为遗嘱执行人。没有遗嘱执行人的,家庭法院选任遗嘱执行人。限制能力人,即未成年人、被成年监护人、被限定成年监护人和被宣告破产的人,不得成为遗嘱执行人。另外,亲生否认和认领的,遗嘱执行人的职务,与继承人的利害相反,因此,继承人不得成为遗嘱执行人。[①] 指定遗嘱执行人和选任遗嘱执行人,视为继承人的代理人。遗嘱执行人承诺其就任的,应当履行其义务。完成遗嘱执行的,遗嘱执行人的任务终止。遗嘱执行人死亡的或者发生缺格事由的以及辞退和解任的,遗嘱执行均为终止。因遗嘱执行人的辞退或者解任,没有遗嘱执行人的,法院基于利害关系人的请求选任遗嘱执行人。其任务终止的遗嘱执行人,选任新的遗嘱执行人处理

① 곽윤직, 상속법, 박영사, 2004, 269 면。

遗嘱执行事务之前,继续履行其任务。

6. 遗赠

遗赠,是指基于遗嘱,无偿给予他人财产上的利益的单独行为。被指定于遗嘱,接受遗赠的人为受遗赠人。除自然人之外,法人、没有权利能力的社团、财团、其他团体或者设施,也可以成为受遗赠人。受遗赠人,须遗嘱发生效力之时,即遗嘱人死亡之时具备权利能力。遗嘱人死亡之前,受遗赠人死亡的,遗赠未发生效力。遗赠人与受遗赠人同时死亡,遗赠也未发生效力。关于遗赠,胎儿视为已经出生。但是,遗嘱人死亡之时,未成其胞胎的胎儿没有受赠能力。具有继承缺格事由的人,不得成为受遗赠人。但是,遗赠人知道其事实而遗赠的,其遗赠有效。因此,具有继承缺格事由的人,不得成为受遗赠人的情形包括:①遗赠之后发生其事由的;②遗赠人不知受遗赠人具有其事由而遗赠的。负担履行遗赠义务的人为遗赠义务人。原则上继承人为遗赠义务人。但是,概括受遗赠人、继承人,存否不分明的继承管理人、遗嘱执行人,也可以成为遗赠义务人。

遗嘱人遗赠继承财产的全部或者其一定比例的遗赠,称为概括遗赠。在继承财产中,以特定财产为标的的遗赠,称为特定遗赠。遗嘱人基于遗嘱,使受遗赠人为遗嘱人本人、继承人或者第三人,负担一定法律上的义务的遗赠,称为附负担遗赠。

遗赠是一种遗嘱,基于遗嘱的无效、可撤销原因,遗赠可以无效。受遗赠人先于遗嘱人死亡的,遗赠无效。但是,遗嘱人基于遗嘱表示其他意思的,基于其意思遗赠有效。附停止条件遗赠,条件成就之前,受遗赠人死亡的,遗赠无效。但是,遗嘱人基于遗嘱表示其他意思的,基于其意思遗赠有效。作为遗赠标的的权利,遗嘱人死亡当时,不属于继承财产的,遗赠无效。但是,遗嘱人作出意思表示,自己死亡当时即使其标的不属于继承财产,也使遗嘱具有效力的,遗赠义务人具有取得其权利转移受遗赠人的义务,其遗赠有效。附负担遗赠,受遗赠人未履行其负担的,继承人或者遗嘱执行人,在一定要件下,可以请求撤销遗嘱。

(三)遗留份

遗留份,是指法律上的继承人保障归属继承财产的一定比例。可以取得遗留份的人为被继承人的直系卑亲属、配偶、直系尊亲属、兄弟姐妹。行使遗留份权,应为最优先顺序的继承人,具有继承权。因此,被继承人具有子女和父母的,父母不得行使遗留份权。代袭继承的相关规定准用于遗留份,被继承人的直系卑亲属和兄弟姐妹的代袭人也包括遗留份权人。关于继承,胎儿视为已经出生。因此,胎儿也具有遗留份权。继承缺格人和继承放弃人,因为不是继承人,不具有遗留份权。缺格人的代袭人具有遗留份权,但是,放弃继承的,不得认定代袭。概括受遗赠人,与继承人具有同一的权利、义务,但是,并不具有遗留份权。遗留份权人的遗留份为:①被继承人的直系卑亲属享受其法定继承份的1/2;②被继承人的配偶享受其法定继承份的1/2;③被继承人的直系尊亲属享受其法定继承份的1/3;④被继承人的兄弟姐妹享受其法定继承份的1/3(第1112条)。

算定遗留份,在被继承人继承开始之时具有的财产价款,首先,加算赠与财产;其次,控制债务全额。附条件的权利或者存续期间不确定的权利,基于家庭法院选任的鉴定人的评价确定其价格。加算的赠与,限于继承开始之前1年之间实施的。但是,当事人双方知道损害遗留份权人而赠与的,1年之前的,也加算。被继承人赠与财产共同继承人特别受益的,无关于其实施的期间,均加算其价额。[①]例如,被继承人甲留有子女乙、丙而死亡。死亡当时,甲的积极财产为9000万元;债务为3000万元。甲死亡6个月之前,赠与丁2亿元;2年之前,赠与乙4000万元。此时,乙、丙的遗留份为多少?算定遗留份基础财产:9000万元(积极财产)+2亿元(1年之间的赠与额)+4000万元(共同继承人的赠与额)-3000万元(债务额)=3亿元。乙、丙各自的遗留份率:1/2(法定继承份)×1/2(遗留份比例)=1/4。乙、丙各自的遗留份:3亿元(算定遗留份基础财产)×1/4(遗留份率)=7500万元。

遗留份权人,因被继承人的赠与或者遗赠,对于其遗留份发生不足的,以不足为限,可以请求返还赠与或者遗赠的财产。受赠人或者受遗赠人为数人的,以各自取得的遗赠价额为比例返还。遗留份的侵害额为在遗留份额,控制继承人的特别受益额和纯继承份额的金额。特别受益额为共同继承人受到赠与或者遗赠的金额。纯继承份额为在基于继承而取得的积极财产额,控制所负担的继承债务的金额。例如,被继承人甲留有子女乙、丙、丁而死亡。甲死亡当时,没有财产;2年之前,赠与乙2000万元、赠与丙1000万元;6个月之前,赠与第三人戊3000万元。此时,是否存在遗留份侵害?乙、丙、丁各自的遗留份:[0(继承财产)+2000万元(共同继承人的赠与额)+1000万元(共同继承人的赠与额)+3000万元(1年之间的赠与额)]×1/3(法定继承份)×1/2(遗留份比例)=1000万元。乙、丙、丁的遗留份不足与否:乙:1000万元(遗留份额)-2000万元(特别受益额)=-1000万元(不具有不足份)。丙:1000万元(遗留份额)-1000万元(特别受益额)=0(不具有不足份)。丁:1000万元(遗留份额)(不足份)。丁的不足份应当由乙返还

① 대법원 1995.6.30. 선고, 93 다 11715 판결。

1000 万元(遗留份不足额) ×1000 万元/(1000 万元 +3000 万元) =250 万元;由戊返还 1000 万元(遗留份不足额) ×3000 万元/(1000 万元 +3000 万元) =750 万元。返还请求权,自遗留份权人知道继承开始和具有应当返还的赠与或者遗赠事实之日起经过 1 年的,或者自继承开始经过 10 年的,基于时效而消灭。

第五章　韩国商法*

第一节　商法的结构形态和发展历程

一、结构形态

各国根据自己的立法政策对商法范围作出了不同的设定。例如,公司法部分,中国及美、德、日等很多国家单独颁布了公司法典,而韩国等国家则将公司法包括在商法典之内。

韩国商法可以分类成形式意义的商法和实质意义的商法。形式意义的商法,是于 1962 年制定、1963 年 1 月 1 日实施的《商法》①。《商法》由 6 编构成:第一编总则介绍了商法的适用范围和商人的基本事项;第二编规定了商行为,商行为本质上是当事者之间的合同行为,属于民法特别是合同法调整的对象,商法里规定的是关于合同的一些特别规则;第三编是商法最重要、最庞大的部分,规定了公司组织和运营的基本事项;第四编规定了保险合同的成立和效力;第五编海商部分规定了海上运输和海商企业组织;第六编航空运输制定于 2011 年,其内容与海商部分基本相同。虽然韩国商法结构上为 6 编,但是法典的商行为规定中列举了保险和运输②,而且第四编至

---

* 在本章叙述中,尽量少叙述或省略中韩两国商法上内容相同的部分,多介绍有差异或中国没有的制度。

① 韩国《商法》最初照搬日本《商法》,之后随着经济的发展进行了多次修订,国内对此介绍颇多,本书对此不再叙述。

② 韩国《商法》第 46 条规定的基本商行为中,第 13 项、第 17 项列举了保险和运输。

第六编规定的行为本质上就属于商行为，因此，为了在教学上节省时间，大部分老师将保险法、海商法、航空运输法集结在保险海商法的名目下开课。另外，虽然韩国《商法》中没有票据法的内容，但也有教科书将这部分内容包含在商法课程之内。①

对于什么是实质意义的商法虽有过争议，但在韩国已经基本形成共识，即实质意义的商法是关于企业的法律（企业法说）。② 这里的企业不是仅指商法上的公司，而是指使用商人的设备和方法，以营利为目的，反复进行交易行为的经济性组织体。③ 从概念上分析，这里的企业不论规模和形态，小到个人，大到大型股份公司，都可以包括在内。

商法也是调整相互利害关系的法律。具体地说，其调整的是以交易为前提的利害关系；由于交易的种类繁多，商法根据具体的关系类型进行调整。

韩国《商法》规定"关于商事，本法没有规定的依据商习惯法，没有商习惯法的，依据民法"（《商法》第1条），"当事人中一人的行为是商行为的，全部当事人都适用商法"（《商法》第3条）。这就是说，发生商事纠纷，首先要从商法上寻找解决方法，其次是商习惯法和民法。这里商法的范围是确定的，即是形式上的商法典，而商习惯法和民法的范围就不确定了。

商习惯法，是将在商事关系中持续发生积累的习惯赋予法律的地位。韩国《商法》第1条赋予商习惯法优先于民法的地位，即商习惯法可以产生改变民法规定的效力。但对商习惯能否产生改变商法任意性规定的效力，存在争议。在实践当中，商事交易关系一般要比民事交易关系复杂，对立更加尖锐，除了合同和法规之外，很难以商习惯法为依据认定商事交易的权利义务关系。其理由如下：第一，对该习惯的存在与否举证困难。第二，即使举证该习惯存在，对方当事人也很容易提出异议，法院很难下结论判断该习惯是否达到了具有法律效力的程度。④ 第三，商交易当事人需要交易具有安全性，这就要求相关规则具有确实性。如果相关的商习惯达到具有法律效力的程度，该商习惯一般都会加入立法，或者转换到

---

① 如이철송，상법강의，박영사，2012，第四篇票据法；정찬형，상법강의(하)，박영사，2017，第四篇票据法。

② 정동윤，상법(상)，법문사，2012，8 면；정찬형，상법강의(상)，박영사，2017，7－9 면；이철송，상법총칙·상행위，박영사，2015，7 면等。

③ 송옥렬，상법강의，홍문사，2018，4 면。

④ 至今在韩国只有三四个案例认定了商习惯法，如大法院 1992.2.14. 宣告 01Ta13571 判决。송옥렬，상법강의，홍문사，2018，9 면。

合同条款当中。商事关系中存在很多国际条约和国际惯例，这些大多是将商事交易习惯条文化的结果，没有形成条文化的商习惯法在事后很容易产生纠纷。因此，现实中很少有引用商习惯法的案例。

关于商法和民法的关系，韩国通说认为，《商法》只是单纯规定了在商事关系中如何适用民法，以及适用的顺序，但民法不是商法的法源。理由可以简单整理如下：第一，民法不是企业的特有规范；第二，在民法和商法分离的情况下，将民法认定为商法的法源有逻辑上的矛盾；第三，商法对于民法是特别法，《商法》第1条的意义，在于确立了在特别法没有规定时适用一般法的原则。在适用民法时，其是区别于商法的，民法起到独立、补充的作用。

韩国大部分商法教科书的编写顺序并不按照法典上的排列进行。但本书为了便于中国读者理解，将按照韩国《商法》的编章顺序来介绍韩国商法。

二、发展历程

在日本统治韩国时期，于1911年颁布了《朝鲜施行法令法》。这部法律规定了在韩国实施的法律包括《朝鲜总督府令》和根据《朝鲜总督府令》规定在韩国施行的日本法律。1912年颁布的《朝鲜民事令》第1条规定在韩国依用日本的商法、商法施行法和有限公司法。[①] 1945年第二次世界大战结束后，根据《美军政令》和《制宪宪法》的过渡性规定，继续适用日本商法。1948年韩国设置了法典编撰委员会，开始商法立法工作。现代韩国商法于1962年1月20日颁布、1963年1月1日施行。该法以1950年日本商法为骨架，同时吸收了董事会、授权资本、股东代表诉讼等美国公司制度。这部商法制定后，经过多次修订，特别是公司法部分，至2015年共经过了11次修订，修订的内容反映了韩国经济和社会的变化。下面按修订顺序简要介绍每次修订的内容。

1. 1984年修订

1962年韩国《商法》制定后，韩国经济进入高速发展时期，《商法》和企业现实发展严重脱节。最初为了呼应经济状况的变化，在需要时颁布相应的特别法。到1984年时大幅修改了公司法部分，修改的主要内容有：(1)引进股份公司最低资本制度；(2)赋予监事业务检查权；(3)引进股票分红制度；(4)规定股票只有交付票面才能转让；(5)禁止子公司取得母公司股票；(6)限制一定数量相互持股的表决权。

---

① 日本《商法》1899年以1861年的《普通德国商法典》为蓝本而制定，1911年大幅修订。

2. 1995 年修订

1984 年的修订未能满足经济社会发展,1985 年又进行了大幅修订。主要内容有:(1)废除发起设立的检查人选任制度。由鉴定人的鉴定或公证人的公证代替在实物出资时要求的检查人调查。(2)章程的规定可以限制股票的转让。(3)以前规定股东大会普通决议由股票发行总数过半数出席,出席的过半数通过,特别决议由过半数出席 2/3 以上通过。修订商法废止会议成立充足数(过半数出席)和决议要件,规定股东大会决议除本法或章程另有规定外,出席股东的表决权过半数和发行股票总数的 1/4 以上即可。(4)在资产转让、合并等特别决议事项表决通过时,引进了反对股东的股票回购请求权制度。(5)取消关于股东大会决议取消、无效、不存在确定判决溯及力的规定。(6)监事的任期从 2 年改成 3 年左右。发现对公司有显著损害的事实时,由董事向监事报告。认可监事对临时股东大会的召集请求权。认定监事对子公司的调查权,全面强化监事的地位。(7)为了完善各种文书制作,在署名盖章的基础上增加了签字盖章。关于股东大会决议违反章程,由之前的无效事由改成取消事由。新设立了建议合并制度。

3. 1998 年修订

1997 年的经济危机触发了商法公司法部分的修订。主要修订内容有:(1)引进了股份分割制度、股东提案权制度、集中投票权制度、业务执行指示人的责任制度、中期分红制度、小规模合并制度、公司分立制度等;(2)将合并、减资等必要的债权人异议期间从 2 个月缩减到 1 个月。股票最低额面价从 5000 元以上改成 100 元以上,增加小股东的股东提案权和集中投票请求权,取消“不论公司规模,董事最少 3 人”的限制。

4. 1999 年修订

1999 年韩国商法的修订可以看作 1998 年修订的延续,其接受国际货币基金组织和世界银行的劝告,主要针对公司治理部分进行了修订。主要修订内容如下:(1)将证券交易法上的股票买入选择权改名为股票买受选择权,引进商法。(2)将股东大会主席的选任方法列入条文,同时将主席的维持秩序权引进商法。(3)为了方便股东行使表决权,许可书面行使表决权,可以使用视频方法召开董事会。(4)为了明确规定董事责任,在董事会会议记录中明确记录反对议案的董事名称和反对理由,规定董事会会议记录的公示义务。(5)新设董事会内的委员会制度。同时,新设监事委员会制度,公司可以选择设置监事或监事委员会。

5. 2001 年 7 月修订

这次修订受经济危机的影响,以继续完善企业的组织制度为目标。主要修订内容如下:(1)可以1人设立股份公司和有限公司;(2)划分母子公司的基准,将所有超过子公司发行股份总数的40%改为超过50%;(3)新设股票的“一揽子”交换和“一揽子”转移制度;(4)可以通过电子文书通知召集股东大会;(5)作为董事会的权限,追加“重要资产的处分和转让,借入大规模资产”,由董事向董事会3个月一次报告业务执行状况;(6)发行新股时,要预示列举向第三人配发的事由,设置合理的限制措施,这也适用于转换债券和附认股权债券。

6.2001年末修订

引进人合公司和资合公司的业务执行股东的停止业务执行保全和业务执行代行人制度。

7.2009年1月修订

伴随2007年《资本市场法》的颁布实施,旧《证券交易法》第九章第3节关于上市公司的规定转移到商法特别规定中。

8.2009年5月修订

主要修订内容如下:(1)在公司事务上充分使用电子方法;(2)废止1984年开始实施的最低资本制度;(3)为了鼓励创业,简化小规模公司的设立程序,取消股东大会的召集程序,书面决议可以代替股东大会决议,监事可以是任意设置的机构。

9.2011年修订

2011年韩国商法的修订是立法以来最重要、变化最大的一次。修订的内容于2008年年末就提交到国会,因整理得不够完善未能通过。之后,2009年两次修订时,反映了部分内容。这次修订,除商行为编新设了“合资合伙”和修改字句之外,修订内容全部都是关于公司编的。

这次修订有三大方向。第一,条文用语的现代化和韩国语化。韩国商法是以日本商法为基础转化过来的,现在的韩国人对较多使用的汉字比较难理解。针对该部分,进行了词语转换和韩国语化。第二,为经营者提供便利。公司法是调整公司利害关系人的法律,这次修订主要是站在经营者和提高企业竞争力的立场上,为经营者提供各种便利经营条件。第三,章程自治。公司法是以股东有限责任为基本原理设置的公司组织运营规则。过去以保护债权人利益为中心,现在,随着企业公示制度和经营监事制度的发展,为了满足包括债权人在内的各方利益,需要赋予企业更多自治权,这样才能充分发挥企业的自主性,提高企业创新能力。

根据上述三大方向,2011年商法修订主要内容如下:

(1)创设非法人形态的合资合伙和有限责任公司两个新企业形态。

(2)完善公司治理结构。新设执行高管制度和合规支援人制度。

(3)新设董事责任减免制度。为了减轻董事和监事的损害赔偿责任,通过章程规定将高管的损害赔偿责任限定在年报酬6倍之内。

(4)强化防止董事和公司的利益冲突措施。强化董事竞业、兼职、自我交易需要董事会承认的条件,新设篡夺公司机会的概念,将自我交易的对象扩大到包括董事在内的主要股东和特殊利害关系人。

(5)修改股份制度。①完善种类股制度。废止无表决权优先股,新设限制表决权普通股。不仅可以发行全面限制表决权的股票,还可以发行限制部分表决权的股票。可以发行股东和公司请求回赎的股票。②放宽自有股制度。在可分红利益范围内不限制取得自有股,禁止取得超过部分,同时设置平衡股东利益的方法。③废止股票注销制度,新设自有股注销制度。④新设无额面股票制度,公司资本金为发行价额度1/2以上。

(6)修改财务相关制度。①与企业会计制度相互协调。明确遵守公正妥当的会计习惯,废止严重不符合会计习惯的会计制度,将"资本"这一用语改成符合会计用语的"资本金"。②由董事会代替股东大会承认财务报表、决定分红。③许可实物分红。④新设减少准备金制度,准备金超过资本金150%时,对超过部分的全部或部分经股东大会决议可以变更为可分红利润。

(7)改善公司债券制度。过去为了避免公司过重的财务负担,以各种方式限制债券的发行量,这次修订废止了这些限制,新设了债券管理公司制度。

(8)确保合并的弹性。允许将其他财产作为现金合并的支付手段。对于小规模合并,将原存继公司因合并发行新股比例的5%规定提高到10%以下。

(9)新设强制股票买入、卖出制度。控股股东持有公司发行股票总数95%以上时,可以请求其他股东卖出剩余股票,小股东也可以请求控股股东买入剩余股票。

10.2014年5月修订

删除了只在制度上存在、实际没有应用的无记名股票制度。

11.2014年12月修订

这次修订主要以企业组织改编为对象。具体内容如下:(1)组织改编对价的多样化,完善了新设合并、公司分立、股票的"一揽子"交换和转移。(2)明确公司分立时的责任限制范围。公司分立时负担的债务由分立当事公司连带承担,在完成债权人保护程序的前提下,可以限制分立当事公司的责任。(3)明确认定无表决权股东在反对合并等决议时,可以行使反对股东的股票回购请求权。(4)放宽小规模合并和小规模分立合并的要件。(5)新设简易公司资产转让等制度。在公司资产转受让、经营租赁、经营委任、损益共同合同的情况下,一方公司持有另一方公司90%股票的情况下,另一方公司的决议程序可以由董事会决议代替股东大会决议。(6)明确分立当事公司的法律用语。①

第二节 商法总则

《商法》总则分7章。第一章通则非常简洁,用3个条文规定了基本原则,即商事问题,本法没有规定的适用商习惯法,没有商习惯法的适用民法规定(《商法》第1条);公法人的商行为,法律没有其他规定的,适用本法(《商法》第2条);当事人中一人的行为是商行为的,其他当事人适用本法(《商法》第3条)。总则的其他6章分别规定了商人、商业使用人、商号、商业账簿、商业登记、经营资产转让。下文逐次说明。

一、商人和商行为的概念

商人是《商法》中最基本的概念,是商事关系的权利、义务主体。上文在实质意义的商法中提到,商法是关于"企业"的法律,企业是关注于实质上的经济活动的一种经济性和抽象性的概念,具体承载其权利能力的主体就是商人。商人是法律上的权利、义务主体,企业是实质经济活动的主体。

在《商法》中,商人和商行为是相互依存的概念,说明两者关系时,有两种方法:一种方法是,先确定商人的概念,然后是"这样的人从事的行为是商行为",这被称为形式主义、主观主义、商人法主义;另一种方法是,先确定商行为的概念,然后是"进行商行为的人是商人",这被称为实质主义、客观主义、商行为法主义。

关于什么是商人,《商法》第4条、第5条列举了当然商人和拟制商人两种。当然商人是以自己名义进行商行为的人(《商法》第4条)。这里的商行为的内容,指的是《商法》第46条列举的基本商行为②。需要注意的是,商法要求的是以经营为目的进行的行为才是商行为。拟制商人规定了两项,第1项规定依据店铺和类似设施,以商人的方法经营的人,即使不进行商行为也视为商人;第2项规定

① 以上内容参考이철송,회사법강의,박영사,2019,24－34면。

② 第46条基本商行为的内容在下面"商行为"中介绍。

公司即使不进行商行为也依前项规定(《商法》第5条)。

将第4条当然商行为和第46条基本商行为结合起来分析,当然商人概念的结构方式是“经营基本商行为的人是当然商人”。将第5条拟制商人和第66条准商行为结合起来分析,拟制商人概念的结构方式是“拟制商人进行的行为是准商行为”。通过以上分析可以得出如下结论,韩国商法上当然商人采取了商行为法主义,拟制商人采取了商人法主义,即韩国商法在对于商人的概念上采取的是折中主义。①

结合《商法》第4条(当然商人)、第5条(拟制商人)、第46条(基本商行为)、第47条(辅助商行为)、第66条(准商行为)共同组成的结构,可以明确商法上的商人和商行为的定义。这里需要说明的是,如果经营主体不是公司,应该怎么认定。经过登记设立的公司即使不进行商行为也是商人(《商法》第5条第2款)。那么经营主体不是公司的,其行为要依照第46条来分析。第46条列举了22项基本商行为。在列举这些商行为之前,法条设定了前提条件,即以经营为目的从事的下列行为为商行为。认定经营性之后,就认定了基本的商行为,这就形成了第4条的当然商人。但是,如果不是第46条列举的行为,并不能直接判断该行为不是商行为,这要从第5条第1项的拟制商人来分析。

这里需要再着重分析一下“经营性”。从以下两点,可以看出“经营性”的重要。首先,不进行基本商行为的话,就不是第4条规定的当然商人。但是,基本商行为也不能认为就是第46条列举的行为自身,而是以经营为目的进行的第46条的行为才是商行为。其次,再来分析一下第5条第1项之规定,即“依据店铺和类似设施,以商人的方法经营的人,即使不进行商行为也视为商人”,这里规定的是即使不进行第46条列举的商行为,但是以商人的方法经营的,仍视为商人。这个规定弥补了列举方式带来的不足。

营利是经营主体进行经营的最主要目标;非营利性的经营或将营利性置于附属地位的,都不能认定其营利性。②

---

① 손주찬,상법(상),박영사,2004,65면。

② 比如,不以赚取金钱为目的,而是为了向成员提供福利,供给廉价物品的行为就不具有营利性。

二、商业雇员

（一）商业雇员制度

企业是以营利为目的的经营组织，因此其规模有扩大或具备特殊机能的必要。这时就需要企业主（商人）[①]将经营的一部分或全部委托给辅助他的人。单纯从事劳务的人是企业的一般职员。很多情况下，企业主要给予辅助它的人代理权限。这就形成了企业的经营人和辅助经营人的企业经营辅助人。取得一定的代理权辅助企业主经营企业的人就是韩国《商法》第3章规定的商业雇员[②]。[③] 经营人和商业雇员是企业经营的主体，他（他们）决定企业的意思，执行企业的业务。个人企业的情况下，企业主商人可以直接是企业的经营人；而法人企业的情况下，企业的法定代表人[④]和执行业务的高管等人将决定企业意思，执行企业的业务，他们是企业的经营人，即企业的雇员。企业经营辅助人是辅助经营人的人。企业经营辅助人的范围包括在企业内部和外部辅助经营的人，《商法》第3章规定的企业雇员是在企业内部辅助经营的人，代理商（《商法》第87条）和中介人（《商法》第93条）是在企业外部辅助企业经营的人。

这里需要说明商人和商业雇员的关系。商人是企业经营的法定主体，商业雇员是代理商人进行经营行为的人，企业经营活动结果的归属主体是商人。商人和商业雇员是从属关系，从内部关系看商业雇员向商人提供劳务，从外部关系看商业雇员代理商人从事交易活动。《商法》第3章商业雇员规定的内容大部分是外部关系，即其与第三者的交易行为。商人与雇员之间的雇佣、升职、财务等内容属于内部关系，一般由二者以私人自治原则决定他们的权利义务关系。

通过表5-1可以看出企业、商人、经营人、经营辅助人之间的关系。[⑤]

---

① 以下为了方便叙述，在韩国用语上使用“商人”时，本书根据中国用语习惯使用“企业”、“企业主”或“商人”，它们的用意相同。

② 韩文直译是商业使用人。

③ 송옥렬, 상법강의, 홍문사, 2018, 26 면。

④ 韩国的法定代表人如果由韩文直译的话是代表理事，代表理事可以经董事会或股东大会（股东会）设置成数人共同代表公司（《商法》第208条、第389条）。

⑤ 김홍기, 상법강의, 박영사, 2015, 44 면。

表 5－1　企业、商人、经营人、经营辅助人的关系

<table>
<tr><td rowspan="6">企业</td><td rowspan="5">人</td><td rowspan="2">企业经营人</td><td colspan="4">个人企业 ⟶ 经营主体(商人)</td></tr>
<tr><td colspan="4">法人企业 ⟶ 机构(法定代表人等)</td></tr>
<tr><td rowspan="3">企业经营辅助人</td><td>商业雇员(支配人、拥有部分代理权的雇员、销售商品店铺的雇员)</td><td>辅助特定商人</td><td>内部辅助</td><td>从属性</td></tr>
<tr><td>代理商</td><td>辅助特定商人</td><td>外部辅助</td><td>独立性</td></tr>
<tr><td>中介人、委托买卖人、运输斡旋人、仓储业人等</td><td>辅助不特定商人</td><td>外部辅助</td><td>独立性</td></tr>
<tr><td colspan="2">物</td><td colspan="4">营业场所、商号、商业账簿、资本等</td></tr>
</table>

(二)支配人

1. 支配人的概念、选任、退任

支配人[①]是指代替企业主[②],拥有进行与经营相关的全部行为[③]权限的商业雇员(《商法》第 11 条第 1 项)。具体而言,支配人是辅助企业主经营活动的一种代理人,他对企业主的全部经营活动拥有包括性、固定性、统一性的代理权。[④] 有部分包括性代理权的支配人是取得经营上特定种类、特定事项委任的支配人,可以进行裁判之外的全部行为(《商法》第 15 条第 1 项),但不能对抗善意第三人(《商法》第 11 条第 3 项)。

企业属于个人性质的,企业主(商人)选任支配人经营自己的企业或店铺。企业属于公司性质的,经过公司内部程序由公司的机构选任支配人。支配人既然是一种代理人,其资格会随着代理权的消灭而自然退任。这里适用《民法》规定,

① 지배인直译即为支配人,语源是德语 prokurist。prokurist 翻译成中文是“获得授权的人”。虽然在商法上使用这一用语,但在韩国的实务当中,支配人这一用语并不常用。

② 这里需要对《商法》第 11 条第 1 项叙述的企业主进行说明。韩文原文直译是“营业主”,但中文中没有这种表述。从营业主翻译到中文时,从法律意义上直接可以翻译成商人,但中文对商人的用法并不普遍。另有可翻译成“经营主”的说法,但“经营主”的韩文意义是企业 CEO 的意思。从用语习惯上,笔者认为翻译成“企业主”比较合适。“企业主”既可以是私有企业的主人,也可以是法人企业的主人。这种翻译方式也合乎韩文原意。

③ 韩文直译是“代替企业主进行与经营相关的裁判和裁判以外全部行为的人”。但这样翻译不大符合中国的用语习惯,因此翻译成“与经营相关的全部行为”。

④ 在判断是不是支配人时,有两种方式:一种是根据名称来判断,即形式说;另一种是根据企业主赋予的权限来判断,即实质说。

即代理权限随着支配人死亡、成年人被宣告监护或破产(《民法》第127条)、企业主对支配人的解任或支配人辞职(《民法》第128条)、企业主破产(《民法》第680条)等而消灭。企业主与支配人之间存在雇佣关系的,支配人随着合同到期或合同解除而退任。但与民法上的本人死亡代理人代理权消灭有别,商法规定企业主就经营赋予支配人的代理权不随着企业主的死亡而消灭(《商法》第50条)。

支配人的选任和退任属于登记事项(《商法》第13条),在出现选任或退任的情况时,都应当进行登记。

企业主可以选任数人作为支配人共同行使代理权,这时对其中一位支配人的意思表示即对企业主发生效力(《商法》第12条)。这一设置的意义与前面提到的共同法定代表人相同。①

2. 表见支配人、部分包括性代理权支配人

企业或分支机构中的负责人,或者其他使用了可以认为是支配人名称的人,可以视为企业及其分支机构中的与支配人拥有同等权限的人,但裁判行为除外(《商法》第14条第1项)。这是表见支配人制度,表见支配人制度反映了外观理论②和禁反言的法理。对于表见支配人是否可以类推适用于有部分包括性代理权的支配人存在争议,韩国判例对此持否定态度。③

3. 商品销售店铺的支配人

商品销售店铺的支配人视其为拥有与销售相关的全部权利,但对方是恶意的情况除外(《商法》第14条)。这一规定的立法宗旨是为了保护交易安全,特别是保护一般消费者,其内容与表见支配人有些类似,即与企业主的直接授权无关。法律直接拟制性赋予商品销售店铺的支配人以代理权,即使企业主不赋予实际代理权,也视为该支配人拥有代理权。这与企业主以经营为前提赋予代理权的支配人和部分包括性代理权支配人不同。

实践中如何确定商品销售店铺的支配人是有争议的,分析《商法》第16条之规定,外观上具有这一制度的商品销售和店铺这两个要件,即可判断该行为人具

① 参见第288页注释④。

② 形成表见支配人需要使用类似的名称进行"经营上的交易行为"(《商法》第14条第1项)。

③ 大法院2007.8.23.宣告2007Da23425判决。大法院认为,拥有部分包括性代理权的支配人不适用《商法》第14条表见支配人的规定。理由有二:第一,《商法》第14条第1项规定的目的是,在不是支配人的人使用类似支配人名称的情况下,为了保护信赖其是支配人的交易对方而设置的。就代理权来说,支配人代理权的固定性、同一性与部分包括性代理权不同,如果无条件保护信赖表见名称的交易对方,就会有过分增加企业主责任的可能。第二,根据《民法》第125条表见代理和第756条企业主责任等规定,需要保护不是部分包括性代理权的支配人使用该名称而进行法律行为的交易对方。

有企业主的授权，企业主应当承担责任。①

4. 雇员的义务

企业主（商人）和其雇员难免发生利益冲突。《商法》为此特别设定了“竞业禁止义务”和“兼职禁止义务”。雇员未经企业许可不得为自己或第三人进行属于本企业经营种类的交易（《商法》第 17 条第 1 项前段）。这里需要附加说明的是，竞业禁止针对的是给企业造成实际的损害；与企业没有利益冲突的不属于竞业禁止的内容。在发生竞业禁止行为时，企业拥有介入权、合同解除权和损害赔偿请求权。

企业雇员未经企业许可，不得成为公司的无限责任股东、董事或其他企业的雇员（《商法》第 17 条第 1 项后段）。实务当中对这一条是采用严格解释的。分析《商法》第 17 条，业务执行高管可以不受兼职禁止义务的限制，但是分析第 408 条之二，业务执行高管决定公司的具体业务，其应该受到兼职禁止的限制。但是《商法》第 17 条不是强制规定，因此兼职行为是有效的。对于违反兼职禁止的行为，企业拥有介入权、合同解除权和损害赔偿请求权。下面对各种竞业、兼职禁止义务进行比较（见表 5－2）。②

表 5－2　各种竞业、兼职禁止义务比较

区分	商业雇员	代理商	无限责任股东	董事
禁止行为	属于本企业经营种类的交易； 担任公司的无限责任股东、董事； 担任其他企业的支配人	属于本企业经营种类的交易； 担任同种类经营公司的无限责任股东、董事	属于公司经营种类的交易； 担任同种类经营公司的无限责任股东、董事	属于公司经营种类的交易； 担任同种类经营公司的无限责任股东、董事
例外	企业许可	企业许可	其他股东许可	董事会认可
	没有利益冲突时			
利益归属	自己或第三人			
介入权	为自己利益的，该利益归属于企业；为第三人利益的，可以请求转让该利益			

① 当然，商业雇员承担竞业禁止和兼职禁止的义务，具体内容这里不再详叙。

② 김홍기,상법강의,박영사,2015,67 면。

三、商号

企业为了经营活动需要表示自己个性的名称,这就是商号。不是企业(商人)使用的名称,如学校或自治团体,其名称就不是商号。这里需要说明一下商号与商标的区别。商号是经营的名称,可以用文字、发音来表现;商标是对于商品的表示,主要使用符号、文字、图形等。①

(一)商号选择与限制

企业有选择商号的自由,可以以自己的姓名或其他名称确定商号(《商法》第18条),该名称与企业经营的内容无关。商号采用商号自由主义、商号真实主义、商号折中主义。自由主义,即有选择的自由。真实主义,要求使用与实际相符的名称,如"张小泉剪刀"一定要张小泉来经营,防止一般人误认。折中主义是对真实主义的补充,如"张小泉剪刀"在经营被继承或转让后,继承人和受让人可以继续使用这一商号。

为了保护一般大众,商法对商号设定了一定限制,要求同一企业使用单一的商号,即商号单一原则。企业的分支机构使用的商号,应当表示与本企业的从属关系(《商法》第21条)。

公司的商号根据其种类应当使用合名公司、合资公司、有限责任公司、股份公司或有限公司字样,不是公司的不能在商号上附加公司字样(《商法》第19条、第20条)。另外,根据特别法的规定,一些特别行业,需要在商号或名称中加入行业的种类,如保险公司需要在名称中加入保险的种类。

虽然个人企业在经营多个种类业务时,既可以使用单一商号,也可以使用不同商号。但是公司在经营不同业务时,只能使用单一商号。公司商号与个人的姓名一样,在法律意义上是表示自己的唯一名称。

(二)登记、预备登记

商号具有财产权的性质,对外可形成交易对方信赖的对象。同时,商号很容易被模仿、复制使用,从而使权利人的利益被侵害,因此有对商号保护的必要。从公示的角度而言,建立商号登记制度能很好地解决这一问题。

韩国负责商号登记的机关是企业经营场所所在地管辖法院的登记所,商号记

---

① 송옥렬,상법강의,홍문사,2018,50 면。对于外文商号,《关于登记簿记载文字的规定》中规定,外文商号需要记载韩文,这一点与中国有关部门的要求一样。

载于登记所的商业登记簿。[①] 没有其他规定时,企业所在地登记的内容也应当登记到分支机构所在地。个人企业可以根据自己的需要决定是否进行登记,但是一旦登记,在该商号变更或废止时也需要登记。但公司商号登记属于强制事项,《商法》对此作了专门规定(《商法》第179条第2项、第180条第1项、第271条等),公司的商号登记后才视为该公司存在。

在同一个特别市、广域市、市、郡[②]内,不得登记他人已经登记的同类经营的商号(《商法》第22条)。在同一个特别市、广域市、市、郡内,使用他人已经登记的同类经营的商号的,推定该商号使用人目的不当(《商法》第23条第4项)。

这里有必要介绍一下预备登记制度。公司在发生商号最初登记、商号变更、企业经营场所转移等情况时,需要经过设立公司或变更章程等程序,这就要经过股东会或股东大会的决议,因此需要时间。在这段时间内其他人有可能先行申请该商号。为了克服这一弊端,设立了预备登记制度。预备登记具有登记的效力,可以排斥其他人申请同一商号。

(三)商号权的保护

企业对自己的商号拥有的权利是商号权。商号在形式上是企业的名称,具有人格权,但其实质内容具有财产权的性质。为了保护商号权人的权利,禁止使用能够误认企业主体的商号。商号权受到侵害时的救济方法,见表5-3[③]。

表5-3　商号权救济方法

区分	商号登记的效力	禁止使用可能导致误认企业主体的商号
适用范围	适用于登记的商号; 适用于同一商号	适用于登记、未登记商号; 适用于同一、类似商号
要件*	1. 适用于同一特别市、广域市、市、郡; 2. 同种类经营	1. 不当目的(推定登记时不当目的); 2. 可能误认为是他人经营的商号; 3. 担忧受到损害的人或商号登记人

① 《商业登记法》第30条第1项规定,登记所编制的商业登记簿有商号登记簿、无行为能力人登记簿、法定代理人登记簿、支配人登记簿、合资合伙登记簿、合名公司登记簿、合资公司登记簿、有限责任公司登记簿、股份公司登记簿、有限公司登记簿、外国公司登记簿,共11种。

② 相当于中国的县。

③ 김홍기,상법강의,박영사,2015,83 면。

续表

区分	商号登记的效力	禁止使用可能导致误认企业主体的商号
效果	登记前:可以排斥事前登记请求	登记前:可以请求禁止使用商号
	登记后:可以请求取消事后登记	登记后:可以请求取消事后登记
	可以请求损害赔偿	可以请求损害赔偿

* 以上全面考虑了不同的请求原因、违反商号权时对双方的适用可能性

(四)名义出借人的责任

许可他人使用自己的名称或商号进行经营的人,对误认为是自己而进行交易的第三人,与他人连带承担责任(《商法》第24条)。规定名义出借人责任的目的是,保护信赖名义出借人外观的交易第三方,这与民法的表见代理、商法的表见支配人相通,是表见责任的一种。

名义出借人责任:首先要求有名义出借人的许可,其次要求名义借用人使用了该名称,最后第三方认为是名义出借人而进行交易。名义出借人出借名义的效果是对交易的结果承担连带责任,责任的范围是其本人的经营范围,责任的性质是连带责任。但原则上,名义出借人对借用人的不法行为不承担责任。对于误认名义借用人是出借人的支配人;或误认名义借用人是履行职务,借用人因故意或过失造成他人损害的,适用民法关于雇员的赔偿责任。

四、商业账簿

制作商业账簿是商法上的义务性规定,是企业为了明了经营上财产和损益而制作的账簿。商法上没有具体规定商业账簿的制作方法,只规定了除法律规定之外,按照公正、妥当的会计习惯进行。从立法宗旨上看,商业账簿的制作要根据企业会计准则和会计学设定的方式进行。对于上市公司,商业账簿使用韩国认可的国际会计准则(K-IFRS)。小规模公司可以依据一般企业会计准则。目前,法务部正在制定中小企业会计准则。商业账簿作为商法上规定的义务可以细分成三部分,即制作义务、保存义务、提交义务。

个人企业账簿与公司企业账簿制作完成的时间不同。个人企业的账簿可以于制作完成时即视为完成。但是公司的账簿需要一定程序才能确定,这是因为公司存在一定的利害关系,特别是股份公司和有限公司,公司的股东要对公司承担有限责任,为了保护债权人的利益,账簿要作真实的表示。股份公司和有限公司的商业账簿要经过董事会认可、监事检查、股东大会(股东

会)的承认程序。同时,个人企业的账簿没有公示义务,但是公司的账簿存在多方利益关系,需要经过必要的公示程序公开账簿的内容。企业要将商业账簿和与经营相关的重要资料保存10年,发票或类似资料应当保存5年(《商法》第33条)。

五、商业登记

(一)商业登记的概念

商业登记,是指根据商法的规定,将与企业(商人)相关的一定事项登记于管辖法院商业登记簿(《商法》第34条)。商业登记原来由非诉案件程序法管辖,鉴于登记的重要性,于2007年专门颁布了《商业登记法》。《商业登记法》的内容包括商号、无行为能力人、法定代理人、支配人、合资合伙、合名公司、合资公司、有限责任公司、股份公司、有限公司、外国公司等。

根据是否存在登记义务,可将登记事项分为绝对登记事项和相对登记事项。根据登记性质,可以将登记分为设定登记和免责登记。

商业登记的目的是公开企业的信息,从交易对方的角度看,可以事前了解企业的信息;从企业的角度看,可以增加企业的透明度,取得更多的社会信誉。必要时,通过信息公开可以取得对抗第三人的效力。下面叙述登记的效力问题。

(二)商业登记的效力

登记事项在登记之前可以对抗恶意第三人,不能对抗善意第三人,在登记之后可以对抗善意第三人。这是登记的一般效力,也可以将登记前称为消极公示原则,登记后称为积极公示原则。同时,商法认定了商业登记的几项特定效力。比如,商号的转让未经登记不得对抗第三人,也不得对抗恶意第三人(《商法》第37条);设立登记或合并登记,根据登记形成新的法律关系,具有创设效力;设立登记或因新股发行引起的变更登记在1年后不能主张股票转让的无效或取消,即登记的补充效力;登记后产生免责要件或解除一定限制的要件,如合名公司的股东退出登记2年后免责,股份公司的设立登记产生解除发行股票限制的效果,即登记的接触效力或附随效力。

因故意或过失造成登记事项与事实相悖的,该登记事项不能对抗善意第三人。

六、企业转让

(一)企业资产[①]的概念

韩国《商法》上的企业资产是指以经营者为中心,为了一定的经营目标形成的具有组织化有机体的功能性财产。[②] 这是客观意义上的企业资产,而主观上的企业资产是指企业的营利性。企业资产转让,是指“依据一定的经营目标形成的具有组织化有机体的功能性资产,为维持该资产即企业资产在经营上的同一性,整体转让这一财产”。[③]

企业通过自己的经营,将有形和无形的资产聚集在一起,形成新的价值。企业在处分这部分企业资产时,如果将该资产分割后分别转让的话,会产生减少资产价值的结果。这不仅给企业带来损失,对社会也是种损失。因此,在处分这一类资产时就要将该企业资产整体转让。

(二)公司法上的企业转让

《商法》总则第七章规定了企业资产转让。个人企业转换成公司形态时,很多是以目前企业资产整体作为出资而转换,这可以视为实物出资。这时,新设立的公司有义务偿付该出资人在出资企业资产上的债务。

企业资产的转让和受让也可以成为公司结构调整的一种方法。《商法》第374条第1项、第3项规定企业资产的全部或重要部分的转让和受让对公司产生重大影响的,需经股东大会特别决议。这里的企业资产全部或重要部分的转让和受让的意义,与总则规定的企业资产转让应作相同解释,其中重要的是企业资产要维持转让受让前后的同一性。

(三)企业转让合同和财产转移

商法上的企业转让依据转让合同进行,该合同是一种债权合同。因为企业资产的转让会给企业带来重大影响,其内部需要经过一定的决议程序方能形成。判例主张,即使企业资产转移了,外观上形成企业资产转让的形态,但如果没有合同,也不能形成商法上的企业资产转让效果。[④] 同样,即使公司的个别财产经合同大量转让,这些合同合起来也不能视为企业资产转让。

---

① 韩文直译是“营业”,但使用“营业转让”的话,中国读者会有些别扭。根据判例上对其的解释翻译成“企业资产”,中国读者更容易理解。

② 대법원1994. 5. 10. 선고93 다47615 판결。

③ 대법원2004. 7. 8. 선고2004 다13717 판결;대법원1998. 4. 14. 선고96 다8826 판결等。

④ 대법원2005. 7. 22. 선고2005 다602 판결。

企业转让合同在客观上是种整体性、“一揽子”的合同。其合同下企业资产的转让也是一种整体意义上的承继。但是,商法上并没有对于全部企业资产财产所有权的概念。因此,为了转移该企业资产,需要对组成该企业资产的个别财产进行物权性的转让;不动产要进行登记,动产要进行交接,债权要进行转让通知。在不影响企业资产同一性的前提下,即使排除一部分财产,也不影响企业资产转让。对于债务是否随着企业资产一起转移这一问题,一般应在合同上明确限于转让时确定的债务。但是,受让企业资产后继续使用转让人商号的,受让人承担因该企业资产产生的第三人债权的偿付责任;不使用该商号,如果受让人发出受让该企业资产广告的,受让人就对该企业资产产生的第三人债权承担偿付责任(《商法》第42条、第44条)。

企业资产转让时,该企业资产不仅包括积极的实物财产和消极的债务财产,在维持经营资产同一性的前提下,还可由当事人个别确定转让的范围。在没有特别约定的情况下,进行该企业资产的劳动人事关系视为一同转让,原则上维持企业资产转让前的劳动条件。对此,如果有特别约定的话,实质上就是要进行解雇,这就需要有劳动法上的正当事由。

(四)企业资产转让的效果——竞业禁止、债权债务人保护

企业资产转让合同是一种债权合同,转移企业资产支付对价就履行了合同。但企业资产转让合同产生的法律关系值得注意。商法为了保护当事人的利益作了特别的规定。企业资产转让人有竞业禁止义务,即转让企业资产时没有其他规定的,转让人在10年内不得在同一特别市、广域市、市县和邻接特别市、广域市、市县经营同种业务。转让人约定不经营同种业务时,其效力限于在同一特别市、广域市、市县和邻接特别市、广域市、市县,不超过20年的范围内(《商法》第41条)。这里设定了地域和时间限制,而同种业务,指的不是同一业务,是指综合考虑业务的内容、规模、方式、范围等事项,能与转让的业务产生竞争关系的业务。①

如何处理间接转让人经营竞业,要根据具体情况来确定。这里的间接转让人指的是转让人公司的法定代表人或支配人,或者他们设立的公司。判断是否属于竞业禁止时,要抛开外观形式上的内容,根据经济性实质内容来判断,即经济性利益的归属。

企业资产转让人实施竞业禁止行为后,将该经营资产再次转让的怎么办?这

① 대법원2015.9.10. 선고2014 다80440 판결。

超出了《商法》第 41 条规定的范围。判例认为,不能向第三人主张竞业禁止,只能请求在竞业阶段禁止其经营行为或租赁行为,一旦转让给第三人,就不能再使用第 41 条的规定。

企业资产转让人违反竞业禁止义务后,受让人可以通过申请转让人业务停止、不履行债务引起的损害赔偿责任、解除企业资产转让合同等方式进行救济。

关于企业资产上的债权人保护,企业资产转让合同中没有约定将债务转移给受让人的,受让人不承担该债务。但是,可能发生在外观上误认为债务转移给受让人的情况,这时债权人有可能信赖这种外观而错过主张债权的时机。对于这种情况,《商法》第 42 条、第 44 条设定了延续使用商号和广告行为的要件。不具备这种外观要件的,受让人对未受让的债务不承担责任。这里需要注意债务的内容。首先,受让人的偿付债务责任范围限于因该企业资产发生的债务;其次,要注意以企业资产作为实物出资的情况,债权人可以向该企业资产出资设立的公司请求债权,同时,企业资产转让人作为出资者持有新设立公司的股份,债务人可以请求保全该股份。

受让人对于债务承担责任的范围不只限于受让的财产,对于该债务承担无限责任。受让人为了保护自己,最好的办法是在企业资产转让后及时登记,或者及时将债务转让与否的事实通知第三人。

受让人承担债务责任,并不免除企业资产转让人的责任。转让人和受让人对债务承担不真正的连带责任。因延续使用商号或广告行为受让人承担责任的,转让人对第三人的债务在经营资产转让或广告行为后 2 年消灭(《商法》第 45 条)。设置这个除斥期间的理由是,债务具有与该经营资产相关联的特征,简化成受让人的责任不会给债权人带来损害。

关于企业资产转让时债务人的保护,延续使用商号的,因转让人经营发生的债权,该债务人在善意、没有重大过失的情况下向经营资产受让人偿付债务的行为有效(《商法》第 43 条)。在企业资产转让过程中,存在个别债权不转移给受让人的情况,这时债务人应当向转让人偿付债务。但如果受让人延续使用商号,债务人信赖商号的外观,有可能向受让人偿付债务,这时就要保护信赖商号外观的该债务人。在这里,商法附加了善意和没有重大过失作为要件。对于没有延续使用商号而债务人向受让人偿付债务的,商法没有明文规定。有观点认为,应当适用《民法》第 470 条的规定,即在债务人善意、没有过失的情况下向债权的准占有人偿付的,行为有效。[①] 也有观点认为,存在可归责于企业资产转让人的事由时,类推适用《商法》第 44 条。[②]

第三节 商 行 为

商行为法,是规范企业对外交易法律关系行为的法律。要理解韩国商法上规定的商行为,需要注意以下几点。第一,商法上的商行为法在现实中很少适用,其大部分的法律关系在民法上都有具体规定;第二,民法上设置了很多关于商行为的特别规则,这些规则大部分是为了确保交易的安全、迅速和营利性,商法中的重复规定是为了防止在现实的法律实施中出现错误;第三,在私人自治原则下,商行为法没有规定交易的形式和内容,其具有补充适用的性质。

《商法》第二编商行为共 15 章。第一章至第四章之 2(第四章应视为两章)是商行为法的一般性规定,内容有基本商行为和补助商行为、商行为的代理等基本概念、买卖、双边净额结算、匿名合伙、合资合伙。第五章至第十四章是分则,规定了代理商、中介业、委托买卖业、运输斡旋业、运输业、公众服务业、仓库业、金融租赁业、特许经营业、保理业。

一、商行为的种类

商行为从行为性质上看,可以分为经营行为和辅助经营的行为。前者是经营性商行为,后者是补助性商行为。《商法》第 5 条规定的拟制商人的经营行为是准商行为。经营《商法》第 46 条列举的商行为以外的行为,不能否认其营利性,即将其列为准商行为而适用商法。

韩国《商法》第 46 条列举了 22 项商行为,并规定以经营为目的进行这些行为时是商行为。该条首先作了排除规定,即只以赚取工资为目的,制造物品[③]或从

---

① 정동윤,상법(상),법문사,2012,127 면。

② 이철송,상법총칙·상행위,박영사,2015,304 면;정찬형,상법강의(하),박영사,2017,186 면。

③ 韩国《民法》上规定的物,直译是"物件"。为了理解上的方便,本书遵循中文法律用语习惯使用"物""物品""货物"。韩国《民法》对物的规定与中国不同。中国《民法典》第 115 条规定,"物包括不动产和动产。法律规定权利作为物权客体的,依照其规定"。韩国《民法》对物的规定更加详细,其专门用第一编第四章对物进行了规定。第 98 条规定了物的定义,物是指有体物和电气以及其他可以管理的自然力。第 99~101 条对物进行了分类。第 99 条规定不动产和动产。不动产是土地和其附着物;动产是不动产以外的物。第 100 条规定了主物和从物,第 101 条规定了天然孳息和法定孳息。

事劳务的行为不是商行为。22 项商行为内容如下：(1)动产、不动产、有价证券和其他财产的买卖；(2)动产、不动产、有价证券和其他财产的租赁；(3)制造、加工或修缮行为；(4)供给电气、电波、煤气、水的行为；(5)建筑工程承包(作业、劳务)；(6)出版、印刷或摄影行为；(7)广告、通信或信息行为；(8)存贷款和外汇兑换等金融交易行为；(9)公众使用设施的交易行为；[①](10)商行为的代理；[②](11)中介行为；(12)委托买卖或其他斡旋[③]行为；(13)运输合同；(14)保管合同；(15)信托合同；(16)非金融机构存贷业务或类似行为；[④](17)保险；(18)采矿、采石；(19)机器设备等财产的融资租赁；(20)许可使用商号、商标等经营行为；(21)经营收购、回收债券的行为；(22)使用信用卡、电子货币等的支付结算业务合同。

二、商行为特别规则

上文提到，商法重复《民法》的规定而设置的特别规则是为了防止在现实中的实施错误，其具有补充规定的性质。下文解释这些在《民法》中已经有的特别规则。

(一)《民法》总则编的特别规则

1. 代理

商法上的商行为代理人，不表示是为了本人的，其行为也对本人发生效力。但是对方未能知道是为了本人的，也可以向代理人请求履行(《商法》第 48 条)。而观察韩国《民法》第 115 条之规定，代理人没有表示是为了本人的，其意思表示视为为了自己。从这两个规定可以看出，商法对于代理的规定采用的是非显名主义，民法采用的是显名主义。究其理由，一是因为企业经营行为大部分都是通过雇员来进行，对方已经熟知代理关系；二是大量反复进行的商行为需要快速进行，有需要省略表明复杂代理关系的必要。

关于代理人的责任，商法规定对方在不知是代理行为时，可以要求代理人承担责任，这是种不完全连带责任。但是在对方是善意但有过失时怎么处理呢？商

---

① 这里是指剧场、酒店、饭店、植物园、动物园、理发馆等公共设施的经营者与顾客的交易，这种交易具有买卖、租赁等多种法律性质。

② 即代理商。这里的代理是指为了一定的商人而进行的代理，但代理人不是该企业的雇员，并不经常性从事该种类业务的交易代理(《商法》第 87 条前半段)。

③ 这里的斡旋，是指为了他人利益以自己名义进行的法律行为。

④ 是指设定一定期间，从资金提供者处募集资金，在期间中途或届满时向资金提供者支付一定金钱的合同。

法对此没有具体规定，韩国学界有两种看法。一种观点认为，只要对方是善意的，不论是否有过失都适用第48条但书的规定；[①]另一种观点认为，没有必要保护有过失的对方，即存在过失的不适用第48条但书。[②]

受委任的人在不违反委任本意的范围内，可以进行没有受到委任的行为（《商法》第49条）。关于因企业经营而授予的代理权，不因本人死亡而消灭（《商法》第50条）。

2. 商事时效

韩国《民法》规定的债权消灭时效是10年，债权和所有权以外财产权的消灭时效是20年（《民法》第162条）。与民法比较，因商行为引起的债权消灭时效是5年，其他法律有更短规定的，从其规定（《商法》第64条）。究其原因，一般解释是为了保障快速交易的需要。

（二）《民法》物权编的特别规则

1. 商事留置权

因企业间的商行为发生的债权有偿付期间的，至偿付时止，债权人可以留置因该商行为而占有的债务人所有的财物或有价证券，当事人另有协议的除外（《商法》第58条）。[③] 商事留置权是为因交易发生的债权提供快速、便捷的担保而设立的一种制度，分为一般商事留置权和特别商事留置权。第58条规定的就是一般留置权。这里说明一下一般留置权的两个特性。第一，担保物与被担保债权不一定要具有关联性，债务人可以提供任何自己所有的财物作担保；第二，留置权的标的物限于债务人所有的财物。这两点特性是与民法上留置权的重要区别。

一般留置权的成立要件可以分成五点。第一，关于当事人，债权人与债务人都应当是商人。这一点与民法留置权和大部分的特殊商事留置权有别。第二，关于被担保债权，是因双方的商行为发生的，并且应当是已经到期的债权，从第三人处受让的债权不得行使留置权。如甲是债权人，乙是债务人，丙因其他原因占有乙的财物，甲将债权转让给丙，丙不得行使留置权。这是因为乙或乙的其他债权人有可能受到无法预测的损害。第三，关于债务人的所有物，即标的物应当是归

① 이철송,상법총칙 · 상행위,박영사,2015,333 면;정찬형,상법강의(하),박영사,2017,204 면。

② 但重大过失的情况应当排除在外。过失的轻重应当由法官裁量。정동윤,상법(상),법문사,2012,154 면。

③ 韩国民法上的留置权，是指占有他人财物或有价证券的人，就该财物或有价证券产生的债权有偿付期间的，至债务偿付时止有权留置该财物和有价证券（《民法》第320条）。

债务人所有。第四,关于是否具有关联性,即被担保债权和留置权不需要具有个别的关联性。要求所有权要件后,没有对关联性作出限制,这是一种平衡。虽然不要求标的物是因双方的商行为取得的,但是要求是因为商行为而占有的。这是因为商事留置权的目的是让债权人能够更容易取得担保物,保障交易的安全。如对于连续的交易,为了担保现在的债权,对因过去的交易占有的对方财物行使留置权。第五,关于留置权的效力,商法上没有相关规定,应当适用《民法》。《民法》赋予留置权对抗抵押权的效力,很容易引起滥用留置权。对此,判例认为,对于明知已经设立抵押权,为了优先满足自己的债权而故意成立的留置权并行使留置权属于权利滥用。① 进言之,商事留置权只以设立当时债务人标的物含有的担保价值为对象,留置权设立当时,标的物已经为第三人设立限制物权的,商事留置权以已经设立限制物权的债务人的所有权为基础成立,不能事后剥夺既存限制物权已经确保的担保价值。

《商法》除了第 58 条规定的一般留置权外,还针对代理商(第 91 条)、委托买卖人(第 111 条)、运输斡旋人(第 120 条)、运输人(第 147 条)、海上运输人(第 807 条第 2 项)、船舶所有人(第 844 条)、航空运输人(第 920 条)等情况,重复《民法》内容,再次规定了商事留置权。各种留置权之间的比较,见表 5 – 4。

表 5 – 4　各种留置权比较②

不同点	民事留置权	特殊商事留置权			一般商事留置权
		运输关联	代理商	委托买卖	
债务人所有	无限制				债务人所有
关联性	需要		不需要		

2. 流质合同禁止

韩国《民法》为了防止债权人利用债务人的不利条件侵害债务人利益,禁止流质条款(《民法》第 339 条)。但是,商法以当事人关系对等为前提,认可流质条款(《商法》第 59 条)。这里需要强调的是,债务人必须是商人。

① 대법원2011.12.22. 선고2011 다84298 판결。

② 송옥렬,상법강의,홍문사,2018,109 면。

(三)《民法》债权编的特别规定

1. 商行为的有偿性

商法是以保障商人的营利性为前提制定的,债权合同在当事人没有特别约定的情况下原则上具有有偿性。民法上的委任或保管等行为在无特别约定的情况下是以无偿为前提的(《民法》第686条第1项、第701条),商法与此相反,商人就其经营范围内为他人进行的行为可以请求报酬(《商法》第61条)。

商法除了规定了报酬请求权之外,还规定了利息请求权、商事法定利率、垫付金利息请求权。韩国《民法》和商法对法定利率的规定是有区别的,下文详细说明商事法定利率。

2. 商业法定利率

对于民事交易在没有特别约定的前提下,法定利率是年5%(《民法》第379条)。[①] 因商行为引起债务的法定利率是年6%(《商法》第54条)。企业因经营需要出借资金的,有权按照商业法定利率请求利息。企业在经营范围内为他人垫付资金时,有权请求垫付之后的法定利息(《商法》第55条)。

商业法定利率是为了保障商事交易营利性的一种制度。这种制度适用于因商行为发生的具有同一性的债务或变形的债务。比如,因不履行运输合同引起的损害赔偿[②],不履行加工合同引起的损害赔偿[③]等。原来的债务是因商业行为发生的,因不履行债务而产生的损害赔偿请求权适用商事法定利率。这里需要注意的是变形的债务要维持债务的同一性才能适用商事法定利率。

3. 债务履行地

当事人之间对债务履行地没有特殊规定的,按照《民法》第467条规定的一般原则进行。即特定物的接收履行地是债权成立当时该物所在地,其他债务的履行地是债权人的现所在地,或该债务与经营相关的话是债权人经营场所所在地。《商法》第56条规定了除特定物接收之外的债务履行地,特定物按照民法的规定。[④]

---

① 韩国《民法》第379条规定有利息的债权利率,在没有其他法律规定或当事人约定的情况下为年5%。

② 대법원2014.11.27. 선고2012다14562판결。

③ 대법원2016.6.10. 선고2014다200763,200770판결。

④ 因为地理上的差异,韩国关于履行地的规定与中国无法比较,本书不多作介绍。

4. 多数当事人的债权关系

(1)拟制的连带责任

数人中的一人或全体成员的商行为引起的债务,全体成员连带承担偿付责任(《商法》第57条第1项)。商法的这一规定与《民法》上的相关规定不同,《民法》规定债权人或债务人为数人时,没有特别意思表示的,各债权人或各债务人按照均等比例享有权利、承担义务(《民法》第408条)。商法规定的连带责任是种拟制的连带责任,这是为了在商事交易发生债务时,能够保障安全履行债务。但是,商法规定的多数当事人连带责任是一种任意性规定,当事人经约定可以排除。这种连带责任的成立要件,一是行为应当是商行为,二是因一个共同行为引起的由数人共同承担的债务。

(2)保证人的连带责任

保证是商行为或主债务是商行为的,主债务人与保证人承担连带责任(《商法》第57条第2项)。这里的连带责任是为了确保债务能够切实履行。

保证人是数人的,保证人之间的关系如何处理呢?根据《商法》第57条第2项规定,全体保证人是拟制的连带保证人。但是,主债务不是商行为引起的债务的话,该保证有可能不是连带保证。学说上对此问题是有争议的,有观点认为,保证人之间是连带保证,某一保证人承担超出自己份额的责任后,根据《民法》第448条第2项规定,按照连带债务向主债务人和其他担保人行使求偿权;有的观点相反,主张按照《民法》第448条第1项的规定,主动偿付债务的保证人向主债务人行使求偿权。

三、商事买卖

(一)商事买卖的概念

商事买卖就是指商人之间的买卖,是最典型的商行为。《商法》关于商事买卖的规定在第67条至第71条,其立法目的是快速结束商事买卖的法律关系。此外,第51条以下是关于一般合同的特别规定,这些规定适用于全部一般性的商事合同。商法上对商事买卖的规定并不多,未作出规定的部分适用《民法》。这里要注意商事买卖的两个特征:一是这些规定不仅适用于从事买卖的商人之间,也适用于不从事商业买卖的商人之间的买卖合同;二是当事人都应当是商人,对于买卖双方都属于商行为。

(二)买卖合同的成立

这里有必要单独提一下商事买卖合同的成立。对此,韩国《民法》有不同规定。商事买卖依据要约和承诺成立。《民法》上对缔约意思直接表示和间接表示合同没有进行区分。《商法》第51条对直接表示缔约意思的合同作出了特别规定，[①]即"直接表示意思的要约，对方没有立即承诺的，要约失去效力"。而《民法》上的规定设定了一定期间，即采用了到达主义。可以看出，商法的规定是为了追求效率。但是随着国际合同规范的发展趋势，现实中合同成立的时期全部根据民法的原则来处理。

（三）卖方的提存和拍卖

商人间进行买卖时，买方拒绝收货或者无法收货时，卖方可以将标的物提存，或设定一定期间，经催告后将标的物拍卖。这时应当立即向买方发送通知。无法向买方发送催告，或标的物灭失，或存在毁损危险的，可以不经催告进行拍卖。拍卖标的物时，应从拍得款项中扣除拍卖费用后提存。但是也可以用拍得款的全部或一部分冲抵买卖款（商法第67条）。

（四）确定日期买卖合同的解除

商人之间就买卖的性质或当事人的意思表示，在一定日期或一定期限内不履行就无法达成合同目的的，合同解除。也就是说，在买卖合同有确定日期的情况下，履行期限经过后，另一方如不请求履行的话，合同视为解除（商法第68条）。

（五）买方对标的物的检查和瑕疵通知义务

买方接受标的物时，应当及时检查标的物，发现瑕疵或数量不足时，如不及时通知卖方的话，不能请求因此发生的解除合同、减少货款或损害赔偿。买卖标的物如不能立即发现的瑕疵，其请求权为6个月以内（《商法》第69条）。

根据上述规定，超过6个月发现瑕疵的，买方不得请求解除合同、减额或损害赔偿。对此学说是有争议的。[②] 判例认为，"尽了客观性义务仍有不能及时发现的瑕疵的，没有在6个月内发现瑕疵而立即通知的话，不管买方有无过失，都不能追究卖方的瑕疵担保责任"。[③]

（六）买方的保管和提存义务

买方在标的物有瑕疵或数量不足要求解除合同时，应由卖家承担保管或提存

---

① 这里作出区别的意义是，发出的意思表示到达对方需要一定时间，直接到达的即是直接表示，韩文直译为"对话者之间"；间接到达的即是间接表示，韩国直译为"隔地者之间"。如面对面或电话作出意思表示的，应视为直接表示，而邮件作出意思表示的，应视为间接表示。

② 支持6个月后买方仍有请求权的有이철송，상법총칙·상행위，박영사，2015，333면；反对的有손주찬，상법(상)，박영사，2004，254면。

③ 대법원1999.1.29. 선고98다1584판결。

标的物的费用。可是标的物有灭失或毁损危险的，取得法院许可后可以拍卖标的物，保管或提存拍卖款。这时，买家应当立即通知卖家。上述规定不适用于接收标的物的场所与卖方的营业场所或住所在同一特别市、广域市、市、郡(《商法》第70条)。

依据《民法》规定，买方以标的物有瑕疵为由解除合同时要恢复原状，即将标的物返还给卖方(《民法》第548条第1项)。但是这样的规定适用于大规模交易的商事买卖时，有可能会导致不当的结果。如标的物灭失或毁损，或产生过多运输费用等情况。标的物即使返还给卖方，卖方也要处理，而在标的物已经到达的场所直接处理可以将费用或损失降至最低。鉴于这一理由，商法作出了上述规定。

四、双边净额结算

(一)双边净额结算的概念、性质

双边净额结算①是指在商人之间或商人与非商人之间存在经常性交易关系时，相互抵销一定期间内因交易发生的债权债务总额后，支付余额的约定(《商法》第72条)。将票据等其他商业证券计入债权债务的，该证券债务不能偿还时，当事人可将该债务从债务项目中删除(《商法》第73条)。当事人没有约定双边净额结算期间的，其期间为6个月(《商法》第74条)。对于双边净额结算后的余额，债权人可以请求结算日后的法定利息。当事人也可以约定将项目计入双边净额结算日起的利息(《商法》第76条)。各当事人可以随时提出解除双边净额结算合同，这时可以立即停止结算，请求支付余额(《商法》第77条)。

存在经常性交易关系的，特别是异地交易，每次都进行结算的话会非常烦琐，在汇款、费用、执行失误率等方面会增加不必要的负担，而且公司随时准备一定资金进行结算也会增加公司的财务负担。这时，当事人之间通过订立双边净额结算合同，将债权债务统合单一化，使结算更加便利。双边净额结算消灭既存债权债务，就余额部分产生债权。它是具有双边合同、延期合同、更改合同以及预约合同性质的诺成合同。

(二)双边净额结算的效力

双边净额结算以不可分为原则，即双边净额结算是以抵销一定期间债权债务

---

① 双边净额结算是证券登记结算机构的一种结算方式，意思是指证券登记结算机构对交易双方之间达成的全部交易的余额进行轧差，交易双方按照轧差得到的净额进行交收。这一解释与韩国的“相互结算”相比较，除了法定的6个月期间之外完全一致。

总额为目的而设计的制度,在双边净额结算期间每个债权债务失去了其独立性,当事人不能任意分离已经计入双边净额结算的项目,其他约定外的债权债务也不能任意计入约定的双边净额结算项目。这种不可分原则是否对第三人也具有效力?对此有两种见解:绝对效力说认为,计入双边净额结算的债权不能转让、不能扣押、不能入质,即对第三人有效;相对效力说认为,这只是当事人之间的任意规定,不具强制效力,对第三人无效。

五、匿名合伙

(一)匿名合伙的概念

匿名合伙是指一方当事人为另一方当事人的业务出资,另一方当事人约定分配该业务产生利益的合伙形式(《商法》第78条)。匿名合伙人出资的金钱或其他财产[①]视为业务经营者的财产(《商法》第79条)。就经营者的行为,匿名合伙人对第三人没有权利和义务(《商法》第80条)。匿名合伙人许可经营者在商号中使用自己的姓名,或许可经营者使用自己的商号的,对使用之后的债务与经营者连带承担责任(《商法》第81条)。匿名合伙人的出资因损失减少的,在填补损失之前不得请求分红。损失超过出资额的,匿名合伙人没有返还取得利益或增资的义务。对于前述两项规定,当事人另有约定的除外(《商法》第82条)。当事人没有约定合伙期间,或约定合同终身存续的,当事人可以在营业年度末解除合同,但应当提前6个月预先通知对方。此外,在当事人有不特定情况时,可以任何时候解除合同(《商法》第83条)。匿名合伙合同因经营废止或转让、经营者死亡或禁治产、经营者或匿名合伙破产而终了(《商法》第84条)。匿名合伙合同终了时,经营者应当向匿名合伙人返还出资价额。出资因损失减少的,返还余额(《商法》第85条)。

(二)匿名合伙的性质

匿名合伙,是由匿名合伙人和经营人组成的合伙组织。匿名合伙人通过匿名合伙合同对内参与利益分配,对外不承担法律责任。因为匿名合伙人只是处于投资者位置,对其资格没有特殊要求。也就是说,他可以是商人,也可以不是。经营者通过匿名合伙合同得到资金进行经营活动,通过经营活动,才能产生可分配利益,因此经营者应当是商人。

---

① 这里适用《商法》第272条关于合资公司有限责任股东出资的规定,即有限责任股东不能以信用和劳务出资。

匿名合伙的核心内容,就是作为出资者的匿名合伙人是匿名存在的。从外部看不出来匿名合伙人是谁,是否存在。因此,从外表看,匿名合伙的财产是经营者的单独财产,匿名合伙人对外不承担任何责任,即匿名合伙人承担有限责任,经营者承担无限责任。对于匿名合伙合同没有确定的内部关系类推适用民法规定,这点与信托制度类似。从合同形态上看,匿名合伙合同是有偿、双务、诺成、非要式合同,是商法上的特殊合同。

(三)与其他合伙的区别

匿名合伙是2人以上的非法人组织,这点与民法上的合伙类似。[①] 但是民法上的全部合伙人对合伙债务承担连带责任,参与合伙事务。这对于既想获得资金,又不愿别人参与经营的经营者来说并不合适,商法上的合伙正好能满足这样的经营者。

匿名合伙的匿名合伙人向经营者出资,获取利益分配并承担有限责任,经营者承担无限责任,这点与合资合伙类似。匿名合伙根据当事人意思可以自由设定,合资公司是根据《公司法》的强制规定设立的。下面比较各种合伙的区别,见表5-5。[②]

表5-5 各种合伙比较

不同点	民法之合伙	匿名合伙	合资合伙	合资公司
法律根据	《民法》第703条	《商法》第78条	《商法》第86条之2	《商法》第268条
形态	合伙	合伙	合伙	法人
性质	交易主体	单独企业(经营者)	共同企业	共同企业(法人)
设立依据	合伙合同	合伙合同	合伙合同	章程
组织/结构	合伙人	经营者 匿名合伙人	业务执行合伙人 有限责任合伙人	无限责任股东 有限责任股东
对外责任	合伙人 无限责任	经营者单独无限责任	无限(业务执行合伙人) 有限(有限责任合伙人)	无限(无限责任股东) 有限(有限责任股东)

① 《民法》第703条规定:"合伙是2人以上共同出资,经营共同的业务。"

② 김홍기,상법강의,박영사,2015,203 면。

六、合资合伙

（一）合资合伙的概念

合资合伙，是指由对合伙债务承担无限责任并执行合伙业务的合伙人和以出资限度承担有限责任的合伙人共同出资，经营共同业务的合伙（《商法》第 86 条之2）。合资合伙合同应当记载下列事项并由全部合伙人签字盖章。其合同记载事项如下：

（1）目的；（2）名称；（3）执行业务合伙人的姓名或商号、地址及身份证号码；（4）有限责任合伙人的姓名或商号、地址及身份证号码；（5）主要营业场所地址；（6）关于合伙人出资事项；（7）关于合伙人损益分配事项；（8）关于有限合伙人股份转让事项；（9）关于 2 人以上执行业务合伙人共同执行合资合伙业务或代理合资合伙业务的事项；（10）执行业务合伙人中一部分执行合资合伙业务或代理合资合伙业务的事项；（11）关于合伙解散时分配残余资产的事项；（12）关于合伙存续期间和其他解散事由的事项；（13）合伙合同的生效日（《商法》第 86 条之 3）。

（二）合资合伙的性质

上述规定与民法上的合伙比较，增加了有限责任合伙人、损益分配、股权转让、关于合伙债务的责任等事项。这些特点与美国的合资合伙和有限责任公司、日本的有限责任经营合伙类似。①

合资合伙在设计上处于民法上的合伙和商法上的合资公司之间。它有有限责任合伙人，便于吸引投资；对于合伙债务，其拥有承担补充责任的无限责任合伙人。合资合伙作为一种合伙，不具有单独权利能力，不能成为权利义务主体，其合伙全体成员构成法律上的当事人。合资合伙合同上没有特别规定时，无限责任合伙人执行合伙事务，代表合伙组织（《商法》第 86 条）。

七、商行为分则

（一）代理商

1. 代理商的概念

企业（商人）随着自己业务的扩大，需要各种辅助其经营的外部人力，代理商就是其中之一。商法上的代理商不是企业雇员，而是为了一定的企业，以代理或中介某一种类业务交易为业的人（《商法》第 87 条）。前者是缔约代理商，后者是

---

① 김홍기, 상법강의, 박영사, 2015, 208 면。韩国于 2011 年引进这种制度。

中介代理商。比如，某一企业准备在全国扩大业务，一种方法是在全国挑选雇员开设分店；另一种方法是考虑费用和失败的风险，在各地指定代理商进行经营，支付给代理商手续费。

商法上关于代理商的概念主要关注在本人和代理人的内部关系上，外部关系由民法来调整。不管是代理商与第三人缔结合同还是中介，其交易结果都不归属于代理商，代理商只是通过自己的努力换取报酬。

2. 与其他类似商行为的区别

生活中可以看到很多使用代理店名称的情况，但这些使用代理店名称的营业方式不一定就是商法上的代理商，这要看代理合同的具体内容。下面通过列表对代理商、中介人、委托买卖人进行比较，见表 5－6。[①]

表 5－6　代理商、中介人、委托买卖人比较

不同点	代理商	中介人	委托买卖人
根据	《商法》第 87 条	《商法》第 93 条	《商法》第 101 条
辅助方法	交易的代理或中介	交易的中介	交易斡旋（自己名义，为他人利益）
辅助对象	一定的企业（从属性）	不特定多少人（独自性）	不特定多少人（独自性）
其他	承担竞业禁止义务（《商法》第 89 条）		

3. 代理商的权利、义务

代理商在进行代理或中介交易时，应当立即向本人发送通知（《商法》第 87 条）。代理商在未取得本人许可的情况下，不得为自己或第三人的利益进行属于本人业务种类的交易，或成为经营同种业务公司的无限责任股东或董事（《商法》第 89 条）。接受商品销售或中介委托的代理商，有权得到买卖标的物瑕疵、数量不足或其他与履行买卖有关的通知（《商法》第 90 条）。代理商就因代理或中介交易产生的到期债权，为了本人，至偿付时止有权留置占有的商品或有价证券（《商法》第 91 条）。当事人之间就合同存续期间没有约定的，各当事人可以提前 2 个月预告解除合同（《商法》第 92 条）。因为代理商的活动使本人的顾客或业

① 김홍기, 상법강의, 박영사, 2015, 219 면。

务交易显著提高的，在代理合同终了后本人也继续得到利益的，代理商可以向本人请求一定的补偿，补偿金额不得超过合同终了之前5年间的平均年报酬，合同不满5年的，以这期间的平均年报酬为准。上述补偿请求权自合同终了之日起经过6个月消灭。但是，合同终了是因为代理商原因的除外（《商法》第92条之2）。

（二）中介业

1. 中介相关概念

中介人，是指以中介他人的商行为为业的人（《商法》第93条）。在现实的交易中，想找到合适的交易对方不是一件容易的事情，中介不仅能起到找到交易对方的作用，还可以调查对方的信用，提供专门资料，起到使交易更容易成功的作用。中介业广泛地存在于买卖、保险、运输、金融等领域。

2. 中介合同的性质

委托人将一定的事务委托给中介人是最基本的中介业务。中介人在与中介相关的范围内接受委托，承担善管义务。中介合同是委托人和中介人之间的合同，其不仅存在于中介人和委托人之间，还存在于交易对方之间。中介不仅代理特定人的利益，还起到协助当事人之间缔结合同的补助作用。

3. 中介人的权利义务

中介人作为商人，在合同成立时享有中介费请求权（《商法》第61条）。合同未成立时，一般不具有中介费请求权，但是当事人另有约定时除外。中介费可以根据一定金额计算，也可以根据交易金额结算。中介费可以由双方均担，也可以由委托人和中介人协议支付金额。中介费一般包括交通费、通信费等费用，除中介费之外，不得请求其他费用。中介人不能接受当事人的其他支付和其他履行行为，除非有其他约定或习惯（《商法》第94条）。

中介人承担善管注意义务、样品保管义务、合同书交付义务，对自己的中介行为有制作账簿和交付副本的义务。在根据一方当事人要求或一方当事人是匿名的，另一方当事人因为信赖中介人而缔结合同，其可以向中介人请求履行（《商法》第99条）。

（三）委托买卖业

1. 委托买卖业相关概念

委托买卖人，是指以自己的名义为他人的利益进行商品或有价证券买卖的人（《商法》第101条）。委托买卖，即委托人委托委托买卖人代替自己买或卖自己的商品。因为地域的差异，委托买卖被企业广泛利用，这种利用方式属于任意性的,但证券买卖等情况,被强制规定必须使用委托买卖的方式。

2. 委托买卖的法律关系

委托买卖的法律关系与代理和中介不同,是三方当事人的关系。委托人和委托买卖人的关系属于内部关系,委托人或委托买卖人与对方当事人是外部关系。委托买卖人在当事人关系中成为直接交易的当事人,与对方当事人进行交易。委托人与委托买卖人之间签订委托合同,委托买卖人和交易对方当事人签订买卖合同。但是,委托买卖人和交易对方当事人之间不存在直接的法律关系。

3. 委托买卖人的权利义务

委托买卖人享有报酬请求权、留置权、标的物提存权和拍卖权、介入权[①]。同时,委托买卖人承担善管注意义务、委托施行通知和提交账单义务、遵守指定价格义务、履行担保义务[②]、委托物毁损或瑕疵等的通知和处分义务。

(四)运输斡旋业

1. 运输斡旋人的概念

运输斡旋人,是指以自己的名义为他人的利益进行货物运输斡旋的人(《商法》第 114 条)。自己的名义,是指以运输斡旋人的名义缔结运输合同,运输斡旋人因此成为运输合同上的对外主体。运输包括陆运、海运、空运。所运输的是货物,因此不包括旅客运输。斡旋,是指以自己的名义为他人谋取利益。

2. 运输斡旋人的权利、义务

运输斡旋人享有报酬请求权、费用请求权、留置权、介入权[③]。运输斡旋人承担善管注意义务、通知义务、提交账单义务、遵守指定价格义务、损害赔偿义务。对于高价物品只有在缔结合同时明示的前提下,运输斡旋人才承担损害赔偿责任。

运输斡旋人对于委托人或收货人的债权时效为 1 年。

(五)运输业

1. 运输的概念

运输,是指将货物或旅客从一个场所移动到另一个场所。运输可以分为货物

---

① 介入权,是指委托买卖人接受交易所定有市价的商品或有价证券买卖时,可以直接成为卖方和买方。这时,买卖对价根据委托买卖人发送买卖通知时的交易所市价计算。这种情况买卖委托人可以向委托人请求报酬(《商法》第 107 条)。

② 委托买卖人对于委托人委托的交易,在对方不履行债务时,委托买卖人有履行该交易的义务。除非有明示或默示排除履行担保责任的约定或习惯。(《商法》第 105 条)

③ 这里的介入权是指运输斡旋人在没有其他约定的情况下可以直接进行运输(《商法》第 116 条)。

运输、旅客运输、通信运输①。

2. 货物运输人与收货人的权利、义务

货物运输人享有接收货物请求权、货物明细表交付请求权、运费及其他费用请求权、货物留置权、提存权、拍卖权。货物运输人承担签发提单义务、货物处分义务、交付货物义务、损害赔偿义务;对于高价货物,只有在明示的前提下才承担损害赔偿责任,见表5-7。

表5-7　运输人的损害赔偿责任

损害赔偿请求金额	货物全部灭失或延误→收货日到达地价格; 货物一部分灭失或毁损→收货日到达地价格; 因运输人故意或重大过失→赔偿全部损失(《商法》第137条)
要件和举证责任	货物的灭失毁损、延误等损害发生; 推定运输人或其履行辅助人的过失(《商法》第135条第1项)。运输人要免除自己的责任需证明无过失。 存在因果关系
责任消灭	收货人等无保留接收货物支付运费(《商法》第145条); 收货人收取货物日起消灭时效1年(《商法》第121条第12项、第147条); 货物全部灭失的,收货日起1年(《商法》第121条第2项)
不履行债务责任和不法行为责任间关系	请求权竞合; 高价物未告知免责规定(《商法》第136条),短期消灭时效规定(《商法》第121条、第147条),运输格式条款上的免责规定等不适用不法行为责任

收货人不是运输合同的当事人,因此,原则上对于货物不享有权利。但是,收货人的权利随着货物的移动逐渐增大。在货物到达目的地之前,根据《商法》第139条②,发货人的地位是优先的,收货人没有任何权利。当货物达到后,根据第140条第1项③,收货人和发货人具有同等权利。此后,收货人可以请求接收货物,这时收货人的地位比发货人优先。收货人可以对货物的毁损灭失提出损害赔偿请求。

① 通信运输包括电子通信和广播通信。电子通信通过有线、无线、光纤等电子方式发送或收取符号、文言、音响、影像(《电子通信基本法》第2条第1项)。广播通信是指通过有线、无线、光纤或其他方式发送或接收节目(《广播通信发展基本法》第2条第1项)。

② 第139条规定:"发货人或货物提单签发后的提单持有人可以向运输人请求终止运输、返还货物或其他处分请求。"

③ 第140条第1项规定:"货物到达目的地时,收货人取得发货人同样的权利。"

提单具有和票据一样的效力，它是当然的指示证券(《商法》第130条)，记名提单可以背书转让。发行提单的，提单持有人对货物可以行使排他性权利，即不能再认定收货人的上述权利。交付提单具有物权转移的效力(《商法》第133条)。

3. 旅客运输人的责任

旅客运输人不能证明尽到运输上的注意义务的，不能免除旅客因运输产生的损害赔偿责任。损害赔偿额度由法院根据被害人和其家族的情况确定(《商法》第148条)。旅客运输人从旅客处接收的托运物品，即使没有运费也承担货物运输的同等责任。旅客自托运物品到达目的地起10日内未请求交付的，运输人可以将其提存或拍卖(《商法》第67条、第149条)。运输人对于没有办理托运物品的毁损灭失，在自己或雇员没有过失的情况下不承担赔偿责任(《商法》第150条)。

(六)公众服务业

1. 公众服务业有关概念

公众服务业人，是指以经营剧场、旅馆、饭店，或其他公众利用的设施为业的人(《商法》第151条)。这里的公众利用的设施，是指向不特定多数人提供人的(服务)、物的设备和场所。公众服务业的内容是相当广泛的，只要是人们聚集的任何地方，向人们提供必要的人的、物的设施，就属于公众服务业的范围。因为有众多人聚集，就可能出现这样那样的问题，如身体伤害和顾客持有物品遗失、被盗等。

2. 对物品的责任

公众服务业人自己或其雇员保管顾客寄存的物品，不能证明自己尽到注意责任的话，对寄存物品的灭失或毁损承担损害赔偿责任。公众服务业人没有接收顾客寄存的，但是在设施内，因自己或雇员的过失导致顾客携带的物品灭失或毁损的，承担损害赔偿责任。即使告知顾客对其携带物品没有责任，公众服务业人也不能免除上述责任(《商法》第152条)。对于货币、有价证券和其他高价物品，顾客没有明示其种类和价格寄存的，公众服务业人不承担该物品灭失或毁损的损害赔偿责任(《商法》第153条)。上述责任自公众服务业人返还物品或顾客将物品取走后6个月时效消灭(《商法》第154条)。

3. 对人的责任

商法上对于公众服务业的规定，主要集中于携带物品的灭失、毁损的责任，没有对人的损害规定。但是公众服务业的场地都是公共场所，可能会发生火灾或人身伤亡事故。对于这些事故的损害赔偿责任《商法》中没有规定,需要通过《民法》上的不履行债务和不法行为等一般性法律规定来解决。

不履行债务,是指公众服务业人违反与顾客缔结的合同,损害顾客的生命或身体,顾客以不履行债务为由请求损害赔偿责任。这时顾客承担举证责任。证明违反合同和损害事实的因果关系。公众服务业人因故意或过失给顾客造成生命或身体损害的,承担行为引起的损害赔偿责任。① 顾客追究不法行为责任时,需要举证证明公众服务业人的故意或过失、损害的发生,以及因果关系等不法行为的责任要件。

(七)仓储业

1. 仓储业人的概念

仓储业人(保管人),是指以为他人(存货人)在仓库保管物品为业的人(《商法》第155条)。关于仓库的形式,不一定要求是建筑物,只要能为保管物品提供设备即可。保管行为是直接对物品享有占有权,没有所有权。这里需要说明的是,物品是种类物的,仓储业人从数个存货人处接收物品后混合保管,合同终止时保管人返还该份额的同种同量物品,这时,存货人对该仓库的物品享有其存货份额的权利。这是仓储业的显著特征。

2. 仓储业人的权利、义务

仓储业人根据合同约定享有保管费和其他费用请求权、留置权、提存和拍卖权,除知情外,因保管物品的性质或瑕疵引起的损害享有损害赔偿请求权(《民法》第607条)。仓储业人对存货人或仓储证券持有人的债权自物品出库后1年消灭(《商法》第167条)。

仓储业人承担存货人寄存物品的保管和返还义务、接受寄存物品检查的义务、交付仓储证券义务、损害赔偿义务。寄存物品发生毁损,发现瑕疵,或物品有腐败危险时立即通知存货人义务,在得不到存货人指示或指示延迟的情况下,保管人为了存货人的利益可以采用适当的方法处置货物(《商法》第108条、第168条)。

(八)融资租赁业

1. 融资租赁业有关概念

融资租赁,是指从事融资租赁业的人(出租人)让融资租赁使用人(承租人)

---

① 《民法》第750条规定:"因故意或过失的不法行为给他人造成损害的,加害人承担损害赔偿责任。"

从第三者(供应商)处取得或借用融资租赁使用人指定的机器、设备或其他财产(《商法》第168条之2)。融资租赁主要用于使用不是很广泛的机器、设备,由融资租赁使用人指定标的物,由融资租赁业人支付货款。租赁物、供应商、购买条件等内容由融资租赁使用人决定,融资租赁业人支付货款提供该物品。融资租赁业人通过收取租赁费回收支付的货款,同时,作为债权的担保,融资租赁业人对租赁物享有所有权。

2. 融资租赁关系中的权利、义务

(1)融资租赁业人的权利义务。融资租赁业人有按照合同收取融资租赁费的权利。融资租赁业人有让融资租赁使用人在合同规定的时间受领合同规定之物的义务(《商法》第168条第3款第1项),向供货商支付货款的义务,让使用人受领适当之物的义务,[①]因不可抗力发生的灭失、毁损、被盗时的承担危险义务。[②]

(2)融资租赁使用人的权利、义务。使用人有合同更新权、合同之物廉价购买选择权;受领合同标的物、验收并交付物之收据的义务,支付租赁费的义务,维修管理融资租赁合同之物的义务,返还合同之物的义务,支付剩余融资租赁费的义务[③]。

(3)融资租赁合同供货商的权利、义务。供货商有收取货款的权利,融资租赁合同规定时间内交付货物的义务,对合同之物的瑕疵担保责任。

3. 融资租赁与经营租赁

融资租赁,是由使用人决定租赁的标的物、供应商和购买条件等事项,融资租赁业人取得标的物所有权租赁给使用人使用一定的时间。在这期间,使用人支付租金,融资租赁业人通过租金回收投资、利息和其他费用。融资租赁主要用于价格高昂、使用范围狭窄的医疗机械、工程机械等领域。经营租赁,是由经营租赁业人筹措租赁物,并由其负责维持、保管,让使用人在一定期限内使用租赁物、支付租金。经营租赁适用民法上租赁的法理。二者比较见表5-8:[④]

---

① 这里的“适当”,可以理解为融资租赁业人负担瑕疵担保义务。但是,这种担保责任在使用人受领货物后即消灭。单纯从法条上分析,机器设备是由使用人选定的,融资租赁业人对于货物没有任何控制能力,因此,由其负担瑕疵担保义务未必合适。参见송옥렬,상법강의,홍문사,2018,216면。

② 这时应该区别是不是不可抗力。《商法》第168条之5第3项规定,发生重大事项变更致使合同无法继续履行的,使用人提前3个月发出预告可以解除合同。

③ 在使用人解除合同时,作为补偿融资租赁业人的损失方法,使用人支付剩余融资租赁费或规定的损失费。

④ 김홍기,상법강의,박영사,2015,298면。

表 5－8 融资租赁与经营租赁

不同点	融资租赁	经营租赁
本质	提供金融服务	使用租赁物
功能	融物	租赁
对象	高价、使用范围窄的医疗机器等	一般机器、设备，具有广泛使用性
期间	长期	短期
中途解约	非特殊情况不可	可以
租赁费	租赁期间内回收投资	通过多数使用人渐次回收
风险	融资租赁使用人	融资租赁业人
破产	支付全部剩余租金、规定的损失费	根据合同规定处理
法律根据	《商法》商行为规定	《民法》租赁规定

（九）商用特许经营

1. 商用特许经营的概念

商用特许经营（franchise），①是指特许人许可被特许人使用自己的商号、商标等，被特许人按照特许人指定的品质和经营方法经营并支付使用费（《商法》第168条之6）。

2. 特许人和被特许人的权利、义务

特许人承担支持被特许人经营的义务、竞业禁止义务。被特许人承担注意义务、支付特许费义务、保密义务、限制转让业务义务（《商法》第168条之7、之8）。特许人和被特许人的义务互为对方的权利。

（十）保理业

1. 保理业的概念

保理（factoring），是指买入他人销售物、有价证券或提供劳务等取得或即将取得的债权，然后回收该债权（《商法》第168条之11）。保理还分真正保理和不真正保理。真正保理是指在无法回收债权时，保理人不得向转让人主张偿还请求；不真正保理是指在债权无法回收时，保理人可以向转让人主张偿还，转让人持续承担风险。

2. 法律关系

保理人与转让人在债权转让合同中确定债权转让的具体范围和方法。《商

① 韩文直译为“加盟业”。本书采用中国法律用语。

法》第 168 条之 12 规定的是以不真正保理为原则,真正保理为例外。保理人受让转让人的债权后根据《民法》第 450 条的规定[①]履行通知和承诺程序。

第四节　公　　司

一、企业与公司

企业大致可以分为公企业和私企业,私企业可以分为共同企业和个人企业。公企业和私企业一般是以经济主体为基准划分的,国家或公共团体运营的企业是公企业,私人运用的企业是私企业。韩国在以前一部分公企业作为政府的一个机关来运营(如铁道厅),这些企业慢慢地转化成公法上的公社或特殊法人。最近,随着公企业的民营化,一些公社转化成商法上的股份公司形态(如韩国中部发电)。每个国家不免存在企业民营化和企业国有化问题。在国民经济中起重要作用,不适合由私企业运营的领域一般交由公企业运营,反之亦然。具体划分哪些领域由私企业运营,哪些领域由公企业运营并不容易。这主要取决于特定时期支配特定国家的政治理念和经济理念。[②]

个人企业是企业活动中发生的权利和义务全部归属于 1 名自然人的企业。个人企业通过筹措资金、采用雇员可以达到相当的规模。个人企业的优点是所有权和经营权都归结于企业主一人,因此不会发生代理问题。缺点是个人企业毕竟在资金和人力上存在一定的局限,因此规模上无法实现突破。共同企业是企业活动的费用和成果由多数同业人共同分担的企业形态。共同企业的优点是经营活动由多数人共同进行,可以扩大企业规模,缺点是同业人之间存在发生纠纷的可能性。

共同企业有多种形态。其中有民法上的合伙,商法上的匿名合伙、合资合伙、合名公司、合资公司、股份公司、有限公司、有限责任公司,还有有限责任信托和民事公司[③]。韩国《商法》规定,公司是指以商行为和其他营利为目的[④]设立的法人(《商法》第 169 条)。公司不能成为其他公司的无限责任股东(《商法》第 173 条)。

---

① 第 450 条规定,指名债权的转让,转让人没有通知债务人或债务人没有承诺的,不得对抗债务人和其他第三人。

② 김건식,회사법,박영사,2015,4 면。

③ 农、林、渔业不看作商行为,但其也是以营利为目的,这些公司韩国称为民事公司。

④ 现在,在强调企业的营利性和追求股东利益最大化的同时,慢慢地越来越多地强调企业的社会责任。

通过表 5－9 可以看出，韩国企业使用各种公司形态的具体状况。①

表 5－9　各种法人数量统计(2012 年)

单位：家

类型	数量
股份公司	435, 732
有限公司	20, 565
合资公司	3559
合名公司	785
非营利法人	20, 420
外国法人	1513
合计	482, 574

资料来源：韩国国税厅

从上述统计可以看出，韩国企业形态中股份公司形态最为多见。公司还可以分为人合公司和资合公司②、公开公司和封闭公司③、上市公司和非上市公司、小规模股份公司和大规模股份公司④、母公司和子公司、控制公司和从属公司、本国公司和外国公司等。

鉴于股份公司形式在韩国的广泛使用和其在商法上的分量，下文将主要介绍股份公司，对于其他公司形态仅作简要描述。

二、股份公司

韩国《商法》第三编对于公司规定的排列顺序是合名公司、合资公司、有限责任公司、股份公司、有限公司、外国公司。现实中，企业普遍使用股份公司这一形态。一部分商法和公司法教科书在讲述公司时，直接将公司分成股份公司和股份

---

① 김건식，회사법，박영사，2015，14 면。

② 从字面上可以看出，人合公司重视股东的个性，资合公司重视公司的资产。人合公司股东承担无限责任，执行公司的业务。合名公司和合资公司是典型的人合公司。资合公司的股东对公司债务不承担责任，也不参与公司的经营。以上分类方式不是法律上的分类，只是理论上的概念。

③ 这一分类方式也主要用于理论上。公开公司一般指股东数量众多、股东个性不重要的公司。封闭公司一般指股东数量少、股东个性重要的公司。

④ 《商法》根据股份公司的规模采取了不同的监管模式。对于资本金 10 亿韩元以下的公司在公司设立和运营上给予一定的便利条件。

公司以外的公司[①],把股份公司放在前面叙述。本书采用这种普遍使用的排列方式将股份公司放在前面叙述。另外需要注意的是,韩国公司法法条在排列顺序上与中国公司法不同,本书依韩国方式叙述。

(一)股份公司的概念

《商法》没有特别对股份公司作出定义。股份公司,一般是指将股东的出资组成的资本金划分成均等的股份,股东依据认购的股份承担出资义务,对公司的债务不承担责任的公司形态。据此,有限责任、资本金、股份是构成股份公司的3个要素。[②] 下面解释股份公司几个重要的概念。

1. 有限责任

股东的有限责任,是指股东只以自己认购缴纳的股份价额为限承担责任,对公司的债务不承担责任(《商法》第331条)。股东的有限责任不是从公司的法人人格理论上引申出来的,而是出于政策上的考虑而设定的。股东的有限责任对股东来说既有积极的功能,也有消极的功能。从积极的功能上看,有限责任将股东资产与经营风险隔离,股东可以不参与经营,相对安心地进行投资;股东担负的风险只限于经营上的风险,股票可以在证券市场上交易;风险高具有社会价值的项目也可以这种方式融资。从消极功能上看,因为股东承担有限责任,相较公司债权人,更倾向于风险大的经营项目,这时股东和债权人之间会发生利益冲突。特别是在公司面临破产时,股东已经处于可能失去投资的境地,有选择更具风险的经营项目的动机。[③]

从股东有限责任延伸的问题是如何保护债权人的利益。商法上规定的资本金制度、资本充实原则、债权人异议程序等,就是为了保护债权人利益而设置的制度。在股东主张有限责任而违反公平正义原则时,法院会通过否认该法人人格来保护债权人利益。

2. 资本金

依据股东的有限责任,股份公司能够给债权人提供担保的只有公司的财产。为了保护债权人的利益公司需要有充分的资产。资本金,是指为了确保公司的财产而设定的金额。[④] 韩国《商法》原则上规定除商法有其他规定之外,资本金是发

---

① 김건식,회사법,박영사,2015;김홍기,상법강의,박영사,2015; 송옥렬,상법강의,홍문사,2018。

② 김홍기,상법강의,박영사,2015,379 면; 송옥렬,상법강의,홍문사,2018,741 면;정찬형,상법개론,법영사, 2013,221 면。

③ 김건식,회사법,박영사, 2015,76 면。

④ 김건식,회사법,박영사, 2015,77 면。

行股份的额面总额(《商法》第 451 条第 1 项)。在公司设立时,股东应当向公司缴纳相当于认购金额的财产,资本金与公司纯资产大体一致。公司存在期间应当维持相当于资本金的资产规模。纯资产随着经营情况会发生变化,在出现纯资产不足资本金数额情形时,就出现资本蚕食现象。

资本金有确定、充实、不变 3 个原则。这里对资本确定原则作简单说明。股份公司在资本金确定原则上分设立时和增资时两种情况。公司设立时,发行股份的总数记载于章程,资本金数额应当进行登记,认购发行的全部股份,从这点上看遵循了资本确定原则;增资时,公司发行新股,增加的资本金数额可以不计入章程(《商法》第 289 条第 1 项、第 416 条),不要求全部被认购,实际上是在新股发行的范围内发生效力,这时就没有遵循资本确定原则。

按照韩国《商法》,资本金原则上是发行股票票面总额(《商法》第 451 条第 1 项)。但是,如果考虑资本金是为了维持公司资产的一种规范性数值,就没有必要将资本金和股票连接起来。比如,在发行无面额股(《商法》第 451 条第 2 项)或回收股票(《商法》第 343 条)时就将资本金与股票的链接断开了。

3. 股份

股份公司的资本金通过股份进行划分(《商法》第 329 条第 2 项)。股份一方面是股东对公司的一种比例性权利,另一方面是资本金的构成单位。[①] 公司发行额面股时,原则上其资本金数额是每股票面金额乘以发行股票数(《商法》第 451 条第 1 项)。股东的利益体现在其持股的价值,股价的评价方法有市场价值、收益价值、资产价值 3 种。韩国《资本市场法》和《遗产税与赠与税法》上规定了非上市股份公司股份评价方法,即按照资产价值与收益价值的 1:1.5 和 2:3 比率的加重平均值计算。法院的观点是根据"该公司当年经营状况和行业特性等事项综合考虑公正计算确定"[②]。

股份按照形式可作如下分类:面额股与无面额股、记名股与无记名股、普通股与种类股等。

4. 种类股

原则上,发行的股票内容是相同的。但《商法》规定可以发行不同内容的股票,即可以发行种类股(《商法》第 344 条)。在 2011 年修订《商法》时,种类股指的是对公司的利益或剩余资产的权利不同的股份。权利不同是指对现金流分配的顺位不

① 김홍기,상법강의,박영사,2015,382 면。

② 대법원2006.11.24. 자2004 마1022 결정。

同,先顺位的是优先股,后顺位的是普通股。优先股可以分为偿还股①、无表决权股和可转换股。2011年《商法》修订后允许发行更多内容的股票。商法的这些变化具有以下特征:(1)明示对于现金流的权利不局限于顺位上的差异;(2)可以以多种方式限制表决权,允许优先股之外的股票;(3)可以发行多种可转换股和偿还股。

开放发行种类股的根本目的是,满足公司或投资者对资金和投资的各种需求。种类股的范围越大,公司在运营上的自治余地就越大。因此,放开到那种程度可以说是政策上的选择。对种类股的开放,是发达国家的一种趋势。韩国2011年修订《商法》时,正是顺应了这种趋势。但种类股还是排除了附拒绝权股、附高管任命权股、限制转让股等对并购和敌意收购能产生重大影响的新种股票。但种类股也不都是起肯定作用的。打破同股同权的原则,不同的股东利益集团会随之增加,调和这些股东集团的关系也将变得更加复杂。发行种类股的效用超过由此产生的费用时,这种发行就是合理的。

发行种类股不仅对认购种类股的股东产生影响,对现在和将来的股东也会产生影响,因此需要相关人事先了解影响的范围。这就需要将各种种类股的内容和数量记载于章程(《商法》第344条第2项),发起人或董事会在章程规定的范围内发行。

5. 股东与股份

股东是公司的成员,是持有股份的所有权人。股份公司的股东与其他类型公司的股东具有不同的意义。股份公司的股东对公司只承担缴纳认购股款的义务,对于公司债权人不承担责任。其他类型公司,如合名公司的股东,只有无限责任股东,合资公司存在1名以上的无限责任股东。

以出资额为基准划分成均等的份额,即股份。这种划分方式将公司与股东之间的法律关系标准化,简化了二者之间的关系,也使股份更容易转让,起到促进投资的作用。代表股份的有价证券即股票。股份或股票这两个用语在实际中混用的情况非常普遍。股东持有的股份代表其在公司的地位,即股东的权益,包括收益分红请求权、表决权等。原则上股份代表的内容是相同的,但如果发行的是种类股的话,它还包括各种不同的内容和权益。

(二)股份公司的设立

1. 发起设立与募集设立

股份公司要经过几个阶段的组织程序,最终进行设立登记后成立。这些阶段包括:(1)制定章程;(2)确定股东;(3)股东出资;(4)设置经营机构;(5)设立登记。制

① 发行时即约定在一定时间后用公司利益回收的股票(《商法》第345条)。

定股份公司章程时发起人须记载下列内容:(1)目标;(2)商号;(3)公司发行股份总数;(4)发行额面股每股的金额;(5)公司设立时发行股份总数;(6)公司总部所在地;(7)公司公告的方法;(8)发起人的姓名、身份证号码、地址(《商法》第289条)。

设立股份公司有两种方式,即发起设立和募集设立。发起设立时发行股份全部由发起人认购。募集设立时,发起人认购一部分股份,其余股份由募集的股东认购。下面通过表5-10、表5-11观察发起设立和募集设立。[①]

表5-10 发起设立与募集设立的程序

不同点	发起设立	募集设立
制作章程	发起人制作	发起人制作
确定股东	发起人认购	发起人认购+要约与配置
公司财产的形成	全额缴纳	全额缴纳
机构组成	发起人选任	创立大会选任
设立经过调查	危险设立*事项:向法院报告; 一般设立事项:向发起人报告	危险设立事项:向创立大会报告; 一般设立事项:向创立大会报告
设立登记	法定代表人	法定代表人

* 危险设立,是指公司设立时章程存在危害公司资本充实原则和公司债权人的条款,以这些条款为基础进行的设立。这些事项和相关发起人,都需明确记载于章程(《商法》第290条)。

表5-11 发起设立和募集设立在程序上的差异

不同点	发起设立	募集设立
认股	发起人	发起人和募集的认股人
缴纳股款	发起人指定金融机构和缴纳场所	认股要约书记载的缴纳场所
懈怠缴纳股款	无失权程序	有失权程序
创立大会	不存在	存在
选任高管	发起人选任	创立大会选任
危险设立事项	向法院报告	向创立大会报告
设立经过调查报告	向发起人报告	向创立大会报告
设立前章程变更	发起人全体同意,取得公证人新的认可	创立大会决议

① 김건식,회사법,박영사,2015,92 면。

2. 发起人的责任

发起人作为公司的设立机构,在设立过程中起核心作用。商法为了保护相关人利益赋予发起人相当严格的责任。甚至在发起人懈怠注意义务或违反法律时会按照背任罪或渎职罪承担刑事责任(《商法》第622条、第630条)。民事方面发起人要承担认购、缴纳担保责任和损害赔偿责任。

3. 设立无效

股份公司设立后会形成各种复杂的利害关系,如果以设立过程中存在瑕疵为由轻易宣布设立无效的话,就会使已经形成的法律关系处于不安定状态。商法针对这种情况作了下列特别规定:(1)不接受设立取消之诉;(2)只接受设立无效之诉;(3)设立无效之诉的诉因只限于客观性的瑕疵;(4)设立无效的判决不具有溯及力。这些考虑都是为了维持已经确立的法律关系和交易的安定性。

(三)股份公司的组织机构

1. 组织机构功能划分

公司作为法人具有独立的权利能力,从法律上看,公司有意思能力和行为能力。这是因为法律赋予了公司一种拟制性的人格。公司的意思和行为通过公司的组织机构来实现。股份公司将意思决定、执行、监督功能交由3个不同组织机构行使,3个机构相互牵制以保证企业的正常运行。也通过这种组织机构的设立,增加公司透明度,让投资者在投资前了解公司组织机构,放心对公司投资。

商法按照理论将股份公司的3个职能划分给3个机构行使之后,还有区分不明确的方面,这是由于下列原因形成的。公司的意思决定由股东大会和董事会进行,股东大会决定公司的重大事项,董事会决定具体的业务执行事项(《商法》第361条、第393条第1项)。董事会和法定代表人担任执行功能。原则上公司的业务执行机构是董事会(《商法》第393条第1项),但董事会在组织形式上是一种会议体制,不能执行实际业务。因此,董事会选任法定代表人,由法定代表人实际执行业务。但是,2011年修订《商法》时引进了执行高管制度(第408条之2),可以用执行高管代表人代替法定代表人,不再另设法定代表人。对业务执行的监督由董事会和监事担任。

关于监督,《商法》的原则规定是,监事是业务执行的监督机构(《商法》第409条)。同时,为了明确董事会的监督权限并将其具体化,设立了监事委员会制度(《商法》第415条之2)。监事委员会由3名以上董事组成,其中须有2/3以上独立董事。设置监事委员会的,不能再设置监事(《商法》第415条之2第1项、第2项)。这样,商法上就存在董事会和监事都有对业务执行监督权的情况。从以上股份公司的运作构造上可以看出,董事会参与了意思决定、业务执行、监督这 3 个公司运作的全部过程。

2. 股东大会

(1)权限

股份公司的股东大会由全体股东组成,是公司的最高权力机构,决定公司的基本事项,是公司的必设机构。股东大会具体权限如下:①关于公司基本结构的事项,如业务转让、章程变更、减资、合并、分立、换股、转股、解散、机构变更等;②关于组织公司机构,选任、解任公司的董事、监事、清算人等;③关于股东的财产性利害关系,认可财务报表和决定分红、决定送股(股票分红)、董事、监事、清算人免责;向第三人配置可转换债券、附新股认购权债券等。

股东大会的权限可以通过章程扩大,但对于董事会决定的事项是否可以由章程确定为股东大会的决议事项是有争议的。有见解认为,股东大会是公司最高和必要权力机构,在不违反法律强制规定的情况下可以将董事会的权限通过章程转移到股东大会。① 反对见解认为,商法已经设定了股东大会和董事会权限,这是强制规定,不能经章程变更,如果股东大会可以决定任何事项,就有悖于所有和经营相分离的理念。②

(2)种类股股东大会

种类股股东大会,是指公司发行种类股时,持有种类股的股东组成的股东大会。种类股股东大会的权限按照发行时确定的种类,享有意思决定权。种类股股东大会是股东大会决议发行效力的追加要件,其并不独立于股东大会,也不是公司的机构。股东反对股东大会决议或认为股东大会意思决定不符合自己投资要求时,可以通过股份回购请求权选择退出。种类股股东享有否决权的,可以通过行使否决权维护自己的利益。

商法规定了需要种类股股东大会决议的 3 种情况:(1)章程变更会给某种种类股的股东带来损害的,如降低优先股分红比例等减少优先股权利的事项;(2)种类股之间,对新股认购权有特殊规定的,其结果对某类种类股股东带来损害的,如相较普通股对优先股减少配发新股;(3)合并、分立、分立式合并、换股、股份移转等对某类种类股股东带来损害的。

---

① 손주찬,상법(상),박영사,2004,700 면;정동윤,상법(상),법문사,2012,541 면。

② 이철송,상법총칙 · 상행위,박영사,2015,481 면;정찬형,상법강의(상),박영사,2017,836 면。

3. 董事、董事会、法定代表人、执行高管

(1)董事

董事作为董事会的成员,由股东大会推选,其只参与业务执行上的意思决定,通过董事会监督法定代表人等的业务执行,董事不是独立的机构。公司可以不确定董事的任期,如果确定的话,不得超过 3 年(《商法》第 383 条第 2 款)。

公司内部晋升时,有提升为常务董事或专务董事的,但只有经过登记的,才能成为商法上的董事,承担商法上的权利义务。公司与董事是一种委任关系,商法规定董事与公司的关系适用民法,民法规定受任人要承担善管注意义务(《民法》第 681 条)。董事可以分成内部董事、独立董事、非常务董事①(《商法》第 317 条第 2 款第 8 项)。

因为公司与董事之间是委任关系,民法规定委任关系原则上不得请求报酬(《民法》第 686 条第 1 款),但是公司可以通过职薪、津贴、奖金等方式支付报酬。公司董事的报酬通过章程或股东大会决议确定(《商法》第 388 条),大部分情况是由股东大会来决定的。章程没有规定或股东大会没有决议的,董事无法向公司请求报酬。普遍做法是章程或股东大会决议确定报酬总额或上限,然后将分配权限委任给董事会或法定代表人。

董事对公司承担注意义务和忠实义务,同时,董事可以引用经营判断原则进行抗辩。但是违反法律的事项不适用经营判断原则。董事因故意或过失违反法令或章程,或懈怠业务,对公司遭受的损害承担赔偿责任(《商法》第 399 条)。法定代表人或董事因故意或重大过失、职务懈怠给第三人造成损害时,与公司连带承担不法行为引起的责任(《商法》第 401 条第 1 款)。

利用自己的影响力影响公司,指示董事执行业务的人,适用商法上董事责任的规定(《商法》第 401 条第 2 款)。

作为对董事的监督手段,董事的行为违反法令或章程的规定,公司可能会发生无法挽回的损害。为了公司,监事或持股 1% 以上的股东可以对该行为请求留止,即股东享有留止请求权。如果董事已经进行了该行为,作为事后手段股东可以提起股东代表诉讼(《商法》第 402 条、第 403 条)。

---

① 有的翻译成“非常勤董事”。

(2)董事会

董事会由3名以上董事组成(《商法》第383条第1款),①具有业务执行机构和监督机构的双重职能,是必需的常设机构。董事会的活动分定期和临时会议。董事会名义上是业务执行机构,但实际上其只是对业务作出意思决定,具体执行是由董事会选任的法定代表人来进行。商法只规定了法定代表人对外权限,没有规定对内的权限。公司惯例上一般将公司的代表权和业务执行权力合在一起。执行业务是由法定代表人来进行,那么对执行业务的监督也就是对法定代表人业务的监督。董事会实际的职能就是监督法定代表人的业务执行情况,同时对重要事项作出意思决定。

董事会作为会议组织,与股东大会一样需要召集和决议程序。股东大会在股东交换意见的意义上更注重保障股东参与权利,董事会更重视通过实际性意见交换作出意思决定。董事会由各董事召集,董事会也可以通过决议确定负责召集董事会的董事。其他股东可以要求负责召集董事会的董事召开董事会,该董事没有正当理由拒绝召开的,其他董事可以召开董事会(《商法》第390条第1款、第2款)。另外,监事和执行高管也可以召集董事会(《商法》第390条第2款、第408条第7款)。区别是执行高管召集时需取得法院的许可。

董事会决议有瑕疵的,根据类型可以申请决议取消、无效、不存在。《商法》上没有规定怎么确定有瑕疵董事会决议的效力,那么就要根据民法的一般原则处理。

董事会决议被确认无效后,之前根据该决议作出的行为的效力分3种情况进行处理:(1)有解决该行为效力方法的,按照该方法解决,将董事会决议无效独立出来,不处理;(2)行为具有纯粹内部性质时,绝对无效;(3)行为具有对外性质时,对方知道或能够知道没有董事会决议或决议无效之事实的,行为无效。对方是善意的话,行为有效。

董事会可以设置下位的各种委员会组织,监事委员会由章程确定设置。一般委员会由2名以上董事组成(《商法》第393条第2款第3项)。监事委员会由3名以上董事组成,其中2/3以上应当是独立董事(《商法》第415条第2款第2项)。设置委员会原则上不是强制规定。但资产总额达到2兆韩元以上的大规模上市公司,必须设置独立董事候补推荐委员会(《商法》第542条第8款第4项)和

① 资本金总额不到10亿韩元的小规模公司,可以只设置1名至2名董事;各董事行使董事会的权限,无须组成董事会(《商法》第383条第1款)。

监事委员会(商法第542条第11款第1项),其成员过1/2、2/3以上由独立董事组成。各委员会就董事会委任事项进行决议,效力与董事会决议效力相同。

(3)法定代表人

法定代表人①对内执行公司业务、对外代表公司,是股份公司必要常设的独立机构。法定代表人具有业务执行权和公司代表权。2011年修订的商法增加了执行高管制度,公司设置执行高管的,不设置法定代表人。

原则上法定代表人通过董事会决议选任,章程也可以规定通过股东大会选任法定代表人(《商法》第389条第1款)。法定代表人除了要求是董事之外,没有其他资格要件。可以确定数人共同代表公司(《商法》第389条)。理论上看董事会全体董事都可以成为共同法定代表人。

商法上没有关于法定代表人任期规定,大部分通过公司章程来约定。法定代表人的姓名属于登记事项(《商法》第317条第2款第9项),但不是选任的生效要件,因此即使不登记,也不影响法定代表人的资格。

商法上同样没有规定法定代表人的任期终止和解任。因为法定代表人与公司是委任关系,所以与董事一样适用民法上的规定。

法定代表人具有对内对外的业务执行权。对外代表公司执行业务,与董事会的内部关系上,不仅执行董事会的决议事项,还包括董事会决议事项的细部事项和日常业务的意思决定权和执行权。

法定代表人的代表权限包括了公司经营行为的全部权利,即使公司内部对代表权进行限制,但是这种限制不能对抗善意第三人(《商法》第209条、第389条第3款)。前者表现了代表权限的包括性,后者表现了代表权的统一性。

原则上股份公司设置单一的法定代表人,也可以决定由数人担任法定代表人,数名法定代表人可以单独代表公司。这时,为了防止某名法定代表人滥用权力,可以规定数名法定代表人共同代表公司(《商法》第389条第2款),单独代表行为无效。

(4)执行高管

董事会具有业务执行和监督的双重职能,随着企业的发展,慢慢地出现了业务执行和监督职能分离的现象。2011年韩国修订《商法》时,为了顺应这一发展

---

① 대표이사直译是"代表理事"。从代表公司的组织机构功能上看,韩国的代表理事与中国的法定代表人最为相近,差异仅在中国的法定代表人只能由1人担任。为了便于理解,本书使用法定代表人这一名称。

制定了执行高管制度。执行高管具有3个特征:(1)执行高管不是过去经常使用的专务、常务等非登记董事;(2)是否设置执行高管可由公司选择;(3)执行高管与原来的法定代表人与下位高级管理人员组织几乎没有区别。

执行高管由董事会选任,董事可以兼任执行高管,但是监事不得兼任。执行高管的任期在章程没有其他规定时不得超过2年(《商法》第408条第3款第1项)。章程可以规定董事的任期为3年,而执行高管的任期定为2年,其目的是便于董事会在任期内追究执行高管的责任。

股份公司设置执行高管后,不能再设置法定代表人,由董事会决议选任代表公司的执行高管代表人(《商法》第408条第5款第1项)。执行高管代表人的权限与法律关系与法定代表人相同(《商法》第408条第5款第2项)。可以选任数人作为执行高管代表人,由其各自代表公司,也可以经章程规定共同代表公司,即共同执行高管代表人(《商法》第389条第2款、第408条第5款第2项)。

4. 监事与监事委员会

(1)监事与监事委员会的意义

监事的主要任务是监督公司的业务和会计,是股份公司的常设机构。常设机构这一点与有限公司的监事是任意机构不同。

监事由股东大会经普通决议选任(《商法》第409条第1款)。为了防止大股东左右选任监事,持股超过3%的部分不得行使表决权,章程可以降低这一比例,不得提高(《商法》第409条第2款)。商法上对于监事的资格没有规定。监事的任期自就任起,至3年内最终决算期的定期股东大会终结日止(《商法》第410条)。

公司对董事,或董事对公司提起诉讼时,监事代表公司进行诉讼。监事委员会的委员是诉讼当事人时,监事委员会或董事向法院申请选出公司的代表人(《商法》第394条)。

监事与公司的关系是委任关系,承担善管注意义务。但监事的善管注意义务不包括忠实义务。① 因此,监事不承担竞业禁止义务,篡夺公司机会和自我交易等无须取得董事会的承认。

监事委员会是董事会的下位委员会,韩国于1999年修改商法时引进这一制度。原则上监事是公司的监查机构,章程可以选择设置监事委员会代替监事(《商法》第415条第2款第1项)。资产总额2兆韩元以上的上市公司必须设置

---

① 정찬형,상법강의(상),박영사,2017,1046면;정동윤,상법(상),법문사,2012,672면。

监事委员会(《商法》第 542 条第 11 款第 1 项,《商法施行令》第 37 条第 1 款)。

商法对于非上市公司的监事委员会委员的资格没有规定,但是要求独立董事要占监事委员会的 2/3 以上(《商法》第 415 条第 2 款)。上市公司对监事委员会委员的资格有所限制。(1)资产总额不满 1000 亿韩元的公司因可以选择设置监事委员会,故对委员资格没有限制;(2)资产总额 1000 亿韩元以上 2 兆韩元以下公司设置的常勤监事或监事委员会委员的资格适用前款规定(《商法》第 542 条第 10 款第 1 项但书);(3)资产总额 2 兆韩元以上的上市公司的监事委员会委员中必须有 1 名会计或财务专家,监事委员会的代表由独立董事担任(《商法》第 542 条第 11 款第 2 项)。

监事委员会由 3 名以上董事组成(《商法》第 415 条第 2 款第 2 项)。非上市公司由董事会决议选任委员,解任需董事会 2/3 以上决议(《商法》第 415 条第 2 款第 2 项),监事委员会委员的选任从前规定。上市公司的监事委员会选任,(1)资产总额不满 1000 亿韩元公司的选任方法与非上市公司相同;(2)资产总额 1000 亿韩元以上 2 兆韩元以下公司的委员由股东大会选任和解任(《商法》第 542 条第 12 款第 1 项);(3)资产总额 2 兆韩元以上的上市公司的委员选任与前述相同。

商法上没有规定监事委员会委员的任期,由章程或董事会决议确定。公司董事会没有决定时,董事职位终了时同时丧失监事委员会委员资格。

监事委员会是董事会的下位委员会,因此在运作上适用与其他委员会一样的议事程序(《商法》第 393 条第 2 款第 4 项、第 5 项)。首先要选任委员代表,委员会的决定和执行由委员代表进行。上市公司的委员代表必须是独立董事(《商法》第 542 条第 11 款第 2 项)。监事委员会为了提高监查的效率可以以公司费用取得专家的协助(《商法》第 415 条第 2 款第 5 项)。

监事委员会是董事会的下位委员会,下位组织监督上位组织逻辑上是有问题的。但是,监事委员会是代替监事行使权力的机构,从董事会独立出来行使监查权,为了维持其独立性,《商法》第 412 条第 2 款第 2 项规定独立董事需占监事委员会的 2/3 以上,这就保证了它的独立性。另外,董事会不同意监事委员会的决定的,只能再进行表决,不能推翻(《商法》第 415 条第 2 款第 6 项)。

商法没有对监事委员会的权限作出特别规定,其适用对于监事权限的规定(《商法》第 416 条第 2 款第 7 项)。

(2)监事与监事委员会的设置

商法对监事与监事委员会的设置进行了细致规定。首先,以非上市公司资本金总额 10 亿韩元为基准,(1)小规模公司大部分是出资人直接经营公司,对业务执行不需要独立的监督,因此未达到 10 亿韩元标准的公司可以不设监事机构(《商法》第 409 条第 4 款);(2)10 亿韩元标准以上的公司必须设置监事或监事委员会。上市公司实行非常勤监事、常勤监事、监事委员会制度。监事委员会也有两种形态。商法施行令规定了资产总额 1000 亿韩元和 2 兆韩元两个标准线(《商法施行令》第 36 条第 1 款、第 37 条第 1 款)。(1)资产总额不满 1000 亿韩元的公司必须设置非常勤监事,可以选择设置常勤监事或监事委员会;(2)资产总额 1000 亿韩元以上 2 兆韩元以下的公司必须设置常勤监事或《商法》第 542 条第 11 款规定类型的监事委员会(《商法》第 542 条第 10 款第 1 项);(3)资产总额 2 兆韩元以上的上市公司必须设置监事委员会(《商法》第 542 条第 11 款)。

(四)企业财务

企业通过生产经营活动获取利润,利润再投入生产和经营,但这一般不能满足企业的发展需求。企业为了图谋发展需要各种办法筹措资金。从外部寻求资金的方法,最普遍的是通过银行借款,此外,发行新股和债券是非常通行的做法。

1. 发行新股

(1)发行新股的概念

公司设立后在授权股份的范围内可以追加发行新股。发行新股会导致资本金增加,也可以将发行新股称为增资。发行额面股时额面价额,发行无面额股时发行价额的 1/2 以上由公司确定的部分为资本金(《商法》第 451 条第 1 款、第 2 款)。

有多种形态的发行新股。普通的发行新股是为了筹措资金,新股认股人缴纳认购款后,公司的资产增加,也可以称其为有偿增资。以筹措资金之外目的发行新股的,可称为特殊新股发行。典型发行特殊新股的例子是将公积金转入资本金时发行新股(《商法》第 461 条),这时,公司的资本金增加了,但资产没有增加,可以把这种发行新股称为无偿增资。此外,还有股份分红(《商法》第 462 条第 2 款)、附转换股或转换债券的转换(《商法》第 346 条、第 513 条)、附新股认购权债券、合并、分立、换股、股份转移等形态都属于特殊的发行新股。本书没有特别说明时都是指普通的发行新股。

(2)发行新股类型

发行新股按照配股对象,可以分为向股东发行的股东配股增资、向一般投资人发行的公募增资、向第三人配股发行的第三人配股增资、股东优先公募增资等。按照发行价额可以分为额面发行和时价发行。

(3)新股认购权

新股认购权,是公司发行新股时其他人优先认购新股的权利。公司向第三人发行新股后,公司的控制权会产生稀释现象。因此,原则上股东有按照持股比例认购新股的权利(《商法》第418条第1款)。但是,完全按照这样执行的话,会影响筹措资金的灵活性。商法针对这种情况又规定,章程可以限制股东的新股认购权(《商法》第418条第2款)。发行新股按照股东持股比例进行的是股东配股,向股东以外人发行的是第三者配股。

韩国《资本市场法》规定了一般公募增资的新股发行方式(《资本市场法》第165条之6第1款第3项、第4项)。一般公募增资对股东的新股认购权是一种例外,其按照《资本市场法》规定的程序,以不特定多少人为对象发行新股。不特定多数人这点与第三者配股有显著差异。

2. 发行债券

(1)债券的概念

债券是股份公司根据债券发行规定,通过发行债券的方式担负的一种债务。债券主要以通过向不特定多数投资人发行筹措长期资金为目标。①

《商法》对发行债券设置了很多规定②,其主要目的是:(1)为了解决多数债券债权人的集团性问题而设置的规定。债券在偿还之前公司会发生各种情况,这时调整债权人和公司之间的关系是有必要的,债券管理公司和债券管理人集会就是为了这一目的而设置的。(2)债券经常是大规模向多数投资人发行的,为了保护发行公司和保护投资者需要严格规定发行程序。(3)债券是有价证券,需要设置行使权力和转让的相关规定。(4)转换债券或附新股认购权债券等形式的债券,需要调整与股东的利益关系。

(2)债券的种类

从表面内容看,债券分普通债券和特殊债券。普通债券是只具有债券的基本事项,到期偿还本金,定期支付利息,债券内容中没有转换事项或附其他权利。普通债券的内容之外附加其他条件的债券是特殊债券。按照是否附加担保条件分成保证债券和无保证债券。按照是否记载姓名分成记名债券和无记名债券。

2011年,韩国《商法》修订时将下列证券规定在债券范畴之内:(1)参加利益分红债券;(2)交换债券和偿还债券;(3)衍生债券。

债券与股票一样具有非常丰富的形态。这源于投资者对各种现金流的需求和公司需要遵守自我资本规制等原因。从表5-12可以了解韩国债券发行类型

① 김건식,회사법,박영사,2015,661면。

② 从第469~516条,再加上增加内容达60条,非常详细具体,本书限于篇幅,只简略介绍重点。

的基本情况。①

表 5－12　债券发行现状

区分	2011 年		2012 年		2013 年	
	件数	金额/万元	件数	金额/万元	件数	金额/万元
一般债券	583	617,973	563	571,690	425	415,551
保证债券	3	2229	1	500	2	650
无保证债券	580	615,744	562	571,190	417	411,951
附担保债券	0	0	0	0	6	2950
一般	556	603,773	540	406,889	413	406,889
连接股票	27	14,200	23	8662	12	8662

资料来源:2013 年企业直接筹资现状(金融监督院 2013 年 1 月 28 日报道资料)

(3)债券的发行

所发行的债券只有少数投资人时,投资者可以直接与发行公司签订债券合同。但是,面对不特定多数投资者发行时,就需要证券公司等专门机构的参与。这些机构是包销公司、受托公司、债券管理公司,对发行债券起到承销、代理发行公司处理业务、代理债券债权人的职能作用。

向不特定多数投资者发行债券,大部分需要依据《资本市场法》的公募方式发行。发行方法有全额承销、余额承销、募集斡旋 3 种方式。

发行债券需经董事会决议(《商法》第 469 条第 1 款)。为了促进融资的机动性,根据章程规定由董事会确定债券的金额和种类,1 年期限内的债券发行可以委任给法定代表人决定(《商法》第 469 条第 4 款)。公司为了发行债券与受托公司签订委托合同,受托公司以自己名义为发行公司发行债券(《商法》第 476 条第 2 款)。

(五)企业结构调整

企业需要根据现实经营环境不断变化,这些变化基本上都在企业结构上体现出来。企业结构的变化有实质的变化和形式上的变化两种。实质变化是指企业并购或处分,导致企业扩张或缩小;形式变化是指企业实质没有变化,只是在法律结构上发生变化,如集团公司内子公司的合并或分离。《商法》第三编第四章股

① 김건식,회사법,박영사,2015,663 면。

份公司第9节以下是解散、合并、公司分立、清算、上市公司特例。下面将合并与分立、解散与清算合在一起叙述。

1. 合并与分立

(1)合并

公司合并，是指两个以上公司根据商法规定的程序，不经清算程序合并成一个公司。消灭公司的全部权利义务由存继公司或新设公司包括性地承继。公司可以自由合并，即任何种类的公司都可以合并。但对合并后的公司形式有限制。

合并公司的一方或双方是股份公司、有限公司或有限责任公司的，合并后的公司应当是股份公司、有限公司、有限责任公司(《商法》第174条第2款)。这是因为合并后公司是人合公司的，会加重股东的责任，需要履行复杂程序。股份公司和有限公司合并的，合并后公司是股份公司的，需取得法院许可(《商法》第600条第1款)。合并后公司是有限公司的，股份公司的债券应当偿还完毕(《商法》第600条第2款)。这是因为有限公司不能发行债券。另外，公司合并时还受到《金融产业结构改善法》《资本市场法》《公正交易法》的限制。

公司合并分为吸收合并和新设合并，简易合并和小规模合并，水平合并、垂直合并、复合合并。公司合并需制作合并合同书，取得股东大会认可(《商法》第522条)。合并合同要经过公示，异议股东拥有股份回购请求权(《商法》第522条第2款、第3款)。

(2)分立

公司分立，是指将一个公司的经营资产①分立成两个以上的公司，分立后的经营资产作为资本新设公司或和其他公司合并的行为。

公司分立按照分立基准的不同，可以作如下分类：(1)按照分立后是否维持经营资产的独立性可以分成单纯分立和分割合并。《商法》第530条第2款第1项、第2项对此作了规定。单纯分立是指将A公司的经营资产分离出一部分，分离出的经营资产独立后设立B公司。分立合并是指从A公司分立出的经营资产没有维持独立性，而是被其他C公司承继。同样，也可以将分离出的经营资产单独成立公司，剩余经营资产被其他公司吸收合并。(2)新设立公司或承继经营资产的公司发行新股，以此交换经营资产的，按照发行对象可以分成人的分立和物的分立。人的分立是指将发行股份交付给原分立公司股东，物的分立是指将发行股份交付给原分立公司。

① 关于经营资产的概念，参考本章第一节之六“经营资产”。

将上述两种分类方法结合的话，分立可以分类成人的单纯分立、物的单纯分立、人的分立合并、物的分立合并。

从收购公司的角度看，根据交付的内容，可以分成交付金分立合并和三角分立合并。按照分立公司在分立后的状态，可以分成存继分立、消灭分立。

2. 解散与清算

公司解散是指消灭法人人格的事实。解散事由中除合并和分立之外，公司的法人人格不是因解散就直接消灭了，而是经解散后清算等程序后才消灭。①

解散事由包括(《商法》第 517 条)：(1)营业期限届满或发生其他章程上规定的事由；(2)公司合并；②(3)破产；(4)法院命令或判决；(5)公司分立或分立合并；(6)股东大会的特别决议(《商法》第 518 条)；(7)整理休眠公司(《商法》第 520 条第 2 款)。

清算，是指在消灭公司的法人人格之前终结现存业务，追讨债权和偿还债务，向股东分配剩余资产后消灭公司的程序。股份公司对公司债权人的责任财产限于公司财产，因此清算时要严格按照程序进行。股份公司是资合公司，与人合公司不同，不能任意清算，只能经过法定清算程序后才能解散。

清算时公司的权利能力限于清算目的范围之内(《商法》第 245 条、第 542 条第 1 款)。因此，超过终结现存业务等清算职权范围(《商法》第 254 条)的经营交易对公司不产生效力。公司清算适用非诉案件程序法。清算案件由公司总部所在地地方法院合议部管辖，清算接受管辖法院的监督(《非诉案件程序法》第 117 条第 2 款、第 118 条)。

商法上对清算人的人数没有规定，因此也可只选任 1 人作为清算人。清算人与公司的关系是委任关系(《商法》第 542 条第 2 款)。商法虽然没有规定清算人的资格要件，但是监事不能兼任清算人(《商法》第 411 条、第 542 条第 2 款)。

除章程另有规定或股东大会选任其他人之外，由董事担任清算人；没有人选时，也可以根据利害关系人请求由法院选任(《商法》第 532 条第 1 款、第 2 款)。清算人职务因辞职、破产等原因终止(《民法》第 689 条第 1 款)。除法院选任之外，股东大会可以随时解除清算人职务(《商法》第 539 条第 1 款)。除只有 1 人是清算人之外，成立清算人会，适用关于董事会的规定。清算人会设立清算代表人。

清算终结时清算人要向股东大会提交结算报告，取得股东大会认可。结算报

---

① 김건식，회사법，박영사，2015，872 면。

② 合并登记时，不经清算程序公司消灭(《商法》第 234 条、第 530 条第 2 项)。

告取得股东大会认可的，解除清算人责任（《商法》第540条第1款、第2款）。公司的法人人格在股东大会承认结算报告书时消灭。清算人在结算报告书取得股东大会认可后2周内在公司总部所在地，3周内在分支机构所在地进行清算终结登记（《商法》第264条、第542条第1款）。

3. 上市公司特别规定

2009年2月4日韩国《资本市场法》实施后，旧《证券法》中关于上市公司的公司治理部分转移至《商法》第四章第13节，财务部分规定在《资本市场法》里。因为是特别规定，第13节的内容在适用上优先于股份公司的其他规定（《商法》第542条第2款第2项）。在这部分与《资本市场法》的关系上，《资本市场法》是《商法》的特别法，首先应当优先适用特别法。另外，《资本市场法》的规定主要是为了保护投资者，在对投资者有利的情况下，可以选择适用《资本市场法》或《商法》。

（1）认股选择权

《商法》第340条第2款规定了认股选择权，即公司根据章程规定经股东大会决议，可以按照事前确定的价格赋予对公司的设立经营与技术革新等方面有重大贡献或可能有重大贡献的公司董事、执行高管、监事或被雇佣的人新股认购权，或买入库存股的权利。作为上市公司特别规定，在《商法》第542条第3款第1项追加了总统令确定的关联公司的董事、执行高管、监事和被雇佣人有认股选择权。

（2）股东大会召集公告

非上市公司在召开股东大会时，需2周前书面通知股东。但是，上市公司的股东众多，要通知到每个人的话，会增加时间和费用。商法针对此问题作出了特别规定。对于持有含表决权发行股票总数1%以下的股东，按照章程的规定在会议日前2周在两个以上的日报上发布2次公告，或者按照总统令规定的电子方式发布公告（《商法》第542条第4款第1项，《商法施行令》第1条）。

（3）少数股东权

商法规定非上市公司的少数股东权行权要件是3%以上股票的所有人（《商法》第366条）。但是上市公司少数股东的行权要件是持股1%加上连续持股6个月以上（《商法》第542条第6款）。上市公司的股东可以选择使用上述两个规定。这里需要注意的是非上市公司要求的是股票所有人，上市公司要求的是持有人，即股票的所有人、受托行使股东权的人、2名以上共同行使股东权的人（《商法》第542条第6款第8项）。

（4）累积投票请求（cumulative voting）

在选任董事时，非上市公司少数股东申请累积投票的，需在股东大会召开7

日前向公司申请(《商法》第382条第2款第2项)。但是上市公司需要制作股东大会召集通知、公告文、委任状等文件,因此特别规定在股东大会召开6周前通知(《商法》第542条第7款第1项)。

(5)独立董事

商法对非上市公司的独立董事成员没有强制性规定。考虑上市公司资产规模,除总统令规定情况以外,1/4以上的董事应当是独立董事(《商法》第542条第8款第1项)。最近会计年度末资产总额在2兆韩元以上的上市公司,独立董事要有3名以上,并且需要过董事会半数(《商法》第542条第8款第1项)。另外,上市公司特别规定中增加了独立董事的失格事由,即未成年人、禁治产人、限制治产人、宣告破产未恢复人、被宣告监禁以上刑罚执行或免除执行未满2年等内容。

(6)与主要股东等利害关系人交易

原则上,公司不能向股东等利害关系人提供信用。但是,为了福利或对公司经营的健全性没有危害的,可以向其提供信用(《商法》第542条第9款)。

(7)合规控制基准与合规监督人

最近会计年度末至现在资产总额在5000亿韩元以上的上市公司,为了遵守法令让公司经营正常进行,需要制定履行职务时遵守法律的基准和程序,并且需要配置1名以上人员监督上述规定的执行(《商法》第542条第13款第1项、第2项)。

(8)其他

除上述外,《商法》第四章第13节上市公司特别规定中还规定了常勤董事、监事委员会、监事委员会组成等内容。

三、合名公司

(一)合名公司的概念

合名公司,是由2人以上的无限责任股东成立的公司,是典型的人合公司。合名公司具有以下几个显著特征,即股东原则上是公司的业务执行机构,具有公司代表权,对于公司基本事项的决定需要全体股东同意,公司股权的转让需要取得其他股东的同意。

从合名公司的上述特征可以看出,合名公司相较公司资产更重视股东的信用和能力。这种公司形态适合于经营风险大且需要股东积极参与经营的企业类型,投资的股东哪怕不参与经营也要充分信任其他股东。这种公司形态适合于存在相互信赖关系的少数人之间进行共同的项目。合名公司不适合于需要筹措大规模资金、接受众多人投资的项目。

合名公司重视股东个性这一点,与民法上的合伙相似。二者共同点如下:都需要2人以上成立(《商法》第178条,《民法》第703条);都对债权人承担无限责任;业务执行上,股东和合伙人担任业务的执行(《商法》第200条第1款,《民法》第706条第3款);可以选择专门执行业务的人(《商法》第201条第1款,《民法》第706条第1款);业务执行人都承担善管注意义务(《商法》第195条,《民法》第681～688条、第707条)。

二者的区别如下:合名公司需要登记具有法人资格(《商法》第169条、第180条),合伙不需要;民法上的合伙人对债务承担分割后的责任,合名公司的全部股东对公司债务承担连带责任,但是可以向公司债权人主张先由公司财产进行清偿。新加入的股东对加入之前的公司债务也要承担责任(《商法》第213条),退股的股东在登记后2年内承担责任,转让股份的股东也适用这一规定(《商法》第225条);民法上的合伙在有不得已等事由时可以退出(《民法》第716条),合名公司的股东转让股权时,需取得全体股东的同意(《商法》第197条)。

(二)合名公司的内部关系

合名公司的内部关系,是指公司和股东的关系以及股东之间的出资、利益分配、股东权利义务、公司的业务执行等关系。合名公司的内部关系,在章程和《商法》没有规定时适用《民法》的规定(《商法》第195条)。合名公司的股东除了可以以金钱、实物等资产出资之外,还可以以劳务和信用出资,这一点与其他公司股东的出资方式不同。这也是因为合名公司的股东具有专门性,能够积极地参与经营,这样的规定可以使股东更有效率地运营公司。

公司的业务执行,是指关于公司运营的全部事项,即为了达成公司章程所设定的目标而进行的法律上的和事实上的行为。在章程没有其他规定的情况下,每个股东都有执行公司业务的权利和义务。也就是说,除章程有特别规定之外,每个股东都可以自动地成为执行公司业务的机构。其他股东对各股东执行公司业务的行为有异议的,应当马上中止该行为,然后经股东过半数决议(《商法》第200条)。执行业务股东与公司的关系适用民法上关于委任的规定(《商法》第195条,《民法》第707条)。执行业务股东没有正当事由不能辞任,不经其他全体股东一致同意的情况下不得解任(《商法》第195条,《民法》第708条)。因需全体股东一致同意才能解任,就存在股东显著不适合执行业务,或有重大违反义务,而全体股东意见不一致的情况。这时,法院可以根据股东的请求宣告该股东丧失执行业务权限(《商法》第205条第1款)。业务执行的意思决定原则上要求过股东半数,业务执行股东由数人组成的,由这些人的半数决定(《商法》第195条,《民法》第706条第2款)。公司章程规定数人为共同业务执行股东时,业务执行的意思由共同业务执行股东全体同意决定。投票依据股东人数进行,而不是根据资本数计算。因为没有业务执行权的股东也要对公司债务承担无限责任,其可以随时检查公司的业务和财产情况(《商法》第195条,《民法》第710条)。公司章程也不能剥夺股东的这项权利。

《商法》上没有规定合名公司的损益分配原则。这是因为合名公司的股东都是专门性经营人才,能够积极主动地参与公司的经营,并且股东都是承担无限责任,债权人可以直接向股东追偿,没有过度了解公司财务和经营状况的必要。商法上没有对合名公司的会计作出要求,它遵守一般性的公正、妥当的会计惯行即可(《商法》第29条)。也正因如此,合名公司的章程可以自由规定公司的损益分配和分配方法。

合名公司重要的特征之一是重视股东的个性,因此,在股东转让股权时须取得其他股东的同意(《商法》第197条)。股东信息是章程中必须记载的事项,也是需要登记的事项,股权转让时应当进行股东变更登记。股东死亡的,继承人享有股权回购请求权。但是章程中规定该股权可以继承的,从其规定。继承人应当在知道继承之日起3个月内通知公司是否继承股权(《商法》第219条第1款)。

合名公司的股东承担善管注意义务(《民法》第681条)、竞业禁止义务(《商法》第198条第1款)、除股东过半数同意外不得为了自己或第三人利益与公司交易的义务(《商法》第199条)。

(三)合名公司的外部关系

合名公司的外部关系,是指公司和第三人的关系与股东和第三人的关系。合名公司具有法人人格,因此在对外关系中公司与第三人的关系处于中心地位。另外,合名公司比其他公司形态更重视股东的地位,为了保护交易安全和公共性利益,对合名公司的法人人格规定得更为严格,并且属于强制性规定,章程或股东会不能改变这些规定。

在对外代表公司的权限方面,商法将代表权与业务执行权相结合。章程中没有规定业务执行股东的,每个股东都可以代表公司。章程中规定业务执行股东的,该业务执行股东代表公司。章程中规定数名业务执行股东的,各股东都有代表公司的权利。章程或股东会可以决定执行业务股东的特定人代表公司,也可以决定数人共同代表公司(《商法》第207条、第208条)。代表公司的股东是公司的法定代理人，就公司的业务方面拥有全部权利，对代表权的限制不能对抗第三人（《商法》第209条）。

合名公司的典型特征是股东对外的无限连带清偿责任，这种责任原则上是在债务发生时是该公司的股东，但下列情况例外：一是新入股股东的例外，新入股股东对入股前的公司债务与其他股东承担同等责任（《商法》第213条）；二是自称是股东的，即不是公司的股东，而对外自称是公司股东，让对方产生误会与公司交易的，就这一交易与公司股东承担同等责任（《商法》第215条，也可称其为表见股东）；三是退股股东，股东对退股登记之前发生的债务，在退出登记2年内与其他股东承担同等责任。转让股权的股东也适用上述规定（《商法》第225条）。

（四）入股与退股

入股合名公司，是指在公司成立后，与公司签订入股合同原始取得股东资格。这与受让或继承取得股权不同。股东的个人事项（姓名、身份证号码、地址）是章程中必须记载事项（《商法》第179条第3款），因此，新入股公司不仅要签订入股合同，还要修改章程。而修改章程须取得公司全体股东的同意（《商法》第204条），那么为了入股公司也需要全体股东同意。另外，股东个人事项属于登记事项，在新股东入股后一定时间内容应当进行变更登记（《商法》第180条第1款、第183条）。

退股合名公司，是指绝对消灭存在中的公司股东资格。这与全部转让股权相对丧失股东资格不同。人合公司重要的是股东之间的信赖关系，如果丧失了这种信赖，就有必要解除这种同业关系。同理，股东有特别事由时，也应当可以脱离这种同业关系。因此，公司就有解散的可能。如果要维持公司，就要允许转让股权。这时，作为人合公司就要在维持公司结构和公司目标与要求收回投资的股东目标之间寻找平衡点。①

退股合名公司分任意退股和法定退股两种情况。任意退股是指根据股东意思退股合名公司。法定退股是指与退股的股东意思无关，在出现一定退股事由时，就在法律上形成了当然的退股。这些法定事由包括：(1)发生章程规定的事由；(2)全体股东同意；(3)死亡；(4)禁治产；(5)破产；(6)开除。

四、合资公司

（一）合资公司的概念

合资公司，是指各由1名以上承担无限责任的股东和其他承担有限责任的股

---

① 김건식, 회사법, 박영사, 2015, 905 면。

东组成的公司(《商法》第 268 条)。承担无限责任的股东负责执行公司业务和代表公司(《商法》第 273 条、第 278 条),承担有限责任的股东不参与公司的业务,对公司的业务和资产状况享有监督权(《商法》第 277 条)。

合资公司,是一种吸引有限责任股东的资金投入无限责任股东经营项目的公司形态,其具有人合公司和资合公司的共同特性。因其存在无限责任股东,在没有特别规定时适用关于合名公司的规定(《商法》第 269 条)。合资公司是一种适合企业家和资本家合作的公司形态。资本家的出资与商业贷款不同,企业家没有还本付息的困扰,可以安心经营。与合伙和合名公司相比,资本家对公司债务承担有限责任,可以放心投资。

从经济性功能上看,合资公司的无限责任股东和有限责任股东的结构与匿名合伙类似;从法律角度上看,合资公司具有法人人格,体现出股东们共同经营的特征。这与匿名合伙的匿名合伙人出资经营人负责经营,二者之间具有债权合同性质的特征有根本区别。与合资公司最相似的是 2011 年引入商法的合资合伙。①

(二)合资公司的内部关系

合资公司的内部关系,是指公司与股东的关系和股东之间的关系。在商法上没有特别规定合资公司的内部关系,与合名公司一样适用民法关于合伙的规定(《商法》第 195 条、第 269 条)。关于出资方面,大部分内容合资公司也适用合名公司的出资规定(《商法》第 269 条)。但只允许有限责任股东以财产出资,不接受信用和劳务出资(《商法》第 272 条)。

无限责任股东在章程没有其他规定的情况下,分别享有并承担公司业务执行权利和义务(《商法》第 273 条)。原则上,有限责任股东不能执行公司业务或进行代表公司的行为(《商法》第 278 条)。但是,公司的业务执行权属于公司的内部关系,章程的规定可以赋予无限责任股东业务执行权。公司代表权属于对外关系,通过章程规定或股东决议也不能赋予有限责任股东这一权利。②但是公司章程变更(《商法》第 269 条、第 204 条)、无限责任股东转让股权(《商法》第 269 条、第 197 条)、无限责任股东除名(《商法》第 269 条、第 220 条)、业务执行权的剥夺(《商法》第 269 条、第 205 条)、合并(《商法》第 269 条、第 230 条)、解散(《商法》269 条、第 227 条)等重大事项的变更,不分有限、无限股东,需股东全体同意或过半数同意。有限责任股东虽然原则上没有业务执行权,但对上述事项的决定享有

① 合资合伙的相关内容在第二节之六。

② 대법원 1977. 4. 26. 선고 75 다 1341 판결。

与无限责任股东一样的权利。

合资公司的业务执行方面也是适用民法上关于合伙的规定(《商法》第 269 条、第 195 条)。关于执行业务的意思决定,从章程规定。章程没有规定的,由无限责任股东过半数决定;确定了业务执行股东的,由这些股东过半数决定(《商法》第 269 条、第 195 条,《民法》第 706 条第 2 款)。确定共同业务执行股东的,由共同业务执行股东全体同意形成决议(《商法》第 269 条、第 202 条)。

合资公司股东承担善管注意义务(《商法》第 269 条、第 195 条,《民法》第 707 条、第 681 条)、竞业禁止义务、股东自我交易限制义务(《商法》第 269 条、第 199 条)①。

关于合资公司的损益分配,商法上没有规定,其与合名公司适用一样的法理,最终使用民法的规定(《商法》第 269 条、第 195 条,《民法》第 711 条)。

关于合资公司的股权转让,无限责任股东与有限责任股东不同。无限责任股东转让股权时,需取得包括有限责任股东的全体股东同意(《商法》第 197 条)。有限责任股东其股权的特性更注重于资本,因此,其股权转让时仅需全体无限责任股东同意(《商法》第 276 条)。

(三)合资公司的外部关系

合资公司的外部关系,是指公司与第三人和股东与第三人之间的关系。关于这方面的规定与合名公司相同,为了保护交易安全和其他公共利益,属于强制性规定,章程和股东全体同意也不能变更。但因存在有限责任股东,个别规定与合名公司不同。

对外代表公司方面,无限责任股东原则上各自享有公司代表权(《商法》第 269 条、第 207 条)。而有限责任股东不能执行业务,不能代表公司(《商法》第 278 条),这是强行规定,即使公司章程或全体股东决议也不能改变这一强制规定。

有限责任股东以认缴出资为限向公司债权人承担连带责任。有限责任股东从公司分配得到利益的,在对债权人承担责任时,取得的利益加入责任数额(《商法》第 279 条第 2 款)。这里需要特别说明的是有限责任股东的出资。合资公司与合名公司一样没有注册资本制度,股东可以自由减少出资。② 股东减少出资的,对于登记前产生的公司债务,在登记后 2 年内承担与减少出资前一样的责任

① 但是从立法角度看,这一规定未必全部适宜。比如,有限责任股东不负责业务执行时,其与公司交易并不与公司的利益产生冲突,对此没有规制的必要。

② 出资是必须登记事项,减少出资则要修改章程。

(《商法》第 280 条)。

有限责任股东的行为让他人误认为是无限责任股东,因误认而与公司交易的,该有限责任股东承担与无限责任股东相同责任(《商法》第 281 条第 1 款)。这时需具备两个要件:一是有限责任股东实施了让他人误认的行为,该行为与有限责任股东是否有过失无关;二是他人因为误认而与公司交易,即误认与交易有因果关系。

(四)入股与退股

合资公司的有限责任公司股东和无限责任股东入股时,需要变更公司章程(《商法》第 270 条)。章程变更需要股东与公司签订合同。入股公司的方法:一种是直接入股公司,原始取得股东资格;另一种是收购股东的股份。

无限责任股东退股时适用合名公司关于股东退股的规定(《商法》第 217 条、第 218 条、第 269 条)。有限责任股东则不同,这是因为有限责任股东与业务执行没有关系,其只是消极的投资者。有限责任股东死亡的,其继承人继承股权(《商法》第 283 条第 1 款)。有限责任股东被宣告禁治产时,不影响其股东身份(《商法》第 284 条第 1 款)。在没有其他规定的情况下,破产股东退出公司(《商法》第 218 条)。

五、有限公司

(一)有限公司的概念

有限公司,是指将全体股东出资组成的资本均分成股份,股东按照认购的股份承担缴纳义务,在出资范围内承担有限责任,对公司债权人不承担任何义务的公司形态。① 有限公司在股东有限责任这点上与股份公司类似,在组织运营上拥有广泛的自治权,这点与人合公司类似。有限公司适合于相对少数投资者参与的小规模中小企业,在实际中应用得并不广泛。合资投资公司和外国公司的韩国分支机构较多采用这种公司形态。②

有限公司与股份公司相比较有以下差异:有限公司只适用发起设立;发起人即是股东,出资、章程、公司机构设立同时进行;不要求设立过程;有设立无效之诉和设立取消之诉;股份不能发行证券;向股东以外第三人转让股份的,需经股东会特别决议同意;股东在确定的出资义务之外,增加资本时有追加投资义务;对董事

---

① 김홍기,상법강의,박영사,2015,856 면;송옥렬,상법강의,홍문사,2018,1277 면。

② 김건식,회사법,박영사,2015,937 면。

人数和任期没有限制；没有董事会和法定代表人制度；只有在章程有规定时才设立监事；增加资本必须经股东会特别决议，并且需变更章程；禁止公募；不能发行债券；不需要公告资产负债表。①

（二）有限公司的设立

有限公司只允许使用发起方式设立。有限公司中没有发起人制度，股东起到事实上的发起人作用。设立程序基本上是准备设立有限公司的股东制作章程，按照章程规定的程序履行出资后进行设立登记。股东按照章程中设定的股份数额认缴出资并登记。章程必须记载的事项包括：(1)目标、商号、股东的基本情况；(2)资本金总额；(3)每股金额；(4)各股东股份数；(5)公司地址（《商法》第543条）。

商法赋予有限公司广泛的自治权，法定代表人、监事、股东会召开时期、股东决议等内容都是章程上的任意记载事项（《商法》第562条第2款、第568条第1款、第571条第2款、第575条）。章程没有设定初任公司董事的，公司应当在设立前召开股东会选任（《商法》第547条第2款）。公司设立前由董事督促、执行股东的现金或实物出资（《商法》第549条第1款）。设立登记于出资程序完成后2周内完成（《商法》第549条第1款）。

根据资本充足原则，原则上在完成出资后才能进行设立登记。但现实中存在未完成出资而登记的情况。这时，公司设立当时的股东、董事、监事，对公司承担未履行出资的连带责任（《商法》第551条第1款）。

有限公司设立过程中存在瑕疵的，会产生未设立、无效、取消3种结果。未设立是指未完成公司设立登记，中途夭折。这时适用返还原则，股东各自分担设立费用，鉴于这种情况不难处理，商法对此没有规定。章程的必须记载事项不完整等是设立无效的原因，从公司设立起2年内，股东、董事、监事可以提起设立无效之诉。股东意思表示瑕疵的公司设立、以加害债权人为目标的公司设立等是设立取消的原因，从公司设立2年内有权人可以提起公司设立取消之诉（《商法》第552条第1款）。

（三）股东会

有限公司股东会，是公司股东直接参与决定公司意思的机构。商法规定公司的业务转让、竞业事项、章程变更等内容是需要股东会认可的事项（《商法》第576条、第567条、第397条、第584条）。公司董事召集股东会，监事也可以召集临时

---

① 김건식，회사법，박영사，2015，938 면。

股东会(《商法》第571条第1款)。召集通知于会议1周前书面发给股东,经各股东同意也可以采取电子方式(《商法》第571条第2款)。关于表决权,可以采取1股1权的方式,也可以采取按照股东1人1票的方式,也可以采取复数表决权的方式(《商法》第575条)。

(四)董事

有限公司设置1名以上董事(《商法》第561条)。《商法》对董事的资格和任期没有限制。公司设置数名董事时,章程没有其他规定的,应当由过半数董事决定公司业务的执行(《商法》第564条第1款)。公司设立前章程中没有设定董事的,应当由股东会选任董事。董事即是公司业务的执行机构也是公司的代表机构。

董事承担善管注意义务、自我交易限制义务、竞业禁止义务。同时,董事还承担损害赔偿责任、资本充实责任、股东代表诉讼和留置请求权责任等。

(五)监事

因为有限公司大部分是小规模公司,公司股东即可以监视公司的业务。因此,监事属于有限公司的任意设置机构,只有章程规定时才设置监事(《商法》第568条第1款)。原则上,监事由股东会选任(《商法》第382条、第570条),章程也可以规定初任监事。

六、有限责任公司

(一)有限责任公司的概念

有限责任公司于2011年修订《商法》时引进,是全部由承担有限责任的股东构成的公司形态。从内部关系上看,与合名公司和合资公司一样,具有合伙的性质,《商法》在规定有限责任公司内部关系时适用关于合名公司的规定(《商法》第287条第18款)。从外部关系上看,股东承担有限责任。

可以将有限责任公司理解成处于人合公司和资合公司中间的形态。首先,股东全部由有限责任股东构成,从保护债权人观点看,要确定公司是否有实际资产。有限责任公司不接受信用和劳务出资,而且要求股东实际履行出资责任(《商法》第287条第4款)。其次,有限责任公司在业务执行、股权转让、损益分配、入股退股等方面反映出人合公司的特性。

因为有限责任公司具有人合公司特性,IT公司等人合属性较强的公司为了吸引具有优秀经营能力或技术能力的人加入,可以选择这种公司形态,章程可以灵活确定他们的出资比例,充分分配给他们权限和公司收益。有限责任公司可以像合伙形态企业一样认定股东出资，同时认定他们的有限责任。

（二）有限责任公司的设立

设立有限责任公司时，需有股东制定章程履行出资并履行设立登记程序（《商法》第287条）。商法对股东数没有限制，1人也可以成立有限责任公司。章程须记载下列事项：(1)目标、商号、股东基本信息、公司地址、章程制定日期；(2)股东出资的目标和价额；(3)资本金数额；(4)业务执行人姓名（是法人时，法人的名称）及地址（《商法》第287条第3款）。

有限责任公司除现金和财产之外不接受信用和劳务出资。这是为了防止滥用有限责任公司的出资制度。[1] 股东在制定章程后，进行登记之前应当全部完成出资。实物出资的股东在缴纳期限内应当将资产转移给公司，需登记等权利转移或设定权利的，应当履行完相关资料并交付给公司（《商法》第287条第4款）。

（三）有限责任公司的内部关系

有限责任公司不设股东会、董事会、监事等内外业务执行机构，公司业务由章程规定的业务执行人担任。业务执行人可以是股东，也可以是选任的其他人。业务执行人是复数的，各自执行公司的业务，并承担相应的权利义务。章程规定2人以上共同业务执行人时，没有全体共同业务执行人的同意不能执行业务（《商法》第287条）。非业务执行股东享有对业务执行人的监督权。股东可以对业务执行人提起股东代表诉讼（《商法》第287条第22款）。拥有公司代表权的业务执行人在执行业务过程中造成他人损害的，与公司连带承担赔偿责任（《商法》第287条第20款）。[2]

（四）有限责任公司的外部关系

业务执行人拥有公司代表权。业务执行人是复数的，经章程或全体股东同意可以确定代表公司的业务执行人，也可以确定共同代表公司。在公司与包括业务执行人在内的其他股东之间发生诉讼没有代表公司的人时，应当由其他股东过半数决议选定代表公司的股东（《商法》第287条第21款）。

七、外国公司

（一）外国公司的概念

《商法》没有对外国公司作出专门的定义。一般认为，外国公司是根据公司

---

① 与此不同的是，美国的有限责任公司允许信用和劳务出资。

② 这里需要注意的是，拥有公司代表权的业务执行人才承担连带责任，没有代表权的不承担连带责任。《商法》第287条第19款第2项规定业务执行人是复数的，可从中选任代表人。

所属国设立准据法为基准设立的法人,或与公司类似的组织。通常,以设立准据法为基准区别是国内公司还是外国公司。①

外国公司在韩国经营时,需确定在韩国的代表人和经营场所,代表人中1人以上要在韩国有住所。这时,该外国公司的经营场所的设置参考韩国同种类公司或最类似公司的分支机构设立方法进行设立登记(《商法》第614条)。

外国公司在经营场所所在地未将代表人、经营场所等内容登记之前不能进行连续交易。违反上述规定的,进行该交易的行为人与公司连带承担责任(《商法》第616条)。

外国公司在适用法律时,除法律有特别规定之外,将其视为在韩国设立的同种或最类似公司(《商法》第621条)。

(二)类似外国公司

即使是在外国设立的公司,如果其公司总部设置在韩国,或以在韩国经营为主要目标,也与在韩国设立的公司一样,适用韩国法律(《商法》第617条)。

第五节　保　　险

《商法》第46条第17款将保险列为商行为,第三编对保险合同作了特别规定,因此本节的内容是对各种保险合同的定义。保险法是商行为法的一个领域,另外韩国还设有保险业法。本节只叙述《商法》对于各种保险合同的概念性规定。

一、保险的概念

(一)一般意义上的保险

教学上和法规上对某一概念的解释没有必要完全一致,教学上可以作出更宽泛的解释。韩国教学和法律规定对保险的定义并不一致。一般在课堂上对保险作如下定义。保险,是一种减少经济生活不安的制度,将处于危险的人组成一个团体,依据以统计学为基础计算出的金额出资形成基金,支付给遭遇偶然事故的人。②

(二)保险业法上的保险

《保险业法》第2条第1款对保险用语作出了具体解释,根据其解释,可以将

---

① 김건식,회사법,박영사,2015,977 면;김홍기,상법강의,박영사,2015,874 면。

② 송옥렬,상법강의,홍문사, 2018,227 면。

保险业归纳为以承诺就人的生死支付约定的金额，或约定对因偶然事故产生的损害给予补偿而收取金钱的业务。

（三）商法上的保险

保险在现代社会已经普遍化，但法律上没有对保险这一概念作出周延的定义，个别法律仅是从其立法角度作出相应规定。韩国《商法》第638条规定了保险合同的定义：保险合同，是当事人约定一方支付约定的保险费，在财产、生命或身体发生不确定事故时，对方支付一定的保险金，或支付其他金额的合同。

二、损害保险

损害保险合同，是指投保人支付约定的保险费，保险人对被保险人因偶然事故产生的财产上的损害给予补偿的约定（《商法》第665条）。韩国损害保险具体分6类，下面分别说明其概念。

（一）火灾保险

火灾保险，是指补偿因火灾致使保险标的物发生损害的保险（《商法》第683条）。

（二）运输保险

运输保险，是指补偿因陆地运输中货物因事故发生损害的保险（《商法》第688条）。

（三）海上保险

海上保险，是指补偿与海上经营相关发生的事故而引起的船舶或装载物发生损害的保险（《商法》第693条）。

（四）责任保险

责任保险，是指补偿因被保险人在保险期间因事故承担给第三人造成的损害赔偿责任而发生损失的保险（《商法》第719条）。

（五）汽车保险

汽车保险，是指补偿在保有、使用或管理汽车期间因发生的事故产生的损害的保险（《商法》第726条第2款）。

（六）保证保险

保证保险，是指作为债务人的投保人在不能向作为债权人的被保险人履行合同上的债务或者法律上的义务时，对此发生的损害给予补偿的保险（《商法》第726条第5款）。

三、人身保险合同

人身保险合同,是指保险人承担在被保险人的生命或身体发生保险事故时,按照保险合同的规定支付保险金或支付其他金额的合同(《商法》第727条)。

(一)生命保险合同

生命保险合同,是指保险人承担被保险人的死亡、生存,和发生与死亡、生存相关的事故时,支付约定保险金的保险合同(《商法》第730条)。

(二)伤害保险合同

伤害保险合同,是指保险人承担在发生关于身体上伤害的保险事故时,支付保险金或其他金额的保险合同(《商法》第737条)。

(三)疾病保险合同

疾病保险合同,是指保险人承担被保险人发生疾病的保险事故时,支付保险金或其他金额的保险合同(《商法》第739条第2款)。

第六节　海　　商

韩国《商法》第五编规定了海上发生的商行为。第一章规定了海商企业,第二章规定了与盈利有关的运输和租船,第三章规定了海上危险。因海商部分与中国一样,基本上沿用了国际上通用的规定,这里仅按章节顺序翻译核心内容。

第一章海商企业,包括船舶、船长、船舶共有、船舶所有人等的责任限制、船舶担保。

第二章运输和租船,包括散货运输、海上旅客运输、航次租船、定期租船、光船租赁、运输证书。

第三章海上危险,包括共同海损、船舶冲突、海难救助。

第七节　航空运输

韩国最初《商法》上没有关于航空运输的规定,适用《华沙公约》的1955年海牙议定书和1999年《蒙特利尔公约》。因此,在发生纠纷时,优先适用国际公约,后适用民法和商法。原来学说上认为,航空运输法类推适用陆上运输法和海上运输法。但是对于责任限制和免责事由等问题,存在很多不能类推适用的方面,因此需要单独对航空运输立法。韩国法务部2008年提出商法修订案,追加了航空运输部分,2011 年通过施行。

目前,韩国《商法》上规定了陆上运输、海上运输、航空运输,运输法有统合的趋势。鉴于《航空运输法》基本沿用了国际通用的规定,本节只简要翻译航空运输的章节名。

第一章为通则;第二章为运输,包括通则、旅客运输、货物运输、运输证书;第三章为地面第三者损害责任。

第六章　韩国司法制度

第一节　司法制度的发展历程

一、宪法上司法制度相关规定

司法制度,是指有关法院和诉讼的制度以及其他属于司法权作用的制度。韩国通过继受大陆法系的传统,同时附加英美法系的精华,形成了自身独特的司法制度。韩国于20世纪初经历了殖民统治,并于20世纪中期经历国家分裂的局面,此后于20世纪中后期经历了军事政权统治,至20世纪后期,才进入非由军人统治的文人治理的立宪主义民主国家治理时期。在进入文人治理时代之前,韩国的司法权未能很好地保护国民的自由和权利。在进入文人治理时代后,韩国基于立宪民主主义确立了现行司法制度。

自1945年8月15日光复后,基于历次修宪中政权组织形式的变更以及出于研究宪法史的方便,韩国将自身共和政体的各个主要时期区分为6个共和国时期:实施1948年《宪法》(又称《制宪宪法》或者《第一共和国宪法》)的第一共和国时期、实施1960年《宪法》(又称《第二共和国宪法》)的第二共和国时期、实施1962年《宪法》(又称《第三共和国宪法》)的第三共和国时期、实施1972年《宪法》(又称《第四共和国宪法》或者《维新宪法》)的第四共和国时期、实施1980年《宪法》(又称《第五共和国宪法》)的第五共和国时期、实施1987年《宪法》(又称《第六共和国宪法》)的第六共和国时期。[①] 现行宪法为1987年《宪法》,于1987年10月27日通过全民公投,并于1987年10月29日公布,自1988年2月25日起实施至今。这是对《制宪宪法》的第9次修订。为了具体观察韩国司法制度的发展历程,有必要从宪法史的角度了解各个共和国时期的司法相关规定。

(一)第一共和国宪法

根据《制宪宪法》的规定,其一,基于代议制原理,国会由选民直接选举的国会议员组成。其二,总统担任国家元首和行政机关首脑。其三,由法官组成的法院行使司法权,法官根据宪法和法律独立进行审判。法院由作为最高法院的大法院和根据法律组织的下级法院构成。大法院院长经国会同意由总统任命。法官的任期为10年,根据法律的规定可以连任。大法院有权根据法律的规定审查命令、规则或者处分是否违反宪法和法律,并享有终极审查权。其四,组织以1名委员长和10名委员构成的宪法委员会。宪法委员会以副总统为委员长,并由5名大法官和5名国会议员担任委员。当法律是否违反宪法成为审判的前提时,法院应当提请宪法委员会审查法律是否违宪。宪法委员会作出违宪决定时,应当有2/3以上委员的赞成。由此,宪法委员会具有违宪法律审查权。其五,为了审判弹劾案件,根据法律设立弹劾裁判所。弹劾裁判所由1名裁判长和10名裁判官组成。由副总统担任裁判长,并由5名大法官和5名国会议员担任裁判官。当弹劾总统或者副总统时,由大法院院长担任裁判长。弹劾裁判所作出弹劾判决时,应当有2/3以上裁判官的赞成。由此,弹劾裁判所具有弹劾裁判权。

(二)第二共和国宪法

根据1960年《宪法》的规定,其一,基于内阁制原理,国会采纳了两院制。参议院议员的任期为6年,每3年改选1/2,而民议院议员的任期为4年。其二,总统为国家元首,并代表国家。总统由国会选举,任期为5年,可以连任两届。其三,由国务院行使行政权。国务院由国务总理和国务委员组成。国务院对民议院负连带责任。其四,设立作为宪法机关的中央选举管理委员会,管理选举事务。其五,与制宪宪法相同,司法权仍由法官组成的法院行使,大法院仍有权根据法律的规定审查命令、规则或者处分是否违反宪法和法律,并享有终极审查权。与制宪宪法不同之处是出于确保大法官的民主正当性,采取了针对大法院院长、大法官的选举人团选举制。其六,设置宪法裁判所,对宪法进行最终解释,审查法律是否违宪、国家机关之间的权限争议、解散政党的事项,以及审查总统、大法院院长

---

① 성낙인, 헌법학, 법문사, 2019, 74-84 면。

和大法官选举相关的争议事项。裁判官的任期为6年，每两年改任3人。裁判官不得加入政党，也不得参与政治。

（三）第三共和国宪法

根据1962年《宪法》的规定，其一，国会由国民直接选举产生的议员组成。然而，国会议员候选人必须获得政党的推荐。其二，总统是国家元首和行政机关首脑。此时的韩国采纳了总统中心制的结构，同时由于采纳了国务总理制度和国务总理、国务委员解任建议制度，因此也包含了内阁制的要素。① 其三，与制宪宪法相同，司法权属于由法官组成的法院行使。与制宪宪法不同之处是大法院行使违宪法律审判权、政党解散审判权，不再设立宪法裁判所。大法院院长人选由法官推荐会议向总统提请，经国会同意，最终由总统任命。大法官人选则经法官推荐会议的同意，由大法院院长向总统提请，最终由总统任命。法官推荐会议由4名法官、2名律师、总统指定的一名法学教授、法务部部长、检察总长构成。大法院院长的任期为6年，不得连任。法官任期为10年，根据法律的规定可以连任。法官退休年龄为65周岁。

（四）第四共和国宪法

根据1972年《宪法》的规定，其一，新设“统一主体国民会议”作为推进和平统一的国民主权受任机关，由国民直接选举产生的代议员构成。统一主体国民会议的代议员不得加入政党，不得兼任国会议员和法律规定的公职。其二，国会由国民直接选举的国会议员和由统一主体国民会议选举的国会议员组成。统一主体国民会议选举1/3的国会议员，该国会议员候选人由总统“一揽子”推荐。其三，总统以间接选举的方式由统一主体国民会议间接选举产生，未规定是否可以连任的问题。因此，时任总统职务的朴正熙总统得以终身任职。由于国会议员的1/3是通过总统的“一揽子”推荐，在统一主体国民会议中选举产生，因此，总统不仅掌握了行政权，还间接掌握了立法权。其四，与制宪宪法相同，司法权仍由法官组成的法院行使，大法院仍有权根据法律的规定审查命令、规则或者处分是否违反宪法和法律，并享有终极审查权。与制宪宪法不同之处是大法院院长在内的所有法官采用总统任命制。大法院院长的任期为6年、其他法官的任期为10年。其五，新设宪法委员会，宪法委员会由9名委员构成，国会选出3名委员、大法院院长指定3名委员，最终由总统任命。宪法委员会的委员长由总统在委员中任命。委员的任期为6年。

---

① 성낙인, 헌법학, 법문사, 2019, 80 면。

（五）第五共和国宪法

根据1980年《宪法》的规定，其一，国会行使立法权，由国民直接选举的议员构成。其二，总统由总统选举人团以无记名投票的方式选举产生。总统选举人团的名额应当为5000人以上，具体由法律规定。总统选举人团的选举人可以隶属于政党。其三，与制宪宪法相同，司法权属于由法官组成的法院行使，大法院仍有权根据法律的规定审查命令、规则或者处分是否违反宪法和法律，并享有终极审查权。与制宪宪法不同之处是大法院院长的任期为5年，不得连任。大法官的任期为5年，根据法律的规定可以连任。非为大法官的法官任期为10年，根据法律的规定可以连任。其四，宪法委员会的相关规定与1972年宪法的规定相同。

（六）第六共和国宪法

根据1987年现行《宪法》的规定，其一，国会行使立法权，由国民直接选举的议员构成。国会议员任期为4年。其二，总统是国家元首和行政机关首脑。国会议员和总统的选举采纳直接选举制。其三，与制宪宪法相同，司法权属于由法官组成的法院行使，大法院仍有权根据法律的规定审查命令、规则或者处分是否违反宪法和法律，并享有终极审查权。与制宪宪法不同之处是大法院院长的任期为6年，不得连任。大法官的任期为6年，根据法律的规定可以连任。非为大法官的法官任期为10年，根据法律的规定可以连任。其四，新设宪法裁判所，宪法裁判所由9名宪法裁判官构成，宪法裁判官由总统指定3名，国会选出3名，大法院院长指定3名，最终由总统任命。其中，国会选出3名宪法裁判官时，通常由执政党选出1名，在野党选出1名，执政党和在野党协商选出1名。① 宪法裁判所所长由总统经国会同意，在宪法裁判官中任命。宪法裁判官的任期为6年，根据法律的规定可以连任。宪法裁判官不可以加入政党或者参与政治，应当保持政治中立性。

二、司法制度的形成

就大韩民国成立前的司法制度而言，建立大韩民国之前的朝鲜基于1894年的甲午改革首次区分了行政职能和司法职能，并于1895年制定、颁布《裁判所构成法》和《法官养成所规程》，新设了近代意义上的审判机关。② 然而，这一新设审判机关独立行使司法权的境况并未持续多久，在1897年建立大韩帝国前后，就已

① 目前，韩国执政党为共同民主党，主要在野党为自由韩国党、正义党等，有关执政党和在野党的党规，参见蔡永浩等：《韩国政党法规和党内法规选译》，社会科学文献出版社2018年版。

② 최경옥, “일제시대의 사법제도”, 동아법학제 39 호, 동아대학교 법학연구소, 2007, 2 면.

经陆续发生由行政官吏临时兼任法官和检察官的情形。此后,这类行政官吏兼任法官和检察官的做法成为常态。

1907年,大韩帝国被迫与日本签订丁末七条约。根据此条约的备忘录第4条和第5条的内容,新设由日本人和韩国人共同组成的裁判所,并新设均由日本人担任典狱官的监狱。同年,日本通过在韩国重新颁布《裁判所构成法》《裁判所构成法施行法》《裁判所设置法》,剥夺了大韩帝国的司法权。① 1910年日本殖民大韩帝国,将"大韩帝国"这一国号改称"朝鲜",并以日本敕令公告了将在朝鲜施行的法令。同年,朝鲜总督府将1909年施行于大韩帝国的《统监府裁判所令》修改为《朝鲜总督府裁判所令》,明确了朝鲜总督府裁判所直属于朝鲜总督府。朝鲜总督府裁判所掌管朝鲜境内民事、刑事的审判事务和非讼案件事务。此外,1919年在上海组建的大韩民国临时政府虽然制定了临时宪法,并明确法院为司法机关,然而,客观上无法于海外行使司法权,因此,于1925年修改临时宪法时删除了法院相关条款,最终于1944年第5次修宪中设置了行使司法权的审判院。②

自1895年制定、颁布《裁判所构成法》后,大韩帝国经日本顾问的协助,通过综合日本的民事诉讼法和刑事诉讼法,制定并实施了《民刑事诉讼规程》和关于民刑诉讼程序的命令。1905年制定并实施了《刑法大全》,由于1910年的韩日合并,施行不足8年的《刑法大全》被1912年实施的《朝鲜刑事令》所取代。③ 1912年制定并实施的《朝鲜民事令》是日本殖民朝鲜时期的民事基本法,其中包括了民事诉讼相关事项的内容。《朝鲜民事令》先后经历17次修订,于1945年根据美军政法令第21号继续适用于韩国,直至1960年韩国《民事诉讼法》的制定实施为止。大韩帝国于1905年首次制定并颁布了《律师法》,并于1906年开始了律师注册事务。1910年韩日合并后,《律师法》于同年修改成了《朝鲜总督府律师规则》,1936年修改为《朝鲜律师令》。④

就大韩民国成立之后的司法制度而言,韩国现行司法制度大体上由两个部分构成。首先,由作为国家机关的宪法裁判所、法院、检察厅构成的有关国家机关的司法制度。其次,由作为非国家机关的从事法务或者类似法务(又称法曹事务)的有关非国家机关的司法制度。例如,律师制度、劳务师制度等。⑤ 下文就有关

---

① 이헌환, 사법권의 이론과 제도, 유원북스, 2016, 3-4면。
② 최경옥, "일제시대의 사법제도", 동아법학제 39호, 동아대학교 법학연구소, 2007, 8면。
③ 이은모, 형사소송법, 제 6판, 박영사, 2018, 12면。
④ 이광수, 변호사법개론, 박영사, 2016, 2-3면。
⑤ 이헌환, 사법권의 이론과 제도, 유원북스, 2016, 335면。

形成司法制度的法律予以考察。

根据1987年现行《宪法》第113条的规定,通过法律规定宪法裁判所的组织和有关运行的其他事项。由此,韩国于1988年8月5日制定了《宪法裁判所法》,并于1988年9月1日开始实施。该法先后经历21次部分修订,成为今日宪法裁判所制度的法律根据。设立之初的宪法裁判所由6名常任宪法裁判官和3名非常任宪法裁判官构成。后于1991年修改《宪法裁判所法》,将3名非常任宪法裁判官,转化为常任宪法裁判官。至此,宪法裁判所由9名常任宪法裁判官构成。

有关法院的法律,包括《法院组织法》、《各级法院法官名额法》、《关于各级法院的设置和管辖的法律》、《法官惩戒法》、《有关法官报酬的法律》、《执行官法》、《登记特别会计法》、《法务师法》(又称法务士法)等。其中,《法院组织法》制定于1949年9月26日,并于1949年8月15日溯及实施。该法于1987年12月4日经历全面修改,至今共修订63次。

有关检察厅的法律,包括《检察厅法》《关于特别检察官任命等的法律》《关于检察官报酬的法律》等。其中,《检察厅法》于1949年12月20日制定并实施。该法于1986年12月31日经历全面修改,至今共修订34次。

有关诉讼的法律和非国家机关的司法制度相关法律,包括《民事诉讼法》、《刑事诉讼法》、《行政诉讼法》、《律师法》(又称《辩护士法》)、《律师考试法》(又称《辩护士试验法》)、《公证人法》、《外国法咨询师法》(又称《外国法咨问士法》)、《法律救助法》等。其中,就《民事诉讼法》而言,该法于1960年4月4日制定,并于1960年7月1日实施。制定《民事诉讼法》之前,韩国适用了殖民时期和美国军政时期制定的民事诉讼法律。① 该法于2000年1月26日经历全面修改,至今共修订29次。就《刑事诉讼法》而言,该法于1954年9月23日制定,并于1954年5月30日溯及实施,先后经历了37次部分修订。就《行政诉讼法》而言,该法于1951年8月24日制定,并于1951年9月14日实施,1984年12月15日经历全面修改,至今共修订11次。就《律师法》而言,该法于1949年11月7日制定并实施,分别于1982年12月31日和2000年1月28日经历全面修改,至今共修订36次。

韩国至今共有1部宪法和1444部法律以及1698部行政法规。除了上述论及的法律之外,结合1958年2月22日制定的《民法》、1953年9月18日制定的《刑法》等实体法,为韩国司法活动奠定了法律基础。

---

① 陈刚:《民事诉讼法制的现代化》,中国检察出版社2003年版,第269~272页。

第二节　司法体系

一、司法制度的一般理论

立宪主义、国民主权主义、民主主义、社会福祉国家原理、国际和平主义原理构成了韩国宪法的基本原理。就政治制度的基本理论而言,韩国基于权力分立原理设计了分权制衡的国家机关。韩国现行《宪法》第三章的国会部分规定了立法部门相关内容,明确了立法权属于国会(《宪法》第40条)。现行《宪法》第四章的政府部分规定了行政部门相关内容,明确了行政权属于以总统为首的政府(《宪法》第66条)。现行《宪法》第五章的法院部分规定了传统意义上的司法部门相关内容,明确了司法权属于由法官组成的法院(《宪法》第101条)。此外,现行《宪法》第六章宪法裁判所部分规定了违宪审查机关相关内容,以列举的方式明确了宪法裁判所管辖的事项(《宪法》第111条)。

根据立宪主义、权力分立原理、包含法治主义的民主主义原理,司法制度和作为国家权力的司法权应当为保障人的自由而存在。因此,应当尽可能保障司法机关独立行使司法权。保障独立行使司法权是立宪主义、民主主义法治国家的基石。[①] 独立行使司法权的理论要求尽可能保障法院运行上的独立性、法官行使审判权的独立、保障法官的身份。同时,独立行使司法权也要受到来自国会、政府、宪法裁判所、国民的限制。

(一)尽可能保障法院运行上的独立性

韩国现行《宪法》第108条规定,在不同法律相抵触的范围内,大法院可以制定关于诉讼的程序、法院内部纪律和关于处理法院事务的规则。由此,《宪法》赋予了大法院规则制定权。

1. 法院和国会的关系

(1)法院和国会之间的联系

首先,法院根据《宪法》《法院组织法》等法律,自行组织、运行以大法院为顶点的各级法院事务。其次,国会则根据《宪法》《国会法》等法律,自行组织、运行国会事务。国会议员由国民直接选举产生。然而,大法院院长候选人由总统推荐,大法院院长需要经国会同意,并由总统任命。大法官根据大法院院长的提名,经国会同意后,由总统任命。其他法官需要经大法官会议的同意后,才得以由大

---

① 이헌환, 사법권의 이론과 제도, 유원북스, 2016, 335 –336 면。

法院院长任命(《宪法》第 104 条)。由此可见,国会的构成具有直接民主正当性,而作为韩国最高法院的大法院构成仅具有间接民主正当性。国会的民主正当性的性质要强于大法院的民主正当性。对于这一现象而言,一方面,国会可以通过大法官任命同意权介入大法院的组织,形成对法院的牵制;另一方面,正如韩国学者成乐寅教授所言,由于国会任命同意权的介入,反而为大法院争取了间接民主正当性。①

(2)法院和国会之间的牵制

国会可以对法院行使国政监察和调查权(《宪法》第 61 条),审议并确定法院的预算案和结算情况(《宪法》第 54 条),行使针对大法院院长、大法官的任命同意权(《宪法》第 104 条),决定是否针对法官提起弹劾诉讼(《宪法》第 65 条)。其中,国会针对法院的国政监察和调查,不能干涉法院行使审判权。相反,法院可以就国会制定的法律是否违宪的问题,提请宪法裁判所予以审查。此时,法院不得通过司法权,干涉国会的内部行为(《宪法》第 64 条)。由此,形成了法院和国会之间的牵制关系。②

2. 法院和政府的关系

(1)法院和政府之间的联系

保障法院独立行使司法权的核心,是防止政府任意干涉法院行使司法权。法院和政府各自独立组织、运行。政府根据《宪法》《政府组织法》等法律,自行组织、运行以总统为首的政府事务。总统由国民直接选举产生。然而,大法院院长和大法官由总统任命。由此可见,总统同国会一道具有直接民主正当性,而大法院的构成仅具有间接民主正当性。因此,总统的民主正当性要强于大法院的民主正当性。对于这一现象而言,一方面,可以认为总统通过大法官任命权介入大法院的组织,形成政府对法院的牵制;另一方面,也可以认为由于总统任命权的介入,反而为大法院争取了间接民主正当性。

(2)法院和政府之间的牵制

总统具有赦免权、针对大法院院长和大法官的任命权,政府具有法院预算编制权等权限。总统行使针对大法官的任命权,而非为大法官的法官,由大法院行使任命权。总统作为行使行政权的机关,其在行使司法权性质的赦免权时,应当尽可能地避免干涉司法上的公正审判。政府虽然具有预算编制权,然而,根据《法

① 성낙인, 헌법학, 법문사, 2019, 708 면。

② 성낙인, 헌법학, 법문사, 2019, 709 면。

院组织法》第82条的规定,政府在编制法院的预算时,应当充分尊重司法机关的独立性和自律性。相反,法院有权根据法律的规定,审查政府的命令、规则或者处分是否违反宪法和法律,对此,大法院享有终极审查权。法院通过行使这些审查权,促使政府依法行政。由此,形成了法院和政府之间的牵制关系。

(二)法官行使审判权的独立

韩国《宪法》第103条规定,法官根据宪法和法律,按照其良心,独立进行审判。由此,通过《宪法》明确了法官在审判上的独立。就法官根据宪法和法律行使审判权而言,法官在进行审判时,应当受到宪法和法律的约束。就法官按照其良心行使审判权而言,生活意义上的良心,通常是指人内心的道德、伦理上的确信。然而,韩国学界就法律意义上的良心存在不同的观点。客观良心说认为,良心是指作为法官的良心,即指由法官发现法律中客观存在的精神。主观良心说认为,良心是指法官个人的主观上良心。折中说认为,良心是指受到宪法和法律约束的主观上良心。成乐寅教授主张客观良心说,认为法官应当按照作为法官的客观、逻辑上的良心行使审判权。①

法官行使审判权时,不受来自其他国家机关、政党、社会团体、媒体的干涉。为了防止当事人和法官之间存在特殊关系,诉讼法明确规定了法官的除斥、忌避、回避制度。韩国《宪法》设计了以大法院为最高法院的三级审级制度。然而,上下级法院之间是监督关系,并非领导关系。因此,上级法院无权干涉下级法院行使审判权。然而,根据《法院组织法》第8条的规定,上级法院在审判中针对某案件作出的判断,羁束下级法院的审判。这是出于统一解释法律的必要而作出的规定,并不影响宪法上司法权的独立行使。

(三)保障法官的身份

司法权的本质是审判权的行使,而审判权的行使者是法官。因此,有必要保障法官的身份。韩国《宪法》《法院组织法》等法律对法官的身份作出了具体规定。

首先,就法官人事问题而言,大法院院长的候选人由总统提名,需要经国会同意,最终再由总统任命。大法院院长之外的大法官候选人则由大法院院长提名,经总统提请国会同意后,最终由总统任命。由此,大法院院长和大法官的人选获得了间接民主正当性。此外,作为最高法院的大法院组成后,针对大法院院长和大法官之外的一般法官任命,则需经大法官会议的同意,由大法院院长任命。为

---

① 성낙인, 헌법학, 법문사, 2019, 714 면。

了审议有关法官任命、连任等人事方面的重要事项，韩国在大法院设置了法官人事委员会（《法院组织法》第25条之2）。

其次，就法官资格而言，韩国现行《宪法》第101条规定，由法律规定有关法官身份的内容。由此，《法院组织法》第42条明确了法官的任用资格。大法院院长和大法官的人选应当为45周岁以上的国民，并且应当具有20年以上的法律从业经历。就法律从业经历而言，可以是法官、检察官、律师的经历，也可以是具有律师资格的公共机关法律从业人员的经历，还可以是具有律师资格的法学助教授以上在职人员的经历。此外，一般法官的人选应当具有10年以上的法律从业经历。

再次，就法官的任期和退休年龄而言，韩国为了防止司法倾向保守的问题，采纳了法官任期制度。同时，为了防止司法的老龄化问题，采纳了法官退休制度（《宪法》第105条、《法院组织法》第45条）。大法院院长的任期为6年，不得连任。从而，防止了大法院院长滥用职权的可能性。大法院院长和大法官的退休年龄为70周岁。此外，大法官的任期为6年，根据法律可以连任。非大法官的一般法官任期为10年，根据法律可以连任。一般法官的退休年龄为65周岁。

最后，就针对法官的处分事由和退休事由而言，韩国现行《宪法》明文规定，除非被宣告为弹劾或者禁锢以上的刑罚之外，法官不得被罢免。除非被处以惩戒处分之外，不得处以停职、减薪以及其他不利的处分。法官因重大的身心上的障碍，无法履行职务时，可以按照法律规定使其退休（《宪法》第106条）。

（四）司法权的限制

法院独立行使司法权，并不意味着法院的绝对独立，其也要受到来自国会、政府、宪法裁判所、国民的限制。首先，国会通过行使立法权，制定法律限制司法权的行使。国会具有针对大法院院长和大法官的任命同意权、有关法院预算的审议确定权、决定是否针对法官提起弹劾诉讼的权限。此外，国会针对总统行使的一般赦免，行使同意权，由此限制司法审判的效力。其次，作为政府首脑的总统具有特赦权、减刑权、针对大法院院长和大法官的任命权，政府具有针对法院的预算编制权。政府通过行使上述权限，限制司法权的行使。再次，宪法裁判所具有针对法官弹劾的审判权（又称弹劾裁判权），从而决定是否弹劾法官。此外，宪法裁判所通过行使违宪法律审判权（又称违宪法律裁判权）、宪法诉愿审判权（又称宪法诉愿裁判权）等，限制司法权的行使。例如，法院在审理案件过程中，发现法律是否违宪成为审判的前提时，可以依职权向宪法裁判所提请审查法律是否违宪。此时，在宪法裁判所作出法律是否违宪的决定之前，法院应当停止针对该案件的审理（《宪法裁判所法》第42条）。最后，韩国根据《关于国民参与刑事审判的法律》，于 2008 年 1 月 1 日起采纳了国民参与审判制度。国民参与审判制度，是指国民以陪审员的身份参与刑事审判的刑事审判制度。作为陪审员的国民在观看法庭的庭审后，作出被告人是否有罪的评议。法官参考陪审员的评议后作出判决。①

二、有关国家机关的司法制度

（一）宪法裁判所

宪法裁判所，是保障宪法规范和实施的宪法机关。宪法审判制度（又称宪法裁判制度）是现代立宪主义国家所普遍采纳的制度。宪法裁判所不同于传统意义上行使立法权、行政权、司法权的机关，而是综合协调立法权、行政权、司法权的第三国家机关。宪法审判权具有司法权的属性，但并非纯粹司法权，其属于第三国家权力。

就宪法裁判所和大法院之间的关系而言，二者同为宪法机关，均具有宪法解释权。然而，二者解释宪法的对象范围不同。大法院有权审查命令、规则、处分或者行政机关的措施是否违反宪法，并享有终极审查权，即大法院可以针对命令、规则、处分或者行政机关的措施是否违宪作出宪法解释。而宪法裁判所有权审查法律是否违宪，即宪法裁判所可以针对法律是否违宪作出宪法解释。

宪法裁判所保障国民的基本权利，韩国宪法赋予了宪法裁判所具体的规范控制权，未赋予抽象的规范控制权。这一点区别于德国联邦宪法法院的制度设计。德国联邦宪法法院既享有具体的规范控制权，也享有抽象的规范控制权。具体的规范控制是指在审理具体的诉讼案件过程中，适用于该案件的法令是否违宪成为判决的前提时，才可以提起宪法诉讼的程序。抽象的规范控制是指无须存在具体的诉讼案件，就法令是否违宪直接提请宪法诉讼的程序。韩国宪法裁判所虽然不享有抽象的规范控制权，然而，宪法裁判所通过行使具体的规范控制权，仍然享有针对违宪法律的审查权，从而保障国民的基本权利免于受到来自立法机关制定法律的侵害。此外，宪法裁判所还可以通过审查弹劾事项、政党解散事项、国家机关之间的权限争议事项、法律所规定的宪法诉愿事项，从而确保宪法规范和实施，最终保障国民基本权利的有效行使。

根据《宪法》和《宪法裁判所法》的规定，宪法裁判所由 9 名具有法官资格的宪法裁判官构成。宪法裁判官中的 3 名由总统指定，3 名由国会选出，3 名由大法

---

① 성낙인, 헌법학, 법문사, 2019, 717 면。

院院长指定,最终由总统任命。由于国会和总统是具有直接民主正当性的机关,宪法裁判官中的6人分别由国会选出的3人和总统指定的3人担任。同时,9名宪法裁判官都由总统予以任命,宪法裁判所的所长由总统经国会同意,在宪法裁判官中任命。因此,宪法裁判所的构成具有了间接民主正当性。此外,宪法裁判官不可以加入政党或者参与政治。除非被宣告弹劾或者禁锢以上的刑罚外,不受罢免(《宪法》第112条)。由此,通过宪法、法律明确了宪法裁判官自主行使宪法审判权的内容。①

(二)法院

韩国法院是行使司法权的机关。与宪法裁判所一同构成行使司法权的主要国家机关。如果说宪法裁判所行使受宪法限制的审判权,那么以大法院为顶点的法院则行使一般性的审判权。就法院行使一般性审判权的意义上来讲,法院是司法制度的核心主体。法院由作为最高法院的大法院和各级法院组成。法院在民事、刑事、行政、专利等诉讼中,通过广泛行使司法权,保障国民的基本权利。

大法院的院长和大法官经国会同意后,由总统任命。目前,大法院由包括大法院院长在内的14名大法官构成。其中,出任法院行政处处长的大法官不参与审判。韩国现行《宪法》第103条规定,法官根据宪法和法律,按照其良心,独立进行审判。由此,明确了独立行使司法权原则。② 为了防止行政机关不当干预司法机关,韩国现行宪法明确由法律规定法官的资格事项(《宪法》第101条)。

韩国采纳三审终审制度,不同于我国两审终审制。韩国审判机关区分为作为最高法院的大法院,高等法院,专利法院,地方法院,地方法院支院和市、郡法院,家庭法院等。同时,设立作为特别法院的军事法院。通常由地方法院担任一审法院,高等法院担任二审法院,并由大法院担任三审法院。

目前,韩国设置了1个大法院、6个高等法院和1个专利法院(又称特许法院)、8个地方法院和41个地方法院支院。还设有8个家庭法院、1个首尔行政法院、1个首尔破产法院(又称回生法院)等法院。首尔破产法院主要审理破产案件。其中,专利法院的地位同于高等法院,家庭法院、行政法院、破产法院的地位同于地方法院。

(三)检察厅

检察厅是发起国家刑罚权的国家机关。当发生犯罪行为时,检察官与警察一

---

① 이헌환, 사법권의 이론과 제도, 유원북스, 2016, 335 – 336 면。

② 이헌환, 사법권의 이론과 제도, 유원북스, 2016, 336 – 337 면。

同成为发起国家刑罚权的中枢机关。然而，韩国宪法并未明示有关检察厅的组织、运行相关规定。这是因为韩国将检察厅视为了半行政机关和半司法机关。虽然，类似意大利等有些国家将检察厅视为司法机关，赋予其侦查犯罪、刑事追诉的权力。然而，韩国将检察厅设置于作为行政机关的法务部下，通过制定《检察厅法》规范检察厅的组织、运行。

就检察厅的设立而言，原则上对应法院设立检察厅。检察厅区分为大检察厅、高等检察厅、地方检察厅及其支厅，对应法院的大法院、高等法院、地方法院及其支院(《检察厅法》第 3 条)。检察官作为公共利益的代表人，侦查犯罪、提起公诉、支持公诉；指挥、监督侦查犯罪的司法警察官吏；针对法院请求正当地适用法令；指挥、监督审判的执行；履行以国家为当事人或者参与人的诉讼或者履行行政诉讼，再或者指挥、监督该参与行为。此外，根据其他法令行使属于检察官的权限(《检察厅法》第 4 条)。

总统根据法务部部长(又称长官)的提请，任命检察官，并对检察官的职务作出安排。总统根据法务部部长的提请任命检察总长时，应当先行实施国会人事听证会(《宪法》第 34 条)。就检察官的地位而言，检察官既是独任制行政机关，又是准司法机关。然而，根据检察官同一体原则，作为独任制行政机关的检察官还应当作为全体检察官的一部分，统一行使检察权。针对这一特殊的检察官地位问题，参见后文中的检察制度相关内容。

由于韩国检察官具有广泛的刑事案件指挥、监督权，因此，在以检察总长为顶点的检察官组织行使检察权时，一旦发生滥用权力的情形，将导致严重侵害国民基本权利的后果。为了防止检察官组织滥用权力，《检察厅法》第 4 条第 2 款规定，检察官履行职务时，作为全体国民的服务人员，应当保持政治中立，不得滥用法律赋予的权限。此外，《检察厅法》第 12 条第 3 款规定，检察总长的任期为两年，且不得连任。

三、有关非国家机关的司法制度

作为非国家机关的司法制度，包括律师制度，公证制度，代理书写提交至法院或者检察厅材料的法务师制度，代理专利、实用新型、商标等事项的辩理师(又称辩理士)制度，税务师(又称税务士)制度，劳务师(又称劳务士)制度，关税师(又称关税士)制度等类似法曹职务制度。本书仅就律师制度予以说明。

韩国《宪法》中并未明示有关律师制度的内容，仅在《宪法》第 12 条中提及国民享有获取辩护人帮助的权利。由此，在宪法上认可了律师的存在。此外，《律师法》第 4 条规定了律师的资格:其一,通过司法考试并完成司法研修院课程的人;其二,具有法官或者检察官资格的人;其三,通过律师考试的人。只要满足上述法律规定的条件,即可取得律师资格。由此,可以发现律师并非国家机关。①

就律师的地位而言,《律师法》第 2 条规定,律师作为具有公共性质的法律专业人员,独立、自由地履行职务。由于律师是具有公共性质的法律专业人员,同时,具有保障人权、实现社会正义、维持社会秩序、改善法律制度的使命。因此,具有律师资格的人在执业前,必须登记于大韩律师协会,并加入律师执业地的地方律师会。据 2020 年年末的统计,韩国共有 23,417 名律师。

就律师的职务范围而言,律师根据当事人或者其他相关人员的委任,或者根据国家、地方自治团体、其他公共机关的委托等,代理有关诉讼的行为、有关处理行政处罚的行为、一般法律事务。就律师负担的义务而言,律师有维持品格的义务、遵守大韩律师协会和地方律师会会规的义务、保密义务、处理公益活动等指定事务的义务、制作和保管账簿的义务、向地方律师会经提供辩护人委托书的义务等《律师法》列举的近 20 种义务。此外,有关具体的律师资格、律师登记等内容,参见后文中的律师制度相关内容。

第三节 审判制度

审判制度(又称裁判制度),通常是指根据宪法和法律行使司法权的审判机关,为了解决具体法律纠纷,以强制力作出法律判断的制度。韩国出于考虑保障审判的公正性,宪法赋予由法官组成的法院行使司法权。司法机关独立行使司法权,不受其他国家机关、社会团体、个人等的干涉。作为司法机关的法院,在民事、刑事、行政、专利等诉讼中,通过广泛行使司法权,保障国民的基本权利。下文主要针对韩国的民事诉讼程序和刑事诉讼程序展开论述,涉及韩国《法院组织法》《民事诉讼法》《刑事诉讼法》等法律。

一、诉讼法概述

(一)诉讼法的意义

诉讼法是规范诉讼行为的法律,根据诉讼的种类,可以区分为民事诉讼法、刑事诉讼法、行政诉讼法等法律。根据韩国《宪法裁判所法》第 40 条的规定,就有关

---

① 이헌환, 사법권의 이론과 제도, 유원북스, 2016, 339 – 340 면。

宪法裁判所诉讼程序相关事项而言,在无宪法裁判所法上特别规定的情形下,通常准用民事诉讼相关规定。然而,针对宪法诉讼中的弹劾事项,准用刑事诉讼相关规定;针对权限争议事项以及宪法诉愿事项,一并准用行政诉讼法。目前,韩国学者撰写了多部题名为《宪法诉讼法》的著作,然而,韩国还未颁布一部单独的宪法诉讼法律。诉讼法既是规范国家审判权的法律,也是规范诉讼行为的法律,因此诉讼法属于公法、程序法。①

从传统意义上讲,诉讼主要区分为民事诉讼和刑事诉讼。民事审判权(又称民事裁判权)是指民事诉讼管辖权。民事诉讼是指针对私人之间有关生活关系的纠纷或者利害冲突,通过行使国家审判权,依法强制解决和调整的程序。刑事审判权(又称刑事裁判权)是指刑事诉讼管辖权。刑事诉讼,是指认定犯罪并处以刑罚的程序。②

(二)法院

韩国法院由作为最高法院的大法院和各级法院组成(《宪法》第 101 条第 2 款)。如果将法院区分为一般法院和特别法院,韩国则存在依照《法院组织法》组建的一般法院和依照《军事法院法》组建的特别法院。针对如何定义"特别法院"的概念,韩国存在特殊法院说和例外法院说的对立。特殊法院说认为,不考虑法院的审判人员是否具有法官资格,不考虑是否可以上诉至最高法院,只要法院仅享有有限的管辖权限、审判对象具有特殊性、法院组织具有特殊性、审判机关具有临时性等特征,就可以认为是特别法院。③ 根据这一学说,家庭法院、行政法院、军事法院等都属于特别法院。根据占据韩国学界多数说地位的例外法院说,特别法院的特征是由不具有法官资格的人进行审判的法院,或者由不允许上诉至最高法院的审判机关行使审判权的法院。④ 作为韩国特别法院的军事法院,属于由不具有法官资格的人进行审判的特别法院。韩国《宪法》第 110 条第 2 款规定,由最高法院管辖军事法院的上诉审。因此,不服军事法院的判决结果时,原则上可以上诉至最高法院。军事法院区分为高等军事法院和普通军事法院。根据例外法院说,只有军事法院属于特别法院,家庭法院、行政法院等法院则属于具有特殊作用的一般法院。为了研究普遍意义上的韩国法院制度,本节的研究范围仅限定于

---

① 나승성, 법학개론, 한국학술정보, 2009, 459 면。

② 성낙인, 헌법학, 법문사, 2019, 698 면。

③ 한태연, 헌법학, 법문사, 2002, 622 면。

④ 성낙인, 헌법학입문, 제 6 판, 법문사, 2016, 271 면;박일경, 제 6 공화국신헌법, 법경출판사, 1990, 537 면;허영, 한국헌법론, 박영사, 2015, 1016 면。

韩国的一般法院。

韩国《法院组织法》规定了法院组织和运行的相关内容。法院区分为作为最高法院的大法院和作为下级法院的高等法院、地方法院以及家庭法院等。此外,为了方便处理地方法院以及家庭法院的部分事务,大法院可以通过制定或者修改大法院规则的方式,在相应地方法院辖区内设置支院。就法院的具体种类而言,有大法院、高等法院、地方法院、专利法院、家庭法院、行政法院、破产法院等法院(《法院组织法》第3条第1款)。大法院进行审判时,原则上应当由2/3以上大法官组成的合议庭完成;高等法院进行审判时,应当由3名法官组成的合议庭完成;地方法院和地方法院支院以及家庭法院和家庭法院支院进行审判时,原则上由独任法官完成,必要时,由3名法官组成的合议庭完成(《法院组织法》第7条)。韩国民事案件和刑事案件为三审终审制,第一审由地方法院或者地方法院支院管辖。当事人不服第一审判决结果提出上诉时,对于第一审由独任法官完成的情形下,由同法院合议庭担任抗诉审第二审法院。对于第一审由合议庭完成的情形下,由高等法院担任抗诉审第二审法院。当事人不服第二审判决结果提出上诉时,由大法院担任上告审终审法院。①

(三)诉讼当事人

诉讼当事人,是指针对诉讼案件,要求法院作出判决或者执行的人和与其对立的相对人。当事人参加诉讼首先需要具备当事人能力。当事人能力,是指在诉讼法上可以成为诉讼当事人的能力。根据《民事诉讼法》第51条和第52条的规定,自然人和法人都具有当事人能力。在民事诉讼上,诉讼当事人是原告和被告。当事人和法院成为诉讼的主体。第一审判决程序中的当事人称为原告和被告,第二审判决程序中的当事人称为抗诉人和被抗诉人,第三审判决程序中的当事人称为上告人和被上告人。在强制执行程序和督促程序中,称为债权人和债务人或者申请人和被申请人。

刑事诉讼法上的当事人为检察官和被告人,检察官为法定当事人,被告人为自然人或者法人。② 第二审判决程序中的当事人称为抗诉人和被抗诉人,第三审判决程序中的当事人称为上告人和被上告人。就我国刑事诉讼中的当事人范围而言,根据我国《刑事诉讼法》第108条第1款第2项的规定,当事人是指被害人、自诉人、犯罪嫌疑人、被告人、附带民事诉讼的原告人和被告人。而韩国刑事诉讼

① 나승성, 법학개론, 한국학술정보, 2009, 460 면。

② 나승성, 법학개론, 한국학술정보, 2009, 460 면。

法上的当事人中，并不包含类似我国刑事诉讼法上的被害人等。

二、民事诉讼程序

韩国民事诉讼大体上可以区分为审判程序、强制执行程序、简易诉讼程序等。

（一）诉的开始

为了通过审判行为保护自身权利，原告向法院提出的请求，称之为诉。

1. 诉的概念

诉，是指原告向法院请求通过判决保护其权利的诉讼行为。① 当原告提起诉讼后，法院经审理，判决原告的主张是否成立。此时，法院作出判决的形态，包括驳回起诉、驳回诉讼请求、认容请求。驳回起诉的判决是指当诉讼请求未能满足诉讼要件存在缺陷时，法院不予判断诉讼请求是否成立，即不进行本案判断，而直接根据诉讼本身不合法为理由，作出驳回起诉的判决（又称却下判决）。就驳回诉讼请求和认容请求的判决而言，在诉讼请求满足诉讼要件的情形下，法院经审理，判决诉讼请求是否成立，当法院认为原告诉讼请求不成立时，判决原告败诉，作出驳回诉讼请求的判决（又称弃却判决）。当法院认为原告诉讼请求成立时，判决原告胜诉，作出认容请求的判决（又称请求认容）。

根据诉讼请求的内容，诉可以区分为履行之诉、确认之诉、形成之诉。履行之诉，是指原告主张其具有针对被告的特定履行请求权，请求法院确认其权利并判决基于此权利令被告完成履行的诉。确认之诉，是指原告向法院请求确认其是否存在某特定权利或者法律关系，或者请求确认能够证明法律关系存在的书面材料是否真实的诉。例如，向法院请求确认某处房产属于原告。形成之诉，是指原告主张存在引起法律关系变动的一定法律要件，即形成权的存在，请求法院宣告该变动的诉。② 例如，原告基于正当的原因，请求法院解除与被告之间的婚姻关系，为形成之诉。

2. 诉的提起

（1）起诉的方式

诉讼以诉的提起而开始。诉的提起以当事人向法院提交诉状完成。根据《民事诉讼法》第 248 条的规定，原告书写诉状后，向管辖法院提交诉状，即完成诉的提起。诉状中，应当记载法律要求的事项，书写诉状的原告或者其法定代理人应

---

① 이영종, 황태정 외 5 인, 법학입문, 집현재, 2016, 434 면。

② 이영종, 황태정 외 5 인, 법학입문, 집현재, 2016, 435 - 436 면。

当署名盖章或者签名,根据诉讼标的额粘贴印花税票或者支付现金后的相应证明。为了向被告送达诉状副本,应当一并提交与被告人数相等份数的副本。同时,应当提前支付送达费用。然而,随着韩国互联网技术的普及,除了以书面形式起诉之外,还可以通过电子文书的形式起诉。

除了以上书面形式和电子文书形式提起诉讼之外,视不同的情形,可以根据口述或者出席等的方式提起诉讼。例如,就小额民事诉讼案件,即根据《小额案件审判规则》第1条之2的规定,诉讼标的额在3000万韩元以下的案件,原告通过在法院事务官、法院书记官等(以下简称法院事务官等)的面前陈述,由法院事务官等完成起诉笔录后,经署名盖章,完成以口述方式提起诉讼(《小额案件审判法》第4条)。此外,小额案件的双方当事人可以通过出席法院的方式进行有关诉讼的辩论,此时,双方当事人出席法院进行辩论,视为完成以口述方式提起诉讼(《小额案件审判法》第5条)。

(2)诉状的记载事项

根据《民事诉讼法》第249条的规定,诉状中应当记载当事人和法定代理人、请求的目的和原因、其他应当记载的事项。当事人是指原告和被告。根据诉状中记载的内容,应当能够特定谁是原告和被告。当事人是自然人时,应当记载姓名和地址;当事人是法人时,应当记载商号和总部或者主要办公场所的地址。当事人为无诉讼能力人时,应当记载其法定代理人;法人等团体应当记载其法人代表。请求的目的是指原告针对何种纠纷,请求法院作出何种判决的内容。诉状中记载的内容,应当使法院能够确定诉讼请求的内容,即可以确定是属于履行之诉,还是确认之诉,或是形成之诉。例如,履行之诉中,记载"要求被告向原告支付一百万韩元";确认之诉中,记载"确认某处房产属于原告";形成之诉中,记载"原告与被告离婚"。①

请求的原因,是指记载能够特定请求的必要事实关系,补充说明请求的目的。请求的原因可以区分为广义的请求原因和狭义的请求原因。狭义的请求原因是指记载能够特定请求目的的必要事实关系。广义的请求原因是指除了记载必要的事实关系,还可以记载引发权利关系纠纷的原因事实。其他应当记载的事项是《民事诉讼法》第274条规定的准备书面材料清单中应当记载的事项。准备书面材料清单中,应当记载当事人的姓名、名称或者商号和地址,代理人的姓名和地址,案件的编号,攻击或者防御的方法,附加书面材料的目录,完成准备书面材料

---

① 김문현, 김인호 외 12 인, 법학입문, 제 3 판, 법문사, 2008, 324 면。

的日期，法院名称。诉状只有记载了上述法定事项才具有法定效力。

(3)起诉后的影响

起诉后，基于法院的决定，由特定的审判庭负责相应案件的审理。相应审判庭的审判长，对诉状中的记载事项进行形式审查。当审判长发现存在缺陷时，应当确定相当的期间，命令当事人补正缺陷。当原告未能在指定期间内补正缺陷时，审判长应当驳回起诉(《民事诉讼法》第254条)。当审判长认为诉状中不存在缺陷时，应当向被告送达诉状副本。当诉状副本送达至被告时，发生诉讼系属的效果。诉讼系属是指针对当事人的特定请求，相应审判程序将由法院持续管辖的状态。

就被告答辩状的提交义务，收到诉状副本的被告，应当在30日以内提交答辩状。法院向被告送达诉状副本时，应当告知提交答辩状的目的(《民事诉讼法》第256条)。当被告未提交答辩状时，法院可以视被告承认了原告请求的事实，不经辩论即可作出判决。此外，当被告提交答辩状，表明承认原告请求的事实，并且未提出抗辩时，法院同样可以不经辩论作出判决。然而，当存在需要法院依职权调查的事项或者被告在宣告判决前提交抗辩原告请求的答辩状时，应当进行辩论后作出判决(《民事诉讼法》第257条)。

除了无须辩论即可作出判决的情形之外，审判长应当明确辩论日。必要时，可以将案件移转回辩论准备程序(《民事诉讼法》第258条)。在辩论程序中，当双方当事人的主张或者证据关系较为复杂时，认为有必要启动单独的准备程序梳理双方当事人的主张和证据的情形下，在确定辩论日前可以启动辩论准备程序。

就起诉的效果而言，完成起诉后，将发生诉讼系属。根据《民事诉讼法》第259条的规定，完成起诉后，作为诉讼法上的效果，禁止当事人重复提起诉讼。作为实体法上的效果，案件的时效即告中断，当事人应当遵守法律规定的各种期限。就起诉效果发生的时间点而言，当诉状副本送达至被告时，发生诉讼系属。然而，对于时效的中断和遵守法律上各种期限的时间点而言，则在提交诉状时或者更正被告、变更请求目的或者中间确认之诉的书面材料提交至法院时，发生效力(《民事诉讼法》第265条)。

(二)民事诉讼的审理

1. 诉讼审理的概念和基本原则

民事诉讼的审理，是指法院为了作出判决，收集诉讼材料作为判决基础的行为。审理的对象是诉讼要件和针对原告请求是否成立的本案判决。民事诉讼的审理由辩论过程和证据调查过程构成。辩论过程，是指诉讼当事人主张相关案件的事实,并且提交证据证明该事实的过程。证据调查过程,是指法院调查当事人提交的证据,判断当事人的主张事实是否真实的过程。①

民事诉讼审理的基本原则包括公开审理主义、双方审理主义、口述审理主义、直接审理主义、适时提交主义、集中审理主义、处分权主义、辩论主义。公开审理主义要求公开审判和公开判决,尽可能地允许他人旁听。双方审理主义要求在审理过程中,应当赋予双方当事人平等的陈述机会。口述审理主义要求当事人和法院的诉讼行为,特别是辩论过程和证据调查过程应当口述进行。直接审理主义要求由法官直接听取当事人的主张,并调查证据。适时提交主义是根据《民事诉讼法》第146条的规定,当事人应当考虑诉讼进度,在适当的时期"攻击"或者"防御"的方法。集中审理主义要求法院应当在确定的审判日,集中审理案件。处分权主义是基于私法自治原则,当事人在诉讼过程中具有主导权的意思,法院在无当事人的请求时,不得开始诉讼等审判行为。辩论主义要求由当事人负担事实的主张和证据的收集、提交责任。②

2. 诉讼审理的对象

(1)诉讼要件

诉讼要件,是指有关诉的形式上的法定要件,即为了合法处理诉讼而应当具备的事项。只有当诉具备合法的诉讼要件时,法院才能对请求是否成立作出判断。当诉讼要件存在缺陷时,法院原则上无须审理,应当驳回起诉。如果诉讼要件的缺陷能够补正,法院应当确定相当的期间要求当事人予以补正。如果当事人不予以补正,那么法院可以驳回起诉。此外,如果诉讼要件的缺陷是因为违反管辖,法院应当将该案件移送至管辖法院(《民事诉讼法》第34条)。有关诉讼要件的主要事项包括法院管辖权要件、当事人的适格要件、权利保护利益要件。

首先,就关于法院的诉讼要件而言,受诉法院应当对被告案件具有管辖权。其次,就关于当事人的诉讼要件而言,当事人应当存在,并且具备当事人能力和满足当事人的适格要件。最后,就关于诉讼对象的诉讼要件而言,原告的请求应当是民事诉讼事项,并且原告的请求应当具有权利保护的利益。

(2)请求是否成立

当民事诉讼具备诉讼要件,且认定为合法时,法院审理原告的诉讼请求是否成立,即由法院进行本案判决(针对案件的实体进行判决)。请求是否成立的问

① 이영종, 황태정 외 5 인, 법학입문, 집현재, 2016, 438 면。

② 김문현, 김인호 외 12 인, 법학입문, 제 3 판, 법문사, 2008, 324 면。

题是原告希望自己的请求获得法院的支持，因此针对相应案件的判决就是本案判决，有关相应案件的审理就是本案审理。本案审理以及本案判决的对象是诉讼上的请求。

3. 辩论和证据调查

辩论，是指诉讼当事人主张案件相关事实，并且提交证据的行为。证据调查，是指法院调查当事人提交的证据，判定当事人主张事实是否真实的行为。

(1)辩论过程

为了迅速、充分地完成辩论，韩国通过法律设置了准备书面制度和辩论准备程序。准备书面，是指当事人将辩论过程中欲陈述的事项提交至法院的书面材料清单。通过准备书面，将辩论的内容提前告知诉讼相对人和法院。准备书面制度要求，应当为诉讼相对人留足必要的时间，使其防御准备书面中记载的事项，由法院向诉讼相对人送达准备书面的副本(《民事诉讼法》第 273 条)。

在辩论准备程序中，法院应当整理当事人的主张和证据，促使辩论有效、集中地完成(《民事诉讼法》第 279 条)。主持辩论准备程序的审判长、受命法官、受托法官(以下简称审判长等)，由于准备辩论的必要，可以作出采纳哪些证据的决定(《民事诉讼法》第 281 条)。辩论准备程序可以依照以下两种方式进行：第一，当事人在一定期限内提交准备书面等其他材料或者由当事人之间交换相应材料后，向法院申请能够证明各自主张事实的证据(《民事诉讼法》第 280 条)。第二，在辩论准备程序中，为了整理当事人各自的主张和证据，审判长等可以确定辩论准备日，要求当事人出席完成辩论准备(《民事诉讼法》第 282 条)。

就辩论的内容而言，当事人之间辩论的内容包括，双方当事人的本案申请和支撑本案申请的攻击、防御方法。本案申请，是指双方当事人请求法院作出对各自有利的判决。支撑本案申请的攻击、防御方法，是指为了支撑双方当事人的请求，在法庭上进行攻击和防御的方法。这里的本案申请，具体而言是指当事人请求法院针对该案件作出终局判决的陈述。攻击方法是指原告为了支撑自己的本案申请而提交的所有诉讼材料。防御方法是指被告为了支撑反驳相对人的主张而提交的所有诉讼材料。

(2)证据调查过程

证据，原则上应当是确定客观而合理的事实的基础。在例外的情形下，可以是为了发现法规范或者经验法则所必要的证据。所有关于审判的事实，原则上都应当进行证明。然而，根据《民事诉讼法》第 288 条的规定，对于审判过程中的陈述和无须证明的显著事实而言，无须进行证明。审判过程中的陈述(又称自白)

是指当事人在辩论过程或者在辩论准备日，表白对自己不利的事实属于真实的情形。根据辩论主义的原则，法院应当将当事人的陈述事实作为判决的基础。然而，在辩论过程或者在辩论准备日，当事人未针对相对人主张事实作出明确的抗辩，同时根据整个辩论过程的目的，无法认定该当事人提出抗辩时，法院视该当事人对相对人主张事实作出了承认的陈述(《民事诉讼法》第150条)。无须证明的显著事实，是指根据该事实的客观性足以辨别真伪，无须通过证据证明是否存在相应事实的情形。

原则上，以当事人提出证据申请，开始证据调查。证据调查的方法，包括讯问证人、书证、鉴定、检证、讯问当事人。讯问证人，是指通过向证人提问，由证人回答的方式获取证据材料的证据调查方法。书证，是指调查文书是否具有证据力的调查方法。通过阅览文书，分析文书中记载的意思和内容，获取证据材料的证据调查方法。鉴定，是指为了补充法官的判断能力，从具备特殊学识、经验的人获取专业知识或者经验法则的证据调查方法。检证，是指法官利用其五官直接检查事物的性状、现象，将该结果视为证据材料的证据调查方法。讯问当事人，是指将当事人本人视为证据方法，讯问该当事人所经历的事实，将该回答视为证据材料的证据调查方法。此外，针对图纸、照片、录音带、录像带、电脑磁盘等为了储存信息而制作的材料而言，该证据调查事项准用鉴定、书证、检证的规定，具体内容由大法院规则规定(《民事诉讼法》第374条)。

法院斟酌辩论整体的目的和证据调查的结果，通过自由心证，立足于社会正义和公平的理念，根据逻辑和经验的法则，判断当事人的主张事实是否为真实(自由心证主义，《民事诉讼法》第202条)。通过当事人之间的辩论和法院的证据调查等，当能够确定事实关系时，法院应当终结辩论，依照确定的事实关系适用法律，宣告判决。

(三)诉的结束

1. 依当事人行为的结束

民事诉讼上，当事人可以自由处分私人之间的纠纷。因此，可以根据当事人的行为结束诉讼。

(1)诉的撤销

诉的撤销，是指原告针对法院作出撤回诉讼请求的意思表示。当撤销诉讼时，诉讼系属的效果将溯及消灭，结束诉讼(《民事诉讼法》第267条)。

(2)请求的放弃和认诺

请求的放弃，是指原告单方面向法院作出意思表示，自认其诉讼上的请求不成立的情形。请求的认诺,是指被告单方面向法院作出意思表示,认定原告的诉讼上请求成立的情形。请求的放弃和认诺的相关内容记载于辩论笔录或者辩论准备日的笔录中时,该笔录具有与生效判决同等的效力(《民事诉讼法》第220条)。

(3)和解

和解,是指存在纠纷的当事人,在法官面前,通过相互让步解决纠纷的情形。和解的相关内容记载于辩论笔录或者辩论准备日的笔录中时,该笔录具有与生效判决同等的效力(《民事诉讼法》第220条)。

和解,包括以诉讼系属为前提的审判过程中的和解、不以诉讼系属为前提的起诉前和解。审判过程中的和解,是指诉讼系属中,针对诉讼对象,双方当事人通过相互让步,在中断诉讼的期间作出的和解。起诉前和解,是指诉讼系属前,为了预防诉讼,根据希望和解的当事人的申请,在地方法院独任法官或者市、郡法院法官面前进行的和解,即有关民事上的纠纷,当事人通过说明请求的目的、原因、纠纷的情况,向具有管辖权的地方法院申请和解的情形(《民事诉讼法》第385条)。

2. 依终局判决的结束

终局判决,是指针对原告提起的诉讼,法院作出判断,结束相应审级诉讼程序的判决。[①] 审判(又称裁判),是指审判机关就民事诉讼作出的判断或者意思表示。广义上的判决,包括狭义上的判决和决定、命令。狭义上的判决,是指原则上由法院经过辩论作出的审判,要求书写法定形式的判决书,并且基于判决书作出宣告。决定,是指针对轻微的事项或者需要迅速作出判断的事项,法院非经辩论即作出的审判。命令,是指审判长、受命法官或者受托法官等法官作出的审判。受命法官,是指法院合议庭委任其组成人员处理部分法定事项的法官。受托法官,是指基于法院之间的互助,根据受诉法院的委托处理部分法定事项的受托法院法官。

就判决的成立而言,法院确定判决的内容,书写判决书,并且基于判决书宣告判决时,判决即告成立。判决以宣告发生效力(《民事诉讼法》第205条)。就宣告的方式而言,由审判长根据判决书朗读主文,宣告判决。必要时,可以简单说明理由(《民事诉讼法》第206条)。就判决书中应当记载的事项而言,其一,记载当事人和法定代理人的姓名。其二,记载主文。其三,记载请求的目的或者上诉的目的。其四,记载判决的理由。其五,记载辩论终结日期,对于未进行辩论的判决

---

① 김문현, 김인호 외 12 인, 법학입문, 제 3 판, 법문사, 2008, 326 면。

而言,记载宣告判决的日期。其六,记载关于法院的事项。其七,由作出判决的法官署名盖章(《民事诉讼法》第208条)。作出宣告后,应当随即将判决书交给法院事务官等(《民事诉讼法》第209条)。收到判决书的法院事务官等,应当在两周内向当事人送达正本判决书(《民事诉讼法》第210条)。

就判决的效力而言,判决一经宣告成立,宣告判决的法院也要受到该判决的约束,不得恣意变更或者撤销判决。然而,当判决中存在错误的计算或者记载以及其他类似错误时,法院可以依职权或者依当事人的申请作出更正决定(《民事诉讼法》第211条)。针对违法、不当的判决而言,当事人可以通过上诉提出不服。然而,判决的确定生效是指不能提出不服申请的状态。当事人的这种否定性状态称为形式上的确定力。当判决在形式上被确定生效,不能撤销、变更时,判决的内容将具备既判力、执行力、形成力。既判力,是指赋予生效判决内容以强制性适用力和约束力的法律效果。执行力,是指能够通过国家执行机关强制实现生效判决主文中要求债务人履行义务的效力。形成力,是指根据生效判决的内容,产生、变更、消灭法律关系的效力。

(四)判决的不服程序

1. 上诉

法院宣告终局判决,即宣告结束相应审级的诉讼程序。法院宣告判决后,应当向当事人送达判决书正本。不服法院判决的当事人,应当在法定上诉期间内提出上诉。上诉,是指在判决确定生效之前,当事人不服该判决,向上级法院请求撤销或者变更先前判决的意思表示。提出上诉后,判决并不发生确定效力,相应诉讼关系移审至上一审级。根据审级,上诉可以区分为抗诉和上告。

2. 抗诉和上告

抗诉,是指当事人不服第一审判决而作出的意思表示。当事人可以针对第一审法院宣告的终局判决,提出抗诉。然而,有些情形下不得提出抗诉:第一,作出终局判决后,双方当事人通过协商,在保留上告权利的前提下,约定不提起抗诉的情形。第二,放弃抗诉权的情形(《民事诉讼法》第390条、第394条)。抗诉应当在收到第一审判决书之日起两周以内,将抗诉状提交至第一审法院。如果超过提起抗诉的期限,第一审判决自动生效。当第一审判决是由地方法院独任法官作出时,由地方法院合议庭处理抗诉。当第一审判决是由地方法院合议庭作出时,由高等法院处理抗诉。

上告,是指当事人不服第二审判决而作出的意思表示。当事人可以针对高等法院宣告的终局判决或者地方法院合议庭宣告的第二审终局判决,提出上告。上告审作为法律审,仅就法律上的争论进行审理,因此,由大法院管辖。基于上告审为法律审的现实,原审判决根据正当程序确定的事实,应当羁束上告法院(《民事诉讼法》第 432 条)。上告应当在收到抗诉审判决书之日起两周内,向原审法院提交上告状。

3. 抗告和再抗告以及再审

抗告,是指针对判决以外的决定、命令等,提起的独立上诉。针对当事人在诉讼过程中向法院提出的各类申请,法院可以通过决定或者命令驳回当事人的申请。此时,当事人可以针对法院作出的驳回决定或者命令,提出抗告(《民事诉讼法》第 439 条)。针对第一审诉讼过程中的决定、命令,提出不服的方法,称为抗告。针对最初抗告和在抗告审诉讼过程中作出的决定、命令,以及高等法院或者抗诉法院作出的决定、命令,提出不服的方法,称为再抗告。对于抗告法院、高等法院或者抗诉法院的决定、命令,只有存在违反宪法、法律、命令或者规则,并且影响审判的情况下,才可以提出再抗告(《民事诉讼法》第 442 条)。再审,是指在确定生效的终局判决中,存在法定重大的瑕疵时,当事人向作出判决的法院,请求取消该判决和请求再次审判该案件的非常不服申请方法(《民事诉讼法》第 451 条)。

(五) 强制执行

强制执行,是指债务人无正当理由不予履行判决时,动用国家强制力使债务人履行义务的程序。强制执行的启动需要有债权人的申请。债权人通过申请国家机关的强制力,实现自身债权。强制执行的前提,是存在具备执行力的执行文书(又称执行权源)。执行文书是完成强制执行的文书。执行文书,包括生效的判决、和解笔录、认诺笔录、生效的支付命令等。其中,最为重要的是具备执行力的生效判决。①

(六) 简易诉讼程序

1. 小额案件审判程序

为了使地方法院或者地方法院支院通过简易程序迅速处理小额民事案件,韩国制定了《小额案件审判法》。《小额案件审判法》是对《民事诉讼法》的特别规定(《小额案件审判法》第 1 条)。小额案件应当是第一审民事案件,起诉前的诉讼标的额应当不超过 30,000,000 韩元,并以支付金钱、其他替代物或者有价证券为目的(《小额案件审判规则》第 1 条之 2)。原告可以通过口述提起小额案件的诉

---

① 이영종, 황태정 외 5 인, 법학입문, 집현재, 2016, 445 면。

讼。当以口述提起诉讼时,应当在法院事务官等的面前陈述(《小额案件审判法》第4条)。

针对小额案件,在没有特殊情况时,法院可以通过决定将起诉状副本或者起诉笔录复印件发送至被告,并劝告被告按照请求目的履行义务(《小额案件审判法》第5条之3)。被告可以自收到履行劝告决定书复印件之日起两周以内,书面提出异议申请。当然,在收到该复印件之前,也可以提出异议申请(《小额案件审判法》第5条之4)。当被告自收到履行劝告决定书复印件之日起两周以内,未提出异议申请时;或者针对异议申请,法院作出的驳回决定生效时;再或者当事人撤销异议申请时,相应履行劝告决定将具有与生效判决同等的效力(《小额案件审判法》第5条之7)。

2. 督促程序

针对支付一定数量金钱、其他替代物或者有价证券为目的的请求而言,根据债权人的申请,法院可以作出支付命令。作出这一支付命令的前提,是在韩国范围内可以通过公示送达以外的方法送达该支付命令(《民事诉讼法》第462条)。针对支付命令的申请,法官无须审问债务人,可以直接通过决定作出支付命令(《民事诉讼法》第467条)。债权人申请法院作出支付命令后,法院应当向当事人送达支付命令。债务人可以对支付命令提出异议申请。当债务人自收到支付命令之日起两周以内提出异议申请时,该支付命令在有异议的范围内失去效力(《民事诉讼法》第470条)。然而,针对支付命令,当事人未提出异议申请时;或者撤销异议申请时;再或者针对异议申请,法院作出的驳回决定生效时,支付命令将具有与生效判决同等的效力(《民事诉讼法》第474条)。

三、刑事诉讼程序

(一)刑事诉讼法绪论

1. 刑事诉讼法的意义

刑事诉讼法,是为了在具体案件中适用刑法,规定必要程序的法律体系;也可以定义为刑事诉讼法是规定刑事程序的国家法律体系,是有关适用并实现刑法的程序。当有犯罪行为时,作为制裁,国家对犯罪行为人处以刑罚。① 刑事诉讼,可以区分为狭义的刑事诉讼和广义的刑事诉讼。狭义的刑事诉讼,是指法院对刑事案件的审判程序,即从提起公诉至判决生效期间的审判程序。广义的刑事诉讼,

---

① 최선호, 법학개론, 홍진출판사, 2000, 482 면。

是指从提起公诉之前的侦查程序开始至判决生效后的判决执行期间的程序。韩国的刑事诉讼,一般是指广义的刑事诉讼。通常情况下,可以将刑事诉讼法称为包含了广义刑事诉讼程序的刑事程序法。[①]《刑事诉讼法》一般是指 1954 年 9 月 23 日颁布实施的诉讼法。然而,类似《少年法》《有关即决审判的程序法》《军事法院法》《有关刑罚的执行以及收容者待遇的法律》《国家保安法》等规定刑事程序的法律,都可以视为实质意义上的刑事诉讼法。其中,《有关即决审判的程序法》中的即决审判是指针对犯罪证据明确、情节轻微的案件,适用简易程序进行判决的程序。

就刑事诉讼的基本理念而言,刑事诉讼是为了实现国家刑罚权的程序法,目的是通过发现实体上的真实,实现正义。然而,就保障被告人的人权层面来看,在发现实体上的真实时,还应当适用正当程序、迅速审判等原则。韩国《宪法》规定,所有人都享有得到迅速审判的权利(《宪法》第 27 条第 3 款),未经法律以及正当程序,所有人都不受处罚、保安处分或者强制劳役(《宪法》第 12 条第 1 款)。总之,可以认为韩国的刑事诉讼理念是发现实体上的真实和保障人权。

就刑事诉讼的基本结构而言,涉及诉讼结构论的问题,诉讼结构论应当回答,刑事诉讼程序应当采纳何种结构才能发挥其应有的作用。就这一问题,曾经存在纠问主义和弹劾主义的观点对立。纠问主义是由法院确定诉讼程序的开始,并由法院完成审判;而弹劾主义则以追诉机关提请公诉视为诉讼程序的开始,由法院完成审判。就纠问主义诉讼结构而言,有关刑事程序的所有权限集中于法院,排除不告不理的原则,犯罪嫌疑人仅为调查、审理的客体,且不可以成为行使防御权限的主体,甚至为了强制陈述义务,允许类似刑讯逼供的行为。纠问主义诉讼结构产生于欧洲中世纪,受法国大革命的影响,逐渐被淘汰,取而代之的是弹劾主义诉讼结构。[②]

如今我们所讨论的诉讼结构,主要是以弹劾主义诉讼结构为基础,探究法院、检察官、被告人之间如何进行职能划分,又如何行使各自职能的问题。弹劾主义诉讼结构,可以划分为当事人主义诉讼结构和职权主义诉讼结构。当事人主义诉讼结构,是指由检察官和被告人作为平等的主体,完成攻击与防御,法院则在第三人的角度对事实关系作出判断。职权主义诉讼结构,是指承认法院具有诉讼主导

---

① 이영종, 황태정 외 5 인, 법학입문, 집현재, 2016, 450 면。

② 김문현, 김인호 외 12 인, 법학입문, 제 3 판, 법문사, 2008, 333 면。

地位,法院依职权介入诉讼,收集并调查证据的诉讼结构。[①] 韩国于 1954 年制定的《刑事诉讼法》采纳了大陆法系的职权主义诉讼结构制度,然而现行《刑事诉讼法》吸收了大量英美法系的当事人主义诉讼结构制度因素,并以兼容两种制度的形式作为其特色而存在。韩国宪法裁判所认为,《刑事诉讼法》主要采纳了当事人主义的诉讼结构。

2. 刑事诉讼主体

刑事诉讼主体,包括法院、检察官、被告人。法院是行使审判权的主体。检察官是代表国家行使公诉权的主体。被告人是对抗公诉机关行使防御权的主体。上述刑事诉讼主体,根据刑事诉讼法上的权限,完成诉讼行为。根据当事人主义诉讼结构,韩国《刑事诉讼法》上的当事人是指检察官和被告人。检察官的辅助人是司法警察官吏,被告人的辅助人是律师。诉讼关系人是诉讼当事人和其辅助人的总称。

(1)法院

根据《宪法》第 101 条的规定,司法权属于由法官组成的法院。由此,法院作为司法机关,行使国家司法权。法院可以区分司法行政意义上的法院(又称国法意义上的法院)和诉讼法意义上的法院。司法行政意义上的法院,是指由大法院院长和下级各法院院长指挥、监督的各级法院。为了掌管司法行政事务,大法院设立法院行政处,下级各法院设立事务局(《法院组织法》第 10 条、第 19 条)。诉讼法意义上的法院,是指处理具体案件的审判机关。刑事诉讼法意义上的法院,通常是指诉讼法意义上的法院。原则上,由独任法官行使地方法院和家庭法院以及市、郡法院的审判权,由合议庭行使高等法院、专利法院、行政法院的审判权。就大法院而言,大部分案件先由 3 名以上大法官组成的合议庭,行使审判权。然而,在满足《法院组织法》第 7 条规定的法定条件时,应当由 2/3 以上大法官组成的全员合议庭,行使大法院的审判权。

为了保障审判的公正行使,当法官存在无法期待公正进行审判行为的事由时,《刑事诉讼法》设置了要求相应法官停止执行职务的制度,即法官的除斥、忌避、回避制度。除斥,是指在法律中列举法官有可能进行不公正审判的类型,当存在法定事由时,当然排除相应法官履行职务的情形(《刑事诉讼法》第 17 条)。忌避,是指法官虽然存在除斥事由却参与审判,或者认为法官存在可能进行不公正

---

① 이영종, 황태정 외 5 인, 법학입문, 집현재, 2016, 450 면。김문현, 김인호 외 12 인, 법학입문, 제 3 판, 법문사, 2008, 334 면。

审判时，依照当事人的申请，排除法官履行职务的情形(《刑事诉讼法》第 18 条)。回避，是指当法官自认为存在应当忌避的事由时，依照申请，请求排除自身履行职务的情形(《刑事诉讼法》第 24 条)。实务中，有关《刑事诉讼法》第 18 条第 1 款第 2 项规定的"认为法官存在可能进行不公正审判时"是指并非出于当事人主观推断认为法官有可能进行不公正审判，而是出于一般人的判断，从法官与案件之间的关系来看，客观事实上存在法官进行不公正审判的合理怀疑情形。

(2)检察官

检察官，是行使侦查犯罪、提起公诉、支持公诉、执行审判等检察权的国家机关。检察官属于独立机关(又称单独官厅)，其并非检察总长或者检察长的辅助机关，而是以自己的名义单独处理事务的机关。虽然检察官在职级上是所属于法务部的行政机关，但从其职务内容看，则是与司法权密切关联的准司法机关。韩国通说认为，检察官属于准司法机关。① 根据检察官同一体原则，检察官是以检察总长为顶点的金字塔式全国性统一组织体的组成部分。之所以要设立全国性的统一组织体，是意在确立全国统一的侦查网，均等地行使检察权。例如，就检察事务而言，检察官之间的上下级关系是指挥监督权与提出异议权的关系，各级检察机关的检察长可以调整所属检察官的职务或者继承所属检察官的职务。检察官是具有侦查权、侦查指挥权、侦查终结权的侦查主体，是垄断公诉权的公诉权主体，是判决的执行机关。它一方面是与被告人处于对立关系的诉讼当事人，另一方面又是根据客观义务保护被告人正当利益的公益代表。

(3)被告人

被告人，是由检察官提起公诉的相对人，还可以是由警察署长提起执行即决审判的相对人。侦查阶段的犯罪嫌疑人，被检察官提起公诉后，转换为被告人。在采纳当事人主义诉讼结构的韩国，由于检察官的公诉，被告人不得不行使防御权，因此，也可以将被告人称为被动当事人。就被告人的地位而言，首先，被告人具有诉讼当事人的地位，即行使防御权以及参与权的主体地位。其次，被告人具有证明方法的地位。例如，被告人进行陈述时，其便是证明方法。最后，作为刑事诉讼程序对象的地位，即被告人有可能成为强制处分的客体。

就刑事诉讼程序上保障被告人人权的基本原则而言，韩国《宪法》第 27 条第 4 款规定，在有罪判决生效之前，被告人推定为无罪(《刑事诉讼法》第 275 条之

① 성낙인, 헌법학, 법문사, 2019, 495 면。이영종, 황태정 외 5 인, 법학입문, 집현재, 2016, 453 면。

2）。由此，在宪法和法律上明示了无罪推定原则。因此，在诉讼过程中，应当以必要而最小限度地行使针对被告人的不利处罚。即使在证明被告人有罪时，也要采用遇有疑义时应有利于被告人的原则。强制措施的法定主义、令状主义，尽可能不拘留而完成侦查的原则，保障沉默权的原则等都是为了具体化无罪推定原则的制度措施。虽然在《宪法》与《刑事诉讼法》上仅规定了被告人的无罪推定原则，然而韩国通说以及判例都认为嫌疑人也适用无罪推定原则。①

（二）侦查

1. 侦查的基本概念

侦查，是指针对刑事案件，为了明确有无犯罪嫌疑，并提起、支持公诉，而确保、发现犯罪人，且收集、补全犯罪证据的侦查机关行为。② 侦查机关包括检察官与司法警察官吏。司法警察官吏，又可以区分为无职务范围限制的一般司法警察官吏和职务范围限定于特殊领域的特别司法警察官吏。一般司法警察官吏，通常包括一般警察、检察机关的侦查官。特别司法警察官吏，通常包括宪兵、狱警、海关部门职员、国家情报院的职员等。就检察官与司法警察官吏的关系而言，检察官在侦查活动中处于主导地位，司法警察官吏接受检察官的指挥进行侦查。司法警察官吏是检察官的辅助人。在2011年修改《检察厅法》之前，该法第53条曾规定，检察官与司法警察官吏的关系是上下服从关系。在2011年修订《检察厅法》时，删除了相关规定。然而，上述修订并不妨碍检察官针对司法警察官吏行使侦查指挥权。

2. 侦查的开始

当侦查机关认为存在犯罪嫌疑时，开始侦查（《刑事诉讼法》第195条、第196条第2款）。侦查行为的开始是基于侦查机关主观上判断进行的活动。引起侦查机关主观上认为存在犯罪嫌疑的原因，称为侦查的端绪。根据侦查的端绪，侦查机关认知犯罪，开始侦查的过程称为立案。以立案为标准，怀疑对象将转换成嫌疑人。侦查的端绪区分为通过侦查机关自身体验获知的端绪和由第三人的体验而获知的端绪。例如，基于现行犯、尸检、盘问、侦查其他案件时发现的犯罪，属于通过侦查机关自身体验获知的端绪。基于告发、自首、匿名举报等发现的犯罪，则属于通过第三人的体验而获知的端绪。当有告发、自首时，随即开始侦查。其他情形下，即使有侦查的端绪，也要通过侦查机关确认是否存在犯罪嫌疑后，通过认

① 이은모, 형사소송법, 제 6 판, 박영사, 2018, 87 면。
② 이은모, 형사소송법, 제 6 판, 박영사, 2018, 159 면。

知犯罪开始侦查。

3.侦查方法

侦查方法可以区分为任意侦查和强制侦查。任意侦查需要获得对方的同意或者承诺。强制侦查则是违背相对人的意思,以侵害法益的方式进行的侦查。在侦查过程中,不可避免地会导致对国民基本权利的限制,为了将该限制控制在最小范围内,韩国《刑事诉讼法》要求原则上适用任意侦查。当法律没有特别规定时,不可以进行强制侦查。这一形态称为强制措施法定主义(《刑事诉讼法》第199条)。韩国《宪法》第12条第3款规定,强制措施应当以法官签发的令状为基础。由此,在宪法上明示了强制措施令状主义原则。基于宪法的规定,韩国《刑事诉讼法》规定了对人的强制措施,如逮捕、拘留等;同时,规定了对物的强制措施,如扣押、搜查、检证等强制措施。

(1)对人的强制措施

逮捕是在侦查阶段的初期,对人身的短期拘留行为。拘留(又称拘束)作为独立的强制措施或者逮捕的后续措施,是对人身较长时间的拘禁行为。逮捕可以区分为一般逮捕、紧急逮捕、针对现行犯的逮捕。一般逮捕是根据令状进行的逮捕。紧急逮捕是当嫌疑人具有重大犯罪嫌疑,并且存在毁灭证据、逃避等的紧急情况而无法事先申请令状时,进行的逮捕。针对现行犯的逮捕是针对现行犯,可以在未申请令状的前提下,实施的逮捕。拘留可以区分为由侦查机关针对嫌疑人实施的拘留和提起公诉后由法院对被告人实施的拘留。拘留包括拘禁和拘引,拘留令状包括拘禁于看守所或者监狱等的拘禁令状和引致法院的拘引令状。令状由司法警察官向检察官申请,再由检察官向法官请求签发(《刑事诉讼法》第201条)。

通常人们会认为,逮捕和拘留之间存在先后关系。即先有逮捕,后才能进行拘留。然而,韩国刑事诉讼法并没有规定逮捕前置主义的内容,因此即使事先未进行逮捕,也可以直接实施拘留的强制措施。在实施逮捕后,侦查机关应当在48小时内,请求拘留令状。当未能在法定期间内请求拘留令状或者不宜申请拘留令状时,应当随即释放嫌疑人(《刑事诉讼法》第200条之2)。

为了谨慎行使限制嫌疑人人身自由的强制措施,韩国确立了令状实质审查制度。法院在签发拘留令状之前,为了判断是否有必要针对嫌疑人实施拘留,应当讯问嫌疑人。这一过程称为拘留前嫌疑人讯问或者令状实质审查(《刑事诉讼法》第201条之2)。在这一过程中,法院应当对拘留的要件进行审查,即是否具有相当的犯罪嫌疑以及居住地是否不确定、是否有毁灭证据的嫌疑、是否有逃避的嫌疑等拘留事由(《刑事诉讼法》第200条之2、第200条之3)。根据令状被逮捕或者拘留的嫌疑人,在被提起公诉前,还可以向法院再次请求审查逮捕或者拘留是否适当。这一过程称为拘留是否审。由此,为嫌疑人再次获得人身自由提供了机会。

(2)对物的强制措施

扣押(又称押收)是指强制取得对物的占有。搜查(又称搜索)是指为了发现扣押物或者嫌疑人,针对人身或者物品再或者一定的场所实施的强制措施。检证是指通过侦查人员五官的作用认知物的性质和形态、人身、场所的强制措施。侦查上的搜查主要是为了实施扣押而采取的措施,实务上也需要采用扣押令状、搜查令状等实施扣押或者搜查。出于犯罪侦查的必要(必要性),存在嫌疑人实施犯罪的事实情况(犯罪嫌疑的事实情况),并且有相当理由认为嫌疑人和相应案件之间具有关系(关联性)时,经法官签发的令状,可以实施扣押、搜查、检证(《刑事诉讼法》第215条)。

4. 侦查的终结

当嫌疑案件得到一定程度的澄清,检察官可以决定是否提起公诉时,结束侦查。除了检察官具有启动侦查的权限,司法警察官也具有启动侦查的权限。然而,只有检察官才具有终结侦查的权限。因此,司法警察官在侦查犯罪时,应当毫无迟疑地将相关书面材料和证据报送至检察官。但是针对适用即决审判的案件,即针对被告人处以20万韩元以下罚金或者处以拘留或科料的犯罪案件而言,经警察署长的请求,可以终结侦查程序。这里的科料是指针对轻微犯罪,处以2000韩元以上5万韩元以下的财产刑罚(《刑法》第47条)。这一情形属于检察官起诉垄断主义的例外。

根据侦查结果,当客观犯罪嫌疑充分,具备诉讼条件,存在获得有罪判决的可能性时,由检察官提起公诉。除了提起正式的公诉之外,对于处以罚金、科料、没收等财产刑罚的案件而言,在提起公诉时,可以请求法院适用略式审判程序,进行书面审判。根据侦查结果,当检察官决定不予提起公诉时,应当作出不起诉处分。不起诉处分可以区分为不存在嫌疑、不构成犯罪、无公诉权等因起诉事由的狭义不起诉处分和暂缓起诉的不起诉处分。除了类似提起公诉、不起诉处分的终极处分之外,检察官还可以依照中止起诉、参考人中止、保留公诉、移送其他机关等居中处分的方式,暂时终结侦查。这里的参考人中止是指侦查机关无法联系到为了侦查犯罪要求接受调查的人时,中止侦查的处分。

不存在嫌疑的不起诉处分是缺乏构成要件该当性、证据不充分的情况下作出的处分。不构成犯罪的不起诉处分是无违法性、存在责任阻却事由的情况下作出的处分。无公诉权的不起诉处分，是在缺乏诉讼条件的情况下作出的处分。暂缓起诉的不起诉处分是指虽然存在犯罪嫌疑，但是考虑量刑条件，不予起诉的情形下作出的处分。[①]

（三）公诉

1. 公诉的概念

公诉，是指检察官向法院请求判决针对特定刑事案件的法律行为性质的诉讼行为。[②] 以检察官提起公诉为起点，侦查程序转变为审判程序，嫌疑人的身份转换为被告人。韩国通过《刑事诉讼法》明确了如下提起公诉的基本原则：其一，采纳了国家追诉主义，否定私人追诉行为。其二，采纳了起诉垄断主义，将公诉权主体限定为检察官。其三，采纳了起诉便宜主义，将是否提起公诉的裁量权赋予了检察官。其四，采纳了起诉变更主义，在宣告第一审判决之前，检察官具有可以撤销公诉的权限（《刑事诉讼法》第246条、第247条、第255条）。

2. 提起公诉的方式

检察官将公诉状（起诉书）提交至管辖法院，即完成公诉的提起。公诉状应当记载被告人的姓名等能够特定被告人的其他事项、罪名、公诉事实、适用法条。就记载公诉事实事项而言，应当明示犯罪的时间、场所、方法，根据这些事项应当能够特定公诉事实。当有数个犯罪事实与适用法条时，可以择一记载或者列举记载。提交公诉状时，应当一并提交与被告人人数相等份数的副本、拘留相关文件等材料。除此之外，不可以提交令法院产生预断的任何其他材料（又称公诉状一本主义）。

3. 公诉时效

公诉时效是指结束犯罪行为后，在没有被提起公诉的前提下，经过一定期间，针对该犯罪，国家刑事追诉权自行消灭的制度。结束犯罪行为后，经过很长的一段时间，社会对处罚犯罪的欲望逐渐减少、因证据的零散难以完成追诉等，由此不得不在法治社会，容忍公诉时效制度的存在。公诉时效不同于刑罚的时效，刑罚的时效是指在有罪判决被确定生效后，经过一定期间未予以执行时，国家刑罚权归于消灭，而免除刑罚的执行。[③]

---

① 이영종, 황태정 외 5 인, 법학입문, 집현재, 2016, 458 면。

② 최정일, 법학개론, 제 2 판, 학림, 2017, 514 면。

③ 이영종, 황태정 외 5 인, 법학입문, 집현재, 2016, 460 면。

韩国《刑事诉讼法》第249条，根据不同的法定刑罚，对公诉时效的期间作出了不同的规定。公诉时效的期间为1年至25年。例如，法定刑罚为不足5年的停止资格、拘留以下的犯罪时，公诉时效为1年。法定刑罚为死刑时，公诉时效为25年。即使在提起公诉后，在判决还未确定生效之前，自提起公诉至经过25年时，视为完成公诉时效（又称拟制公诉时效）。在完成公诉时效后，检察官作出无公诉权的不起诉决定。即使检察官不顾公诉时效是否完成仍然提起公诉时，法院应当作出免诉判决。然而，根据《刑事诉讼法》第253条之2的规定，因杀人的犯罪行为应当处以死刑时，排除适用公诉时效制度。这是2015年修订《刑事诉讼法》时，新设的规定。此外，根据特别法，公诉时效的期间有时会被缩短，有时会被延长，更甚时会排除公诉时效的适用。目前，针对破坏宪制的犯罪、灭绝种族罪（crime of genocide）、强奸罪、杀人罪等，根据特别法排除了公诉时效的适用。韩国刑事诉讼法上的公诉时效制度与我国刑事诉讼法上的追诉时效制度存在理念上的差异。

（四）庭审程序

1. 庭审程序的概念

庭审程序，是指自提起公诉，案件系属法院后，至终结诉讼程序期间，所有的程序。[①] 庭审程序可以区分为开庭日的程序和开庭日以外的程序，开庭日的程序称为狭义的庭审程序。就庭审程序的基本原则而言，根据韩国《宪法》和《刑事诉讼法》的规定，包括公开主义、口头辩论主义、直接审理主义、集中审理主义的原则。其一，公开主义原则，要求庭审过程中的审理和判决应当公开。其二，口头辩论主义原则，要求庭审中的攻击与防御行为应当以口头进行。其三，直接审理主义原则，要求法院只能以开庭日直接调查的证据，审理、判决案件。其四，集中审理主义原则，仅以一次审理无法终结案件时，原则上要求每天开庭直至作出判决。[②]

2. 庭审准备程序

庭审准备程序，是指为了开庭日的审理，由管辖法院进行的一系列准备程序。刑事诉讼法上狭义的审判准备程序，是指审判长为了有效、集中审理被告人所否认的罪行或者争议焦点较多的案件等，而进行的审判准备程序。广义的审判准备程序，则是指包含了送达公诉状副本、递交被告人陈述书、确定开庭日、传唤被告

---

① 최정일, 법학개론, 제 2 판, 학림, 2017, 519 면。

② 최정일, 법학개론, 제 2 판, 학림, 2017, 519－521 면。

人等的所有审判准备程序。通常情况下，审判准备程序应当在第一审开庭日前进行，必要时也可以在第一审开庭日以后进行。审判长可以要求当事人书面准备其主张、举证计划等，或者另行确定日期进行审判准备程序（《刑事诉讼法》第266条之5）。审判准备程序大体上是任意性程序。然而，对于适用陪审员审判程序的案件而言，必须进行审判准备程序。

3. 开庭日的程序

开庭日的审理应当在审判庭进行。开庭应当有法官、检察官、法院事务官等的出席，除了被告人涉及轻微案件或者明显属于形式意义上的审判时，无须出席之外，被告人必须出席。开庭日的程序可以区分为冒头程序、事实审理程序、判决宣告程序。①

（1）冒头程序

冒头程序，以告知被告人享有沉默权、人定讯问、检察官以及被告人的冒头陈述、审判长整理争议焦点、当事人陈述举证计划的顺序进行。首先，审判长向出庭的被告人告知其享有保持沉默的权利，随后通过讯问被告人的姓名、年龄、户籍所在地、居住地、职业等确认其就是被告人。这一程序就是人定讯问。其次，结束人定讯问后，由检察官根据公诉状朗读公诉事实、罪名、适用法条。当审判长认为必要时，可以要求检察官仅陈述公诉的概要。在检察官结束冒头陈述后，被告人应当陈述是否承认公诉事实，同时可以陈述有利于自己的事实等。当被告人在冒头陈述中，供述（又称自白）该公诉事实时，法院可以根据简易审判程序审判该公诉事实。最后，在结束被告人的冒头陈述之后，为了整理争议焦点，审判长可以向被告人或者辩护人提问，在证据调查之前可以要求检察官以及辩护人陈述有关证明公诉事实等的主张以及举证计划等。

（2）事实审理程序

事实审理程序，按照证据调查、被告人讯问、最终辩论的顺序进行。首先，证据调查包括证据申请、是否采纳证据的决定、异议申请程序。检察官、被告人或者辩护人可以提交文书或者实物作为证据，以及申请讯问证人等。根据《刑事诉讼法》第294条之2的特别规定，虽然被害人并非当事人，但赋予了被害人申请讯问证人的权利。针对当事人提出的证据申请，由法院决定是否进入证据调查阶段，必要时可以依职权进入证据调查阶段。在进入证据调查阶段后，原则上以检察官的申请、被告人的申请、依职权调查证据顺序进行。检察官、被告人或者辩护人可

① 이영종, 황태정 외 5인, 법학입문, 집현재, 2016, 462 면。

以对证据调查的结果提出异议申请。其次,结束证据调查后,进入讯问被告人的阶段。由于被告人既具有当事人的身份,又具有作为证据方法的地位,因此可以对被告人进行讯问。检察官或者辩护人可以交替讯问被告人,当审判长认为必要时,可以由审判长直接讯问被告人。当审判长认为某一被告人在被讯问的情形下,由于其他被告人等的在场而无法进行充分陈述时,可以要求相应人员退庭后,进行讯问。最后,结束证据调查和被告人讯问后,进行最终辩论。先由检察官陈述有关事实和法律适用的意见。这一程序称为论告。这一程序中,有关量刑的检察官意见,称为求刑。审判长在听取检察官的意见后,应当赋予被告人和辩护人陈述最终意见的机会。在实务中,先由辩护人陈述辩护意见后,再由被告人进行最后陈述。被告人进行最后陈述后,结束口头辩论。这一程序称为结审。法院认为必要时,可以依职权或者依检察官、被告人或者辩护人的申请,再次进行已经结束的辩论。然而,是否再次进行辩论的决定,属于法院的裁量范围。①

(3)判决宣告程序

判决的宣告,原则上应当在结束辩论日进行。然而,存在特殊情况时,可以在辩论终结后的 14 日以内另行指定宣告日。判决的宣告应当在审判庭依照由法官制定的判决书完成。原则上被告人应当在判决宣告日出席。仅在宣告判决的情形下,检察官或者辩护人无须出席。宣告判决时,由审判长朗读主文,并说明判决理由的概要,必要时可以进行适当的训诫。此外,宣告判决时,审判长应当告知被告人上诉期限和上诉法院。

4. 简易庭审程序

简易庭审程序,是指针对类似自白案件等不存在有罪或者无罪的争议案件,为了缓解关于证明能力的严格限制、简化证据调查程序等,依照简易程序进行审判活动,从而达到迅速审判、降低诉讼成本的制度。根据《刑事诉讼法》第 286 条之 2 的规定,当被告人在审判庭作出自白时,限于该公诉事实,法院可以决定根据简易庭审程序进行审判。根据韩国刑事诉讼法的体系,自白应当在冒头陈述阶段完成。法院在决定是否采用简易庭审程序时,应当考虑自白的可信度。

采用简易庭审程序的目的,是缓解证明能力的严格限制、简化证据调查程序。首先,在非适用简易庭审程序的案件中,由于采纳直接审理主义和传闻证据排除规则,因此应当排除非由直接审理主义获取的证据或者传闻证据,并且否定相应证据的证据能力。然而,对于适用简易审判程序的案件而言,通过推定当事人之

① 이영종, 황태정 외 5 인, 법학입문, 집현재, 2016, 462 – 463 면。

间存在同意证据效力的做法,认可非由直接审理主义获取的证据或者传闻证据,并且承认相应证据的证明能力。但是,针对违法收集证据排除法则或者自白排除法则,严格限制其证据能力的问题,仍然需要遵守。此外,针对证明力的问题,即针对自白补强法则的严格限制,也需要遵守。其次,采用简易庭审程序时,不予适用讯问证人时的交替讯问方式、结束证据调查后的被告人讯问、实物证据和书面证据的调查方法、听取针对证据调查结果的被告人意见以及证据申请权的告知、讯问证人和鉴定人以及共同被告人时要求被告人退庭等证据调查方式,法院可以通过自认为相当的方式进行证据调查(《刑事诉讼法》第297条之2)。

(五)证据

1. 证据的概念

证据,是指成为法院认定事实之根据的客观材料。① 证据的类型包括:其一,直接证据和间接证据。直接证据是可以直接证明需要证明之事实的证据。例如,被告人的自白、目击者的陈述。需要证明之事实可以简称为要证事实。间接证据(又称情况证据),通过证明间接事实可以推断要证事实。例如,在犯罪现场采取的被告人指纹等。其二,人证和物证。人证,即自然人的陈述能够成为证据方法。物证,即实物的存在或者实物的状态能够成为证据方法。其三,证据材料和书面清单。二者均为物证之一书证。证据材料,仅以材料中记载的内容作为证据。书面清单,除了材料中记载的内容之外,依该材料的存在和状态本身就可以作为证据的证物书面清单。其四,陈述证据和非陈述证据。陈述证据,将人们的陈述作为证据。非陈述证据,即陈述证据之外的书证和实物证据。其五,本证和反证。本证,具有举证责任的当事人提交的证据。反证,对抗当事人为了否定依本证中证明的事实而提出的反证。其六,实质证据和辅助证据。实质证据,能够直接或者间接地证明是否存在罪行。辅助证据,证明实质证据的证据能力或者证明力的关联事实。②

2. 证据能力和证明力

证据能力,是指使得证据能够成为证明材料的法律上资格。③ 证据能力由法律事先予以明示。因此,法律未明示的证据不能成为证据调查的对象或者提起公诉后认定犯罪事实的材料。证明力,是指相应证据有益于证明事实的实质价值,

---

① 최정일, 법학개론, 제 2 판, 학림, 2017, 527 면。

② 이영종, 황태정 외 5 인, 법학입문, 집현재, 2016, 465 면。

③ 최정일, 법학개론, 제 2 판, 학림, 2017, 528 면。

即证据的可信度。证据能力是由法律明示的范畴,而证明力则属于法官自由心证的范畴。根据《刑事诉讼法》第 308 条的规定,由法官自由判断,证据是否具有证明力。由此,明确了法官的自由心证主义。然而,法律规定的自白补强法则或者庭审笔录的证明力,则是对法官自由心证的限制条款。

3. 证明的基本原则

(1)证据审判主义

根据《刑事诉讼法》第 307 条第 1 款的规定,应当依照证据认定事实。由此,韩国将证据审判主义视为证据法的基本法则。与民事诉讼程序不同,刑事诉讼程序中即使有当事人的自白,也应当有证据证明其自白为真实。《刑事诉讼法》第 307 条第 2 款还规定,犯罪事实的认定,应当达到能够证明不存在合理疑虑的程度。由此,强调了心证形成过程的严格性。基于证据审判主义,证明行为原则上应当根据具有证据能力以及经合法证据调查取得的证据。这一类型的证明行为称为严格的证明行为。作为对立于严格证明的概念,依照严格证明以外的方法而进行的证明行为,即为不受限于严格的证明能力或者法律规定的证据调查方法,而依照法院裁量的证明行为,则称为自由证明。

根据《刑事诉讼法》第 307 条第 2 款的规定,在认定有罪时,证明的程度应当达到不存在合理疑虑的程度。由此,韩国学界普遍认为,刑事诉讼法采纳了严格证明的法理。然而,针对哪些事实属于严格证明对象的问题而言,韩国学界存在分歧,但一般而言,如下事实应当需要严格证明。其一,犯罪事实。其二,法律上加重或者减免刑罚的理由事实。其三,间接事实。例如,有关不在场证明的事实。其四,经验法则的内容不明确的情形。其五,是否存在外国法规的问题。①

(2)举证责任

举证责任是指针对部分要证事实是否存在的问题,未能充分予以证明时,因该不充分证明将负担不利益的当事人之法律地位。② 当不能证明要证事实时,由谁来负担相应不利益的问题,称为举证责任的分配。根据《刑事诉讼法》第 275 条之 2 规定的无罪推定原则和遇有疑义时应有利于被告人(in dubio pro reo)的原则,原则上由检察官负责举证责任,然而,针对《刑法》上伤害罪的同时犯特例以及名誉损毁罪的违法性阻却事由(《刑法》第 263 条、第 310 条)而言,由于政策上的事由,由被告人负担举证责任,即举证责任倒置。

---

① 최정일, 법학개론, 제 2 판, 학림, 2017, 529 면。

② 최정일, 법학개론, 제 2 판, 학림, 2017, 530 면。

（3）违法收集证据排除法则

韩国《刑事诉讼法》第308条之2规定，未依照正当程序收集的证据，不得视为证据。由此，明示了违法收集证据的排除法则。这一规定是为了防止侦查机关的违法侦查行为，从而实现正当程序理念的证据法原则。由于正当程序原则和实体真实主义之间易产生冲突，因此在设定正当程序的标准和具体适用范围时，需要灵活协调上述两项原则。通常情况下，经违反令状主义、正当程序、证据调查程序，而收集的证据等，视为违法收集的证据。这些违法收集的证据在原则上应当排除其证据能力。①

（4）自白排除法则

自白是指被告人、嫌疑人承认全部或者部分犯罪事实的陈述。② 自白排除法则，是指当被告人的自白认定为是由于刑讯、施暴、胁迫、不当拘留的长期化、欺瞒等其他方法，并非出于自愿的陈述时，不得将该自白视为认定有罪证据的原则（《刑事诉讼法》第309条、《宪法》第12条第7款）。当怀疑自白不存在任意性时，通过否定相应自白的证据能力，事前阻止侦查机关想要通过获取自白轻易完成举证的诱惑，从而确保公正的审判。自白排除法则具有作为宪法上基本权利的地位，因此，对于被否定证据能力的自白，即使存在当事人同意使用为证据的表白，也不得成为证据，更不能成为弹劾的证据。

（5）传闻证据排除法则

传闻证据，是指构成认定事实基础的经验事实，并非由经验者直接向法院陈述，而是经过他人的陈述或者书面记述等完成的行为。传闻证据排除法则（又称传闻法则）是指不承认传闻证据之证据能力的原则。传闻证据排除法则的理论根据，有作为传闻证据的证据缺乏信用性、缺乏反对讯问、缺乏直接审理等。然而，《刑事诉讼法》第310条之2规定，“除了第311条至第316条的规定之外，通过书面材料的记述代替庭审准备或庭审日的陈述，或者在庭审准备或庭审日以外的以他人陈述为内容的陈述，不得作为证据”。由此，《刑事诉讼法》通过明文列举了虽然是传闻证据，也应当认定其证据能力的例外情形。此外，即使不是上述法条中的例外情形，当作为诉讼当事人的检察官和被告人同意认定书面材料或者物品为真正的书面材料或者物品时，可以视为证据。可以说，韩国实务界出于诉讼经济和迅速审判的考虑，赋予了诉讼相关人证据同意权。原则上，否认传闻证据的

① 이영종, 황태정 외 5인, 법학입문, 집현재, 2016, 467면。

② 최정일, 법학개론, 제 2판, 학림, 2017, 532면。

证据能力，是为了保障被告人的反对讯问机会，通过彻底贯彻直接审理主义中的审判中心主义，保障被告人获得公正审判的权利。

(6)自白补强法则

自白补强法则，是指通过正式审判发现被告人的自白是被告人的唯一不利证据时，不得将自白视为判决有罪的证据或者不得进行处罚的原则(《刑事诉讼法》第310条，《宪法》第12条第7款)。采纳自白补强法则的根据是防止偏向自白而侵害人权，通过保障自白的真实性，排除误判的危险性。自白补强原则、庭审笔录的证明力、沉默权等，一并构成限制自由心证主义的例外事由。虽然，理论上补强证据应当是独立于自白的其他证据，然而作为独立证据的人证、物证、书证等都可以成为补强证据。根据大法院的判例，情况证据或者共犯的自白也可以成为补强证据。①

(六)审判

1.审判的一般理论

(1)审判的概念

审判(又称裁判)可以区分为狭义的审判和广义的审判。狭义的审判是指判断有罪和无罪的终局审判，即法院基于公权力针对被告案件的实体作出的判断。广义的审判是指由法院或者法官作出的所有法律行为性质的诉讼行为。② 例如，广义的审判包括各种令状的签发、许可保释的决定、有关证据的决定等。韩国诉讼法上的审判通常是指广义的审判。

就审判的种类而言，首先，审判可以区分为终局审判和终局前审判。终局审判，是指结束相应审级诉讼程序的审判。例如，作出有罪或者无罪的审判、违反管辖或者免诉的审判等。这里的免诉是由于公诉时效的完成，由法院作出免诉判决的情形。终局前审判，是指在作出终局审判之前，针对诉讼程序上的问题作出的审判。例如，法官作出的决定、命令属于终局前审判。其次，审判可以区分为判决、决定、命令。判决，属于终局审判的原则上形式。例如，法院作出的有罪或者无罪的判决、违反管辖的判决等。决定，属于终局前审判原则上的形式，适用于有关程序上的审判。例如，许可保释的决定、针对证据申请的决定等。命令，是由法官作出的终局前审判。最后，审判可以区分为实体审判和形式审判。实体审判(又称本案审判)是指判断实体性法律关系的审判。实体审判属于终局审判，以

① 이영종, 황태정 외 5인, 법학입문, 집현재, 2016, 470면。

② 최정일, 법학개론, 제2판, 학림, 2017, 538면。

判决的形式作出实体审判。例如,法院作出的有罪或者无罪的判决,属于实体审判。形式审判是指不对案件的实体进行审理,仅对案件的程序性、形式性法律关系进行判断的审判。例如,终局前审判、终局审判中的违法管辖、免诉审判都属于形式审判。①

(2)审判的成立和方式

审判,是由法院或者法官作出的所有法律行为性质的诉讼行为。也可以认为审判是由法院或者法官作出的意思表示性质的诉讼行为。审判的成立包括两个阶段,即作为内部成立的意思决定和作为外部成立的意思决定之外化。就内部成立而言,在组成合议庭的情况下,当有合议庭法官的合议时;由独任法官审判的情况下,在书写审判文书时,原则上认定为结束内部成立。就外部成立而言,在进行判决的情形下,以法官在法庭上宣告判决内容视为完成;在作出决定、命令的情形下,以审判文书副本的送达等方法将审判内容告知相关人员视为完成。内部成立只能由参与审理的法官完成,在违反这一原则时,构成抗诉理由以及上诉理由。然而,外部成立并非必须由参与内部成立的法官完成。审判应当基于法官书写的审判文书进行。根据审判的形式,审判文书分为判决书、决定书、命令书。然而,告知决定或者命令的情形下,可以非经书写审判文书,仅记载于庭审笔录中即可。

(3)终局审判

终局审判是指结束相应审级诉讼程序的审判。终局审判包括作为形式审判的违反管辖判决、免诉判决、驳回公诉判决、驳回公诉决定和作为实体审判的有罪判决、无罪判决。

违反管辖判决,是由于受诉法院无管辖权而终结被告案件诉讼的形式审判。驳回公诉判决和驳回公诉决定是由于管辖权以外的形式上诉讼条件的缺失而在未进行实体审理之前终结诉讼的形式审判(《刑事诉讼法》第 327 条、第 328 条)。② 上述形式审判虽然都作为终局审判在相应审级终结诉讼,然而并不受一事不再理原则的影响。免诉判决是由于缺乏实体诉讼条件而终结诉讼案件的终局审判。例如,基于赦免的免诉判决或者基于公诉时效完成的免诉判决等。虽然免诉判决是形式审判,然而其与有罪或者无罪等实体审判一样,都要受一事不再理原则的影响。由此,免诉判决区别于其他形式审判。

有罪判决,是有证据能够证明被告案件为犯罪时,宣告的实体审判。无罪判

① 최정일, 법학개론, 제 2 판, 학림, 2017, 538 면。

② 최정일, 법학개론, 제 2 판, 학림, 2017, 539 면。

决,则是不构成犯罪或者无犯罪的证明时,宣告的实体审判。不构成犯罪是指不具备犯罪成立要件的意思。无犯罪证明时的情形包括,通过证据证明不存在犯罪事实,或者受诉法院不能排除认定有罪时的合理疑虑的情形(证据不充分)。有罪判决包括宣告刑罚判决、免除刑罚判决、暂缓宣告刑罚判决。[①]

(4)审判生效

审判生效(又称审判的确定),是指无法以一般的不服方法提出争讼,不能变更审判内容的状况。对于不得提出不服的审判而言,以判决的宣告或者告知而确定审判生效。对于可以提出不服的审判而言,当不服的可能性灭失时,即超过上诉期限等申请不服的期限或者申请不服被驳回等而确定审判生效。

审判生效后,由于无法再以通常的不服方法提出争讼,因此具有形式上的确定力。同时,由于审判的意思表示内容得以确定,因此具有内容上的确定力。当有罪、无罪的实体判决或者免诉判决被确定生效时,不得再对同一案件进行审判,这一原则的效力称为一事不再理的效力或者既判力。一事不再理的效力范围,在主观上覆盖被提起公诉的被告人;客观上覆盖被认为属于同一公诉的事实。在时间上,针对继续犯、惯犯等概括性质的同一罪而言,当该罪行发生在生效判决前后时,以事实审判决的宣告日为基准,对于宣告日以后的行为,应视为构成另罪。这是韩国学界的通说和判例的态度。[②]

2. 上诉

(1)上诉的概念

上诉,是指针对未确定生效的审判,向上级法院请求救济或者纠正的不服申请制度。上诉是为了纠正误判的制度。[③] 设置上诉制度是为了通过纠正原审判决的错误,从而救济受到不利益的当事人,并保持法令解释的正确性和统一性。上诉的种类有针对判决提出不服的抗诉、上告,以及针对决定提出不服的抗告、再抗告。

上诉程序中的不利益变更禁止原则,对于由被告人抗诉的案件和为了被告人而抗诉的案件而言,不得宣告较之原审判决更重的刑罚。这一原则称为不利益变更禁止或者重刑变更禁止原则。采纳这一原则是为了防止被告人出于受重刑报复的考虑而放弃提起上诉救济,从而保障被告人的上诉权。对于由检察官或者检

---

① 이영종, 황태정 외 5 인, 법학입문, 집현재, 2016, 471 – 472 면。

② 이영종, 황태정 외 5 인, 법학입문, 집현재, 2016, 472 – 473 면。

③ 최정일, 법학개론, 제 2 판, 학림, 2017, 541 면。

察官与被告人同时提出上诉的案件而言,不适用上述原则。

不利益变更禁止的对象是刑罚的宣告,在刑罚未被加重的前提下,可以加重事实认定、法令适用、罪名选择等判决的内容。衡量判决是否属于不利益时,应当以刑罚作为标准,分析刑罚的整体、实质,而无须考虑由于刑罚的宣告而导致基于其他法律附加于被告人的其他不利益。①

(2)抗诉

抗诉,是针对第一审判决的上诉,是指向第二审法院提起针对第一审判决的上诉。针对不服第一审法院的判决,原审判决由地方法院独任法官宣告时,向该地方法院合议庭提出抗诉;原审判决由地方法院合议庭宣告时,向高等法院提出抗诉。

根据《刑事诉讼法》第361条之5的规定,抗诉理由具体包括以下11种情形:①存在影响判决的对宪法、法律、命令或者规则的违反时;②判决后,发生刑罚的废止、变更或者赦免时;③有关管辖或者管辖异议的认定违反法律时;④判决法院的组成,违反法律时;⑤依法不得参与相应判决的法官,参与相应案件的审判时;⑥未参与相应案件审理的法官,参与该案件判决时;⑦违反有关公开审判相关规定时;⑧判决中未注明理由或者理由存在矛盾时;⑨存在提请再审的事由时;⑩由于存在事实误认,影响判决时;⑪存在认定量刑不当的事由时等。上述抗诉理由中,法令的违反、事实的误认、量刑的不当属于相对的抗诉理由,其余则属于绝对的抗诉理由。

在完成抗诉审判之前,应当履行以下程序:①抗诉人应当从判决宣告日起7日以内提交抗诉状;②原审法院发现抗诉请求存在明显的方式违反或者抗诉权消灭事由时应当驳回抗诉,或者自接收抗诉状之日起14日以内向抗诉法院送交庭审笔录;③抗诉法院随即向抗诉人和相对人通知接收笔录的通知;④抗诉人或者辩护人自收到通知之日起20日以内提交抗诉理由书;⑤抗诉人或者辩护人未提交抗诉理由书时,抗诉法院应当驳回抗诉;⑥抗诉人的相对人,自收到抗诉理由书副本之日起10日以内向抗诉法院提交答辩书;⑦抗诉法院向抗诉人或者辩护人送达答辩书副本。经审查,法院认为抗诉理由不成立时,以判决的形式驳回抗诉;认为抗诉理由成立时,撤销原审判决,重新作出判决(《刑事诉讼法》第358条至第361条之4)。

---

① 이영종, 황태정 외 5인, 법학입문, 집현재, 2016, 473면。

(3)上告

上告是针对第二审判决的上诉,是指向大法院提出不服判决的上诉。当不服第二审判决时,可以向大法院提出上告。[①] 根据《刑事诉讼法》第 383 条的规定,上告理由具体包括如下 5 种情形:①存在影响判决的宪法、法律、命令或者规则的违反时;②判决后,发生刑罚的废止、变更、赦免时;③存在提请再审的事由时;④宣告死刑、无期或者 10 年以上徒刑或者禁锢的案件中,存在重大的事实误认,影响判决时;⑤存在认定量刑过度不当的显著事由时等。无特别规定时,上告程序准用抗诉审的程序。由于上告审是法律审,因此在这一性质下,不得不选任律师作为辩护人。上告审的庭审日,被告人无须出庭。除非有特别的事由,上告法院可以根据上告状、上告理由书等其他的诉讼笔录,无须辩论而作出判决(《刑事诉讼法》第 386 条、第 389 条之 2、第 390 条)。

上告原则上应当是针对第二审判决的不服。然而,根据《刑事诉讼法》第 372 条的规定,当存在如下情形时,可以针对第一审判决不服,直接提出上告(称为飞跃上告):①针对原审判决认定的事实,存在未适用法令或者适用法令错误时;②作出原审判决后,发生刑罚的废止、变更、赦免时,可以针对第一审判决,直接向大法院提出上告。

(4)抗告和再抗告

抗告以及再抗告,是指针对法院的决定,提出的上诉(《刑事诉讼法》第 402 条)。除非有刑事诉讼法上的特别规定,当事人可以对法院作出的决定,提出抗告。抗告区分为一般抗告和特别抗告(又称再抗告)。一般抗告又可以区分为即时抗告和普通抗告。即时抗告的提出期限为 7 日,提出抗告时,将发生停止执行的效力。而普通抗告则无提出期限的限制或者停止执行审判的效力。就再抗告的提起事由而言,针对抗告法院或者高等法院的决定,当存在影响判决的宪法、法律、命令或者规则的违反时,可以向大法院提出即时抗告(《刑事诉讼法》第 415 条)。

3. 非常救济程序

抗诉、上告、抗告、再抗告等上诉方法是针对还未确定生效审判的救济程序,再审和非常上告则是针对已经确定生效审判的救济程序。再审,是纠正确定生效判决中的事实认定错误。非常上告是纠正违反法令的判决。为了树立正义理念

---

① 최정일, 법학개론, 제 2 판, 학림, 2017, 541 면;이영종, 황태정 외 5 인, 법학입문, 집현재, 2016, 474 면。

和确保被告人的人权,韩国刑事诉讼法在不损害法律稳定性本质的范围内,设立了非常救济程序。

(1)再审

再审,是指当有罪的生效判决存在重大的事实认定错误或者怀疑存在事实认定错误时,为了救济被宣告有罪判决人的利益,纠正判决错误的非常救济程序。[①] 由于再审系例外性质的非常救济程序,因此韩国《刑事诉讼法》第420条限定性地列举了“因存在虚假证据的事由”和“因发现新证据的事由”等的7种再审事由。再审理由具体包括:①作为原审判决证据的书面材料或者证物,通过生效判决证明为伪造或者变造时;②作为原审判决证据的证言、鉴定、翻译,通过生效判决证明为虚假时;③因诬告而被宣告有罪的情形下,针对该诬告行为,通过生效判决证明成立诬告罪时;④作为原审判决证据的判例,通过生效判决予以变更时;⑤发现新证据,针对有罪判决,足以认定为无罪或者免诉,针对被宣告刑罚的人,足以认定可以免除刑罚或者处以相较原审判决更为轻的刑罚时;⑥针对因侵害著作权、专利权、实用新型权、外观设计权等,被宣告有罪的案件,通过裁定或者判决确定该权利为无效时;⑦针对一审判决、二审判决过程中的法官,或者侦查、起诉过程中的检察官或者司法警察官,通过生效判决证明上述人员履职过程中存在职务犯罪时等的情形。

再审的请求权人包括:①检察官;②被宣告有罪的人及其法定代理人;③被宣告有罪的人死亡时,其配偶、直系亲属或者兄弟姐妹(《刑事诉讼法》第425条)。就再审请求的时期而言,无论是在刑罚结束以后或者免于执行刑罚的期间,甚至被宣告有罪的人死亡后也可以请求再审(《刑事诉讼法》第427条)。决定开始再审的案件被确定时,应当依照该案件的审级重新进行审判。再审适用不利益变更禁止的原则。当宣告无罪时,应当将该判决刊登于官报和该法院所在地的报纸上(《刑事诉讼法》第438~440条)。

(2)非常上告

非常上告,是指针对生效判决,为了纠正违反法令的判决,而依法允许的非常救济程序。[②] 上诉或者再审的重点是救济获有罪判决人的不利益,而非常上告则是为了统一法令的解释和适用。当检察总长发现生效判决的审判违反法令时,由检察总长向大法院提出非常上告(《刑事诉讼法》第441条)。当大法院认为非常

---

① 최정일, 법학개론, 제 2 판, 학림, 2017, 543 면。

② 최정일, 법학개론, 제 2 판, 학림, 2017, 544 면。

上告有理由时，应当撤销原审判决或者原审诉讼程序的违反部分。然而，当原审判决对被告人不利时，应当撤销原审判决，并由大法院重新判决被告案件。除了这一情形之外，非常上告的效力不影响被告人(《刑事诉讼法》第446条)。

4. 特别刑事程序

(1)略式程序

略式程序，是指针对地方法院的管辖案件，当有检察官的请求时，不经庭审程序，仅调查由检察官提交的材料，并以略式命令处以被告人没收、罚金、科料的简易刑事程序(《刑事诉讼法》第448条)。略式命令，是指依照略式程序完成的审判。这一制度是为了通过迅速处理轻微案件，实现诉讼经济的理念和减轻被告人社会上、心理上的负担。① 略式命令的请求，由检察官以书面的形式提出。在提出略式命令请求的情形下，当法院认为相应案件不适合适用略式命令时，应当适用正式庭审程序。当被告人不服略式命令时，可以在收到略式命令通知之日起7日以内提请正式审判。当逾期提请正式审判，或者当事人撤销该正式审判请求，再或者法院驳回正式审判的请求时，略式命令发生法律效力。略式命令适用不利益变更禁止的原则(《刑事诉讼法》第449条、第450条、第453～455条)。

(2)即决审判程序

即决审判程序，是指针对犯罪证据明显、罪行轻微的犯罪案件，以迅速、适当的程序进行审判的简易刑事程序。② 为了规范即决审判程序，韩国制定了《即决审判程序法》。根据《即决审判程序法》第2条的规定，即决审判的对象是处以20万韩元以下罚款、拘留或者科料的被告案件。即决审判的请求权人是警察署长，并非检察官。当法官认为不适合采用即决审判程序时，可以采用正式程序。被告人可以请求适用正式审判。即决审判原则上应当在公开的法庭进行。即决审判的审判生效后，具有与生效判决同等的效力(《即决审判程序法》第3条、第5条、第7条、第14条、第16条)。

(3)赔偿命令程序

赔偿命令程序，是指因犯罪行为导致被害人的损害时，依照法院职权或者被害人的申请，以刑事程序命令被告人赔偿因其犯罪行为导致的损害之程序。③ 确

---

① 이영종, 황태정 외 5인, 법학입문, 집현재, 2016, 477면。

② 최정일, 법학개론, 제2판, 학림, 2017, 545면。

③ 최정일, 법학개론, 제2판, 학림, 2017, 545면。이영종, 황태정 외 5인, 법학입문, 집현재, 2016, 478면。

立赔偿命令程序的目的，是通过刑事程序一并判断因犯罪行为导致的损害赔偿问题，从而避免另行提起民事诉讼程序的讼累，有效完成被害救济。韩国制定了《促进诉讼的特例法》。

赔偿命令的对象，是第一审或者第二审的刑事庭审程序中宣告的有关侵害人身的罪、强奸和猥亵的罪、财产犯罪中的部分犯罪（《促进诉讼的特例法》第25条）。被害人或者其继承人可以在终结庭审辩论前，向审理该案件的法院申请被害赔偿。法院可以依职权或者被害人的申请，命令赔偿因犯罪行为导致的直接财物损害、治疗、精神损害的费用。赔偿命令与有罪判决一并作出（《促进诉讼的特例法》第26条）。虽然赔偿命令制度的初衷很好，然而，由于刑事诉讼程序中事实认定以及证据法则与民事诉讼程序存在较大差异，学界指出这一制度存在延迟审判以及不充分损害填补的问题。因此，在实务中这一制度的适用频率并不高。①

5. 审判的执行和刑事补偿

（1）审判的执行

审判的执行，是指根据国家的强制力实现审判的意思表示内容。审判的执行，除了执行刑罚以外，还包括追征、诉讼费用等附随处罚的执行。例如，行政罚款、没收保证金等刑罚以外制裁的执行，属于附随处罚的执行。② 由作出该审判的法院相对应的检察厅检察官指挥审判的执行。检察官指挥执行时，应当根据书面形式的审判书或者记录审判内容的笔录副本进行（《刑事诉讼法》第460条、第461条）。

死刑应当在判决生效日起6个月以内，或者有法务部部长的命令时，应当在5日以内，在监狱或者看守所内执行（《刑事诉讼法》第465条、第466条）。徒刑应当在监狱内服劳役。囚禁和拘留应当在监狱内执行。未决囚禁天数算入所有本刑罚天数内（《刑事诉讼法》第482条）。罚金、科料、没收、追征、行政罚款、诉讼费用、费用赔偿或者保证金（又称假纳）的审判，依照检察官的命令执行（《刑事诉讼法》第477条）。

（2）刑事补偿

刑事补偿，是指因错误行使国家刑罚权导致不当囚禁或者导致被执行刑罚

① 이영종, 황태정 외 5 인, 법학입문, 집현재, 2016, 479 면。
② 이영종, 황태정 외 5 인, 법학입문, 집현재, 2016, 479 면。

时，由国家补偿该损害的制度。[①] 韩国《宪法》第28条规定，刑事嫌疑人或者作为刑事被告人曾被囚禁者，得到法律规定的不起诉处分或者无罪判决的，可以按照法律规定向国家要求正当补偿。由此，以宪法上基本权利的形式保障了刑事补偿请求权。为此，韩国制定了《刑事补偿以及恢复名誉的法律》，明确了刑事补偿的要件和程序。

刑事补偿的对象是刑事嫌疑人和刑事被告人。①刑事嫌疑人，针对以嫌疑人身份被囚禁的人而言，当检察官作出狭义上的不起诉处分时，该嫌疑人成为刑事补偿的对象。②刑事被告人，被告人获得无罪的审判生效时；或者针对因免诉、驳回公诉的审判而曾被确定为被告人的情形下，即使没有免诉或者驳回公诉的审判事由，也应当被确定为无罪时，相应被告人成为刑事补偿的对象（《刑事补偿以及恢复名誉的法律》第2条、第26条、第27条）。补偿的内容是针对"囚禁"和"刑罚执行"的补偿。例如，有关囚禁的补偿是相应囚禁天数，乘以补偿请求的原因发生年度《最低工资法》规定的日工资中最低工资的5倍（《刑事补偿以及恢复名誉的法律》第5条）。被告人刑事补偿的请求，从知道无罪审判生效之日起3年，或者在作出无罪审判生效之日起5年以内，向作出无罪审判的法院提出补偿请求。嫌疑人刑事补偿的请求，以收到检察官不予提起公诉的处分告知或者通知之日起3年以内，向作出不起诉处理的检察官所属的地方检察厅刑事补偿审议会提出补偿请求（《刑事补偿以及恢复名誉的法律》第8条、第28条）。

第四节 检察制度

一、检察制度概述

（一）检察官的意义

检察官是行使检察权的国家机关。检察官作为公共利益的代表人，检察官行使如下职权：其一，侦查犯罪、提起公诉、支持公诉（公诉机关）。其二，指挥、监督侦查犯罪的司法警察官吏（针对司法警察官吏的指挥、监督权）。其三，针对法院请求正当地适用法令（针对法院的牵制机关）。其四，指挥、监督审判的执行（执行审判的指挥、监督机关）。审判的执行包括针对判决、决定、命令的执行。其五，履行以国家为当事人或者参与人的诉讼或者行政诉讼，再或者指挥、监督该参与行为（国家诉讼机关）。其六，根据其他法令行使属于检察官的权限（其他法令规

---

① 최정일, 법학개론, 제 2 판, 학림, 2017, 544 면。

定的权限)(《检察厅法》第4条)。

(二)检察官的法律性质

1. 准司法机关

韩国学界针对检察官属于司法机关还是准司法机关存在争议。司法机关说认为,检察官代表公共利益,其主要职权除了行使公诉权,还要保护嫌疑人、被告人的利益,结束侦查后作出是否起诉的法律判断,针对法院请求正当地适用法令等。如果说基于审判权的司法属于狭义的司法,那么检察官通过发现案件的真实一面,实现法律正义、法律稳定性、保障人的尊严,则属于广义上的司法。因此,认为检察官属于司法机关。[①] 准司法机关说认为,首先,检察权属于行政权,检察官作为行政机关,其独立性不同于法官的独立性,不属于行使审判权的司法机关。其次,检察权又与狭义的司法存在密切联系,同时人们也要求检察官做到类似法官独立行使审判权程度的独立性。因此,认为检察官属于准司法机关。[②]

一方面,检察官隶属于法务部,作为行使检察权的行政机关,其目的是完成国家的行政目的;另一方面,检察官是公诉机关,且是执行审判的指挥、监督机关。因此,检察官的检察权与司法权存在密切的联系,同时,检察权的行使也对刑事司法的运作产生重大影响。检察官履行职务时,作为全体国民的服务人员,应当保持政治中立,不得滥用法律赋予的权限(《检察厅法》第4条第2款)。为了使检察官根据正当程序行使检察权,《检察厅法》赋予了检察官近似法官的独立性。因此,可以认为检察官既是行政机关,又是广义的司法机关,其属于准司法机关。

韩国《检察厅法》第37条规定:"除非遭到弹劾或者被判处禁锢以上的刑罚,不得罢免检察官,同时,非以惩戒处分或者适格审查,不受解任、免职、停职、减俸、谴责或者退职的处分。"由此,明确了检察官的身份保障事宜。

2. 独任制行政机关

检察官是处理检察事务的独任制行政机关。检察官以自己的名义处理检察事务,并非检察总长或者检察长的辅助机关。因此,检察权的行使属于独任制,并非合议制的国家机关。

---

① 배종대, 이상돈 외 2 인, 신형사소송법, 제 5 판, 홍문사, 2013, 47 면。

② 성낙인, 헌법학, 법문사, 2019, 495 면。신동운, 간추린 신형사소송법, 법문사, 2013, 11 면。이은모, 형사소송법, 제 6 판, 박영사, 2018, 61 - 62 면。

(三)检察厅

1. 意义

为了统辖检察官的检察事务,设立检察厅。原则上对应法院设立检察厅。由于检察官是独任制行政机关,以自己的名义作出意思表示,因此,检察厅不具有任何权限,仅为官署。检察厅区分为大检察厅、高等检察厅、地方检察厅及其支厅。对应法院的大法院、高等法院、地方法院及其支院(《检察厅法》第3条)。

2. 各级检察厅

(1)大检察厅

大检察厅设置检察总长、次长检察官、大检察厅检察官、检察研究官等职务。检察总长处理大检察厅的事务,统辖检察事务,指挥、监督检察厅的公务员。检察总长的任期为两年,不得连任(《检察厅法》第12条)。检察总长的次长检察官辅助检察总长,检察总长有故时,代理检察总长职务(《检察厅法》第13条)。为了辅助检察总长,企划、调查、研究检察事务,在大检察厅设置检察研究官(《检察厅法》第15条)。

(2)高等检察厅

高等检察厅设置检察长、次长检察官、部长检察官、检察官等职务。高等检察厅检察长处理其检察厅的事务,指挥、监督所属公务员(《检察厅法》第17条)。次长检察官辅助所属检察长,检察长有故时,代理检察长职务(《检察厅法》第18条)。

(3)地方检察厅及其支厅

地方检察厅设置检察长、次长检察官、部长检察官、检察官等职务。地方检察厅检察长处理其检察厅的事务,指挥、监督所属公务员(《检察厅法》第22条)。地方检察厅支厅设置支厅检察长、根据总统令设置支厅次长检察官、部长检察官、检察官等职务。支厅检察长基于地方检察厅检察长的命令,处理所管事务,指挥、监督所属公务员。次长检察官辅助所属检察长,检察长有故时,代理检察长职务(《检察厅法》第23条)。部长检察官分管地方检察厅的事务,基于上级的命令处理各部的事务。

当有司法研修院院长的要求时,检察总长可以命令司法研修院研修生,在一定期限内,代理执行地方检察厅或者其支厅的检察官职务。检察总长认为必要时,可以使检察侦查书记官、检察事务官、侦查事务官、缉毒侦查事务官代理地方检察厅或者其支厅的检察官职务(《检察厅法》第32条)。代理检察官职务的人不得处理法院合议庭的案件。

二、检察官同一体原则

(一)意义

检察官同一体原则,是指所有检察官以检察总长为顶点,一同构成金字塔式的组织体,作为不可分割的有机统一体行使权限。根据检察官同一体原则,作为独任制行政机关的检察官作为全体的一部分,统一行使检察权。

检察官既是独任制行政机关,又是准司法机关,却要求遵守检察官同一体原则。这是因为,首先,在犯罪侦查、公诉的提起与支持、审判的执行等检察权的行使方面,有利于维持检察权行使的统一性和公正性。其次,为了有效侦查智能化、机动化、跨区域犯罪,有必要组织全国性的统一侦查网。

(二)内容

1. 检察事务的指挥、监督关系

就检察事务,检察官接受所属上级人员的指挥、监督(《检察厅法》第 7 条)。检察官的指挥、监督关系,不仅适用于检察事务,还适用于检察行政事务。然而,检察官作为独任制行政机关应当在自己的责任下处理检察事务。同时,检察官作为准司法机关还应当保障其在身份、物质上的独立。因此,应当在一定范围内克制来自上级人员的指挥、监督。①

首先,上级的指挥、监督应当以其合法性和正当性为前提。作为准司法机关的检察官负担客观义务,即具有发现案件真实和体现正义的义务,因此,上级的指挥、监督应当既合法又正当。其次,上级的指挥、监督权,仅具有内部的效力。当上级不顾有无犯罪嫌疑命令中止侦查时,或者当有关暂缓起诉的上级指挥存在不当时,不具有服从的义务。根据《检察厅法》第 7 条的规定,当检察官对上级有关具体案件的指挥、监督存在异见时,或者针对上级指挥、监督的合法性和正当性存在异议时,可以提出异议。最后,检察官作为独任制行政机关行使检察权。因此,检察官作出违反上级指挥、监督的处理行为,或者作出未经上级批准的处理行为时,并不影响对外的效力。

2. 职务继承权和职务移转权

职务继承权和职务移转权,体现了检察事务的指挥、监督关系。职务继承权是指检察总长、各级检察厅检察长及其支厅检察长将所属检察官的职务划归自己处理的权限。职务移转权是指检察总长、各级检察厅检察长及其支

① 이은모, 형사소송법, 제 6 판, 박영사, 2018, 64 면。

厅检察长将属于自己的部分职务转移给所属检察官处理，或者将所属检察官的部分职务转移给其他检察官处理的权限(《检察厅法》第 7 条之 2)。检察总长、各级检察厅检察长及其支厅检察长都享有职务继承权和职务移转权，然而，最终归属于检察总长。处于检察官组织外部的法务部部长不享有这些权限。

3. 职务代理权

职务代理权，是指由各级检察厅的次长检察官在所属检察总长、检察长有故时，无须特别授权即可代理行使职务的权限(《检察厅法》第 13 条、第 18 条、第 23 条)。职务代理的范围，包括检察事务的代理和检察行政事务的代理。①

(三)作用

1. 更替检察官的作用

根据检察官同一体原则，虽然各个检察官都为独任制行政机关，但是在功能上整个检察官组织视为一个检察官在活动。因此，在侦查程序和审判程序中，当负责处理检察事务的检察官出现转补、退休等事由而不得不更替时，新负责处理检察事务的检察官并不影响诉讼进行，视为同一检察官履行职务。发生检察官的更替时，无须更新侦查程序或者法院的审判程序。相较审判程序中，当法官发生更替时，则应当更新审判程序(《刑事诉讼法》第 103 条)。

2. 针对检察官回避的学说对立

韩国学界就是否应当承认针对检察官的除斥、忌避问题，存在消极说和积极说的对立。

就认为不应当承认检察官除斥、忌避的消极说观点而言，首先，基于检察官同一体原则来看，将特定检察官排除在其履行职务之外不具有任何意义。其次，审判程序中的检察官与被告人处于相互对立的当事人关系。② 因此，消极说认为，无须承认针对检察官的除斥、忌避。

就认为应当承认检察官除斥、忌避的积极说观点而言，首先，基于保护现实中的嫌疑人、被告人的利益，并树立公正、值得信赖的检察机关，应当在具体案件中，排除有可能不公正处理事务的检察官。其次，检察官并非单纯的诉讼当事人，其还应当负担作为公共利益代表人的客观义务。因此，为了恰当地行使国家刑罚

---

① 이은모, 형사소송법, 제 6 판, 박영사, 2018, 65 면。

② 이재상, 형사소송법, 제 11 판, 박영사, 2017, 101 면。신동운, 신형사소송법, 제 5 판, 법문사, 2014, 66 면。

权,应当承认针对检察官的除斥、忌避。[①]

韩国大法院判例认为,不能因为检察官针对某一案件介入侦查或者参与令状的执行后,又参与对该案件的侦查,就认为该检察官的侦查行为违法(大法院2011Do12918)。由此,大法院采纳了消极说。

(四)法务部部长的指挥、监督权

基于检察官同一体原则,检察总长处于检察官的顶点,具有指挥、监督具体案件的权限。因此,法务部部长原则上不能针对检察官行使具体的指挥、监督权,仅出于其是管理检察事务的法务部最高责任人,可以进行一般性的指挥、监督。检察事务的履行对刑事司法的运作具有重大影响,法务部属于行政机关,法务部部长为具有政治背景的政务职公务员,因此,有必要防止行政部门不当干涉司法。[②] 出于考虑保障检察官行使检察权的公正性、政治中立性,《检察厅法》限制了法务部部长针对具体案件进行指挥、监督的权限。

然而,《检察厅法》并没有完全否定法务部部长针对具体案件的指挥、监督权。法务部部长作为检察事务的最高责任人,针对检察官具有一般性的指挥、监督权,针对具体案件只能指挥、监督检察总长(《检察厅法》第8条)。因此,针对具体案件,法务部部长可以通过检察总长间接行使指挥、监督权。对于这一立法态度,李银模教授认为,有必要通过修改法律,否定法务部部长针对具体案件指挥、监督检察总长的权限。[③]

三、检察官的刑事诉讼法地位

继承大陆法系传统的韩国法律,赋予了检察官广泛的诉讼法上权力。检察官是参与侦查、公诉、审判执行等刑事程序中的所有阶段,并能动实现刑罚权的国家机关。

---

① 이은모, 형사소송법, 제 6 판, 박영사, 2018, 66 면。

② 根据韩国《国家公务员法》第2条的规定,公务员可以大体上区分为经历职公务员和特殊经历职公务员。而经历职公务员又可以区分为一般职公务员、特定职公务员。一般职公务员,是指负责技术、研究或者一般行政事务的公务员。特定职公务员,是指根据其他法律确认为特定职公务员的公务员,包括法官、检察官、警察公务员、消防公务员、教育公务员、军人、军务员、宪法裁判所的宪法研究官、国家情报院的职员和负责特殊领域事务的公务员。特殊经历职公务员又可以区分为政务职公务员和别定职公务员。政务职公务员,是指经选举就任或者任命时需要由国会同意的公务员,或者是由法令确定为政务职的公务员,包括负责决定高级政策事务或者辅助此类事务的公务员。别定职公务员,是指履行秘书官、秘书等辅助事务等或者为了履行特定事务,由法令确定为别定职的公务员。

③ 이은모, 형사소송법, 제 6 판, 박영사, 2018, 67 면。

（一）侦查的主体

1. 侦查权

检察官认为存在犯罪的嫌疑时，应当着手侦查嫌疑人、犯罪事实、证据（《刑事诉讼法》第195条）。基于这一规定，检察官可以进行讯问嫌疑人、调查被害人等任意侦查，还可以进行逮捕、拘留、搜查、鉴定等强制侦查。此外，只有侦查机关中的检察官才可以行使令状请求权、保全证据请求权、针对被害人的证人讯问请求权。

2. 侦查指挥权

检察官作为侦查机关，具有独立的侦查权。然而，在实务中，检察官仅对重要的案件直接进行侦查。大部分的侦查工作，由司法警察官吏完成。由于检察官具有侦查指挥权，因此，司法警察官吏在进行侦查时，要受检察官的指挥（《刑事诉讼法》第196条第1款）。就犯罪的侦查，检察官有权指挥、监督司法警察官吏（《检察厅法》第4条）。当检察官指挥司法警察官吏时，司法警察官吏应当听从指挥（《刑事诉讼法》第196条第3款）。当司法警察官吏不当执行职务时，地方检察厅检察长可以命令中止针对该案件的侦查，并要求任用权人更替其他司法警察官吏。此时，任用权人在没有正当理由时，应当更替该司法警察官吏（《检察官法》第54条）。

3. 侦查终结权

只有检察官可以终结侦查。当检察厅宣布终结侦查时，司法警察官吏应当随即将犯罪侦查相关材料和证据送交检察官（《刑事诉讼法》第196条第4款）。由于检察官具有侦查终结权，因此，针对司法警察官吏侦查的内部案件，检察官也享有作为侦查主体的地位。

（二）公诉权的主体

1. 公诉提起权

根据韩国《刑事诉讼法》第246条的规定，检察官提起并支持公诉。基于这一规定，提起公诉的权限由检察官垄断，否定私人追诉，明确了起诉垄断主义。《刑事诉讼法》第247条规定，检察官裁量是否提起公诉的权限。由此，明确了起诉便宜主义。此外，《刑事诉讼法》第255条规定，在宣告第一审判决之前，检察官具有可以撤销公诉的权限。由此，明确了起诉变更主义。

2. 公诉支持权

在庭审程序中，检察官是举证公诉事实，支持公诉的负责人。检察官作为履行公诉的负责人以对立与被告人的当事人身份参与刑事诉讼，并针对法院请求正当适用法令。检察官作为当事人具有出庭权、证据调查参与权、证人讯问权、针对证据调查的意见陈述权、异议申请权等权限。

(三)审判的执行机关

为了保障审判执行的机动性和迅速性,韩国通过制定《检察厅法》和《刑事诉讼法》,明确由检察官指挥、监督审判的执行。根据《检察厅法》第4条的规定,原则上由检察官指挥、监督审判的执行。例如,为了执行死刑或者自由刑,检察官根据《刑事诉讼法》第473条的规定,可以通过签发执行命令现行囚禁罪犯。此外,根据其他法律的规定,必要或者紧急等例外情形下,可以由法官执行令状或者命令;基于即决审判的刑罚执行,则由警察署长执行后,向管辖检察官报告其执行情况。审判的执行是指动用国家强制力,实现审判的意思表示内容。审判的执行,包括针对有罪判决的执行、刑罚的执行、令状或者命令等强制处分的执行。例如,就令状执行的例外而言,根据《刑事诉讼法》第81条、第115条的规定,原则上应当由检察官指挥逮捕令状的执行,然而,在紧急情况下,可以由审判长、受命法官(beauftrager richter)、受托法官(ersuchter richter)指挥令状的执行。

(四)公共利益的代表人

检察官的客观义务,是出于公共利益的目的,发现案件的真实和体现正义。基于检察官的客观义务,检察官并非单纯对立于被告人的当事人,其还应当以公共利益代表人的身份保护被告人的正当利益。

检察官的客观义务,体现于侦查阶段、审判阶段、上诉阶段等整个刑事诉讼阶段。在侦查阶段,检察官行使侦查权时,应当遵守正当程序原则,即检察官在侦查过程中获取的有利于被告人的证据也应当予以保全(《刑事诉讼法》第195条)。在审判阶段,检察官不仅要主张不利于被告人的事实,还应当主张已获知的有利于被告人的事实,并提出证据(《检察厅法》第4条)。在上诉阶段,检察官可以为被告人的利益提出上诉,请求再审(《刑事诉讼法》第424条)。为了法令解释的统一和被告人的救济,检察总长可以提出非常上告(《刑事诉讼法》第441条)。

第五节 律师制度

一、律师制度概述

律师(又称辩护士),是根据第三人的委任,处理他人法律案件和法律事务的具有专业资格的人。[1] 通常来说，当国民成为法律问题的当事人时，除了有关宪法裁判所管辖的案件之外，完全可以自行处理法律案件或者法律事务。然而，当国民受第三人之托，处理他人之法律案件或者法律事务时，原则上应当具备特定资格。最具普遍性的资格便是律师资格。韩国《宪法裁判所法》第25条第3款规定，宪法裁判所的各类审判程序中，当事人为私人时，除非该私人具有律师资格外，应当选任律师作为代理人，未经选任律师，不得提出审判请求或者履行审判。随着社会分工的具体化，法律问题的专业化，国家不得不通过制定法律来规范律师资格，随着《律师法》的颁布，形成了律师制度。

和平年代的法治主义理念是维持社会秩序的基本理念，律师作为具有法律专业知识的人，其在和平年代的作用越发重要。然而，各国法制和实践认为，仅仅具有法律专业知识的人无法充分保障委托人国民的人身、自由、财产安全。因此，各国通过制定律师法明确了律师的使命和权限、资格等内容。韩国通过制定《律师法》建立了适合本国的律师制度，并明确了成为律师所必要的资格条件。韩国法律原则上要求只有律师才可以处理他人的法律案件或者法律事务。例如，《刑事诉讼法》第30条规定，辩护人应当在律师中选任。然而，对于大法院以外的法院而言，当有特别的事由时，法院可以许可选任非为律师的辩护人。又如，《民事诉讼法》第87条规定，除了法律规定的可以进行诉讼的代理人之外，应当由律师担任诉讼代理人。同法第88条规定了民事诉讼代理人资格的例外情形：对于由独任法官审判的案件中，当标的额为一定金额以下时，经法院的许可，可以由与当事人具有密切生活关系且属于一定范围内的亲属充当诉讼代理人，或者由与当事人存在劳动雇佣合同关系且处理相应案件之通常事务的相关人充当诉讼代理人。

就律师的使命而言，韩国《律师法》第1条规定，律师以拥护基本人权和实现社会正义为使命。因此，律师应当根据该使命，诚实履行律师职务，并努力维持社会秩序和改善法律制度。[2] 我国《律师法》第2条除了明确律师的定义，还明示了我国律师的使命。我国的律师，是指依法取得律师执业证书，并接受委托或者指定，为当事人提供法律服务的执业人员。就我国律师的使命而言，律师应当维护当事人合法权益，并且维护法律的正确实施，同时也要维护社会公平和正义。韩国法律要求律师承担实现社会正义和拥护人权的使命，由此，相较其他要求具备

---

① 이광수, 변호사법개론, 박영사, 2016, 1 면。

② 北京市律师协会组编：《境外律师行业规范汇编》，中国政法大学出版社2012年版，第812页。

专业资格的职业群，更强调伦理职业道德。

（一）律师制度的沿革

韩国律师制度主要由作为法律的《律师法》《律师考试法》《外国法咨询师法》，作为行政法规的《律师法施行令》《律师考试法施行令》《外国法咨询师法施行令》，作为部门规章的《律师考试法施行规则》《外国法咨询师法施行规则》等构建。其中，《律师法》起到主要作用，有必要考察《律师法》的沿革。

韩国近代意义上的司法制度，大体上起源于1894年朝鲜高宗时期实施的甲午改革，1895年1月朝鲜颁布了宪法性质的《洪范十四条》，1895年3月根据《洪范十四条》制定了《裁判所构成法》。由于《裁判所构成法》是根据日本提出的朝鲜内政改革方案所制定的，因此，有学者认为，该法并非朝鲜自主采纳的司法制度。① 此外，这一时期的朝鲜还制定了《法官养成所规程》《民刑事诉讼规程》《代书人细则》。1905年，朝鲜制定并颁布了《律师法》《律师考试规则》《律师名单记录规则》，由此确立了近代韩国律师制度。随着日本对朝鲜的殖民侵略加剧，1905年的《律师法》于1909年修改为《隆熙律师法》，同年又修改为《统监府律师规则》，1910年改称《朝鲜总督府律师规则》，1936年修改为《朝鲜律师令》。②

1948年8月15日，大韩民国建立，1949年首次以大韩民国政府的名义自主制定了《律师法》。1949年制定的《律师法》由第一章总则、第二章律师名单、第三章律师的权利和义务、第四章惩戒、第五章律师会、第六章大韩律师协会等6个章节47条和附则构成。2018年修订的《律师法》由第一章律师的使命和职务、第二章律师的资格、第三章律师的登记和执业、第四章律师的权利和义务、第五章法务法人、第五章之二法务法人（有限）、第五章之三法务合伙、第六章删除、第七章地方律师会、第八章大韩律师协会、第九章法曹伦理协会以及委托材料的提供、第十章惩戒以及停业、第十一章罚则11章117条和附则构成。

（二）律师的地位

《律师法》第2条规定了律师的地位，律师作为具有公共性质的法律专业人员，独立、自由地履行职务。通过这一规定，可以发现律师地位的基本属性包括公共性、专业性、独立性、职业自由性。

律师的公共性要求，律师不应当仅仅是追求利益最大化的主体，但同时也不

---

① 이광수, 변호사법개론, 박영사, 2016, 2 면。

② 이광수, 변호사법개론, 박영사, 2016, 2 -3 면。

能否定律师的营利性特征。律师的公共性和职业自由以及公共性和营利性之间存在一定的冲突，通常认为针对律师的公共性要求不可以侵害律师职业自由的本质内容，律师的职业自由又因为其公共性受到一定程度的限制。例如，《律师法》第27条就是基于律师的公共性作出的规定，即律师每年应当从事一定时间以上的公益活动。另外，应当根据法令处理公共机关、大韩律师协会或者所属地方律师会指定的事务。该公益活动的范围和实施方法等必要事项则由大韩律师协会规定。此外，律师的营利性应当区别于商法上商人性，即不可以将律师视为商法上的商人，但是应当承认其营利性。《律师法》第38条第2款规定，非为法务法人、法务法人（有限）、法务合伙（以下简称法务法人等）的组成人员或者非为所属的法务法人等的律师，未经所属地方律师会许可，不得从事商业或者经营其他以营利为目的的业务，或者成为经营者的雇员，再或者成为营利法人的从业人员、理事、雇员。可见，法律要求律师在保持公共性的同时，并不否定律师的营利性。

律师的专业性是指律师应当具备法律方面的专业知识。为了履行律师职务，欲成为律师的人应当就读为期3年的法学专门大学院研究生课程并通过律师考试，取得律师资格后，还需要经过一定期间的研修才能执业。此外，根据韩国大法院2005年5月14日宣告的判例2004Da7354判决，律师履行职务时的注意义务应当高于民法上善良管理人的注意义务。① 律师的独立性是指律师独立履行其职务，不受来自国家、他人的支配，根据自身的所信履行其职务。《律师法》第34条规定，非为律师的人不得聘用律师开设并运营律师事务所，不得通过只有律师才可以从事的事务而分得报酬或者其他利益。这一规定是律师的独立性所要求的一个侧面。律师的职业自由性是指律师具有通过履行职务，代理委托人的法律案件和法律事务，收取相应代价的属性。

由于过去多种复合原因的影响，导致了韩国律师从业人员的不足，催生了类似法曹职业资格的产生。例如，专门代理书写提交至法院或者检察厅的材料、代理《民事执行法》上拍卖案件中竞拍申请等事务的法务师，代理有关专利、实用新型、商标等事项的辩理师，根据纳税人等的委托而代理纳税相关事务的税务师，代理处理劳动相关事务的劳务师，中介不动产相关事务的公认中介师等。此外，外国法咨询师是在韩国以外的他国取得该国律师资格后，经过韩国法务部部长的承认，登记于大韩律师协会的专业人员。通常，在韩国的外国律师，在其未取得韩国

① 이광수, 변호사법개론, 박영사, 2016, 13 면。

的律师资格前，不得不以外国法咨询师的资格从事《外国法咨询师法》所允许的事务。

（三）律师的职务范围

根据《律师法》第 3 条的规定，律师的职务是根据当事人或者其他相关人员的委任，或者根据国家、地方自治团体、其他公共机关的委托等，代理诉讼行为和有关处理行政处罚的行为，并处理一般法律事务。由此，根据这一规定，可以发现律师的职务大体可以区分为代理有关诉讼的行为、代理有关处理行政处罚的行为、代理一般法律事务。

就律师代理有关诉讼的行为而言，有关诉讼的行为是指一切有关诉讼的行为，包括为了提起诉讼或者应诉而进行咨询、收集材料等的准备行为，提起诉讼的行为和应诉的行为，进行辩论和提交证据材料的行为，和解或者撤诉等的行为。这里的诉讼可以是宪法诉讼、民事诉讼、刑事诉讼、行政诉讼等。就律师代理有关处理行政处罚的行为而言，是指律师代理当事人向行政机关提出民愿或者申请、异议申请、请求行政复议等的一切行为。就律师处理的一般法律事务是指律师处理日常事务中能够产生、变更、消灭法律关系的一切事务。因此，可以认为律师的职务范围包括所有法律案件和法律事务。

二、律师资格

（一）律师资格制度的沿革

自第二次世界大战结束，韩国的律师资格制度经历了 4 次变革。首先，1947 年至 1949 年根据《朝鲜律师考试令》，通过律师考试选拔法曹人士。自 1945 年 8 月 15 日朝鲜半岛光复后，由于美国和苏联将朝鲜半岛分割成南北实施军事管制，各自设立军事管制政府，位处朝鲜半岛南部的韩国由美国军事管制政府管理。因此，在 1948 年 8 月 15 日大韩民国建国前后的一段时间，则是根据《朝鲜律师考试令》选拔法官、律师等法曹人士。其次，自 1949 年至 1963 年根据《司法官试补的任命和实习以及考试规程》，通过高级公务员考试选拔法曹人士。再次，自 1964 年至 2017 年分别根据《司法考试令》《司法考试法》，通过司法考试选拔法曹人士。最后，自 2009 年至今根据《律师考试法》，经过完成为期 3 年的法学专门大学院研究生课程并通过律师考试选拔法曹人士。韩国于 2009 年进行司法改革，制定了《律师考试法》，该法附则第 2 条规定，2017 年 12 月 31 日废止《司法考试法》。因此，自 2012 年第一次实施律师考试至 2017 年年末，司法考试和律师考试并存，根据各自的选拔途径同时选拔法曹人士。

就现行律师考试制度而言，自 2007 年，韩国为了培养法曹人士改革高校法学院，制定了《法学专门大学院设置和运营的法律》。根据该法，经各高校的申请，由教育部部长评定是否可以设立法学专门大学院。设立法学专门大学院的高校不再培养法学本科生。目前，韩国共有 25 所高校经认可设立了法学专门大学院，其他高校则可以继续培养法学本科生、硕士研究生、博士研究生。当然，设立法学专门大学院的高校，除了可以培养法学专门硕士之外，还可以继续培养学术类法学硕士和学术类法学博士。根据《法学专门大学院设置和运营的法律》和《律师考试法》，2009 年第一批进入法学专门大学院的学生，经过 3 年的课程学习，预取得法学专门硕士学位的学生于 2012 年首次参加了律师考试。

(二)律师的资格

根据《律师法》第 4 条的规定，符合以下 3 种情形之一的人，享有律师资格：其一，通过司法考试并完成司法研修院课程的人。在根据《律师考试法》附则第 2 条的规定于 2017 年 12 月 31 日废止《司法考试法》前，曾根据《司法考试法》的规定通过司法考试，并完成为期两年的司法研修院课程的人，也具有律师资格。其二，具有法官或者检察官资格者。已经取得法官或者检察官资格的人，离职后不存在《律师法》中的缺格事由时，当然享有律师资格。其三，通过律师考试者。根据 2009 年新制定的《律师考试法》，毕业于为期 3 年的法学专门大学院后，通过律师考试的人将享有律师资格。

在 2008 年修改《律师法》之前，韩国曾一度规定可以根据特殊需要认可外国律师资格并允许在韩国执业的制度。例如，曾规定对韩国有贡献的外国律师或者存在可以赋予律师资格的相当理由时，经过法务部部长的认可，可以允许其在韩国执业的律师资格。必要时，法务部部长也可以撤销先前的认可。此外，基于国家之间的互惠原则，当对应国家认可韩国籍律师的律师资格，并允许其在该国执业时，被法务部部长认可的外国律师，也可以根据法务部部长的许可在韩国执业。然而，被法务部部长认可其律师资格并许可其执业的外国律师，只能就外国人或者外国法的相关事项处理法律事务。在 2008 年修改《律师法》时，认为过去“有关认可外国律师资格并允许在韩国执业的制度”与韩国选拔以及培养法曹人士的基本制度不协调。同时，为了应对开放法律市场对韩国律师的冲击问题，韩国通过制定《外国法咨询师法》采纳了外国法咨询师制度统一管理外国律师。

(三)律师的缺格事由

即使是享有律师资格的人，如果存在下列情形之一，不得履行律师职务。

其一,被判决禁锢以上的刑罚,服刑期满或者免于服刑后,未满 5 年的人。这里的"禁锢"是指囚禁于监狱,并不处以强制劳动的刑罚。相反,"惩役"是指囚禁于监狱,并处以强制劳动的刑罚。韩国法中的"惩役"这一用语,通常翻译为"徒刑"。本章节中,将使用"徒刑"一词指代韩国法上的"惩役"一词。就韩国的赦免制度而言,可以区分为一般赦免和特别赦免。由于一般赦免产生消灭判决效力的后果,实施一般赦免后的相应人员,可以随即履行律师职务。然而,由于特别赦免仅仅产生免于执行刑罚的后果,在实施特别赦免后的相应人员,还应当经过 5 年后,才可以履行律师职务。其二,被判处禁锢以上刑罚的缓期执行情形下,缓刑期满未超过两年的人。被宣告缓期执行禁锢以上刑罚的人,在结束该缓期执行期限后,经过两年才可以履行律师职务。其三,获暂缓宣告禁锢以上刑罚时,处于暂缓宣告期间的人。这里的"缓期宣告"(又称宣告犹豫)是指针对罪行比较轻微的罪犯,设定一定期间,暂缓宣告其罪行,在暂缓宣告期间未触犯资格停止以上的刑罚时,免于刑罚的制度。韩国《刑法》第 60 条规定了暂缓宣告的期限为两年。缓刑宣告期间届满时,不会留下前科记录。处于缓期宣告期间的人,不可以履行律师职务。其四,因弹劾或者惩戒处分而被罢免,或者根据《律师法》被除名后,未满 5 年的人。这里的"因弹劾或者惩戒处分而被罢免"的人,通常是指具有律师资格的公职人员,被弹劾或者因受到处分而被罢免时,未经过 5 年,不可以履行律师职务。其五,具有律师资格的公职人员或者执业律师,因惩戒处分,被解任后,未满 3 年的人,不可以履行律师职务。其六,具有律师资格的公职人员或者执业律师,因惩戒处分,被免职后,未满两年的人,不可以履行律师职务。其七,在职公职人员,因惩戒处分而处于停职期间时,处于该停职期间的人,不可以履行律师职务。其八,无行为能力人或者限制行为能力人,不可以履行律师职务。其九,被宣告破产后,尚未恢复权利的人,不可以履行律师职务。其十,根据《律师法》被永久除名的人,不可以履行律师职务。

三、律师的登记

(一)予以登记

律师执业,除了应当具备《律师法》第 4 条规定的律师资格外,还应当进行律师资格的登记。具备律师资格的人,经由欲从业地的地方律师会向大韩律师协会提出登记申请。地方律师会在收到的登记申请后,可以附登记申请人是否具备律师资格的意见。大韩律师协会在收到登记申请后,经审查确认不存在不予登记的事由时,应当立即登记于律师名册,并将登记事实通知登记申请人。此外,大韩律师协会在收到登记申请之日起逾3个月仍未予以登记,或者未拒绝登记时,视为已经完成登记。

律师资格的登记是律师得以执业的必要条件。通过记录于大韩律师协会的律师名册,律师的资格登记即告完成。根据《律师法》第4条的规定,具备律师资格的人,经过初次登记以后,除非被除名,即使歇业或者停业之后再次执业,也无须再次进行律师资格的登记。此时,仅作出执业备案即可。

(二)不予登记

具备律师资格的人提出登记申请后,该登记申请人存在《律师法》第8条规定的如下事由之一时,经登记审查委员会表决后可以拒绝登记。第一,登记申请人不具有律师资格。第二,登记申请人存在缺格事由。第三,登记申请人由于身心障碍,明显难以胜任律师职务。第四,登记申请人因曾经担任公务员期间的违法行为正在被刑事追诉(排除针对过失犯提起的公诉),或者正在受到惩戒处分(排除罢免、解任、免职、停职),再或者因违法行为而离职,且明显不适合履行律师职务。第五,因符合前述第四个事由而被拒绝登记,或者被撤销登记后,仍处于禁止登记期间的情形。

针对不予登记的救济问题,具备律师资格的人提出登记申请后,经大韩律师协会下设的登记审查委员会表决不予登记时,自收到不予登记的通知之日起3个月内,可以向法务部部长陈述理由并提出异议申请。当法务部部长认为异议申请的理由成立时,应当命令大韩律师协会予以律师资格的登记。

就关于加入或者转入地方律师会的问题而言,韩国律师在执业时,必须加入从业地的一处地方律师会。具备律师资格的人享有选择加入地方律师会的权利,而地方律师会却没有拒绝某一具备律师资格的人入会的权限。这是因为,一方面地方律师会是法定团体并非根据全体会员的意思而设立的任意团体,另一方面法律并未规定地方律师会是否享有选择具备律师资格的人入会的权限。律师完成登记并于一处执业后,若想转入其他地方律师会时,应当通过拟加入的地方律师会向大韩律师协会提出隶属变更登记申请。大韩律师协会经审查认为不存在不予变更登记的事由时,应当将隶属变更登记申请人记录于律师名册后,随即通知申请人。变更隶属后,由律师向先前加入的地方律师会申请备案。当提出变更登记申请后,大韩律师协会发现该申请人存在《律师法》第8条规定的不予登记事由时,经登记审查委员会的表决,可以拒绝变更登记。

四、律师的权利和义务

(一)律师的权利

1. 开设律师事务所的权利

(1)律师的职业形态

为了有组织地、专业地履行律师职务，韩国通过制定并修改《律师法》导入了不同的律师执业形态，包括个人律师事务所和法人或者团体形态的法务法人、法务法人(有限)、法务合伙(以下将法人或者团体形态的律师事务所简称为法务法人等)，具体见表6-1。开设法务法人等，须根据不同的律师事务所形态制定所需的章程或者规约，并向法务部提请设立登记。

表6-1　韩国律师事务所的形态

不同点	个人律师事务所	法务法人	法务法人(有限)	法务合伙
开设程序	批准	章程、批准	章程、批准	规约、批准
公示方式	设立登记	设立登记	设立登记	公示于官报
组建成员	1人以上律师	3人以上律师	7人以上律师、董事、监事	7人以上律师
资本	无规定	无规定	5亿韩元以上资本金、每人应出资3000万韩元以上、资本金维持义务和补充义务	无规定
对外执业	责任律师	责任律师	责任律师	责任律师
对外责任	无限连带责任	无限连带责任	有限责任	按照承担损失的比例分担责任

续表

不同点	个人律师事务所	法务法人	法务法人(有限)	法务合伙
办案相关责任	无限连带责任	无限连带责任	责任律师以及直接指挥、监督该责任律师的组建成员,与法人承担无限连带责任,其他组建成员承担有限责任	责任律师以及直接指挥、监督该责任律师的组建成员,与法人承担无限连带责任,其他组建成员承担有限责任
责任担保	无规定	无规定	强制加入保险以及互助基金	强制加入保险以及互助基金
针对其他法人的出资限制	无规定	无规定	50% 以内的资本金	无规定
准用	合伙企业法律	合伙企业法律	有限公司法律	民法中的合伙相关规定

资料来源:이광수, 변호사법개론, 박영사, 2016, 363 면

(2)律师事务所的开设

律师可以在隶属地方律师会辖区内,设立律师事务所。律师原则上只能设立一个律师事务所。然而,存在办公空间不足等不得已事由时,经大韩律师协会确认后,可以在临近的场所另行设置办公场所。此时,该办公场所和先前的办公场所视为是一个律师事务所(这类律师事务所可以称为扩张的单一律师事务所)(《律师法》第 21 条)。这里的律师事务所并不必然要求具备一定的人力、设备,仅仅意味着具备能够履行律师职务的场所。就职于企业的律师,其律师事务所的地址就是该企业的地址。有时律师的居所也可以成为律师事务所,更有时由律师运营的非营利咖啡厅也可以成为其律师事务所。①

就禁止重复开设律师事务所的义务而言,原则上律师不可以设立两个以上的律师事务所。这是基于律师对委托人的忠实义务而作出的限制。因此,一般律师不可以同时在两个以上的律师事务所处理法律案件或者法律事务。韩国的律师事务所大体上可以区分为个人律师事务所、共同律师事务所、法务法人、法务法人

① 이광수, 변호사법개론, 박영사, 2016, 78 면。

(有限)、法务合伙。有关禁止重复开设律师事务所的义务是否适用于共同律师事务所、法务法人等的问题而言,虽然有否定说和肯定说的观点对立,然而,在实务中认为,共同律师事务所、法务法人等也要受到这一禁止义务的限制。[①] 当韩国律师事务所在国外设立律师事务所时,不受上述禁止重复开设律师事务所的限制。

针对通过律师考试者设立律师事务所时的限制条件而言,通过律师考试取得律师资格的人,应当在法律事务从事机构累计从事或者研修 6 个月以上的法律实务,否则不得单独设立律师事务所,或者成为法务法人等的组建人员(《律师法》第 21 条之 2)。过去通过司法考试的人,根据过去的《司法考试法》必须完成为期两年的司法研修院课程,才能取得律师资格。因此,韩国在设计法学专门大学院制度培养律师时,考虑到毕业于法学专门大学院后通过律师考试的人相较过去完成司法研修院课程的人缺乏实务经验,在《律师法》第 21 条之 2 中明示了针对通过律师考试者设立律师事务所时的限制条件。这一制度类似于我国的实习律师制度,而形式上却有很大不同。法律事务从事机构包括:其一,国会、法院、宪法裁判所、检察厅;其二,《法院组织法》规定的大韩法律救助公团(类似于我国的法律援助中心)、《政府法务公团法》规定的政府法务公团;其三,法务法人等、法律事务所、合作法务法人(是指为了处理外国法律事务和国内法律事务,根据《外国法律咨询师法》设立的法人);其四,国家机关、地方自治团体和其他法人、机关或者团体;其五,国际机构、国际法人、国际机关或者国际团体中,由法务部部长指定可以从事法律事务的机构;其六,大韩律师协会。其中,律师事务所、法律事务所、国家机关、地方自治团体和其他法人、机关或者团体中,至少应当有 1 名累计从事法律事务 5 年以上的律师,并且这类组织应当被法务部部长指定为是从事法律事务的机构,才可以接收实习人员。通过律师考试者,拟单独设立律师事务所或者成为法务法人等的组建人员时,应当将累计从事或者研修 6 个月以上法律实务经历确认书,经地方律师会提交至大韩律师协会。

2. 聘用事务职员的权利

根据《律师法》第 22 条的规定,律师具有聘任事务职员的权利。事务职员是指就职于律师事务所辅助律师职务的人。事务职员可以是司机、打字员等技能型事务职员,也可以是保管材料、整理材料、管理财务的一般事务型事务职员,还可以是由退休后的公职人员、国企高管等担任的顾问型事务职员。从雇主和雇员的角度来看,律师可以自由选拔事务职员。然而,《律师法》考虑到律师的公共性、

---

① 이광수, 변호사법개론, 박영사, 2016, 84 - 85 면。

独立性等社会信赖问题,对律师聘任事务职员的资格作出了限制性的规定。

律师不得聘任下列人员为事务职员:其一,因触犯行贿、受贿类犯罪,获有罪判决的情形下,被判处徒刑以上刑罚后,执行完毕或者免于执行后未满3年者;或者针对徒刑,被判处缓期执行后,逾缓期执行期间后未满两年者;再或者针对徒刑,被判处暂缓宣告后,仍处于暂缓期间者。其二,曾作为公务员因受到惩戒处分被罢免或者免职未满3年者。其三,为无行为能力或者限制行为能力人(《律师法》第22条)。其四,宣告破产后,还未恢复权利的人。然而,当律师或者法务法人等执意聘任未恢复权利的人为事务职员时,应当通过获得所属地方律师会会长的承认后,予以聘任(《律师事务职员规则》第4条)。

律师聘任事务职员的具体程序由大韩律师协会规定。律师或者法务法人等在聘任事务职员后,应当随即通报所属地方律师会。地方律师会会长可以要求辖区地方检察厅的检察长调查所属律师所聘事务职员是否存在不得聘任的前科。收到协助调查要求的地方检察厅检察长根据裁量可以调查是否存在前科并将调查结果反馈于地方律师会。

3. 广告的权利

《律师法》第22条规定,律师、法务法人、法务法人(有限)、法务合伙(以下简称律师等),可以利用报纸、广播电视、网络等媒体,广告对自己或者其组建人员的学历、经历、主要业务范围、业绩等其他与拓展业务相关的事项。由此,明确了律师等的广告权利。通常广告的意图,在于拓展业务,仅从律师的公共性特征来看,原则上应当严格限制律师的广告权利。然而,律师同时也具有职业自由性特征,广告宣传对律师等承接案件具有重要作用,广告的权利也属于宪法上保障的表达自由。因此,韩国《律师法》,一方面赋予律师等以广告的权利,另一方面也作出了适当的限制。

律师等的业务性广告,是指律师等为了招揽、维持顾客或者委托人,提供自己、其组建人员、与其业务相关信息的行为。就律师等的广告规制方式而言,大体上可以区分为积极的规制方式和消极的规制方式。前者是指通过法律明确规定律师可以进行广告的事项,法律未规定的事项为禁止广告的事项。后者则是指通过法律明确规定不得律师进行广告的事项,法律未规定的事项为允许广告的事项。韩国《律师法》采纳了消极的规制方式。律师等不得进行如下情形之一的广告:其一,虚假广告。宣传有关律师业务时,不得包含虚假内容或者不符合客观事实的内容。律师不得标榜自己为"国际律师"或者其他没有法律根据的资格或者名称。目前,韩国不存在称为"国际律师"的国家资格。其二,夸张、误导性广告。

宣传有关律师业务时，不得夸大客观事实，或者隐瞒部分事实等误导消费者，再或者引发消费者误解。禁止宣传令消费者对诉讼结果持有不当期待的广告内容。例如，就“通过免费法律咨询，可以解决所有法律问题”的广告标语而言，虽然“免费法律咨询”并不引发违法问题，然而“可以解决所有法律问题”的用语，可能引发消费者的误解，因此属于夸张、误导性广告。[①] 其三，损害律师品格的广告。宣传有关律师业务时，不得诽谤其他律师等或者以自身立场与其他律师进行比较。不得提示不正当方法等有可能损害律师品格的广告内容。例如，广告内容中提示“律师是通过司法考试选拔的人，而法务师不是通过司法考试选拔的人”，属于有损律师品格的广告。其四，其他由大韩律师协会禁止的广告。除了上述列举的内容之外，大韩律师协会可以针对有可能损害消费者的广告或者不利于律师公共性、律师公正承办业务秩序的广告，作出规制(《律师法》第23条)。

为了审查律师等的广告是否违反法律上的禁止性规定，大韩律师协会和各地的地方律师会设立了广告审查委员会。有关广告审查委员会的运营和其他审查广告的具体事项，则由大韩律师协会规定。大韩律师协会和各地的地方律师会设立的广告审查委员会，由大韩律师协会会长或者由地方律师会会长任命的10名以上30名以下的委员构成。广告审查委员会设置委员长与副委员长各1名，并设置干事1名。当委员长认为所属地方律师会的律师存在违反法律上广告相关规定的事由时，可以启动审查程序。有关具体审查相关规定，可以参考大韩律师协会制定的《律师业务广告规定》。

4. 其他权利

除了上述《律师法》所明确的权利之外，根据《民事诉讼法》《刑事诉讼法》等其他法律，律师当然享有成为诉讼代理人、辩护人的权利，以及拒绝作出证言的权利，接见委托人等的权利。

(二)律师的义务

韩国《律师法》列举了近20种律师应当履行的义务。

其一，维持品格的义务。律师不得作出损害律师品格的行为，或者在履行职务时，不得隐瞒事实或者陈述虚假事实。律师应当遵守其他法律、大韩律师协会律师执业伦理规约中有关维持律师品格的规定。律师的维持品格义务较为难以把握，通常情况下，律师的不法行为未对社会秩序造成严重后果或者未构成刑事犯罪，单纯违反纯粹民法上的义务时，不应当认为是有损律师的品格。

① 이광수, 변호사법개론, 박영사, 2016, 109 면。

其二,遵守会规的义务。律师应当遵守所属地方律师会和大韩律师协会的会规。

其三,保密义务。律师以及曾从事律师职务的人,不得泄露执业过程中获悉的秘密。然而,法律作出特别规定的除外。委托人提交的材料以及委托人与律师之间进行的谈话都属于律师保密的范畴。当律师违反保密义务时,完全有可能触犯刑法中的业务上泄密罪。

其四,处理公益活动等指定业务的义务。律师每年应当从事一定时间以上的公益活动。此外,律师应当根据法令处理公共机关、大韩律师协会或者所属地方律师会指定的业务。有关公益活动的范围及其实施方法等具体事项由大韩律师协会规定。公益活动等指定业务的处理义务是基于律师的公共性特征所作的制度安排。

其五,制作、保管账簿的义务。律师应当制作并保管承办业务的账簿。账簿中,应当按照承办业务的顺序记录承办日、承办金额、委托人等的个人事项、承办的法律案件或者法律事务内容、其他由总统令规定的事项。自签署承办合同1个月内应当制作承办账簿。应当将该承办账簿保管于律师事务所,保管期限为自制作承办账簿3年。

其六,报告承办案件数以及承办金额的义务。律师应当在每年1月末之前,向所属地方律师会报告前一年度承办的案件数以及承办金额。这是为了提高律师缴税透明度所作的制度安排。

其七,经由地方律师会出具辩护人委托书等的义务。律师向公共机关提交法律案件或者法律事务相关的辩护人委托书或者委任书等时,应当事先经由所属地方律师会确认。如果遇到事先无法取得确认的紧急情况时,应当在提交辩护人委托书或者委任书等之后,尽快向公共机关提交所属地方律师会的确认书。这一义务是出于考量提高律师承办案件的透明度,防止审判机关、侦查机关工作人员与律师之间存在不正当关系。

其八,出具辩护人委托书等的义务。如果律师未向法院或者侦查机关提交辩护人委托书或者委任书等,则不得代理或者辩护审理中的案件或者侦查中的刑事案件(包括内部调查中的案件)。

其九,禁止宣传私人关系等的义务。律师或者事务职员不得为了承接法律案件或者法律事务,而宣传其与从事审理或者侦查工作的公务员等具有亲友等私人关系,并明示或者暗示能够影响案件走向。

其十,承办限制。律师不得承办经与当事人一方协议承诺接受委托后,却接受对方当事人委托的同一案件,也不得承办曾作为公务员、调解员或者仲裁员经办或者曾经经办的案件。同时,非经委托人的同意,不得承办正在进行中案件的对方当事人委托的其他案件。此外,曾担任法官、检察官、专职军事法务官、其他公职的离职人员成为执业律师时(以下简称公职离职律师),对于自离职前1年至离职为止工作过的法院、检察厅、军事法院、金融委员会、公平交易委员会、警察署等国家机关处理的案件,自离职之日起1年内不得承接。然而,属于公益目的委托或者案件当事人为民法上的亲属时,不受公职离职律师承办案件限制。根据《律师法》第52条第2款的规定,曾经担任法务法人组建人员或者其专职律师者,不得承办其在法务法人就职期间由该法人协议承诺接受委托的案件。法务法人(有限)、法务合伙的组建人员及其专职律师也要受到这一限制。

其十一,禁止受让争讼权利。律师不得受让争讼权利。争讼权利是指已经成为诉讼上争议对象的权利。由于受让争讼权利有违律师的品格,并且有违针对委托人的忠实义务,因此在《律师法》上明示了这一禁止义务。

其十二,禁止渎职行为。律师就其承办中的案件不得接受或者要求对方当事人给予利益,也不得与对方当事人约定给予利益。

其十三,禁止与非律师同业的义务。首先,任何人在法律案件或者法律事务承接过程中,不得事先接受或者约定接受金钱、奢华款待或者其他利益,将当事人或者其他相关人员介绍或者引荐给特定律师或者其事务职员。也不得在介绍或者引荐当事人或者其他相关人员给特定律师或者其事务职员后,事后作为代价,取得或者索要金钱、奢华款待或者其他利益。其次,律师或者其事务职员,针对法律案件或者法律事务的招揽,不得以介绍或者引荐的代价提供、约定给予金钱、奢华款待或者其他利益。最后,律师或者其事务职员,不得接受中介人员引荐的法律案件或者法律事务的招揽,或者允许中介人员使用律师或者事务职员的名义。此外,非为律师的人不得聘用律师开设并运营律师事务所,也不得通过只有律师才可以从事的业务而分得报酬或者其他利益。

其十四,禁止以招揽案件为目的的出入义务。律师或者其事务职员,不得以有偿招揽法律案件或者法律事务为目的,出入法院、侦查机关、监狱、医院,或者委派其他人员出入或者滞留上述场所。

其十五,禁止审判机关以及侦查机关的公务员介绍案件。审判机关或者侦查机关的公务员,对于其任职的机关正在处理的法律案件或者法律事务,不得将当事人或者其他相关人员介绍或者引荐给特定的律师或者其事务职员。然而,案件当事人为民法上规定的亲属时,则不受这一义务的限制。

其十六，禁止履职人员等介绍案件。从事审判或者侦查工作的公务员不得将与其职务有关的法律案件或者法律事务的当事人或者其他相关人员介绍或者引荐给特定的律师或者其事务职员。这里的“与其职务有关”是指从事审判或者侦查工作的公务员，因其职务正在办理或已经办结的案件或事务，或者正在或已经结束指挥、监督的案件或事务。

其十七，禁止兼职的义务。律师不得兼任有报酬的公务员职务。然而，担任国会议员、地方议会议员或者非专职公务员时，或者办理公共机关委托的工作时，则属于例外情形。未经所属地方律师会许可，律师不得经营商业或者其他以营利为目的的业务，不得成为该经营者的雇员，不得成为以营利为目的的法人的从业人员、董事或者雇员。这一义务仅适用于律师登记后处于执业状态的情形；当律师暂停执业时，不受这一义务的限制。

其十八，忍受监督的义务。律师受所属地方律师会、大韩律师协会以及法务部部长的监督。律师应当遵守其所属的地方律师会和大韩律师协会的诸规定。地方律师会、大韩律师协会对相应律师享有直接的监督权，而法务部部长需要通过大韩律师协会间接行使监督权(《律师法》第 24 ~ 39 条)。

其十九，参加研修的义务。律师应当参加一定时间以上的由大韩律师协会实施的研修。在《律师法》中，明确研修的义务，是为了提高律师的专业性和伦理意识(《律师法》第 85 条)。

其二十，提交公职离职律师承办案件资料的义务。公职离职律师应当自离职之日起两年内，向所属地方律师会提交由其承办的案件相关资料和处理结果(《律师法》第 89 条之 4)。

当律师违反上述律师义务时，除了应当受到惩戒外，根据具体违反义务的行为，有可能受到刑事上的非难。

五、惩戒

(一)律师惩戒委员会的设立

律师的使命在于伸张社会正义、拥护人权。考虑到律师职务的公共性以及律师作为监视国家公权力行使的人员，出于尽可能克制国家机关对监视人员的监督，韩国通过制定和修改《律师法》逐步将律师惩戒权委任给了大韩律师协会。目前，韩国采纳了两级惩戒委员会制度。分别在大韩律师协会和法务部设立了律师惩戒委员会。大韩律师协会律师惩戒委员会(以下简称律协惩戒委员会)作为第一审机关进行审查。法务部律师惩戒委员会(以下简称法务部惩戒委员会)作为第二审机关进行复议。

1. 律协惩戒委员会的构成

律协惩戒委员会设置委员长 1 名和干事 1 名，委员长和干事由委员互选产生。律协惩戒委员会共由 9 名委员构成。包括由法院行政处处长推荐的法官 1 名和非律师却有经验、声望的人 1 名；由法务部部长推荐的检察官 1 名和非律师却有经验、声望的人 1 名；大韩律师协会的大会选出的律师 3 名；大韩律师协会会长推荐的非律师法学教授 1 名和非律师却富有经验、声望的人 1 名。在推荐或者选举委员时，应当同时选出与委员人数相同的预备委员。委员与预备委员的任期分别为两年。律协惩戒委员会的委员和预备委员不得兼任法务部惩戒委员会的委员和预备委员。取得律师资格未达 10 年者，不得担任委员长或者法官、检察官、律师委员或者预备委员。

2. 法务部惩戒委员会的构成

法务部惩戒委员会设置委员长 1 名和委员 8 名，同时设置预备委员 8 名。由法务部部长担任委员长。委员与预备委员则由法务部部长任命或者委任，包括由法院行政处处长推荐的法官 2 名；法务部次官、检察官以及法务部的高级公务员团中担任一般职的公务员 2 名；由大韩律师协会会长推荐的律师 1 名；非律师的法学教授或者富有经验、声望的人 3 名。委员与预备委员的任期各为两年。委员长全面负责法务部惩戒委员会的事务，代表法务部惩戒委员会召开、主持会议。委员长因故无法履行职责时，由委员长事先指定的委员代为履行职责。

（二）惩戒程序

1. 请求惩戒主体的一元化

原则上直接向律协惩戒委员会请求启动惩戒的权限，专属于大韩律师协会的会长。启动惩戒的申请人包括地方检察厅检察长、地方律师会的会长、作为独立机关的法曹伦理委员会。启动惩戒的请愿人包括委托人或者委托人的法定代理人、配偶、直系亲属、兄弟姐妹（以下简称委托人等）。韩国《律师法》对启动惩戒的申请人和请愿人作出了区分。就申请人提出启动惩戒的情形而言，地方检察厅检察长在履行犯罪调查等检察事务的过程中，发现律师存在惩戒事由时，或者地方律师会会长发现所属律师存在惩戒事由时，应当向大韩律师协会会长申请启动惩戒程序。就请愿人提出启动惩戒的情形而言，委托人等发现承办律师或者法务法人等的承办律师，存在惩戒事由时，委托人等可以向该律师所属的地方律师会会长请愿提请针对该律师启动惩戒程序。如果地方律师会会长拒绝委托人等的请愿，或者自受理请愿之日起超过 3 个月仍未决定是否申请启动惩戒程序时，委托人等可以向大韩律师协会会长提出再次请愿。与请愿人的权利不同，如果大韩律师协会会长驳回启动惩戒的申请或者受理启动惩戒的申请后，超过3个月仍未决定是否请求启动惩戒程序时，启动惩戒的申请人可以直接向律协惩戒委员会提出异议申请。

2. 惩戒事由

韩国《律师法》上的惩戒对象，仅为律师。未取得律师资格的人，则不属于《律师法》上的惩戒对象。当律师违反律师职责相关法律，被处以禁锢以上刑罚，或者违反《律师法》上的规定，或者违反所属地方律师会和大韩律师协会的会规，再或者无论是否出于履职而作出损害律师品格之行为时，属于存在惩戒事由（《律师法》第91条）。

3. 惩戒种类以及程序

韩国《律师法》第90条规定了永久除名、除名、3年以下停止执业、3000万韩元以下罚款、谴责等5种惩戒类型。当律师存在惩戒事由时，由惩戒申请人或者请愿人提出申请或者请愿，并由大韩律师协会会长向律协惩戒委员会请求启动惩戒程序。当申请人、请愿人或当事律师不服律协惩戒委员会的惩戒决定时，可以向法务部惩戒委员会提出复议；当复议人不服法务部惩戒委员会的审议决定时，可以提起行政诉讼。

参考文献

第一章　韩国宪法部分

1. 대한민국국회50 년사, 국회사무처, 1998。

2. 성낙인, 대한민국헌법사, 법문사, 2012。

3. 성낙인, 헌법학, 법문사, 2019。

4. 김철수, 헌법개설, 박영사, 2015。

5. 권녕성, 헌법학원론, 법문사, 2009。

6. 홍성방, 헌법학(상), 박영사, 2016。

7. 한국헌법학회, 헌법주석I, 박영사, 2013。

8. 윤화규, "대한민국헌법사에 관한 고찰(Ⅱ): 제헌헌법에서 제 3 공화국헌법까지", 평화통일연구 제 6 집, 대구대학교 평화통일연구소, 1989。

9. 윤화규, "대한민국헌법사에 관한 고찰(Ⅲ): 제 4 공화국헌법으로부터 현행 제 6 공화국헌법까지", 평화통일연구 제 7 집, 대구대학교 평화통일연구소, 1990。

10.정주환, "임시정부의법령체계", 법학논총 제 30 권 제 1 호, 단국대학교 법학연구소, 2006。

第二章　韩国行政法部分

11. 한견우, 최진수, 현대행정법: 총론 각론, 세창, 2011。

12. 김동희, 행정법Ⅰ, 박영사, 2009。

13. 홍정선, 행정법원론, 박영사, 2009。

14. 홍정선, 행정법특강, 박영사, 2007。

15. 김향기, 행정법개론, 삼영사, 2006。
16. 한견우, 현대행정법강의, 신영사, 2006。
17. 김성수, 일반행정법, 법문사, 2002。
18. 법률용어사전, 현암사, 2001。

第三章 韩国刑法部分

19. 서거석, 송문호, (신)형법총론, 전북대학교출판문화원, 2017。
20. 이재상, 장영민, 강동범, 형법총론, 박영사, 2015。
21. 신동운, 형법총론, 법문사, 2013。
22. 정영일, 형법총론, 박영사, 2010。
23. 오영근, 형법총론, 박영사, 2009。
24. 이형국, 동암형법논문집, 삼우사, 2008。
25. 김일수, 서보학, 형법총론, 박영사, 2006。
26. 김용우, 최재천, 형사정책, 박영사, 2006。
27. 배종대, 형법총론, 홍문사, 2005。
28. 임웅, 형법총론, 법문사, 2003。
29. 정영석, 형법총론, 법문사, 1987。

第四章 韩国民法部分

30. 송덕수, 친족・상속법, 박영사, 2018。
31. 김준호, 민법총칙, 법문사, 2015。
32. 김주수・김상용, 친족・상속법, 법문사, 2013。
33. 송덕수, 신민법강의, 박영사, 2009。
34. 곽윤직, 민법주석Ⅷ, 박영사, 2008。
35. 이은영, 민법총칙, 박영사, 2005。
36. 곽윤직, 상속법, 박영사, 2004。
37. 이영준, 한국민법론・물권편, 박영사, 2004。
38. 곽윤직, 민법총칙, 박영사, 2002。
39. 김상용, 가족법연구Ⅰ, 법문사, 2002。
40. 고상룡, 민법학특강, 법문사, 1995。

41. 김용한, 민법총칙론, 박영사, 1986。

第五章　韩国商法部分

42. 김건식, 회사법, 박영사, 2015。
43. 김홍기, 상법강의, 박영사, 2015。
44. 이철송, 상법강의, 박영사, 2012。
45. 이철송, 상법총칙・상행위, 박영사, 2015。
46. 손주찬, 상법(상), 박영사, 2014。
47. 송옥렬, 상법강의, 홍문사, 2018。
48. 정찬형,상법개론,법영사,2013。
49. 정찬형, 상법강의(상,하), 박영사, 2017。
50. 정동윤, 상법(상), 법문사, 2012。

第六章　韩国司法制度部分

51. 北京市律师协会组编:《境外律师行业规范汇编》,中国政法大学出版社 2012 年版。
52. 蔡永浩等:《韩国政党法规和党内法规选译》,社会科学文献出版社 2018 年版。
53. 陈刚:《民事诉讼法制的现代化》,中国检察出版社 2003 年版。
54. 성낙인, 헌법학입문, 제 6 판, 법문사, 2016 년。
55. 이은모, 형사소송법, 제 6 판, 박영사, 2018。
56. 이재상, 형사소송법, 제 11 판, 박영사, 2017。
57. 최정일, 법학개론, 제 2 판, 학림, 2017。
58. 정동근, 김민규 외 6 인, 법학개론, 법률출판사, 2016。
59. 이광수, 변호사법개론, 박영사, 2016。
60. 이헌환, 사법권의 이론과 제도, 유원북스, 2016。
61. 이영종, 황태정 외 5 인, 법학입문, 집현재, 2016。
62. 허영, 한국헌법론, 박영사, 2015。
63. 신동운, 신형사소송법, 제 5 판, 법문사, 2014。
64. 신동운, 간추린 신형사소송법, 법문사, 2013。

65. 배종대, 이상돈 외 2 인, 신형사소송법, 제 5 판, 홍문사, 2013。
66. 나승성, 법학개론, 한국학술정보, 2009。
67. 김문현, 김인호 외 12 인, 법학입문, 제 3 판, 법문사, 2008。
68. 한태연, 헌법학, 법문사, 2002。
69. 최선호, 법학개론, 홍진출판사, 2000。
70. 박일경, 제 6 공화국신헌법, 법경출판사, 1990。
71. 최경옥, "일제시대의 사법제도", 동아법학제 39 호, 동아대학교 법학연구소, 2007。

后　记

1992年中韩建交以来，两国关系迅速发展，20多年间发展成为战略合作伙伴关系。中国已成为韩国第一大贸易伙伴国，韩国也发展为中国第二大贸易伙伴国。中韩两国政治、经济、文化等方面的交流不断加深，促进了地区的和平与发展。法律交流作为文化交流的重要组成部分，为中韩两国关系的健康发展发挥了保驾护航的作用。

韩国现行宪法实施以来，法律制度取得了长足的发展，中韩两国间法律人才的相互交流与培养也逐渐增多。至今中国学者在韩获得法学博士学位者有100余人，其中从事中韩法律研究者有60余人，二十多年取得的相关研究成果有著作100余部、期刊论文1200余篇，为中韩两国法律的相互交流作出了重大贡献。自2014年以来，国内韩国法研究学者每年定期举办"韩国法论坛"，梳理分析中韩法律最新动态，不断推进中韩法律的比较研究。通过这些年的相互交流与研究发现，国内的韩国法研究较为随性自由，缺乏体系化的系统研究。为此，我们联合部分在韩获得相关法学博士学位的学者，共同撰写《韩国法概论》一书，以期为国内韩国法的系统研究献出微薄之力。

本书由6章组成，系统介绍了韩国的宪法、行政法、刑法、民法、商法与司法制度。具体分工如下：

蔡永浩（延边大学）序、第一章第1节、第2节；

崔慧珠（韩国首尔大学）第一章第3节、第4节；

卢青锡（延边大学）第二章；

金昌俊（延边大学）第三章；

朴晶敏（延边大学）第四章；

张珍宝（韩国忠北大学）第五章；

朴大宪（辽宁大学）第六章。

本书的成型与出版获得了很多师友的关心和帮助。特别感谢延边大学社科处前后两任处长金洪培教授和李梅花教授的大力支持与帮助，感谢韩国首尔大学成乐寅教授与金建植教授对国内韩国法研究的大力支持，感谢国内“朝鲜韩国法论坛”大家庭里的各位前辈学者与师弟师妹一直以来的鼓励与帮助，感谢吉林省社会科学重点领域朝鲜韩国法研究基地的袁淑华和高晗之两位博士研究生为本书的顺利撰写、出版所作出的贡献。最后特别感谢法律出版社对国内韩国法研究一直以来的关心与支持，感谢沈小英分社长、陈妮编辑、程王刚编辑的大力支持与协助。

本书是延边大学一流学科建设研究成果之一，是吉林省社会科学重点领域朝鲜韩国法研究基地和吉林省高校创新团队朝鲜韩国法研究团队的集体研究成果，也是吉林省社会科学基金项目（2019JD55）、吉林省教育厅“十三五”社会科学项目（JJKH20200540SK）、延边大学社会科学基金重点项目（2018XZD04）和延边大学2018年度专业建设项目（延大教发［2017］30号）的研究成果。由于时间仓促，本书定然存在很多错漏之处，敬请国内外研究韩国法律的学者同仁不吝赐教！我们将在后续的更新版本上体现您的宝贵建议，努力为读者呈现出更好的作品。我们相信，大家的批评指正是我们前进的动力，是追求真理不可或缺的试金石。

蔡永浩
2020年12月30日